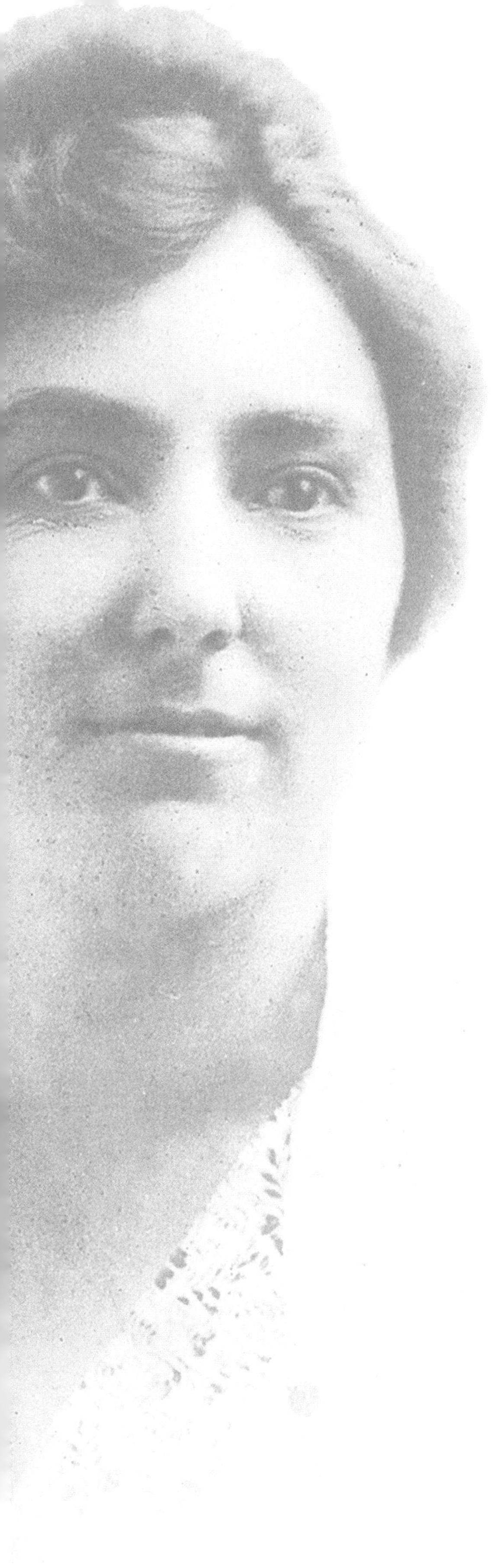

金陵永生

魏特琳传

张连红◎主编

南京出版传媒集团 南京出版社

图书在版编目（CIP）数据

永生金陵：魏特琳传 / 张连红主编. -- 南京：南京出版社，2024.11

ISBN 978-7-5533-4398-3

Ⅰ. ①永… Ⅱ. ①张… Ⅲ. ①魏特琳（Vautrin, Minnie 1886–1941）– 传记 Ⅳ. ①B979.971.2

中国国家版本馆CIP数据核字（2023）第203631号

书　　名　永生金陵：魏特琳传
主　　编　张连红
出版发行　南京出版传媒集团
　　　　　　南 京 出 版 社

社址：南京市太平门街53号　　邮编：210016
网址：http://www.njcbs.cn　　电子信箱：njcbs1988@163.com
联系电话：025-83283893、83283864（营销）　025-83112257（编务）

出 版 人　项晓宁
出 品 人　卢海鸣
责任编辑　徐　智
装帧设计　张　淼
责任印制　杨福彬

排　　版　南京新华丰制版有限公司
印　　刷　南京工大印务有限公司
开　　本　787 毫米 × 1092 毫米　1/16
印　　张　23
字　　数　306千
版　　次　2024年11月第 1 版
印　　次　2024年11月第 1 次印刷
书　　号　ISBN 978-7-5533-4398-3
定　　价　60.00 元

用微信或京东APP扫码购书

用淘宝APP扫码购书

目录

序一

一位伟大的女性①

［美］张纯如

在我为《南京暴行：二战中被遗忘的大屠杀》搜集写作素材的时候，我第一次听说到明妮·魏特琳这位伟大的女性。我所写的《南京暴行：二战中被遗忘的大屠杀》是一部英文纪实作品，叙述的是世界史上最残忍的暴行之一：1937 年 12 月，日军攻占南京之后对南京平民实施的大规模的强奸、折磨和屠杀。当我在汇总有关南京大屠杀的文献资料时，一位保护中国妇女免遭日军性暴力伤害的美国妇女引起了我的注意。在大屠杀期间，明妮·魏特琳，一位金陵女子大学（简称金女大）的教会教育工作者，保护了成千上万的中国妇女和年轻姑娘，这使得她们避免了被日军送到军队慰安所和军营而遭受日本士兵性奴役的危险。魏特琳成了全南京城里中国人心目中的“活菩萨”“观音菩萨”。

魏特琳的事迹引起我极大的兴趣。1995 年，我访问了耶鲁大学神学院图书馆，有关魏特琳的资料被保存在那里，我浏览了她的日记，这是一部篇幅很大的用打字机逐日记录了有关南京暴行的日记。当我翻阅她所写的每一页日记时，我无法控制感情，禁不住流下了眼泪。“今天，日本军队在这座城市里可能犯下了所有的罪恶。”魏特琳在日记中写道：“噢，上帝，请控制这些凶残的野兽般的士兵……”

当我坐在耶鲁大学宁静的图书馆里阅读魏特琳的日记之时，我无法

① 题目为编者所加。张纯如女士系美国著名华裔女作家，著有《南京大屠杀》（英文）等畅销书，2004 年 11 月 9 日不幸去世。该序是 2000 年 9 月张纯如女士于美国加州圣荷西为本书第一版而作，张连红译、杨夏鸣校。

想象魏特琳当时所面临的鲜血与混乱的场面。成千上万无家可归的妇女和年轻姑娘，为了逃脱残暴淫荡的日军威胁，拥进金女大，乞求魏特琳能给她们一个安身之所。她们挤在教室里，睡在实验室的桌子上，蹲在楼梯和过道里，露宿在室外的草坪上。精疲力竭的魏特琳设法安置她们。当日本兵命令魏特琳离开这里时，遭到她的严词拒绝，“这是我的家”，她回答道，“我不能离开！”魏特琳毫不畏惧的精神使我肃然起敬。在学校的大门口，魏特琳多次挺身阻止日军进入校内，并命令他们离开，甚至当日军咒骂她和用血迹斑斑的刺刀在她面前挥舞时，她也毫不退让。在驱逐前来试图掳掠妇女的士兵和从强奸者的魔爪中救出年轻女孩的时候，魏特琳一点也不手软。经过南京大屠杀的浩劫，魏特琳忍受了日军各种威胁甚至气急败坏的殴打，她竟然完好无损地活了下来，这真是一个奇迹！

随着我对魏特琳身世的进一步了解，每一个新的发现都激起我了解她更多细节的兴趣。使我惊讶和骄傲的是，魏特琳和我竟是老乡。我们的出生地都在伊利诺伊州中部，她出生的地方离我的故乡香槟—乌尔班纳（Champaign-Urbana）城并不远，而且我们有共同的母校，即伊利诺伊大学。魏特琳出身贫寒，但她却非常倔强。她生于1886年，她的童年是在塞科尔（Secor）小镇长大的，由于贫穷，她不得不通过打工来完成自己的学业。经过几年的辛勤努力，她终于从伊利诺伊大学毕业。大学毕业后，她加入了基督教会差会（the Foreign Christian Missionary Society），并被派往中国。到1937年，魏特琳已升迁到金女大教务主任的位置，这所女子大学由新教传教会资助。

早在南京大屠杀发生之前，许多事实表明魏特琳一直在关心和帮助南京平民百姓。在她的指导下，金女大的学生为当地居民提供义务服务，甚至为贫困家庭开办了一所免费小学和健康诊所。在南京大屠杀之后，魏特琳利用她丰富的社会工作经验来帮助社会重建。尽管她自己的身体非常虚弱，但她早在1938年春就从南京国际救济委员会获得一笔基金，为需要继续在难民所避难的妇女开办了培训生活技能的班级。魏特琳致力于公众服务，她希望她的帮助能给女难民和性暴行受害者重新生活的信心和生活的技能。

为了竭力帮助南京难民，魏特琳没有时间来照顾她自己的身体。日军在南京城中的暴行使得魏特琳身体虚弱和精神受到创伤，在南京大屠杀结束后不久，魏特琳的精神彻底崩溃，她不得不回到美国接受精神治疗。“我正努力恢复”，1940 年 10 月 20 日魏特琳写信告诉她的朋友说，“……不管我多么努力不再去想过去的事，但是，我的精神似乎正在一步一步地走向崩溃。”1941 年 5 月 14 日，魏特琳打开公寓厨房的煤气开关，结束了自己的生命。魏特琳的去世，是一名英雄之死，她也是一名南京大屠杀的牺牲者。她为了拯救成千上万人的生命而最终也牺牲了自己的生命。正如美国联合基督教传教会（The United Christian Missionary Society）宣布魏特琳死讯时说的那样：“我们认为，像在战场上倒下去的士兵一样，魏特琳女士也是在战争中牺牲的。”

当我在耶鲁读完魏特琳日记和她的书信时，我记得当时感到既愤怒又很困惑，为什么这些记录没有被编辑成一部书出版？为什么在过去的半个世纪里魏特琳被公众遗忘？为什么魏特琳的精神没有在世界范围内广为传颂？在历史中如果谁能为自己留有一席之地，我认为此人一定就是魏特琳。

令人十分高兴的是，现在全世界已重新发现了魏特琳及其日记的价值。在魏特琳生命的最后时期，她总是悲哀地认为自己是一个失败者。可惜的是，这位杰出的女性却不能活着看到她自己在书籍、文献、电影纪录片和纪念展览中为人们所纪念。1999 年 12 月，一个相当规模的专门纪念魏特琳的研讨会在南京举行，几位年老的幸存者应邀参加，她们曾经在魏特琳管理的安全区里寻求避难。2000 年 4 月，历史学家胡华玲出版了《南京大屠杀时期的美国女神：明妮·魏特琳的勇气》（*American Goddess At the Rape of Nanking: The Courage of Minnie Vautrin*），这是第一部完整的关于明妮·魏特琳的英文传记。一部以魏特琳一生为内容的剧本《明妮眼中的世界》（*The World According to Minnie*）也正在由玛格里特·沃特斯特（Margaret Waterstreet）编写，并将在伊利诺伊州的芝加哥上演。

现在，有关魏特琳的作品已越来越多，由南京师范大学南京大屠杀研究中心主编的《魏特琳传》，对于推动魏特琳研究的进一步深入是一个十分重要的贡献。该书富有新意，研究深入细致，无疑它将会吸引普通读者的兴趣，同时也将会引起学者的关注。该书并不是一本普通的人物传记，它挖掘了许多鲜为人知的一些有关传主生活的细节。该书不仅运用了魏特琳的日记和书信，而且还有许多从未出版的第一手原始材料，例如当地教会的文件、幸存者的访谈、金女大和侵华日军南京大屠杀遇难同胞纪念馆的档案资料。毫无疑问，这些最新研究成果将大大有助于今后的学术研究。

“如果有良知的日本人能知道这些日子以来的恐怖事实就好了！”魏特琳在日记中写道。现在有一些日本人已知道那些事实，这归功于魏特琳那十分珍贵的日记。《魏特琳传》一书描写了一些日本妇女活动家在魏特琳精神的感召下，通过访问南京和搜集幸存者的证言，来教育日本人民的活动。这些努力同日本国内充满否定南京大屠杀的氛围形成了一个对比，日本国内极端的民族主义者和历史修正主义者拒绝承认甚至不愿了解南京大屠杀的事实。现在，一些日本政治家，比如现任东京都知事，一直鼓吹南京大屠杀是“虚构”，今年早些时候，日本民族主义者甚至在大阪一个属于政府财产的场所里举行一个公开集会，这个集会获得了政府官员的同意，在这次集会上，他们公开宣称南京大屠杀是“20世纪最大的谎言”。

一切企图否定南京大屠杀的努力最终都将是徒劳的。只要去过耶鲁大学、美国国家档案馆或者侵华日军南京大屠杀遇难同胞纪念馆的人，都会发现成千上万的关于南京大屠杀的事实记录，不仅魏特琳一个人，而且很多的目击者都是这样写的。在同一时期，除了魏特琳日记外，还有其他美国传教士的日记、德国纳粹党成员拉贝的报告、无数中国幸存者的证言和一些日本人的观察记录，这些资料相互补充和印证，要想否定这些证据是不可能的。历史事实终究无法毁灭，在魏特琳言行的照耀下，真相终将战胜谎言。

序二

魏特琳对日本人的忠告[①]

［日］笠原十九司

明妮·魏特琳，中国名叫华群，自1941年5月14日在美国印第安纳州去世之后，迄今将近60周年了。在美国密歇根州雪柏得镇郊区的魏特琳墓碑上，用中文铭刻着“永生金陵”四个大字。如今，南京出版社即将推出由南京师范大学南京大屠杀研究中心主编的《魏特琳传》一书，正如“永生金陵”一词所言，寓意着魏特琳至今仍活在南京人民的心中，她的精神将在金陵大地上永存。

魏特琳不仅永远活在南京人民和中国人民的心中，还将永远活在日本人民和世界人民的心中，并将永远受到世人的尊敬。我期待着本书的出版，在中国、日本乃至世界范围内，能起到广泛宣传魏特琳及其功绩的巨大作用。

魏特琳的功绩，一方面体现在侵华日军南京大屠杀期间，她作为南京市民的守护神、“活菩萨”，拯救了上万名妇女的生命和贞操；另一方面体现在南京大屠杀期间，她目睹了侵华日军对中国妇女的性暴力、性犯罪的历史事实，并将它们记录下来，作为历史史料留给后人。魏特琳记录下来的史料，即《魏特琳日记》，已由南京师范大学南京大屠杀研究中心组织翻译，于2000年10月由江苏人民出版社出版。在日本，我也曾选编了魏特琳日记中的重要部分，翻译出版了《南京事件的日日夜夜——魏特琳日记》（大月书店，1999年）。

全世界人民在盼望新的21世纪的世界是一个能够实现和平、人权

---

① 题目为编者所加。笠原十九司系日本都留文科大学教授，国际知名的南京大屠杀研究专家。该序是2000年9月笠原十九司教授为本书第一版而作，卢海鸣译。

和民主主义世界的同时，也在反省忙于帝国主义侵略战争的“战争、侵略和屠杀的20世纪”这一人类的历史，以期从中汲取历史教训。其中的一个实例就是，2000年12月将在日本东京开设“裁决日军性奴隶制的女性国际战犯法庭”。该法庭由世界民间团体（非政府组织）组成国际执行委员会，以日中战争和亚洲太平洋战争中的日军性奴隶制为中心，将日军的性犯罪、性暴力作为战争罪行予以检举控告，明确旧日军和旧日本政府的战争责任，以国际法为准绳予以判决，对战犯予以“处罚”。

为了筹备组建女性国际战犯法庭，我撰写了《日军性暴力的构成》一文，已在石田米子、中原道子、西野瑠美子编写的《“慰安妇”·战时性暴力真相Ⅱ》上发表；我还撰写了《制造性暴力的日军构成特质》一文，将在该法庭上提交。在拙文中，我将南京大屠杀中日军对中国妇女的强奸、轮奸、强奸或轮奸杀害、强拉或监禁并长期强奸，以及作为日军性奴隶制的日军慰安所的实情公诸于世，揭露日军性暴力是以日本天皇为最高责任者的有组织的犯罪。为了证明当时日军性犯罪的残暴、野蛮和灭绝人性，我引用的重要证据材料就是魏特琳的日记和她撰写的报告。在南京大屠杀中，数万名中国妇女惨遭日军的强奸、轮奸，成为性暴力的牺牲品，这一残酷的历史事实，就南京这一座城市的性犯罪、性暴力而言，其规模之大、时间之长、性质之恶劣，在世界文明史上是绝无仅有的。魏特琳亲身经历了这一事件的全过程，冷静地记录下了这一段悲惨的历史，在她去世60年后的今天，她记录下来的史料，将成为“女性国际战犯法庭”裁决日本战争罪行的有力武器。

该女性国际战犯法庭的宗旨是：“在由女性组成的战犯法庭上，控诉充满暴力的20世纪，结束这一世纪，为创造没有战争和暴力、女性人权受到尊重的21世纪而迈步前进。”魏特琳生前多次祈祷女性不再成为战争的牺牲品，企盼和平时代的来临，她的愿望也与女性国际法庭的宗旨是一致的。在南京大屠杀中，魏特琳为保护中国妇女的生命和贞操，冒着生命危险，与日军英勇斗争；在斗争中，她用日记和报告的形式记录下了日军性暴力的残酷性、悲剧性，她的功绩与对和平的向往，将通过该法庭使世界人民广为知晓。

此外，魏特琳在日记中多次反复记述道，希望日本妇女能够知道日军在南京犯下的惨无人道的性暴行的真相，能够从女性的角度起到制止日军性暴行的作用。遗憾的是，在战时日本社会，新闻报道和言论是受到严格管制的，南京大屠杀事件发生的时候，在南京的大多数日本新闻机构对于日军性暴行的真相只字未提。因此，不用说是在战时，即便在战后，许多日本妇女对南京大屠杀中日军性暴力的真相仍一无所知。

最近情况总算有了变化。2000 年 7 月末，在日本东京召开了第 46 届日本母亲大会，我作为讲演者参加了其中的“日本战争责任·历史认识和战后赔偿”分组会,参加这个分组会的有来自日本全国的160位母亲。当我介绍了魏特琳日记中“希望日本妇女能够知道南京大屠杀中日军性暴力的真相”这段话时，引起与会者的强烈共鸣，大家纷纷表示要了解南京大屠杀的真相。我选编的《南京事件的日日夜夜——魏特琳日记》一书也得以重新印刷，许多日本妇女和普通百姓都阅读了这本书。从某种意义上来讲，魏特琳生前的愿望可望实现。在不远的将来，《魏特琳传》一书倘若能在日本翻译出版，将会促使更多的日本妇女对魏特琳生前的“遗言”有更加深刻的了解。

魏特琳在 1937 年 12 月 16 日的日记中写道：“如果从军事的角度来看，对日军来说，攻占南京是取得了胜利；但如果以道德的标准来评价的话，那么，日军则是失败者，而且国家名誉扫地。这件事，将来不仅会长期妨碍与中国的合作和友好关系，也会永远地失去现在居住在南京的人们的尊敬。当前在南京发生的一切，必须使日本有良知的人知道。”遗憾的是，魏特琳针对日本人民的忠告，直到现在，日本人仍未能正视。值此《魏特琳传》出版之际，为了日中友好的发展、东亚和平与安宁的实现，以及世界和平的确立，我们日本人必须从魏特琳想要告诉日本人的有关南京大屠杀的“遗言”中汲取良多的历史教训。

第一章 一位来自美国的女中校长

一、早年与大学生活

1886年9月27日，在美国伊利诺伊州塞科尔（Secor）小镇的一座小木屋里，铁匠艾德蒙·魏特琳的妻子宝玲生下一个可爱的女孩，这个女孩就是本书的传主——明妮·魏特琳（Minnie Vautrin）女士。

魏特琳算是美国的第二代移民，她的父亲艾德蒙是法国人。17岁那年，艾德蒙只身从法国来闯天下。那时，从欧洲移民来美国的人很多，因为当时到美国工作好找，谋生相对比较容易。伊利诺伊州位于美国中北部地区，北面同五大湖中的密歇根湖相连，密西西比河沿着它的西部边界流入其南面的密苏里州，俄亥俄河在其东面将其与印第安纳州和肯塔基州分隔。伊利诺伊州原先是法国的殖民地，后来在18世纪中期的英法七年战争中，法国战败，被迫将其移交给英国。1803年，法国又被迫以1600万美元的低价将密西西比河以西的路易斯安那卖给美国。这样，法国几乎失去了在北美洲的所有殖民地。尽管如此，法国人在北美洲还保留一定影响。因此，当艾德蒙来到美国时，他先投靠在伊利诺伊州春田镇（Peoria）的叔叔，并跟随这位当铁匠的叔叔学徒。艾德蒙学徒出师之后，便独自一人前往附近的一个叫塞科尔的小镇谋生。

塞科尔小镇，位于伊利诺伊州中部平原，在它的东南方约20英里的地方是波罗明顿（Bloomington），在它的西面约30英里的地方是春田镇。塞科尔镇历史非常短，它是在 1857 年才建立起来的。在相当长的一段时间里，整个镇上只有一条小街，全镇人口也不多。[①] 不过，塞科尔镇的教堂却很多，几乎所有人都信奉基督。全镇也没有什么工业，人们主要以农业为生。当艾德蒙来到小镇后，他开了一间铁匠铺，专门帮人修理马车和农具，同时也买了一块地进行耕种。由于辛勤劳动，不久之后他便小有积蓄，于是他盖了间小木屋，并娶了镇上一位名叫宝玲的年轻姑娘成了家，全家过着虽不富裕但却较为安定的生活。

初中时期的魏特琳（胡华玲《金陵永生——魏特琳女士传》，人民文学出版社 2000 年版）

在明妮·魏特琳出生之前，艾德蒙夫妇曾生有一子，却不幸早夭。因此，魏特琳出生后，父母十分疼爱她，后来她的父母又给她生了一个弟弟路易·魏特琳。然而不幸的是，在魏特琳 6 岁的时候，她的母亲却因病突然去世，从此之后，她不但失去了母爱，而且还过早地承担起家务。在她 12 岁时，由于她的父亲要续弦再婚，她曾被送到邻居家生活，“在邻居家中，魏特琳的待遇比仆人或在田里干活的临时工好不到哪里。即使在数九寒天，她也必须去照看牲口”[②]。尽管这样，魏特琳还是通过一边做工一边读书的方式，读完了中学。

魏特琳“髫龄就学，颖悟过人”[③]，从小深明事理，好强上进，学习也特别认真。当时塞科尔小镇上只有一所规模很小的学校，这所学校的一位老师在回忆起魏特琳时总是说：“任何凡是她要做的事，必都能做得非常

---

① Hua-ling Hu. *American Goddess at the Rape of Nanking*, Southern Illinois University Press, 2000, pp.1–2.

② [美] 张纯如著，杨夏鸣译：《南京浩劫——被遗忘的大屠杀》，东方出版社 2007 年版，第 166 页。

③ 吴贻芳：《华群女士事略》，载该书编辑委员会《吴贻芳纪念集》，江苏教育出版社 1987 年版，第 53 页。

杰出，她是个真正的基督教女孩。”[①] 魏特琳同镇上其他同龄人一样，在她 17 岁时正式皈依基督教，成了一名十分虔诚的基督徒。

1903 年魏特琳的高中毕业照（胡华玲《金陵永生——魏特琳女士传》）

1903 年，魏特琳从塞科尔镇那所学校高中毕业。魏特琳从小就特别敬重教师的职业，她希望自己长大以后也能从事这一职业，于是她选择了去伊利诺伊州立大学读书，就读的是一所两年制的师范学院。由于魏特琳是一边打工一边读书，因此她有时不得不中途回到塞科尔镇去教书，以便凑足下一学期的学费之后才能继续新的学业。1907 年，经过四年的艰苦努力，魏特琳才完成了两年的学业并从州立大学毕业，但其各门功课的成绩大都在 90 分之上。

大学时期的魏特琳（胡华玲《金陵永生——魏特琳女士传》）

从州立大学毕业之后，魏特琳应聘到里诺市的一所中学去教书。在教学的过程中，她觉得所学的知识远远不够，于是她辞去教职，前往位于香槟城的伊利诺伊大学攻读教育学。魏特琳在伊利诺伊大学的学习成绩十分优秀，据校方保留的记录，在 1912 年全校 500 多名毕业生中，魏特琳的成绩排名第二。[②]

魏特琳从伊利诺伊大学毕业后，并没有在美国寻找工作，而是像当时其他许多大学毕业生一样，毫不犹豫地选择了到海外传播基督的福音。19 世纪末 20 世纪初，为了配合美国政府向海外扩

① 胡华玲：《金陵永生——魏特琳女士传》，台北九歌出版社 1997 年版，第 28 页。
② 胡华玲：《金陵永生——魏特琳女士传》，第 30 页。

张的需要，在美国的大学校园里，掀起了一场向海外传播基督福音的运动，这一运动最早由穆德[①]于1888年发起，他曾先后到美国各大学进行巡回演讲，他提出的口号是："要在这一代把福音传遍天下！"1894年，穆德提出了一个更富刺激性的口号："为基督征服世界！"1898年，穆德号召前往其他国家传教的学生："耐心地、彻底地刷新异教徒的生活，包括个人、家庭、城市、种族、国家的实际生活和倾向的各个方面，目标是要把异教国家的每一个异教徒使之成为在耶稣基督里的人。"[②]穆德发起的这一运动，立即得到美国各界的大力支持。1910年，穆德邀请美国总统塔夫脱及全国几乎所有财团及政界重要人物，在美国白宫举行了一次旨在推动海外传教的会议，并为海外传教发起募捐活动，一次就获得了200万美元的资助。

志愿海外传教运动也得到美国大学生的积极响应，穆德在各大学的演讲极富刺激和挑战性，在他的鼓动下，许多大学生都填写了一张志愿卡，即"如果上帝许可，我希望并愿意成为一个国外传教士"。当时，填写志愿卡，要求到海外传教几乎成了一种时尚。魏特琳的家乡伊利诺伊州是当时全美响应这一运动最为积极的5个州之一。[③]作为一名虔诚的基督徒，魏特琳在大学毕业后也深受影响。

当时，美国向海外传教的重点地区是亚洲和拉丁美洲等，而其重中之重的目标是中国。美国教会领袖在鼓动年轻人去中国传教时说："我们为什么要去中国传教呢？因为在中国广大的土地上，每个月将近有一百万人在不知道有上帝的情况下而离开人世，你能想象人们在不知道有上帝时而去世的情形吗？""噢！兄弟姐妹们，你能想象在没有上帝的情况下人们生活的情形吗？您能想象对于未来甚至现在心中都没有任何期望的生活吗？"[④]在美国基督教运动领袖的鼓动下，许多大学生都纷纷选择到中国传教。据统计，

---

① 穆德（John Raleigh Mott，1865—1955），美国基督教运动领袖。
② 顾长声：《传教士与近代中国》，上海人民出版社1991年版，第257—258页。
③ Hua-ling Hu. *American Goddess at the Rape of Nanking*, p.4.
④ Hua-ling Hu. *American Goddess at the Rape of Nanking*, p.5.

从19世纪末到20世纪初，在志愿海外传教运动的推动下，美国派往海外的传教士多达8000余名，而其中约有三分之一即2500余人被派到了中国。[①]

在美国，传教会团体派别十分复杂、繁多，有来复会、公理会、浸礼会、圣经会、贵格会、上帝教会、宣道会、新约教会、长老会、循理会、恩典会和基督会等百余种。在大学读书期间，魏特琳加入的教会是基督会。基督会（Foreign Christian Missionary Society，简称FCMS）是美国教会中的使徒派，俗称使徒会，该会不注重信经及教堂制度，尊崇《新约》，以教会初期的使徒为行动典范。[②] 该教会在中国的势力影响并不太大。也许是机缘巧合，在1912年魏特琳毕业前夕，正好有基督教传教协会来学校招募前往中国办学传教，接替在中国安徽庐州一所基督教女子学校任教的奥玛·费弗斯（Alma Fevers），奥玛·费弗斯准备回美国休假结婚，如果没有人接替担任老师，学校有可能就要关门。魏特琳正好被学校推荐参加接待，尽管魏特琳的父亲并不同意魏特琳到中国传教，但她仍然下定决心前往中国。[③] 于是，联合基督教传教士公会（The United Cristian Missionary Society）派遣刚刚毕业的魏特琳，前往中国传播基督福音。

二、出任合肥女中校长

当时在中国传教的美国基督会总会设在南京。1912年9月，魏特琳到达中国，她先在南京基督会总会停留了一段时间。在这期间，魏特琳第一次在海外度过了她的生日，9月27日这一天，在南京的美国传教士为她举

① 顾卫民：《基督教与近代中国社会》，上海人民出版社1996年版，第364页。另外，顾长声著《传教士与近代中国》一书第250—251页载：据统计，1901年时，在中国的传教士人数有1500人，而到了1914年激增至5400余人，其中，美国传教士在一半以上。

② 中华续行委办会调查特委会编：《中华归主：中国基督教事业统计（1901—1920）》（内部发行），中国社会科学出版社1987年版，第30页。

③ Mary Bosworth Treudley. *This Stinging Exultation*, Taipei: The Orient Cultural Service, 1972, p.38. 特别感谢台湾辅仁大学林桶法教授、杨善尧博士的热心帮助，提供该书的影印本。

魏特琳，1912年（纳什维尔基督会历史协会图书馆）

办了一个生日晚会。这次晚会使得魏特琳后来在金陵女子大学任教期间，人们总会记得要在这一天为她庆祝生日。过完生日之后不久，心情愉快的魏特琳被派往时称庐州府的合肥传教办学。

安徽省当时最为繁华的城市是芜湖和安庆，芜湖人口为全省之冠，达17万余人；安庆为省府，人口亦在10万人之上，这两个城市均为开放的通商口岸。而当时的合肥，属安庆道管辖，人口介于5万—10万之间，尚未对外开放。最早到安徽进行传教的教会是内地会。1869年，内地会的宓多士（Mr. Meadows）和卫良（Mr. Willianmson）最早到安庆传教。在内地会之后，相继来安徽传教的教会有美国圣公会、来复会、浸信会、北长老会等。[①] 同芜湖和安庆相比，合肥的教会势力并不强，直到1897年时才设有差会总堂，这里属于魏特琳所加入的教会——基督会的宣教区。

据史料记载，1896年，由南京基督会总会派来的美国传教士方淑美（中国名）来到合肥，她租住十字街南侧的姚家公馆，第二年建成女子服务社，并招收7名女生，这是第一个来合肥创立的传教机构。[②]1898年夏季，由美国基督教总会派出的美籍牧师泰德师和医生柏贯之、柯普仁，在华人牧师夏光祥陪同下也来到合肥，在征得当地衙门的同意后，他们在合肥小南门一带购得一块地皮，当年就盖好两幢小楼，作为传教士私人住宅。1899年5月，建成医院一座；1900年，建成基督会教堂一间，一边开设门诊为百姓看病，

①《各省基督教势力概况：安徽省》，载《中华归主》，第112—113页。
② 张盛瑾等：《历史悠久的合肥市南门小学》，油印本，1997年12月。

一边“做礼拜”，并吸收教徒。[①] 这所医院，原名“柏贯之医院”，后改名为基督医院。当时来此就医的民众很多，传教士便利用这一机会广为传教，两三年内，男女信徒便达到 200 多人。因此，到了 20 世纪初，基督会在合肥的传教工作渐渐打开局面。

1912 年秋，魏特琳来到中国之时，正是基督教在中国发展十分迅速的时期。虽然 1900 年发生在华北的义和团事件对外国传教士打击很大，仅在山西省，就有 170 余名外国传教士被杀，被杀教徒则在 1000 人以上。但 1901 年《辛丑条约》签订后，清政府被迫进一步对外开放，基督教传教活动得到了中国政府的保护。因此，基督教在华传教活动非但未因“庚子教难”而受到抑制，相反，在这之后的近 20 年里特别是 1911 年辛亥革命之后，却进入了发展的黄金时期。

辛亥革命之后，基督教在华势力发展迅速，其对中国社会的影响也越来越大。以 1907 年为界，外国来华传教士由 3445 人增加到 6250 人，而受餐信徒（Communicant，指的是许可领受圣餐礼的信徒）人数则增加了一倍，由 18 万人增加到 36.6 万人。[②] 而且更为重要的是，政府官员中基督教徒越来越多，如在 1912 年广东省的官员中，基督教徒竟占 65%。[③] “庚子教难”之后，外国传教士更注重在中国办学，他们试图通过教育和培养人才来对中国施加影响，从而以此加快中国的基督化进程。

外国传教士除了在中国创办一些大学之外，他们也很注重中学教育。1907 年，合肥基督会教会在原先女子服务社的基础上，开办了三育中学和三育女子中学两所学校。由于开始时学生人数极少，因此，在开办之初，教室是租赁的私人房屋。三年后，三育中学的两位毕业生被保送到金陵大学免费读书，此事影响很大。第二年，学生人数便骤增到百人以上。由于

---

①《各州县最初设立耶稣教堂一览表》，载安徽通志馆编《安徽通志稿·宗教考》（下卷），民国年间排印，具体年代不详。

②《中华归主》，第 91 页。

③《中华归主》，第 87 页。

合肥私立三育女中校门牌（肖晓飞拍摄）

三育女中

学生人数增加，基督会便在合肥城隍庙以东购得包括将军庙旧址在内的大片土地，兴建三育中学新校舍66间，这个地方现为安徽省人民医院。同时，在小南门内先后盖房80间作为三育女中和三育小学的校舍。①这两所学校设有高级中学3个班，初级中学3个班，小学6个班，并在南门城边附设1个农场。②三育女中现为合肥市南门小学所在地。

魏特琳来到合肥时，三育女中的教学虽已初具规模，但该校学生人数仍很少。③在中国传统文化中，“女子无才便是德”。人们大多不主张女子读书，大多数父母都认为让女儿读书是一种浪费，因为女孩长大后便要嫁人。据统计，直到1917年，安徽全省所有国立中学中，总共有学生1125名，竟然没有1名女生。④因此，教会在设立学校时，特别注重女子教育，但由于中国传统文化的影响，上学读书的女子仍然很少。据统计，在全国所有教

---

①《合肥基督教及三次教案》，载合肥市政协《合肥史话》采编组编《合肥史话》，黄山书社1985年版。

②《各县耶稣教堂表》（民国二十三、四、五年调查），载安徽通志馆编《安徽通志稿·宗教考》（下卷），民国年间排印，具体年代不详。

③据1917年开始的调查，合肥基督会虽设有女子中学，但它与南陵宣道会所设女子中学加在一起全省总共才有19名学生，而合肥女中仅有8名学生。参见《中华归主》，第120—121页。

④《中华归主》，第121页。

会中学中，男生占 70%，女生仅占 30%，而有的省份如云南、陕西等省的教会学校仍然收不到一名女生。因为女生多半只读完小学就辍学了，升入中学者极少。[①] 实际上，同国立学校相比，各级教会学校给予中国妇女的机会要多得多。

根据当时教会工作的有关规定，新到中国传教的人员一般先要用两年时间熟悉中国的风俗习惯和学习中国语言，然后再分配其做具体工作。魏特琳到合肥后，对中国女子不能受到正常教育的情况深为震惊，于是决心用自己的力量尽可能改变这一现象，因此，她对合肥三育女中的工作十分投入。在其担任校长期间，“校务蒸蒸日上，成绩卓越，备受外界赞扬推崇”[②]。

关于魏特琳在三育女中的具体情况，目前很少有资料记载。据该校后来所作的调查，该校最早沿革是 1897 年由方淑美（中国名）在姚家公馆建立的女子服务社，1908—1916 年期间更名为合肥私立三育女子小学和三育女子中学，校长为美籍传教士彭育恩（中国名）。[③] 资料中虽然没有关于魏特琳担任校长的记载，但在该校校史资料中，我们发现其沿革表中有：“1908—1909 年，合肥私立三育女子小学，校长为华椿（美国传教士，中国名，系南京派来）。”[④] 魏特琳来中国后，像其他来华传教的人一样，也根据自己英文名字 Vautrin 的音译取了一个中国名字华群，该沿革表中的“华椿”应该就是“华群”。校名“三育”的含义是：“育灵、育智、育体。”魏特琳离开后，三育女子小学由彭育恩继续担任校长。[⑤]

---

①《中华归主》，第 92 页。

② 胡华玲：《金陵永生——魏特琳女士传》，第 31 页。

③ 安徽通志馆编：《安徽通志稿·教育考》（六），1934 年版，现藏安徽省图书馆。据记载：“合肥三育女子中学：该校由欧人彭育恩女士创办于前清宣统元年（1909 年）。”

④ 合肥市南门小学校史资料。据 2023 年 9 月 28 日安徽大学历史学院肖晓飞博士前往南门小学调查，现南门小学校史陈列馆中的魏特琳照片已在学校校史沿革中，该沿革表中魏特琳在合肥的时间有误。

⑤ 参见南门小学校史陈列馆资料。

魏特琳在合肥总共生活6年，对合肥很有感情。她到金陵女子大学任教之后，还经常在日记中怀念在合肥三育女中的生活，[1] 特别是在日军攻占南京之后，她经常在日记中提到合肥，担心日军在合肥施暴。

现在的合肥南门小学

① 据《合肥中等学校概述》记载，合肥三育女中于抗战胜利后的1946年停办，见《合肥史话》。

第二章 情倾金女大

一、选择金女大

1918年秋，魏特琳在合肥工作已达6年。按照教会里的惯例，魏特琳获得回美休假一年的机会。魏特琳回到美国，在她的家乡塞科尔小镇曾引起一阵不小的轰动。淳朴的小镇居民为本地能出这样一位年轻勇敢的女传教士而深感自豪，都争着请她吃饭，教堂也请她去作演讲，6年来她在遥远东方的所见所闻深深地吸引了在场的每一个人。当年小镇上那个贫苦倔强的小姑娘如今已长成令人仰慕的女英雄了。在探望过父老乡亲之后，魏特琳立即前往纽约的哥伦比亚大学深造，用难得的假期时间又取得了该校教育学硕士学位。

1918年回美休假，魏特琳身着中式服装摄于友人家房前（Hua-ling Hu. *American Goddess At the Rape of Nanking: The Courage of Minnie Vautrin*, Southern Illinois University Press，2000.）

魏特琳所属的基督会差会打算在她休完假后，派她回中国，到南通州[①]创建一

① 即今天的江苏南通。

所女子中学。但就在这时，金陵女子大学因校长德本康夫人[①]要在来年回国休假，并筹措建校基金，需一适当人选代掌校务，魏特琳在合肥女子中学所取得的瞩目成就使其成为最合适的人选。1919年春，为了争取魏特琳同意来金女大，古彻小姐(Miss Goucher)与魏特琳进行了长谈，并相信如果“再恳请一次，而且以另外一种形式就会赢得魏特琳的同意，并强调在华的教师管理董事会（Faculty and Board of Control in China）和在美国的金女大委员会（Ginling College Committee）一致敦促她在德本康夫人不在金女大时代理其工作，同时继续自己的教学工作”。后来古彻小姐被授权与魏特琳又进行一次长谈，“结果是魏特琳同意无论如何至少今年来金女大工作”[②]。对这一结果相关人员感到非常高兴。

显然，她们是过于乐观了。在得知坊间传说她同意去金女大工作的消息后，魏特琳给纽约的金女大委员会的秘书本德小姐（Elizabeth R.Bender）写信，强调了她的同意是有前提条件的，也就是“如果你们在金女大绝对找不到其他人做这份工作，我愿意临时去做。我仍然觉得古彻小姐是逻辑上代理德本康夫人工作的合适人选，在美国一定有某个人准备好了去做金女大所需要的教育学方面的教学工作”。她还补充说，之前的决定是在没有与她所在教会商量的情况下做出的，她同意去的一个重要原因是她不想伤害金女大，如果其他人选一时找不到的话。[③]从中不难看出魏特琳有着一颗为他人着想的善良之心。

按照基督女传教会（The Christian Woman's Board of Missions）的会长，同时也是金女大委员会成员的阿特沃特（Atwater）的要求，对金女大要求

① 即瑟斯顿夫人，英文名为 Mrs. Lawrence Thurston。金女大第一任校长，德本康为其中文名。
② Letter to Mrs. Anna K. Atwater by A.M., April 26, 1919, RG11, Box 145, Folder 2875, The Archives of the United Board for Christian Higher Education in Asia, Yale University Divinity School Library Special Collections.
③ Letter to Miss Elisabeth Bender by Minnie Vautrin, May 5, 1919, RG11, Box 145, Fold 2875, The Archives of the United Board for Christian Higher Education in Asia, Yale University Divinity School Library Special Collections.

借调魏特琳以便在德本康夫人明年休假时代理其工作一事，基督会差会（The Foreign Christian Missionary Society）的多恩（R.A.Doan）给金女大委员会的本德小姐写信，表达了不同的意见，强调在南通州创建女子学校的事情已经等了多年，基督会差会已经挑选了魏特琳在这个秋天前往工作，并指出，“我们既定的政策是传教士的工作安排由我们本地的传教会负责的，我们一直坚持了这一做法，你们的要求显然不合常理”，有关南通州的工作已经有很多失望和拖延了，“如果让我们决定的话，我们不应该将魏特琳小姐从那一工作岗位叫走”。他补充说，这并不是说金女大的工作不重要。①

魏特琳在金女大（Woman-to-Woman Worldwide 2012 Minnie Vautrin Additional Information）

第二天也就是1919年7月2日，阿特沃特夫人也给本德小姐写了一封信，推测本德已经收到了基督会差会有关魏特琳和他们对她工作安排的看法。阿特沃特夫人指出，目前基督女传教会和基督会差会是两个机构，魏特琳是属于后者的传教士。但当她返回中国后，她将是属于两个教会的传教士，在南通州地区，基督女传教会和基督会差会负有共同的责任。“他们不断地敦促魏特琳小姐必须去领导我们在那里的学校。我们不想那样伸张金女大的需求。我们一直希望我们将有一位能满足金女大需要的年轻女性，我知道在中国我们有一些有能力完成教会工作的人，如果将她们安排在需要

① Letter to Miss Elisabeth Bender by R.A.Doan, July 1, 1919, RG11, Box 145, Folder 2875, The Archives of the United Board for Christian Higher Education in Asia, Yale University Divinity School Library Special Collections.

的岗位上，她们也能胜任，当然她们都没有魏特琳小姐的经历，因此承担不起明年教会领导想放在她肩上的责任，我已经给基督会差会写信，提醒他们给你最后的决定。”[1] 显然，阿特沃特夫人也倾向于魏特琳去金女大工作，原因是有能力承担管理工作的非魏特琳莫属。

7月8日，本德[2]写信告诉魏特琳几个消息：一是几天前阿特沃特来信告诉她基督会差会不愿放她去金女大工作，今天又收到了基督会差会多恩的正式信函，内容是同样的意见；二是之前金女大发电报询问她秋季是否能去金女大工作，本德已将这一令人失望的消息发电报告诉了金女大；三是还没有找到能去教育系任教的人，也没有找到这个夏季就能去金女大（代理德本康夫人工作）的人。有一些线索，希望能够确定一个或更多的候选人。她写道：“尽管我们非常失望，但我们不想批评你的差会或者对他们的决定感到不满，因为我们意识到他们首要的责任是对他们差会的工作负责，他们有十分充足的理由不放你，你的差会高度赞扬你的价值，他们不愿意放你一点也不令人吃惊。”[3]

在收到本德的信后，魏特琳于7月21日给她回信，表达了私下的看法：“如果你们在德本康回国休假期间找不到去金女大（代理她工作）的人，我愿意去。我认为我们的差会没有像我们那样看到（金女大）那种需求的紧迫性。他们想在南通州开设女子学校，他们觉得我想做这一工作，我根本不这样认为，实际上，我觉得（就南通州的工作而言）我们在中国的传教会有女性能够和我做的一样好，本德小姐，如你认为金女大找不到合适的人选，请给基督会差会寄信，要求给我一个机会以表达我的选择——在

---

① Letter to Miss Elisabeth Bender by Anna R.Atwarter, July 2, 1919, RG11, Box 145, Folder 2875, The Archives of the United Board for Christian Higher Education in Asia, Yale University Divinity School Library Special Collections.

② 该信没有签名，但从内容看，应该是金女大委员会的本德所写。

③ Letter to Miss Minnie Vautrin, July 8, 1919, RG11, Box 145, Folder 2875, The Archives of the United Board for Christian Higher Education in Asia, Yale University Divinity School Library Special Collections.

南通州还是在金女大工作。”魏特琳强调，“这封信是私下的，防止金女大出现不想要的局面”①。

魏特琳实际已经清楚地表达了她选择去金女大的意向。既有行政管理能力能够代理德本康校长的工作，又能从事教育学的教学工作显然是一个巨大的挑战，而魏特琳愿意接受这一挑战。换言之，如果她不接受这一挑战，金女大来年工作必将受到很大的影响。从负责招聘的本德小姐与相关人士的通信内容看，很快能找到这样的人才希望渺茫。

尽管魏特琳强调有关她不同意其差会对她工作的安排的内容是私下的，但本德小姐还是告诉了金女大委员会的霍奇（Hodge）小姐，并认为，“我们还有一些希望，我认为我们应该在采取行动前与德本康夫人讨论一下这个问题”②。

由于魏特琳的明确表态和相关人员的努力及金女大多方疏通，魏特琳去金女大工作事宜出现了转机。9 月，基督会差会的麦克林（Mclean）博士给本德小姐去信，说他们的办公室收到了来自中国的海底电报，尽管电报不够清楚，密码翻译遇到了一些问题，但他们可以肯定他们在中国的传教会经过投票，决定魏特琳应该去金女大工作一年。该电报还“要求我们通知你们及魏特琳小姐这一消息，魏特琳小姐 15 日乘坐加拿大太平洋航线的蒙蒂格尔号（Monteagle）从温哥华返回中国”③。实际上，魏特琳抵达上海后，才得知了这一消息。

然而好事多磨，9 月 5 日，基督女传教会的会长阿特沃特也写信给霍奇

---

① Letter to Elizabeth R. Bender by Minnie Vautrin, July 21, 1919, RG11, Box 145, Folder 2875, The Archives of the United Board for Christian Higher Education in Asia, Yale University Divinity School Library Special Collections.

② Letter to Miss Hodge by Elizabeth R. Bender, July 30, 1919, RG11, Box 145, Folder 2875, The Archives of the United Board for Christian Higher Education in Asia, Yale University Divinity School Library Special Collections.

③ Letter to Miss Hodge by Elizabeth R. Bender, September 4, 1919, RG11, Box 145, Folder 2875, The Archives of the United Board for Christian Higher Education in Asia, Yale University Divinity School Library Special Collections.

1921 年的金女大部分教职员，左六为魏特琳（耶鲁大学神学院图书馆）

小姐，讲述上星期她在基督会差会时，得知教会收到了一份来自中国的电报，他们对电报内容有些疑惑不解，已将电报发回中国，并请中国当地差会对电报进行重新解释，但可以肯定的是差会当地的传教会投票决定让魏特琳去金女大工作一年。尽管他们说在没有看到电报全文时就告诉你们是欠妥的，但她觉得没有什么问题，“我不禁对他们似乎做出这一决定感到高兴，我知道你们所有的人将会非常高兴”。显然她在口授完这封信后，得到了新的消息，于是在签名的下方手写了“魏特琳小姐将与我们一位在中国的传教士结婚，他现在休假。因此金女大将无法得到魏特琳”[①]。

大家对这一消息都感到吃惊，都担心她会推辞不就，不过十天后，阿特沃特来信澄清其上封信的内容，“尽管魏特琳小姐的确订婚，准备结婚，但科里（S. J. Corey）博士告诉我她来年将投入金女大的工作。我认为结婚

① Letter to Miss Margret E.Hodge by Anna R. Atwater, September 5, 1919, RG11, Box 145, Folder 2875, The Archives of the United Board for Christian Higher Education in Asia, Yale University Divinity School Library Special Collections.

将会推迟到后年。我希望我匆忙的留言不会影响（你们的）计划”。

在这封信的下面，霍奇小姐手写了下面的内容：“我刚刚在会上见到了阿特沃特夫人，她告诉我订婚已经告吹，她要求有关订婚的情况不要传到中国，因此请不要向任何人提及此事。霍奇小姐写下此留言的时间是 9 月 17 日晚 9 时 30 分。”[①] 由于这个决定，后人无法了解解除婚约的原因，但按照常理推测，到金女大去代理校务就意味着已经 32 岁的她又要推迟婚期，没料到事业心极强的魏特琳却接受了聘请，她与金陵（南京古称金陵，魏特琳及其他外籍教师都习惯于把金女大称为 Gingling College）的不解之缘由此结下。但遗憾的是，由于未知的原因，婚约过不多久便告解除，魏特琳坚强地承受了这一打击，从此一直过着单身生活，终生没有婚嫁。

二、致力于学校发展

1919 年 10 月的第二周，魏特琳来到南京[②]，受聘为金陵女子大学教务主任，并代理校长职务一年半，开始了她与南京、金女大长达 20 多年的不解情缘。

金陵女子大学（1930 年以后改名为金陵女子文理学院）是由外国教会组织在华创办的第一所设置完整的女子大学。辛亥革命后，英、美各教会在江浙沪一带兴办了不少女子中学，推动了中国沿海省份的女子教育。为“造就女界专门人才”，培养和保证女子中学的师资，同时为毕业后的中学女生提供升学场所，美国浸礼会、监理会、美以美会、长老会、基督会等教会遂商定在南京（当时这里有望成为民国首都）建立金女大，其后又有圣公会、

① Letter to Margaret Hodge by Anna R. Atwater, September 15, 1919, RG11, Box 145, Folder 2875, The Archives of the United Board for Christian Higher Education in Asia, Yale University Divinity School Library Special Collections.

② 据南京师范大学校史编写组编写的《南京师范大学大事记（1902—1990）》记载，魏特琳（即华群）于 1916 年到校。此记载有误，魏特琳实际到校任职时间应为 1919 年。

位于绣花巷临时校址的金女大校门（耶鲁大学神学院图书馆）

伦敦会、复初会参加合作，经费则由这八个基督教传教会及姊妹学校美国马萨诸塞州史密斯女子学院共同资助。1913 年 11 月 13 日，教师管理董事会（Board of Control）推举美籍人士德本康夫人（Mrs.Lawrence Thurston）为首任校长，负责筹办建校事宜。

1915 年秋，金女大正式开办。开办伊始，未能自建校舍，而是租赁绣花巷李鸿章故宅（人称“百屋房”）为临时校址，那里是李鸿章的五子在南京的原住宅——李家花园。100 多个房间及户外的花园菜地，改造成教室、宿舍、办公室、实验室、图书馆、礼堂、操场。当时规模很小，教职员仅 6 名（美籍 4 人、华籍 2 人），学生 11 名，平均年龄 23 岁。不过学校完全按照英、美大学的标准办学，课本也全部选用英、美大学原版教科书，有些英文程度较差的学生学习起来颇觉吃力，以至于第一届学生中只有 5 人获学士学位。经美国纽约大学委员会认定，金女大学生成绩优良，其程度与各大学相埒，因而予以核准立案，颁给学位有效，获学士学位的毕业生还可免试直升美国大学的研究院攻读硕士学位。这 5 人也是在中国本土取得学士学位的首批中国妇女，后来成为该校第一任华籍校长的女教育家吴贻

绣花巷临时校址，魏特琳设计的玫瑰园［孙建秋编著《金陵女大（1915—1951）：金陵女儿图片故事》，广西师范大学出版社 2010 年版］

芳及该校首届华董主席徐亦蓁女士（她也是吴贻芳的同班好友）就是其中的佼佼者。

魏特琳到校后，立即全身心地投入到繁忙的校务和教学工作中去。她处处以办好学校为己任，精心安排教务，革新各项教学工作，为金女大的发展竭尽心力。对此，协助她工作的布朗小姐报告说："学校开学仅一个月，魏特琳小姐便来到南京，随着日子一天天过去，她担当了越来越重的责任。下车伊始，她就肩负起调整各种关系的责任，还要为学校教学楼建筑计划提出咨询。在未来金女大之前，她对这些问题还没有任何准备，但由于有较好的职业训练，她轻车熟路，很快就适应了这一系列难题。看见她承担了如此繁重的任务，并且十分出色地推进了学校的工作，我们都由衷地感到佩服。"[①] 所幸的是，金女大有一个组织完善的办公机构，帮助魏特琳处理许多琐碎事务，使她不必亲自扮演注册主任、会计及办公室主任等角色。

①［美］德本康夫人、蔡路得著，杨天宏译：《金陵女子大学》，珠海出版社 1999 年版，第 35 页。

魏特琳矢志于中国女子教育的推广，认为推广中国女子教育必须先从加强女子中学教师及行政人才的训练入手。她在美国大学里受过专业师范训练，又在合肥女中经过多年实践锻炼，熟悉中国的中学教育，她讲授教育课程时，曾吸引了大批学生到教育系来听课。教育学虽被列为全校学生的必修课（1925 年金女大将教育系改为辅修系），但是魏特琳很注意保持职业训练及课程掌握两方面的平衡，不赞成学生只把教育学当作主课。她认为师范生必须掌握正确的教学法，也应该熟悉自己所讲授的课程；作为未来的教育工作者，学科过分专业化会导致知识面过于狭窄，不利于实际教学工作的开展。

1922 年圣诞节，右一为魏特琳（耶鲁大学神学院图书馆）

1924 年，魏特琳与毕业生们（Woman-to-Woman Worldwide 2012 Minnie Vautrin Additional Information）

出于对教学实践重要性的认识，魏特琳在教育系建立起教学实习制度，要求学生们不仅要熟悉书本上所学到的知识，更要懂得如何实地教授所学科目，这在当时是富有开创性的教育思想。魏特琳还主张有志从事教育事业的学生应该学习教育学理论，并至少要熟悉一门中学课程，经过在中学实习、取得良好成绩后方可毕业。长期的教育实践证明，她所建立的这套教学程序与标准是行之有效的，后来在中国的师范院校中也得以普遍推广和实施。

随着风气渐开，金女大的学生日增，学校又获得建立永

建设中的金女大新校园（耶鲁大学神学院图书馆）

久性校址的基金，于是在南京城西宁海路南段陶谷购地300余亩筹建新校园。

1923年6月，金女大将迁入宁海路新校址去，魏特琳“发起了调查我们新邻居”的活动，了解他们是谁，如何生活，他们的孩子在哪里上学。5月成立了一个由两名学生和一位老师组成的委员会专门负责该项工作，该委员会利用好几个周末的下午，挨家挨户地走访住在学校周围的居民，通过这些走访，发现新邻居主要是郊区农民和菜农，他们住在矮小的草房里，从早到晚整天劳作。一些邻居家里有一两台织布机，从事织布工作。还有一些是木匠、拉黄包车的。尽管他们都很贫穷，但对学生的来访热情友好，学生们了解到了现实社会生活。

当学生们得知邻居中有150多名学龄儿童因为家境贫寒无法上学，而即使少数上了学的也只是在一家旧式私塾里读《论语》《三字经》之类内容时，就决定开办一所小型的现代化学校。第一学期刚搬入新校舍，大家都比较忙，从第二学期起聘请了一名全日制教师，利用学校门房为孩子们开课。然而来念书的孩子太多，门房里容纳不下，魏特琳就在学校师生中发起募捐，募捐在校园进行，主要捐赠者就是学生，“教师们承诺学生每募集到两元钱，

金女大培幼小学的孩子们（耶鲁大学神学院图书馆）

教师将另捐一元”。用募得的900元在附近购买了一小块土地，盖起了一所有两间教室、一间阅览室和一个大厅的小学校。自1924年秋，小学正式开学，专门招收周围穷人家的失学儿童，不仅教他们念书识字，还教给他们增进生活意义的知识，另外，“星期日下午，那里还有一个非常现代的星期日学校，由金女大的学生负责运营和授课。全日制和星期日学校运营费用由金女大‘基督教女青年会’的学生负责支付”[①]。这是后来的附属实验中学的先驱。

在1926年的一封信中，魏特琳谦虚地说，是哈纳瓦尔特（Hanawalt）小姐创建了“实验中学”（The Practice School）。在信中，她表示休假结束后，来年她将去实验中学，并在很大程度上用中文从事那里的工作，“我对实验中学了解很少，必须投入我的全部时间……实验中学有两个教育学的班，

① *How the Ginling College Students are Sharing with Their Neighbors* by Minnie Vautrin, 1924, Minnie Vautrin（1919–1941）, Series 3 Box 2 Folder 22, Burke Library, Columbia University.

这将花掉我的所有时间，除非情况与我所了解的有所不同”[①]。

实际上，魏特琳一直为此在做准备，在美国休假期间，她看到迈阿密大学教育系在教材教法方面有新的内容，于是请俄亥俄牛津西女子学院（The Western College for Women）的爱丽丝（Alice Butler）去一趟迈阿密大学教育系，“看一下她们在培养学生教学方法方面所采用的具体措施的细节，我对她们所有的计划都非常感兴趣，包括她们的教案、对牛津以外地区学校批评的回应、对老师教学的评估等”[②]。按计划实验中学定于 1927 年 9 月 20 日开学，并邀请多位高中校长前来参加开学仪式。但由于各种原因，实验中学直到 20 世纪 30 年代初才完全建成。1934 年 9 月 17 日，魏特琳写道：“金陵实验中学现在是一个完整的高级中学了。有史以来第一次我们有了三个班级，74 名学生。她们和三位教师开心地生活在校园东南角可爱的宿舍里。”[③] 作为本校毕业生实习教学的场所、教育系培训教师的样板，学生在掌握教育原理及方法外，还可获得实地教学的经验。

魏特琳的到来也使金女大民主气氛大增。作为教会学校，校方开始时像对待中学生一样，在学生的生活、学习上都管得过紧。为证明自己能够管理好自己，学生们申请成立学生自治会，这一要求得到了魏特琳的积极支持，也终获校方批准。新成立的学生自治会不仅组织、监督学生自觉遵守学校各项规章制度，还承担起大门管理及宿舍卫生等责任。学生们敢于向学校提出自己的意见，呼吁撤换掉了不合格的女舍监。魏特琳为此深受学生的爱戴。

魏特琳知道，建立一支高水平的教师队伍对学校发展来说尤其关键，

---

① Letter to Mrs. Turston, Members of the Advisory Committee, Miss Hanawalt by Minnie Vautrin, February 12, 1926, Minnie Vautrin（1919–1941）, Series 3 Box 2 Folder 22, Burke Library, Columbia University.

② Letter to Miss Alice Butler by Minnie Vautrin, May 12, 1926, Minnie Vautrin（1919–1941）, Series 3 Box 2 Folder 22, Burke Library, Columbia University.

③ Letter to Ginling Alumnae by Minnie Vautrin, September 17, 1934, RG11, Box 145, Folder 2875, The Archives of the United Board for Christian Higher Education in Asia, Yale University Divinity School Library Special Collections.

1933年金女大附中（实验中学）毕业生合影，前排中为吴贻芳，前排右五为魏特琳（孙建秋、杨璐编著《金陵女儿图片故事》，中国民族摄影艺术出版社2021年版）

所以她十分重视学校教员的选拔与培养，“我们务必要使每个系都配有最好的教员，并为之合理安排课时与科目，让大家都能感到自己正在为一个伟大的目标而工作，人人葆有充沛精力，越干越有劲头”。学校先后聘请了一些德才兼备、具有专业造诣的教员前来任教，扩大和充实了原有的师资力量。从她与德本康夫人的通信中可以看出，挑选、安排不同学科的老师是二人通信最主要的话题，同时竭力挽留已在金女大任课的老师，也是魏特琳的一项重要工作，即便其在美国休假时也是如此。1926年5月，当她得知郝映青（Hoh Ying-tsing）明年将离开金女大去美国读社会学的硕士时，魏特琳考虑再三，给她写信。在信中，魏特琳请求她不要放弃教授中文的工作，“如果像你自己这样的女性不愿意教中文，那么我们找谁来教中文？如果像你这样的女性看不到教中文的（发展）机会，那么我们能够说服谁了？”魏特琳恳请她再次考虑放弃教中文而去学社会学的决定，特别是学校在经历去年春天的困难局面时，“你做出了重要的贡献”，考虑到未来几年可能还要面对的困难，“母校仍然需要你的帮助和建议”。信中写道，“在金女大中文系数年服务，将其建设为一所基督大学应有的水准，与在美国学习一两年相比是一个巨大的挑战”，“当然你想去美国留学，因为大家都这么做，这成了一种时尚。但我真诚地认为你的最大的幸福和作用是在金女大的工作中再创造你自己和你的理想”。在信的最后，魏特琳请她原谅自己的直率，因为“我像对自己的妹妹一样说话，因为我爱你和尊重你，因为我爱你的母校。我的确希望你花时间再次考虑这个问题，做出正确的决定永远不会太晚”[①]。

真情挽留溢于言表！大概在魏特琳眼中，郝映青对金女大的未来发展十分重要。其实，魏特琳并不反对金女大的师生去美国留学，恰恰相反，她总是尽力帮助。当她得知经过系列面试和在多人推荐信的帮助下，张肖梅（Djang Siao-mei）将去芝加哥大学读研究生后，魏特琳非常高兴，并表示“在我（1926年）7月底回中国前看看是否可能为她争取到奖学金，尽管今年得到奖学金时间上可能有些迟了，因为一般奖学金是在4月1日前确定”[②]。

在德本康夫人告诉她Loh小姐和Zia小姐将不再任教金女大后，魏特琳很是着急，她们俩一位教体育，一位教高等物理。魏特琳给她们写信挽留，赞扬她们表现很好，金女大非常需要她们。魏特琳还以自己在金女大的经历为例，说明第一年最为困难，要熟悉各种环境，之后情况就会发生变化。信的最后写道，“这封信只是请求你们再考虑金女大的需要”[③]。

她还积极维护外籍人员每六年回国休假一次的制度，使他们有时间放松身心或进修专科，提高自身素养与水平。为保证学校新建的现代化图书

---

① Letter to Hoh Ying-tsing by Minnie Vautrin, May 10, 1926, Minnie Vautrin（1919–1941）, Series 3 Box 2 Folder 22, Burke Library, Columbia University.

② Letter to Mrs. Thurston by Minnie Vautrin, July 1, 1926, Minnie Vautrin（1919–1941）, Series 3 Box 2 Folder 22, Burke Library, Columbia University.

③ Letter to Miss Loh and Miss Zia by Minnie Vautrin, May 10, 1926, Minnie Vautrin(1919–1941), Series 3 Box 2 Folder 22, Burke Library, Columbia University.

馆一开始便立于较高起点，魏特琳向金女大委员会力陈己见，在美国聘请一位受过专业训练、经验丰富的图书管理员参与到新图书馆的筹备与管理中去。由于坚持唯才是择、唯贤是用的用人方针，金女大所选教师素质普遍较高，从而有效地保障了学校的教学质量。

在德本康夫人休假和去美国筹款时，魏特琳作为校方主持人，在抓好教学工作的同时，积极参与新校区的筹款、购地、建筑设计及营造工程等各项繁杂事务。自 1864 年太平天国运动失败以来，南京城受战争影响，破败不堪，许多土地变成了坟地，金女大购置的土地也是如此，因此清理搬迁工作特别艰巨。学校不得不为此支付各种额外费用，还承受了很多流言蜚语，德本康夫人曾感激地说："魏特琳小姐自 1919 年来就肩负了这副重担子最沉重的一头，而将同建筑师、合同承包人打交道等相对简单的任务留给了我。"①

1924 年 12 月 29 日，魏特琳写信告诉家人，圣诞节后不久，她即以学校司库的身份去上海解决煤气（gas plant）问题。原来合同甲方是一家外国公司，后来卖给中国人，核心人员发生了变化，安装者都是中国工人，账单也远远高于预算的价格。魏特琳是中途接手，对细节了解甚少，经过多方联络、测试和协调，最后魏特琳以远低于对方的要价寄出了支票。②

1923 年新校园初具规模，新址上的 7 座主要建筑落成。其中，体育馆（100 号楼）的底层是礼堂会议室，上层为体育系办公室及健身房，因位居中央，故又称中大楼；位于南面的科学馆（200 号楼），面积 1540.61 平方米，为生物、化学、物理系教室及实验室；北面的文学馆（300 号楼）面积 1491.75 平方米，有教室 16 间，其他为事务组及各系办公室；宿舍共 4 座（400—700 号楼），每幢可容百余人，面积 1150.8 平方米，内设寝室、小食堂和交谊室。这是中国基督教大学历史上最大的校园楼群之一。楼群呈四合院式，正对

---

① [美] 德本康夫人、蔡路得著，杨天宏译：《金陵女子大学》，第 38 页。
② Letter to Family by Minnie Vautrin, December 29, 1924. Minnie Vautrin（1919–1941）, Series 3 Box 2 Folder 22, Burke Library, Columbia University.

金陵女子大学明信片（耶鲁大学神学院图书馆）

东面的紫金山，建筑式样“采我国古代宫殿之优美，而以西法利用，位置采庭院对称式，不觉散漫”[1]，堪称将中式风格用于现代建筑的典范。同年 7 月全校师生迁入新校园后，魏特琳又亲自带着园丁设计种植花草树木，美化校园环境。古朴典雅的校舍与回廊、草坪、池塘浑然一体，四周松楠掩映，花圃飘香，成为幽静雅致的求学胜境。在这座被誉为东方最美丽的校园里，不知渗透着魏特琳多少辛劳的汗水，凝聚了她多少殷切的期望。

魏特琳尽管长期在海外工作，但回国休假时，她都全力尽女儿职责。1925 年她有为期一年的回国休假期，魏特琳利用这段时间继续深造，同时也不忘自己作为女儿的责任。一开始有人推荐她去斯坦福大学进修，但考虑到其父亲的安排问题就放弃了，后来还是选择了位于芝加哥的大学。1925 年 9 月 21 日，在给位于纽约负责教会资金的卡特（Carter）先生的一封信里，魏特琳写道，“10 月 1 日后，我的地址将是芝加哥马里兰大街 5804 号。在我在大学学习时我父亲和我将住在这里。我非常幸运在大学第一学期得到

①《私立金陵女子文理学院要览》，1945 年 5 月编印。

了属于长老会董事会的公寓，我非常感激，因为没有这样的帮助我就无法到大学学习，同时让我父亲和我一起生活”[①]。

在芝加哥大学学习期间，她一面忙着选课学习、撰写报告，一面以金女大教务长兼教育系主任的身份直接负责在美国购买图书，甄选教职员、图书馆管理员以及策划新课程等具体事宜。为了接洽处理有关校务，一个晚上往往得写上五六封信；而光为金女大甄选合格教职员一项，就多垫付邮票和电报费9块多美元。那时她月薪才75元，芝加哥的生活费用又高，9块多钱应是一笔不小的数目。在教会方面已明言无法增加该校经费的情况下，她还一再地写信给委员会有关负责人，反复申述增加金女大经费及教职员的重要性，以确保教学条件与学生利益。同时，魏特琳也不放过任何向海外募集资金的机会，她发动在美国的金女大校友为母校募款。在印第安纳州的一个夏令营上，她一次就为金女大募得好几千块钱。

1927年，中国局势激烈动荡，政治军事的飓风席卷南京。3月24日，北伐军攻进南京时，城内局势相当混乱，到处兵荒马乱、人心惶惶，邻近金女大的金陵大学就有多处建筑遭战火烧毁，美籍副校长文怀恩遇散兵抢劫而被枪击致死。停泊在下关长江江面上的英、美等军舰闻讯，向南京城内开炮，炸死炸伤多人，形成了震惊中外的“南京事件”。事件震惊了在南京的外国人，他们纷纷逃到停泊于下关江面的外国军舰上，多数人决定立即回国，大部分教会学校被迫停课，有的甚至关闭。金女大虽免于焚掠，但正常教学秩序已被打乱，魏特琳同其他外籍教员一起疏散到上海。4月16日，魏特琳在上海给朋友写信，她首先说明不能公开这封信，接着简要介绍了事件的梗概。但她更多记住的还是中国人在紧急情况下提供的帮助，“最后我们的中国同事和学生意识到这些士兵是来寻找外国人的，首先（他

① Letter to Russell Carter by Minnie Vautrin, Septermber 21, 1925, RG11, Box 145, Fold 2875, The Archives of the United Board for Christian Higher Education in Asia, Yale University Divinity School Library Special Collections.

们）将我们隐藏在教工宿舍的阁楼里，不久为了安全起见将我们送到金陵大学，护送我们的是一位南方军官和一批士兵，在那里我们一直待到第二天晚上，我们又被护送到下关炮艇上。我永远也无法忘记在金大阁楼上的那一夜，我无法入眠，因为不时有数名外国人被带上来，他们是被金大的学生和其他的中国朋友从他们的藏身之处找到的”①。

经历 1927 年南京事件的金女大教职员，后排中为第一任校长德本康夫人，后排左二为魏特琳（耶鲁大学神学院图书馆）

滞沪期间，她时刻记挂着留校教员和学生的安危，还忙着策划金女大秋季招生及开学事宜。万事殊难预料，大家甚至作出了不得已时在上海物色临时教室也要按时开课的打算，魏特琳向委员会的朋友表示："我们觉得如果坐待事态完全平息的话，也许就会等上好几年。我们非常清楚地认识到眼下这一年将是荆棘满途，可能是我们所经历过的最为艰难的一年。不过所有的努力和辛苦还是非常值得的。"②

南京市内秩序尚未恢复，魏特琳就在 8 月间只身回到南京处理过两天校务；未经美国驻沪领事馆准许，她又置个人安危于度外，毅然与部分同事分批返回，代替暂留上海的校长负责全校行政。在大约长达 6 周的时间内，金女大以魏特琳为首的 8 位美国女教员成了南京城里唯一的一群美国人，

① Letter to Dear Friends by Minnie Vautrin, April 16, 1927, RG11, Box 145, Folder 2875, The Archives of the United Board for Christian Higher Education in Asia, Yale University Divinity School Library Special Collections.

② 本章未注明出处的引文均节译自基督教高等教育亚洲联合会档案之魏特琳个人函件（1919—1937 年），藏于美国耶鲁大学特藏室：Vautrin Correspondence，Archives of the Christainity Higher Education Union Of Asia in the Yale University.

魏特琳（后排右四）与金女大 1928 级合影（耶鲁大学神学院图书馆）

她们都勇敢地表示自己愿意承担一切后果。在同仁们的共同努力下，金女大于 9 月 22 日在南京本部如期开学，有教职员 22 人，学生 115 人，且开学后每天来访问参观的人络绎不绝，这在因时局干扰公私教育几陷停顿的当时甚为难得。

看到学校“一切顺利无阻”，各项事业有条不紊，中外教职员合作无间，女孩子们学习目的明确、求知欲旺盛，魏特琳由衷地感到高兴。她在 11 月 3 日给位于纽约的金女大委员会的本德小姐的信中，对于金女大能够推动和完成富有成效的高等教育充满了信心，并乐观地说：“请别为金陵担心，她不会也不可能倒下去，因为她年轻的根已深扎于对她忠心耿耿的学生及校友心中。”

在 1927—1928 年那个特殊学年里，魏特琳凭着她非凡的信念、沉着、果敢和坚毅，与同仁、学生们一道精诚合作，终于使金女大安然渡过难关。在 1928 年 7 月举行的毕业典礼上，共授予 21 名女生学士学位，这是金女大自创校以来授予学位最多的一年。

1927 年 4 月国民政府定都南京后，在全国掀起了一场回收教育权的运动，政府有关章程也规定外国教会在华所办大学应建立华人占多数的校董会，校长必须由华人担任。金女大董事会依此实行了彻底改组，产生了由徐亦蓁担任会长的新的学校行政机构，校务暂靠几位中国教职员分担。不少外籍教员离开了，而把金女大当作自己家的魏特琳却没有离开。

校长德本康夫人自行辞职后，校董会推选在美国密歇根大学攻读生物学博士学位的吴贻芳为校长。1928 年 11 月 3 日上午 10 时，新校长就职典礼正式开始。校体育馆内张灯结彩，魏特琳同其他教师、校友及来宾一起头戴方帽，身着礼服，排队入座，目睹中国第一位女大学校长宣誓就职的空前盛况，感受中国妇女界的无上荣光。魏特琳策划了这一仪式，开始她想请一位“大人物”在仪式上讲话，但多次努力未果。最后安排了德本康夫人、牛（New）夫人[①]和吴贻芳博士在仪式上发表简短演讲，魏特琳认为这一改变非常好，“因为她们三人都发表了非常有趣的演讲，我相信这比没有个性的长篇演讲要有意义得多”。仪式上还安排了钥匙交接，由德本康夫人将金女大的钥匙交给牛夫人，牛夫人再交给吴博士，仪式最后校董会会长、教育部长代表、中央大学代表、中华基督教教育会代表、金女大教职员代表、校同学会代表及自治会代表先后发言祝贺。宋美龄也莅临演讲，她称赞金女大“使命重大，设备完全，声誉隆盛”。魏特琳事后回忆，“她的演讲稿是与 W.P.Chen 博士仔细推敲后完成的，她尽了最大的努力用中文演讲，并相当成功”，“开始有人质疑是否应该给蒋夫人这一荣誉，但我们最后决定最好请她演讲，尽管这样做我们可能会受到批评”。[②]

吴贻芳则在就职致辞中回顾了过去经营奋斗所取得的成绩，“一方面有这样壮丽的校舍，完美的设备；一方面在社会上有 120 多个毕业生，在

① 牛夫人，即徐亦蓁，其夫为牛惠生。
② Letter to Dear Ginlingers by Minnie Vautrin, November 10, 1928, Minnie Vautrin (1919–1941), Series 3 Box 2 Folder 22, Burke Library, Columbia University.

这张照片几乎囊括了1932—1933年度金女大的全部教职员工，前排中为新任校长吴贻芳，第二排右三为程瑞芳，第三排左五为魏特琳（耶鲁大学神学院图书馆）

教育界及他种事业上服务”，她勉励“研究同学文理并重，既具国学之思想，又得科学之方法”，并在学问与人格谐调发展方面对学生们寄予厚望。①

吴贻芳主持金女大校政后，作为社会名流还担任中华基督教教育联合会负责人、华东基督教协会执行委员会主席等职务，经常需要外出开会或参观访问，因此不少校务仍由魏特琳掌理。她认为魏特琳长期担任教务长和教育系主任，不但经验丰富，更具备了一名合格教员应有的品格与素质，即安之若素地面对不测及挑战，冷静如常地处理各种困难。

吴校长敏锐的思想、卓越的组织才能、对教育事业以身相许的献身精神也很让魏特琳折服，她曾这样毫无私心地向友人褒扬道：“同吴博士一道工作，使我真正认识到她的确是当代中国的女界领袖、人中英才。她才智超群，为人坦诚，工作起来不知疲倦，是名不折不扣的、纯粹的基督徒②。”两个

①《金陵女子文理学院校刊》第二十二期，1934年12月16日。
②吴贻芳于1926年在金女大读书期间，就在上海的浸礼会怀恩堂接受洗礼，皈依基督教——编者注。

人志同道合，不仅是和睦相处的同事，还成为亲密无间的朋友。在一些困难时期，魏特琳致信金女大委员会和有关人士，表示吴校长决策压力很大，要充分相信吴的判断力，给她充分的支持。本已事务缠身的魏特琳见吴贻芳夜以继日地工作，处理各式各样的文件，有时忙起来甚至连吃饭睡觉也顾不上，就主动替她物色一位训练有素、熟悉校董事会工作的全职秘书，最大限度地帮她减轻工作压力。

不料，1928 年下半年魏特琳接到了父亲要她回国奉养的家书，考虑到父亲年事已高，确实需要有人在旁照料，她遂有辞职之意，并于 1928 年 10 月 31 日给吴贻芳、德本康夫人和教师管理董事会成员写了辞职信。在信中她写道，“1926 年 8 月之所以能够返回中国，原因是向父亲许诺在中国只服务三年。据此，他同意将我们老家临时出租，他搬到另一州与我弟弟及其家人居住，这一情况在我返回中国时告知了金女大委员会和德本康夫人。我当时希望是我的父亲将会永久生活在我弟弟处，这样我就可以有更长的时间在中国，但情况发生了变化，我父亲觉得有必要返回到我们的老家，现在他独自居住在那里。为了遵守我对父亲许下的诺言，因此我必须辞去我在金女大的职务，在 1929 年夏季返回美国”[①]。

1928 年 10 月底魏特琳向金女大提交了辞职信，表示将于 1929 年第二学期离开金女大。对魏特琳来说，金女大十分重要，在给朋友的信中，她这样解释提出辞职的原因，“因为租住我们老家房子的人对房子非常随意和不爱惜，现在我父亲返回老家独自住在那里。让一个 73 岁的老人独自住在那里，而我待在这里对我来说无论如何都是无法接受的，我不想让自己考虑离开中国在美国重新开始意味着什么，但你们能够想象，面对我的情况，在 42 岁的年龄一切重新开始需要怎样的勇气和信仰”。她甚至准备实在不行，

① Letter to Dr.Yi-fang Wu, Mrs. Lawrence Thurston, Members of the Board of Control by Minnie Vautrin, October 31, 1928, Minnie Vautrin (1919-1941), Series 3 Box 2 Folder 22, Burke Library, Columbia University.

就在老家开一个小卖部，以便维持生计。[1] 对亲人、对他人的善良和责任，寥寥数语，展露无遗。可见，魏特琳在 1937 年日军占领南京后救助难民的英勇行为绝非一时冲动。

魏特琳长期致力于中国女子教育，又有带领学校走出危机的丰富经验，在金女大的地位与作用实在无人可以代替，所以吴校长和金女大纽约委员会闻讯后马上加以慰留，委员会又立即致函迁住在密歇根州雪柏得镇的魏特琳父亲艾德蒙先生，恳请他改变初衷，让女儿留在金女大，信中写道："无论如何，令尊 [2] 在金女大的位置极其重要，所起作用亦不可估量。对于由她主管的教育系来说，她所受的专业训练及多年积累的经验简直就是无价之宝。为社会培育和输送未来师资力量的教育系是全校最重要的系科之一，因此该系主任尤其关键。魏特琳小姐精通中文，其中文水准在所有教员中都是首屈一指的；她长期担任学校要职，负有重要职责；而她在教会委员会的工作经历也是弥足珍贵的。"信中还强调，值此新校长上任不久的关头，学校更需要像魏特琳这样坚强、有经验、有能力的教务长扶持襄助。委员会同时写信给魏特琳的弟弟，请他帮忙说服父亲。其弟弟和弟媳妇其实很愿意父亲与他们一起生活，只是其父亲因房客离开，担心旧居荒废，需要有人打理而回去居住。在各方劝说下，深明事理的艾德蒙同意等女儿魏特琳两年后休假时再回家。金女大委员会与吴校长收到答复后都松了口气，委员会还特别去函感谢艾德蒙先生，说他的决定无异于是赠给金女大一份"贵重的礼物"。

对魏特琳而言，不久就收到了更好的消息。位于印第安纳波利斯的外国传教处（Department of Foreign Mission）得到魏特琳因要照顾其父亲将不得不离开金女大的消息后，专门派约翰·格尔登（John R.Golden）前往魏特

---

① Letter to Dear Ginlingers by Minnie Vautrin, November 10, 1928, Minnie Vautrin (1919–1941), Series 3 Box 2 Folder 22, Burke Library, Columbia University.

② 应为嫒——编者注。

琳老家塞科尔。格尔登于 1929 年 1 月 4 日写信给魏特琳，告诉她“1928 年 12 月 30 日我去了塞科尔，发现你的父亲已经返回了你弟弟位于密歇根的家”。他还与了解魏特琳父亲的威利斯·雷亚尔（Willis Real）姐妹进行了长谈，并告诉魏特琳后者保证会给她写信。格尔登告诉魏特琳其父亲去年返回老家居住并非与其弟弟相处不好，而是租住他的房屋的人离开了，其父要将房屋再次出租。租客并没有像他自己那样照料房屋，他对此很不满意。他对房屋进行了修理，并在夏季照料花园和种植果树。在秋天他又找到了一位房客，在收获蔬菜和水果后他就急切想回到密歇根魏特琳弟弟家，因为他很想念孙子们。威利斯·雷亚尔说现在的房客很好，如果他们不走，其父亲就没有什么后顾之忧。她还要魏特琳不要特别担心，其父亲身体很好，在老家期间老朋友对他照顾得很好。在格尔登探访塞科尔时有一个人告诉他，魏特琳父亲返回塞科尔后有一些失望，因为有一些老人搬家了，一些去世了，因此他感到孤独。威利斯·雷亚尔认为他不会想要再次返回了。[①] 这封信使得魏特琳放心了许多。

1930 年底，金陵女子大学经国民政府教育部立案照准，遵照大学组织法，改校名为金陵女子文理学院。[②] 校长吴贻芳在魏特琳等得力助手的配合、协助下，对学校进行了一系列教学改革：一是努力扩大学生来源，使普通中学毕业生的比例大大提高，改变了原本单一狭窄的生源结构。二是改革课程设置，调整和扩充原有科系。学校由创立时的文理两科发展成文理两院，根据学校教学与培养需要增设了新的系科，取消了不合需要的宗教系。三是在拓宽学生知识面的同时，注重基础知识的传授。四是强调学校的师范特点，注意学生常规训练。平时特别重视课堂教学与社会实践相结合，培养学生从事社会调查和服务社会的能力。五是积极发挥教师的主导作用，

① Letter to Miss Minnie Vautrin by John R. Golden, January 4, 1929, Minnie Vautrin (1919–1941), Series 3 Box 2 Folder 22, Burke Library, Columbia University.

② 由于大多数人习惯上还称金陵女子文理学院为金女大，因此，本书仍以金女大称之。

规定每个在校生可找一名教师作导师，导师负责帮助学生解决在学习、生活以及其他方面出现的问题，从而密切了师生关系。

以上改进措施使金女大得到更快速的发展。由于学生人数年年增加，原有校舍已不敷使用，学生宿舍多数人满为患，有的班级则不得不在候客厅上课。为适应学校新的发展要求，魏特琳向美国董事会及行政委员会努力交涉，积极争取扩建校舍，还多方奔走募集款项，寻求财政支持。她在芝加哥大学进修期间，吴贻芳还常从南京来信跟她商讨校务，许多事项也要依靠她处理疏通。时值美国经济萧条，董事会财源大减，1932 年 1 月，在给董事会卡特（Carter）的信中，魏特琳告知其去年 11 月、12 月的工资支票已经收到，并主动提出从 1 月开始将自己的薪水削减 10%，“我肯定如果我节省一些，能够靠减少的薪水生活”；她还要求卡特从其 1 月份的薪水里扣 10 美元寄给上海的博因顿（Boynton）先生用于饥荒的救济。① 为节约经费，她返程时乘坐的是最便宜的轮船舱位。

到 1933 年，金女大学生人数已增至 200 多人，其中新生 74 名，不但素质高于往届，且平均年龄也降到 20 岁以下。由于该校教育成就已名闻四海，美国纽约州立大学授予其独立办学的权利，颁发学位不必再送到美国审核。那一年，学校又增建了两座宫殿式校舍，其中北面一幢为图书馆兼行政办公室，面积 1396.92 平方米，内部结构设置参照美国普林斯顿大学图书馆；南面一幢楼上为大礼堂，楼下则是音乐室和演奏厅，面积 1444.38 平方米。这两幢大楼均用钢筋混凝土建成，结构极为坚固，内部装修考究，与原有建筑物围绕大草坪形成整齐对称的四方格局。在接下来的图书馆搬迁中，全体学生都动员起来，在演讲厅二楼的旧馆与新馆之间排成壮观的长龙，将成捆成捆的书籍一一传送到位。同学们边劳动边唱歌，为能拥有这样好

① Letter to Mr. Carter by Minnie Vautrin, January 5, 1932, RG11, Box 145, Fold 2875, The Archives of the United Board for Christian Higher Education in Asia, Yale University Divinity School Library Special Collections.

的新图书馆而个个兴高采烈。

由宋氏三姐妹捐赠的金女大附属实验中学的宿舍大楼（东一楼）也在魏特琳的亲自监督下于 1932 年 9 月竣工，“8 月 20 日我返回南京，我的休假结束。在接下来的两个星期里，我将我的所有时间（睡眠除外），推动实验中学建筑的完工，并做好新设备搬入的准备。9 月初，建筑竣工，并开始了搬家。几天后就有 70 名学生入住”[①]。新宿舍及时开放给 70 多个学生居住。校友严彩韵四姊妹出资捐建的疗养院（即校医院）1936 年底亦告落成。1937 年春，又有南山教工宿舍甲乙两楼完工，面积分别为 837.12 平方米和 1375.6 平方米，楼内各有 16 间卧室、2 个会客室及 1 个小饭厅。女教职员迁入后腾出的宿舍供学生使用，学校师生的住宿条件因而大为改善。不过，当搬离往日拥挤不堪的 500 号老楼时，望着空空荡荡的宿舍，魏特琳还是觉得有些怅然若失，毕竟她在此住了十几年，这里曾举办过无数次快乐的聚会，留下了太多的美好回忆。在经历了过渡及搬迁的种种不便后，大家对新居都很满意，这里环境优美，视野开阔，可以望见乡村的自然景色。魏特琳是这样向朋友们介绍学校新建住宅的：“演讲厅以北，在原来的网球场旧址上如今已造就了一座呈西洋风格的新宅，其外墙刷上了冷蓝灰色；原先种着两棵树的地方现在则是一栋样式奇特的房子，有一个很大的平屋顶。我们住处的北侧还有三四栋临街楼房正在兴建，北面的汉口路、东边的上海路也在铺筑之中。”

由于学校育人有方，加之历届毕业生的出色表现，金女大学生很受社会各界青睐，往往未出校门就有多个岗位待其选择。魏特琳看到随着时代发展，受教育妇女的就业之路比以往拓宽了许多，不断有社会福利、乡村建设等领域内的新职业向毕业生开放，但诸如商业管理、实验研究之类的

---

① Letter to Friends by Minnie Vautrin, Dec. 1933, RG11, Box 145, Fold 2875，The Archives of the United Board for Christian Higher Education in Asia, Yale University Divinity School Library Special Collections.

行业提供给妇女的机会还很不够。她认为，教育的普及化迟早也会使中国同国外一样出现就业不足的情况，而妇女就业状况却不容乐观。据教育部统计，当时全国约每万人中才有一人上大学，女生则仅占学生总数的八分之一，每 4 万名妇女中只有一人受高等教育，因此提高广大妇女受教育程度仍是当务之急。

1934 年，魏特琳在校内特别开设了一门名为“教育与职业指导”的新课，旨在指导、帮助入学新生对专业课程及未来职业作出更明智的抉择。从这一学年起，学校还规定各个系科都必须向新生们提供其领域内有关专业供求、所需才能等方面的信息，同时还邀请各地专家学者来校介绍护理、医学、写作等职业的发展现状，凡是新生都被要求出席和认真听取这类讲座。另外，魏特琳通过访问远近学校，已经熟悉了她的学生将要去的地方，并能向这些学校提出非常重要的建议。

根据校方截至 1937 年 2 月所做的统计，金女大历届毕业生总数约 400 人，其中从事教育的比例最高（超过半数），在国内外再求深造者占 5.5%，此外在行政、宗教、医护机构以及社会服务部门工作者也为数不少。魏特琳曾详细记录了 1937 年 6 月毕业生就业情况：44 名应届毕业生中就有近 60% 以上去中学教书，还有两人出任系主任。此外，两人成为护理人员，两人将继续其医学课程，一人进入社会医疗系统工作，两人从事宗教社会工作，一人在政府部门任公务员，一人下乡。

魏特琳一心扑在学校教育和社会公益事业上，成天忙于教学和料理校务，连礼拜天的时间也被社区服务等各项社会性活动占据，即使回国休假期间，也要为学校的人事、资金问题煞费苦心。她在十五年的时间里甚至只看过两次电影，还得常为自己无暇通信向朋友们道歉。魏特琳有时也抱怨说，自己在学校总有数不清的事想要做或非做不可，因此很难得到休息，不过，紧张的工作却让她在精神上感到无比充实。由于长期过度劳累，魏特琳终于病倒了，左腿严重的坐骨神经痛使她一段时间内不得不平躺在床

参加毕业典礼的教师队伍，魏特琳（右四）也在其中（耶鲁大学神学院图书馆）

上，偶尔站起也无法坐立。别人都劝她以后不要再如此操劳了，应该学着放松一下，她也戏称这是对自己伏案过久的一种“惩罚”。但即使在病痛中，魏特琳仍念念不忘学校各项事务，最让她感到遗憾的是，她不能参加金女大的开学准备阶段，错过了新生入学程序及毕业生离校等学年重要活动。

魏特琳无限热爱教育事业，把自己的青春与心血都毫无保留地倾注到中国女子高等教育的建设与实践中，她无私奉献的精神为金女大师生们做出了表率。在她与同事们多年来的不懈努力下，金女大各项事业蒸蒸日上，蜚声海内外。全面抗战爆发前，学校资产总额已超过 200 万，教职员（包括兼职在内）48 人，在校生增至 259 人，平均年龄 20.4 岁。招收新生 80 多人，有近百所公立和教会中学定期向金女大输送毕业生，学生来源几乎遍及中国的每个省份。学校开设课程近百门，教学仪器、模型可供 400 名学生实习之用，钢琴有 20 多架，图书资料也由开始时仅一部英文版《大英百科全书》扩充至中外文各半的 10 万余册。

三、爱的教育

金女大的生源主要来自江苏、广东、福建、安徽、湖北等经济较发达地区，相当多的学生出身于工商、军政、教育、文化、医学界等阶层，家庭经济状况良好。而当时普通老百姓连生活温饱尚成问题，供养子女读书十分困难，更别说让被社会所轻视的女孩子上大学了，因此只有一些有钱有地位人家的女儿才有机会上金女大。学生们原先囿于个人生活的小圈子，对下层民众的疾苦一般知之甚少或是漠不关心，大部分人都向往去国外留学而不大热心爱国活动。针对这一状况，魏特琳鼓励学生们树立更高的生活目标，并且勇敢地走出象牙塔，把自己融入到广阔的社会生活中去。

魏特琳自己就是贫苦出身，所以她对广大劳苦百姓怀有一种朴素真挚的情感、发自内心的同情与关爱。课余时间，她常常独自一人骑着脚踏车去拜访附近贫民，尽量帮他们解决一些实际问题。一来二去，她同那里的大人孩子都交上了朋友，大家亲切地称她为“华小姐”，邀请这位可亲可敬

魏特琳参加1931级毕业典礼与学生合影（耶鲁大学神学院图书馆）

金女大学生在镇江（耶鲁大学神学院图书馆）

的外籍教授到他们简陋的家去做客，在一起谈心、喝茶或者共进晚餐。邻里们也常应邀来金女大校园参观，魏特琳还把自己精心培植的菊花送给他们去种。

金女大学生在魏特琳的引导带动下，由刚开始只有少数人参加助贫服务，发展到有越来越多的人加入到这项工作中来。每周都有 30 多名学生，定期轮流到受助家庭上门服务，教女孩做手工活，给男孩找工作。后来，金女大师生又合力募集了 5000 多元（规定凡捐资 15 元以上者均可获一枚特别徽章），建成一座“睦邻厅”和一个“邻居健康中心”，为邻居们提供聚会活动的场所。1934 年 11 月 10 日“睦邻厅”正式开放那天，街坊四邻都赶来参观，女童们负责用茶水和花生款待，男童们则负责引导招呼大家。晚上，师生们安排了丰富多彩的节目，不仅有培幼小学学生和邻居孩子表演的歌曲及短剧，还有一部农业电影放映。但她们没料到来的人太多，把屋子挤得水泄不通，只好在第一盘电影胶片放完后就结束节目，让大家提前回家了。

由校学生青年会与社会学系组办的乐群社也开展了多种活动：她们为成年男子成立了藤工会组织，请专门的藤工教员每周五次教他们编织字纸篓、花篮等，以提倡农村副业，增加农民收入；为附近儿童设有四维团，教授国文、英文、珠算、手工等课程；为已婚妇女开办家庭改良组，训练母亲养成卫生及养护习惯，教给她们织绒及保婴育儿的方法，同时增开儿童班，从邻居中选出年纪较长而有经验者照料随母亲同来的幼儿；为未婚

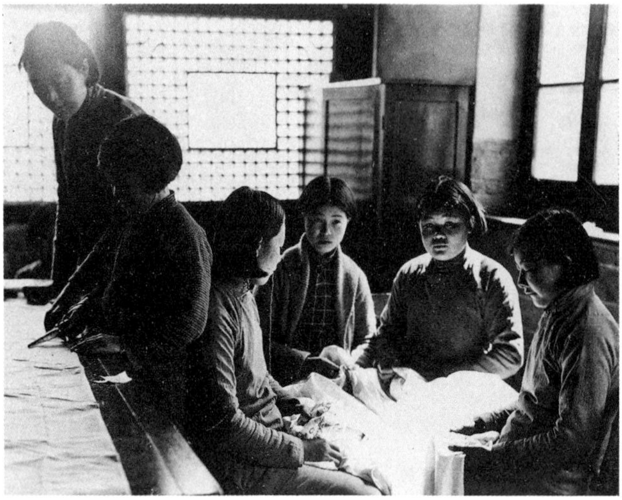

女孩子们在邻里中心学习手工（耶鲁大学神学院图书馆）

女子所办的姊妹团则注重缝纫与卫生，并设有手工班、烹饪班。她们教会妇女制作花生酱后，各宿舍预订源源不绝，两周内出品百罐以上，此一项竟成为这些妇女家庭中重要的经济来源之一。“健康中心”则包括浴室和平民诊疗所，学校卫生及体育教育系中受过医护训练的师生们常向邻居们传授卫生知识，并每周两次为贫民提供义诊。魏特琳宽慰地看到学生们不再只是把“爱国”停留在漂亮的语言和文字上，而是把“爱国”的精神真正落实到行动中——援助贫困，不图回报。

后来，金女大附近办起了两所规模较大的市立小学，魏特琳就把原先的小学校改办成懿范家政学校，向邻居中失学女孩宣传科学及家政知识，教她们识字、做家庭手工艺品。一开始，大多数穷人因为需要孩子帮忙养家糊口或做家务，不愿让她们耗费时间去上什么家政课，后来眼见她们的确学到了不少有用的知识和本领，态度才慢慢有了转变。家政学校的局面打开后，1936 年竟破天荒地有 40 多人登记入学。最激动人心的是，那年夏天有 5 名女孩子结束了为期两年的课程，从家政班毕业了。女孩们用红色菖蒲花将“睦邻厅”点缀一新，烘托出节日般的快乐气氛，5 名女孩穿着自己缝制的服装和鞋子出席了毕业典礼，她们的家长和部分金女大学生也赶来参加。一名毕业生代表发了言，她动情地说：过去短短两年对她们而言意义非常，真希望这两年的生活还能再来一遍。

魏特琳以自己的言传身教，极大地丰富了金女大“厚生”校训的内容[①]，也印证了校长吴贻芳所说的名言："人生的目的，不光是为自己活着，而是要用自己的智慧和能力帮助他人、造福社会。只有这样，生命才会因之更为丰富。"通过一系列社会活动，学生们也认识到"人既为社会而生存，则应出其精力为社会服务，谋人群幸福，断不能只顾利己而不顾利人。青年学子当研诵之暇出其余晷，用其余力，为其四周之失学者贫苦者辟一光明之路"[②]。她们不仅由此而积累了许多服务的经验，养成了乐于助人的奉献精神，更以此为契机走上献身社会、服务大众的道路。

魏特琳与学生孙谨（前一）、鲁淑英（右一）、陆慎仪（右后）、陈德贞（后中）、谢文秋（左后）［孙建秋编著《金陵女大（1915—1951）：金陵女儿图片故事》］

社会服务的风气亦在金女大蔚然形成，学校将社会教育视为正式教育的延续，予以特别关注。该校校刊第十二期（1934年5月1日）刊首语《求学与练习服务》即云：

吾国学者向主求学时代意志专一，不能驰心外骛……此种思想，想沿既久遂变本加厉，驯至学子除朝夕诵读课本穷年披阅故纸外，不能再有所事，此种传统思想卒养成学校与社会完全隔膜，学习则四体不勤，五谷不分，充其量不过社会中一消费者而已。近代教育家知学校亦社会之一份子，遂打破以往谬误思想，提倡学校即社会之说，将社会中一切组织可适用于学校者尽量采纳，于是学校之内成为雏形

① 金女大校训"厚生"含义出自《圣经》。《圣经》第10章第10节："我来了，是要叫人得生命，并且得的更丰盛。"耶稣说："我来不是要人服侍，而是要服侍人。"
②《金陵女子文理学院校刊》第二十二期，1934年12月16日。

之社会，学子于精研功课之暇辄练习服务，以往积弊得以扩[①]清，而本校女青年会诸同学不以此为已足，又扩而至于附近农村，则服务之范围既广，所得之经验益富，毕业之后对于服务因习之有素，不但个人得其利，社会亦蒙其福矣。

魏特琳注意到学生们适应周围社会急切需要的意识普遍提高，务实性增强。随着年级的升高，学生在选择课程时表现出明显的偏向，学习兴趣逐渐由纯科学转向人文社会科学。与社会现实联系紧密的有关课程最受欢迎，社会学系主修学生较多，选择教育学作辅修课的学生人数也不少。

每年6月来临，金女大都有一批毕业生走出校门，步入社会。每次出席学生毕业典礼，魏特琳总是既高兴又伤感：看到学校人才辈出，老师们的多年辛劳没有白费，心里当然高兴；但一想到昔日朝夕相处的学生从此就要天各一方、难得再聚，又有些黯然神伤。无论是相距咫尺还是远在天涯，校友们都将她的谆谆教诲牢记在心，对工作认真负责，对同学互相合作，

1933年6月20日，一年一度的毕业典礼，前排右二为魏特琳（耶鲁大学神学院图书馆）

① 应为廓——编者注。

对社会持至诚服务的态度，对国家从爱国主义出发，在各自岗位上尽应尽之义务。她们有的常返回金女大探望魏特琳，有的则和她保持着密切的通信联系，时时汇报自己所取得的点滴进步，倾诉对师长、母校的无限感激与思念之情。

1934 年 7 月，魏特琳刚依依不舍地送走一批毕业生，又在一次专为中学校长及系主任开办的暑期会议上迎来了一批校友——她们当中最早的为 1924 级，最晚为 1931 级。魏特琳负责筹划、主持大会，她很高兴又有机会给校友们当老师，讲授一门有关改进中学教育的课程。能坐在新图书馆大楼里重新聆听老教务长的教诲，“老”校友们都兴奋不已，无不争先恐后地将平常在学校管理及教学工作中所遇见的各种问题提出来，共同探讨解答。金女大还同其他大学合作，为中学理科老师举办培训班，化学、物理、数学及卫生教员也花了不少时间精心准备课程。尽管这年夏天天气异常炎热，气温创下了全市 61 年来的新高，中午时分教工宿舍的温度甚至高达华氏 94—98 度，即使到晚上也不见一丝凉风，但高温与学习、讨论之热烈程度相比已算不了什么，大家都觉得两周的时间似乎过得太快了。

同年 11 月是金女大 19 周年校庆，校方在中大楼的大会客厅内举办了一个简单而又隆重的晚宴，现场彩旗缤纷，热闹非凡。各地校友们闻讯纷纷赶回母校，连一些已离校的教职员也抽空赶了回来，一位 1923 年的陈姓毕业生充当宴会女司仪，她活泼机智的主持风格感染了大家。因事未能出席的校友也发来了贺电及祝词，由吴贻芳校长一一宣读。魏特琳无比骄傲地告诉友人说：“如果在 1916 年金女大第一个校庆日上，还有人为学校的未来与生存担忧的话，那么如今这种担忧早就烟消云散了。今晚总共有 40 多名校友同我们一起欢度良宵，我相信她们的绝佳表现肯定让学生们肃然起敬，深受鼓舞。”

魏特琳也常利用假期寻访散居在香港、汕头、厦门、广州等地的金女大毕业生，了解她们的工作、生活现状。1931 年寒假，她到南京周边地区一连走访了好几位校友。她先去上海参加了一个校友联谊会，当时有 28 位校友和金女大现任教员出席，校友中有当上中学校长或教务主任的，也有主持大学、医院行政的，还有一些已为人母，成为家庭主妇，她们均热心公益事业，努力以工作或服务回报社会。此次师生们久别重逢，心里说不出有多快活。

接着魏特琳到了苏州，先住在王美鸥校友家里——她是一所有相当规模的女子中学的校长，看望过一位在私立女子学校任系主任的校友后，又去黄玉福校友家住了两天。黄玉福及其家人的热情款待，让魏特琳体会到了家的温馨："这是我生平第一次在一个中国家庭逗留如此长的时间，我喜欢在那儿度过的每分钟。"白天，黄玉福陪她参观名闻天下的苏州古典园林，或邀请朋友来同她见面；晚上，她们彼此倾心交谈或是一起玩游戏。黄玉福的丈夫是曾国藩的后代，夫妇二人很快就要动身去山东，帮助修建一条贯穿全省的新铁路。

离开苏州后，魏特琳又去无锡访问两名校友。她在当地人生地不熟，天上飘起了大雪，更糟糕的是校友们没有收到她要来的信息，所以未能来车站接她。但魏特琳并未气馁，费了好大一番周折才找到在女青年会工作的金女大校友丁彩莲。丁彩莲喜出望外地接待了她，陪着她参观了地方政府兴办的社会福利事业，还找到了在一家工厂里办公的校友朱玉宝。朱玉宝告诉昔日师长魏特琳说，早在毕业前自己就立志要增进和改善中国女工的福利，从美、英等国学习考察归来后，她就努力说服这家丝厂主人采纳其建议，为女工兴建宿舍、供应较好的膳食和卫生的生活环境，还开办了夜校，教给这些来自乡村的年轻女工读书写字、算术及生理卫生等科目，训练和培养她们独立思考、自我判断的能力。她本人同她们吃住在一起，很受女工们的信赖与尊重。

目睹金女大学生们不辜负母校培养，把校训中的"厚生"精神发扬光大，成为有益民众、献身社会的栋梁之才，魏特琳心中深感欣慰。

为拓宽师生视野，金女大除聘请金陵大学、中央大学的教师兼课外，还特邀国外教授来校讲学。魏特琳则利用回美例行休假的机会，到世界各地访问当地的教育机构、调查社会各阶层的教育状况。1931年她曾绕道欧洲，沿途参观考察西伯利亚、芬兰、挪威、瑞典、丹麦、法国、英国、瑞士等地的学校行政，其中对丹麦、芬兰两国的成人教育最为推崇。她看到丹麦为乡村失学男女设立了成人学校，开有文学、历史及音乐等课程，芬兰乡间的成人学校则教给学生农耕、染布、奶酪制作等技艺，学生还在那里学习如何合作互助以及成为服务社会的好公民，觉得这很符合自己推动助贫教育的理想。她衷心地希望将来在中国也能施行类似的成人教育，让更多的穷人受到更好的教育。

魏特琳一向视年轻人为中国的未来，对他们充满了理解与希望。北伐期间，学生运动空前高涨，当得知杭州学生会提出取消所有考试，学生会有权自理学生事务、复决校方决策等多项激进要求之后，魏特琳只是感慨而宽容地评价道："这可真是年轻人的时代！"

魏特琳经常鼓励学生利用课余时间开展丰富多彩的课外活动，增进团体生活，训练个人才干。她认为参加各项课外组织不仅可以极大地丰富精神生活，还可以砥砺学行，养成公民习惯及团队协作的精神。金女大的学生组织中较完善者有学生励行会、青年会、文学社等，会员间彼此合作，效率颇高，且每年四月改选、五月就职，新旧交替不稍停顿。经此训练，"毕业生在中学服务者咸感在校时得任各课外组织之职务为有益，盖于同事合作及指导学生两方面均获有裨益之经验"[①]。

魏特琳还注意对一些特殊的学生加强锻炼、磨砺品性。她和学生们有一次曾应邀到一名学生家里去玩，结果接她们的车子进了大门后，过了好几分钟竟然还未开到正宅，其家境之优裕可想而知。然而生活的安逸、父

①《金女大校历、组织沿革概况》，六六八，中国第二历史档案馆藏。

母的宠爱，也惯养了这位富家千金的骄、娇二气。所以该生毕业时，魏特琳就特地安排她到安徽农村一所女中任教，加以磨炼。刚开始时，巨大的环境反差让平日里衣来伸手、饭来张口的富家女感到很不适应，有好几次还打起退堂鼓，闹着要回家。渐渐地，她明白了魏特琳的一番苦心，艰苦的工作条件使她变得成熟起来，自我生活能力增强了，意志品质也坚强了许多，还同当地学生与农民结下深厚的情谊。在农村任教的这段特殊经历成为该生受用终生的财富，已到晚年的她仍念念不忘传给自己这笔宝贵财富的恩师——魏特琳。

魏特琳在泰山（孙建秋、杨璐编著《金陵女儿图片故事》）

每逢学校寒暑假或放春假，魏特琳喜欢带着学生们到户外爬山或郊游，感受中国壮美河山的同时，既可磨炼学生意志，又可增进师生情谊。她们多次攀登过南京市郊的紫金山、栖霞山，观赏层林尽染的秋日美景；曾经呼朋唤友，一路浩浩荡荡地向泰山、孔庙进发“朝圣”；曾携200多名师生乘汽艇从南京下关出发，溯江而上游览采石矶，但见长江江水滔滔，沿途景色如画……校友张肖松回忆，1923年学校师生同往泰安拜谒孔庙，登泰山。考虑到学生手头拮据，魏特琳亲力亲为安排旅行计划。“首由学校接洽铁路局在某几天中让我们用一节车厢，于行驶中作为交通工具外，且作为我们憩息过夜之旅舍，至全体返回南京车站。如此，师生们可以节省大笔的旅馆费用，非我们所能担负。”“与团体同行同游，有专人计划安排、指导解说，使旅行不止于享受欣赏，而且增进知识，促进同行者之感情，由各方面获益，亦受教育方法之一。”[①]魏特琳在致友人的信中提到登山过程中她欣喜地发现，如今的学生朝气蓬勃、步履轻快，一扫往届学生的沉沉暮气。尽管岁月不饶人，自己现在已很难跟上她们，不过同可爱的年轻人在一起，她也变得神采奕奕、青春焕发。

1928 年在金女大校史上意义非同寻常：学校刚刚挨过有史以来最大的危机，新校长吴贻芳的上任又为其发展开辟了新的纪元。这一年的辞旧迎新也给魏特琳留下了特别深刻的印象。圣诞节时，魏特琳带领学生们参加了一连串庆祝活动，为校园近 15 户最贫困的人家募捐寒衣和钱物，为周围的妇女儿童举办圣诞聚会。学生们有的讲解、表演圣诞故事，有的高唱圣诞歌曲，和邻居们一道欢度节日。她们还为邻居们精心准备了礼物，尽量使每个家庭成员的心愿都能得到满足，又在节后把两名患结核病的女童送入医院，给予及时治疗。

此次圣诞，全体教职员按惯例准备了一个表演节目，他们把同期正在纽约百老汇上演的舞台剧——《上帝的王国》改编后搬上学校舞台。魏特琳在剧中扮演加西亚修女，她和同事一起每晚认真排演，把全剧台词背了个滚瓜烂熟。该剧在节前周末作最后彩排时，吸引了包括宋美龄、孔祥熙夫妇等大批显要在内的中外嘉宾到场观看，而圣诞夜为金女大学生及教职员家属正式演出的那场尤为精彩，学生们看到平日里态度端庄的老师们一一登台亮相，惟妙惟肖地扮演修女、醉汉等角色，个个忍俊不禁、乐不可支，现场气氛特别热烈。一周后的新年之夜，金女大全体师生又在校体育馆举办化装舞会，新老校长分别装扮成清廷官员及夫人的模样，魏特琳和另一位女同事则以华盛顿总统及夫人的形象出现，还有扮作中世纪骑士、钟楼怪人的。师生们欢聚一堂，其乐融融。

最令魏特琳难忘的还是 1936 年 9 月 27 日她在金女大度过的第五十个

---

①《华群女士的泰山之行》，载孙建秋、杨璐编著《金陵女儿图片故事》，中国民族摄影艺术出版社 2021 年版，第 72 页。

生日。虽然魏特琳尽量向别人保密，但学生们还是想方设法打听到她的生日，按中国人的传统方式挂寿联、放爆竹、吃寿面，热热闹闹地替她操办起来。学生们送她一尊笑容可掬的老寿星像作生日礼物，还自编自演了一出名为《金陵玩具店》的短剧，剧中用不同的洋娃娃代表学校不同年级的学生，最后出场的那个1919年就来到金女大、今年正好50岁的洋娃娃自然就是魏特琳本人了。学校同事们也为她开办了一个别开生面的生日聚会，周围邻居和培幼小学的儿童闻讯纷纷赶来祝寿，向她表达了最良好的祝愿和诚挚的谢意。魏特琳既惊讶又感动，在这里她早就不再有“独在异乡为异客”的孤独感了。她风趣地告诉友人说，现在自己已经算得上是真正意义的“老”师了，许多场合下都够格走在别人前面，坐在上座时也无需再推辞谦让了。

四、金女大成了她的家

魏特琳是个感情丰富的女性。她对故乡亲人充满了眷恋之情，每次休假回家都要带一大堆礼物送给家人，把皮蛋、燕窝之类的中国特产分给众人品尝，还跟他们津津有味地讲述在地球另一头所发生的故事。魏特琳很关心侄子、侄女的成长进步，工作再忙也要抽空写信，鼓励他们接受高等教育，侄女中学毕业那天，她还特意从南京打电报表示祝贺。然而聚少离多，六年一度始见家人，父亲又苍老了许多，已经长大的侄辈也变得陌生了。为了多陪伴父亲、多尽些孝心，她在芝加哥大学进修期间曾特意把父亲带在身边，在当地租了个小公寓同住。无奈她的父亲不习惯大都市里车水马龙的生活，一口浓重的乡音又很难与别人沟通，成天吵着要回老家的农地去。对于日渐老迈的父亲，魏特琳一直为自己长期离家在外、不能尽奉养之责而愧疚不已。而正在这时，发生了一件对魏特琳打击很大的事情。

1937年6月21日早晨，她突然收到弟弟从美国打来的电报，惊悉83岁的父亲不幸去世的噩耗。魏特琳在日记中写道：“这音讯于我真如晴空

1923年植树节，金女大的学生在新校园里植树（耶鲁大学神学院图书馆）

霹雳一般，以至后来的几天几夜，我脑海里面一直都浮现着回伊利诺伊老家的那次伤心之旅。”魏特琳回想起1931年自己回美国时的凄楚情形：那时她父亲77岁，已是满头银发。她父亲曾希望魏特琳在他晚年回美国服侍他，但魏特琳离不开她所从事的事业，离不开金女大，因而没能如她父亲的愿。虽然弟弟又来信宽慰她说，父亲没有像他老人家原先担心的那样苦捱久拖，而是很快就去了天国，但魏特琳仍为自己不能在父亲临终前见上最后一面而抱憾终身。而对其弟兄姐妹，魏特琳则充满了感激之情：“我欠他们的情恐怕这辈子也还不清，他们在父亲生命中的最后一年里给他以无微不至的照料，使我能留在中国继续这里的工作。”

魏特琳热爱故乡的亲人，但为了她挚爱的金女大却不得不牺牲这份缱绻亲情。她在金女大生活、工作了20多年，金女大就像她在中国的第二个家。刚到南京，独处异乡的她就对这里一见倾心，写信给纽约的友人说：“听不到（纽约）地铁和（芝加哥）高架火车的声音，似乎还真感到有点不习惯。不过我宁愿让这较温驯的人力车取代它们。你不知道来这儿（南京）有多好……”

吴贻芳在《华群教授事略》一文中记述："（魏特琳）酷爱自然，常在课余，植树种菊，对菊花的爱好，不亚于五柳先生。每至深秋，辄陈菊数百盆，公开展览，与爱好之人，共同欣赏。"图为金女大的菊花展览（耶鲁大学神学院图书馆）

在致友人的信中，魏特琳还多次深情地描绘了金女大那美丽怡人的校园景色。1928 年 9 月 22 日，在致纽约金女大委员会本德小姐的信中，她用诗一般的语言写道："多希望你也能从我现在写这封信的窗口瞧见（外面）迷人的景致——东边可远眺紫金山上飘浮着的紫色烟岚，向前则看得到学生们正漫步于荷花池畔……"1934 年 11 月 17 日，魏特琳又在信中生动地描述了这样一幅令人赏心悦目的画面："在午后温暖而和煦的阳光下，楼下草坪里的菊花开得正旺，老邵——我们忠厚老实的园丁忙着把它们布置成五彩缤纷的花坛，池塘边及小山上的树林则被映罩上一层醉人的秋晖。一切都是那么静谧祥和、温馨美好。"

在魏特琳心中，金女大是个不断成长、和睦友爱的大家庭，师生们就是家里的成员。她曾告诉朋友们说："我们是一个兴味相投、感情融洽的群体，不仅乐于共同工作，在一起玩得也很开心。"那时候，除少数人住在校外，大多数教职员都住在校内宿舍楼里，师生接触相当便利。她们常在校园以歌舞、戏剧、诗歌等形式举行各种文娱活动，体育运动也十分活跃，课余生活可谓丰富多彩。其中金女大的音乐会和戏剧演出在南京很有名气，为南京的文娱生活做出了较大贡献。魏特琳非常喜欢存在于学校师生间的那种亲密关系——大家彼此相亲相爱，身心愉悦。

没有人能比魏特琳更理解一位共事多年、业已离校的教师的内心感受："我想对她而言，放弃在金陵的职责不知有多痛苦。这里的生活及未来就是她个人价值之所在，她已经和这个学校难舍难分、融为一体了。"魏特琳对于金女大又何尝不是如此呢？她简直无法想象，倘若离开金女大、离开朝夕相处的师生们自己的生活将会怎样，因为她从心底深处挚爱着这里的一切，把它当作自己力量的源泉、生命的支柱。

对于 1927 年事态紧张之际，中国同事、学生和工人为外籍人士提供的无私援助，魏特琳一直铭记在心，终身难忘。事后她在给友人的信中如是说道："……我们所有已经离开南京的外国人，都会记得那些与我们共过事的中国人对我们的仁慈与友善……我永远记得离开南京那夜的下关之行，是附近乡下的邻居把我们从金陵大学一路安全护送到鼓楼的。"不知不觉中，她已深爱上了这片土地以及这里心地善良、秉性宽厚的百姓。

魏特琳对中国的军阀混战深恶痛绝，对战争给社会生产、人民生活造成的破坏性后果心痛不已。1924 年江浙战争（又称齐卢之战）爆发，结果江苏军阀齐燮元打败浙江军阀卢永祥。当溃败的浙军撤经上海时，魏特琳正好在那里，她看到这个中国最大的都市竟然一片死寂，因为害怕败兵会潜入市内大肆洗劫，所有的店铺都早早关门打烊，昔日繁华热闹的街道上空无一人。受战争的影响，"大多数公立学校不能开学，教育经费都被挪用于军事。一小部分人为争权夺利不惜兵戎相见，导致国内稀缺的建设性设施——学校被迫关闭，这是多么令人痛心的事啊！到处兵祸连结，普通老百姓深受其苦，一个个如惊弓之鸟，没有宁日。"

在那个急剧变化、危机四伏的社会环境中，教育事业显得如此的脆弱和微不足道，魏特琳虽然有时也感到实际的困难与理想相距太远，曾产生过“也许在当时的中国是不可能推动大学教育”的想法，但她仍专注于自己的教育理念，竭尽全力将外界对学校教育的干扰减少到最低限度，想方设法为学生提供一个宁静和谐的学习环境。学生们也慢慢认识到继续学业完成所有课程、通过阅读报纸了解时势、使用国货替代进口货、定期开展对外服务等行动，与参加示威游行同样都是爱国的表现。

对于灾难深重的中国人民，魏特琳充满了同情，总是尽其所能帮助他们。1931 年长江流域发生特大洪水，共有十多个省份受灾，人民生命财产损失严重。金女大师生为此专门设立了一项基金，此时正在美国休假的魏特琳听到消息后，毅然将自己部分薪水捐献出来，为中国灾民赈灾助上一臂之力。

为更好地了解中国女工的生存状况，魏特琳曾特地到中国最大的轻工业城市——无锡去参观调查。据她所知，当地有 40 多个丝织厂、10 多家棉纺厂和面粉厂，在这些摩肩毗邻的厂房内日夜不停紧张工作的全是些贫困潦倒、走投无路的穷人。魏特琳和女工们住在一起，吃在一起，对她们的疾苦有了较深认识。她感慨道：“我宁可中国没有现代化的工厂，因为这些可怜的人也同她们的西方同行们一样，饱受工厂主的残酷压榨。”

对中国一往情深的魏特琳时刻都在关注着中国局势的发展。当 1927 年蒋介石在上海发动政变时，她在致友人的信中发表了自己的见解：“大批武装工人被缴械，激进的工会总部则被关闭，（这是）国民党右派正通过武力手段，以上百人的生命为代价将左翼激进力量驱逐出党。”同时她还尖锐地指出：“目前中国有 95%的人成年累月地辛勤劳动，却过着衣食无着的悲惨生活，而这 95%的民众一旦被发动起来，势必会带给这个国度翻天覆地的变化，维系了好几个世纪的旧秩序也必将被打破。”

尽管魏特琳觉得广大劳苦大众受苦受难的现状应当也必须被改变，然而她不赞成立即在中国展开一场暴风骤雨式的革命，甚至认为倘若任由激进力量执掌政权，非但不能改善社会不公的现象，反倒会使形势失控，出现比法国大革命时期更为混乱的局面。魏特琳本人是一位教会人士、虔诚的基督徒，基督教教义的长期熏染使其形成了有改良主义色彩的社会思想，主张以增进社会福利、普及各级教育等渐进温和的方式改良社会，认为让民众充分就业远比武器镇压更有效。但她也不无遗憾地承认，无论是在中国还是在西方，教会组织还都不能为受难劳工提供更多更有益的帮助。不过她依然对中国的未来抱有信心。

魏特琳还记述了 1929 年国民政府在南京准备奉安大典的情况："南京这个城市正发生着变化，在 3 月 12 日孙博士的灵柩被运回南京安葬之前，新的宽阔大道将会如期完工，现在南京的地价、租金以及所有的生活费都已上涨，变得比上海还要高许多。像北门桥这样平日里色彩缤纷的大街，由于街上所有鲜艳的红、黄色标志都被取下，结果看起来光秃秃的，就像美国的中西部小镇一般灰头土脸。"

进入 20 世纪 30 年代后，在日本帝国主义的加紧策动下，战争向中国步步逼近，国民党却顽固推行"攘外必先安内"的政策，忙于剿共内战。1933 年末，魏特琳在致友人函中提到"中日之间有一片沉寂的阴霾正笼罩

魏特琳（后排左一）与友人，1936 年。后排右三为德本康夫人（耶鲁大学神学院图书馆）

魏特琳在南京的家——南山起居室［孙建秋编著《金陵女大（1915—1951）：金陵女儿图片故事》］

在华北上空”，而“蒋将军则在西部省区发起一场大规模反共运动，我们常常在报上读到有关他获胜的新闻报道”，然而“我们都知道，战争根本不能解决任何国家及国际问题”。她还就如何制止战争问题谈了自己的构想：“如果所有国家及人民都能把时间、精力放在和平及友好合作上，那么世界就可以永远摆脱困扰人类的贫穷、愚昧和疾病了。”“我热切地希望，人们能够为和平积极行动起来，建立一支维和部队，随时准备并甘愿为世界和平牺牲一切。我相信，只有不惜为此献身，且在战争机器运转之前就作出这种牺牲，和平才会真正降临人间。”这一构想在当时法西斯主义泛滥的世界近乎奇谈，但对于像魏特琳这样的和平爱好者而言，他们已经做好了献身和平的思想准备。

1936 年 10 月 31 日，就在魏特琳度过自己 50 岁生日后不久，国民党最高领袖蒋介石气派非凡的 50 寿辰庆典也在南京举办。“各地捐送给他一百架飞机作为寿礼。……阅兵式上，一队队机群在南京城上空盘旋，向人们传达着这样一种信号，即蒋的个人及政府威信正获得空前提高。如此看来，日本向中方不断施加的重压并非毫无价值，如果它最终能促使孙逸仙博士生前谓之为‘一盘散沙’的这个国家重新聚合起来的话，那么从某种角度而言，压力反倒成了动力。”与此同时，魏特琳也以其冷静、敏锐的眼光观察到表象之下潜伏的危机，她直率地告诫人们：“迅速高涨的热情也可能造成一种危险，就是盲从权威的危险。对个人独裁、政府专制的无条件接受，比‘一盘散沙’的状况好不到哪儿去，有时甚至更糟。”一个外国人，只有在对中国的历史与现实有清醒认识与了解的基础上，才有可能说出如此见地精到的话来。

12 月 12 日，张学良、杨虎城发动西安事变，刚过完 50 大寿的蒋介石在西安被捉。消息传来，首都各界顿时哗然。摆在中国面前的是两条路：一是内战大规模爆发，给日寇灭亡中国以可乘之机；二是由此而停止内战，一致抗日。中国将何去何从，金女大师生们忧心忡忡，原定的圣诞庆祝活动也自行取消，大家只有静待祈祷，衷心希望事态能向好的方向发展。经各方协调努力，蒋介石被迫接受了联共抗日、改组政府、保障民主等项协议，中共及红军则在此基础上支持蒋氏统一中国、领导抗日，西安事变终于和平解决，抗日民族统一战线初步形成。

圣诞节那天，当校长吴贻芳把从有关部门获知的确切消息告诉金女大师生时，事变发生后一直为中国命运担忧的魏特琳同大伙一样，都有一种如释重负的感觉，泪水也止不住从脸颊上流了下来。整个南京城也沸腾了——

1937 年毕业前夕，在南山公寓前，同学们与老师魏特琳（立者左二）、葛星丽（音乐老师，立者左一）、吴懋仪（化学老师，立者右一）合影。前排右二为何玉贞，前排右一为杜端淑（孙建秋、杨璐编著《金陵女儿图片故事》）

今后中国不再打内战，国家前途有望了！人们奔走相告，四处燃放鞭炮。公历新年的除夕夜，欢庆的人群沿市区各大街道举行了盛大游行，他们手提灯笼，排成包括龙在内的各种动物造型，乐队的奏乐声和噼啪的爆竹声连成一片，到处都是欢乐的海洋。看到一向感情含蓄、沉静内敛的中国人迸发出如此强烈的爱国热情，如此淋漓尽致地宣泄着自己的爱国情感，魏特琳惊讶之余深受感动："谁说中国人难有作为？我分明看到中国这条睡龙正在醒来！"

从思想到情感，魏特琳已同中国和这里可亲可敬的人民紧贴在一起，同喜忧，共命运。

第三章　日机轰炸之下

一、日机对南京的轰炸

1937 年 6 月，金女大毕业典礼（耶鲁大学神学院图书馆）

1937 年的暑假快到了，与往年的这个时候一样，金女大迎来了她的第十九届毕业典礼，有 42 名女学生完成了学业，顺利毕业。看着这些活泼可爱的姑娘们走出校门，步入社会，魏特琳不禁发出由衷的感慨："在中国受过教育的妇女比以前有更多的就业机会。"[①] 这也是她多年来致力于中国女子教育事业的一项丰硕成果。

这一年夏天，魏特琳还迎来了另一场十分有意义的毕业典礼。为帮助附近邻里的穷苦孩子，由金女大学生资助开办的邻里家庭手工学校，有 8 名

① January 20–22, 1937, *Minnie Vautrin's Diary,* Box 134 of YDL Record Group NO.11, The Archives of the United Board for Christian Higher Education in Asia, Yale University Divinity School Library Special Collections.

14—19岁的女孩子毕业了。她们的毕业作业是每人做一件衣服和一双鞋子，学生们做得的确非常好。为了这个小小学校的毕业典礼，吴贻芳和魏特琳鼓起勇气，邀请南京市市长马超俊的夫人沈慧莲参加这次毕业典礼，并请她为孩子们讲话。沈慧莲当时为妇女界社会活动家，她对这所小小学校的工作留下了深刻的印象，她的讲话也非常现实并十分有益，她在临走时还为这所学校捐款40元。魏特琳相信这些孩子是不会忘记这个有意义的毕业典礼的。[①]

魏特琳与金女大的女教师鲁丝·切斯特（Ruth Cheser）、弗洛伦丝·柯克（Florence Kirk），以及与魏特琳同属一个教会的温内娜·威尔金森（Wenona Wilkinson）一道，来到了美丽而凉爽的海滨城市青岛，开始了她们1937年暑期的度假生活。

1937年的夏天，南京的天气十分闷热，而青岛的天气却非常凉爽。在青岛，魏特琳经常到海滨去游泳。虽然她的弟弟总是说她的泳技不高，说她经常是以汽船的动力，游出划船的速度，但魏特琳自己仍然认为在她50岁的时候，她的泳技已有了很大提高。

在青岛期间，魏特琳一行还游览了著名的崂山风景区。一路上，她看到了青岛乡间整齐的田野、长势茂盛的庄稼和生活富裕的农民，这一切给她留下了深刻的印象。也许是职业的关系，魏特琳十分关注那些分布在乡间的乡村学校，这些学校的外观非常漂亮。得知青岛市政府先后创办了50所这样的示范学校，她更加赞叹不已。

正当魏特琳在青岛海岸边蔚蓝的大海中游泳的时候，中国华北的上空却弥漫着战争的阴云。1937年7月7日，驻华北日军以一名士兵失踪为借口，突然向北平城郊的宛平城发起进攻，一手制造了震惊中外的卢沟桥事变，

---

① January 20–22, 1937, *Minnie Vautrin's Diary,* Box 134 of YDL Record Group NO.11, The Archives of the United Board for Christian Higher Education in Asia, Yale University Divinity School Library Special Collections.

日本蓄谋已久的全面侵华战争由此爆发。

魏特琳得知中日战争爆发的消息后深感震惊，虽然她不知道战争爆发的详情，但她知道，“中国不想打仗，并且知道自己还没有做好准备。我认为日本人民也不希望战争，但是，日本无法控制其战争机器”[①]。

由于中日战争爆发，魏特琳独自一人提前结束度假，于7月18日乘火车匆匆赶回南京，以提早安排相关工作。在回南京的路上，她看到了在和平时期看不到的情形——一列列满载士兵、马匹和军用物资的敞篷军列向北驶去，这些士兵中有一些还是少年。看到在酷暑中备受煎熬的士兵，魏特琳不禁怜悯起这些士兵来——要是没有战争该多好啊！

20日，魏特琳平安地回到了南京。就在她回到南京的当天，她从《字林西报》上看到了蒋介石7月17日在庐山的一次讲话。她在日记中记述道："我希望这篇讲话能刊登在美国的报纸上，这样你们就能够读到他的讲话，因为我觉得这篇讲话合情合理。他在讲话中列出了中国不能退让的四个最低要求，以保持国家的完整，这似乎是对日本的无理要求作出的回应，同时也向他自己的人民解释，什么是他们可能要作出的最后牺牲。"[②]

魏特琳匆忙赶回南京的另一个原因，是为了正在建造的新教师住宅。一年前，金女大决定新建造一幢有5个单元的教师住宅和一座附属平房。魏特琳曾希望自己今后在中国的岁月能够住进这座平房，但是，由于新教师住宅的建筑费用已超出预算的25%，学校不得不将盖平房的资金让给教师住宅。除此之外，原来打算在新教师住宅建好后用来购置家具的2000元法币，也投入教师住宅的建设。根据施工进度，魏特琳估计到11月，整个工程即可完工，届时，部分教师将搬进这幢空荡荡的新住宅。魏特琳对不

① July 19–20, 1937, *Minnie Vautrin's Diary,* Box 134 of YDL Record Group NO.11, The Archives of the United Board for Christian Higher Education in Asia, Yale University Divinity School Library Special Collections.

② July 19–20, 1937, *Minnie Vautrin's Diary,* Box 134 of YDL Record Group NO.11, The Archives of the United Board for Christian Higher Education in Asia, Yale University Divinity School Library Special Collections.

得不放弃平房的建设深感遗憾，但同时她又觉得在这种充满战争危险的情况下，是否能住进新建的平房已无关紧要。

魏特琳提前返回南京还有一个原因。早在暑假开始前，她就准备带队去日本东京参加世界教育协会联盟第七次会议。她原打算会议结束后考察日本女子中学的发展状况和日本基督教会的工作，并结交一些日本朋友。她认为这从国际交往和友谊的角度来说是十分有意义的。但是，回到南京后，她听说东北的伪满洲国也将派代表参加这次会议，而中国政府并不承认所谓的“满洲国”，如果自己代表中国方面参加会议，岂不是承认“满洲国”吗？同时，魏特琳认为，在中日两国已经开战的情况下，自己带队去日本参加会议是不明智的。于是，她在回到南京后放弃了去日本的计划。

1937 年 7 月的首都南京，虽然远离战场，但仍然充满了浓厚的战争气氛。金女大位于南京市内西部，这里远离闹市，环境幽静。然而到 7 月下旬，当夜晚校园里熄灯后，从学校外面的马路上仍不时传来士兵、马匹的行进声和枪支碰撞的叮当声。这声音传到了校园，传进了魏特琳的耳中，使她意识到战争的准备在夜幕的掩护下悄悄地进行着。①

士兵和马匹的行进声总是萦绕在魏特琳的耳际，使她久久不能入睡。她想：为什么人类要相互残杀，难道没有什么力量能够阻止战争吗？当然，魏特琳也知道，一旦战争爆发，人们是很难阻止的，“当战争的狂热被释放后，情况就像失去了牧羊人的羊群”。

7 月末的战局千变万化，人们不时地从广播中或是报纸上得到最新的战况：中国军队英勇地抵抗日军；中国军队收复了部分失地……但是魏特琳并没有盲目乐观，在她的潜意识里总有一种不祥之兆，因为她知道日本的经济和军事力量远远超过中国，日本一定会反扑的。

---

① July 22, 1937, *Minnie Vautrin's Diary,* Box 134 of YDL Record Group NO.11, The Archives of the United Board for Christian Higher Education in Asia, Yale University Divinity School Library Special Collections.

伪装之后的中山陵牌坊，以防备日机空袭（《支那战线写真》第 30 卷第 12 号）

果然不出魏特琳所料，日军在华北迅速展开了反击，并一举占领了天津和北平。为了配合地面部队的进攻，日军飞机也频繁出动，对天津等华北城市，以及中国军队的阵地进行猛烈轰炸。

随着战争的不断扩大，魏特琳担心战火将波及南京，因为一个国家的首都在战争中总是被当作首选的战略攻击目标。为了及早做好准备，8 月初，金女大成立了一个有 5 名成员组成的委员会，以应对可能的突发事件。8 月 2 日晚，这个 5 人委员会第一次集中开会，讨论了保护金女大的应急措施，其中包括将贵重仪器和设备包装好，储藏在学校大楼的地下室；购买一批灭火器材，以备急需；将学校的档案转移到上海等。[1]

在金女大进行应急准备的同时，南京也开始繁忙起来。一些人开始向乡间转移，以减少市内人口，避免在日机轰炸时造成过多的人员伤亡。政

[1] August 2, 1937, *Minnie Vautrin's Diary*, Box 134 of YDL Record Group NO.11, The Archives of the United Board for Christian Higher Education in Asia, Yale University Divinity School Library Special Collections.

府命令人们将屋顶涂成黑色或灰色，使日军飞机不易辨别轰炸目标。在政府的命令下，即使一些中国古典风格的宫殿式建筑的大门和圆柱，也被漆成了灰色。南京的鼓楼是建于明代的古建筑，也是南京重要的文物古迹之一，往日雄伟壮观的鼓楼也不得不涂成了灰色，失去了往日的光彩，看上去有些凄惨。

金女大的几幢主要大楼是中国古典风格的建筑，红色的大门与圆柱衬托出中国古典宫殿式建筑的美。按照政府的命令，这几幢建筑也要涂成灰色。但魏特琳认为金女大属于美国财产，既不靠近政府机关，附近又没有军事设施，而且周围还有美国大使馆、金陵大学等，不大可能遭到日军飞机的轰炸，因此没有必要将校园的建筑涂成灰色。

为了应对今后可能的空袭，南京市进行了多次防空演习。当时南京的防空警报分为五种，即空袭警报、紧急警报、解除警报、毒气警报和火灾警报。经过演习，大部分市民已能够轻易地辨别这五种警报。

战局的发展并没有超出魏特琳的预料。

8 月 9 日，日本为扩大对中国的侵略，在上海制造了“虹桥机场事件”。这一天，日本驻上海海军特别陆战队西部派遣队队长、海军中尉大山勇夫等人，携带武器，驾驶军用吉普车，闯入上海虹桥机场，并打死中国卫兵 1 名。中国卫兵开枪还击，当场将大山勇夫等 2 人击毙。事件发生后，日本方面立即以此为借口，大举增兵上海。10 日，日本海军第三舰队命令停泊在日本最大的军港——佐世保港的日本海军机动舰队开赴上海。一时间，云集在上海附近海面及黄浦江中的日本海军舰只达30余艘，其中包括“龙骧”号、“凤翔”号、“加贺”号航空母舰。

1937 年 8 月 13 日，停泊在黄浦江上的日本军舰向上海闸北等地开炮轰击，日本海军陆战队也向闸北、江湾等地发起大规模进攻。面对日军的疯狂进攻，中国军队奋起抗击，“八一三”淞沪抗战由此爆发。

8 月 15 日，日本政府公布内阁会议通过的《帝国政府声明》声称：“为严惩中国军队的暴虐，促使南京政府反省，于今日不得不采取断然之措施。”所谓“断然之措施”，就是对中国采取进一步的军事行动。《声明》还抛弃所谓“不扩大方针”，将解决局部事件升级为“全面地、根本地调整日华关系”。同日，日本政府还以天皇的名义，决定组建以陆军大将松井石根为司令官的上海派遣军，迅速开赴上海前线。

在战争不断升级的情况下，作为一名基督教徒，魏特琳希望用她自己的方式来阻止战争，用道义的力量来感化那些热衷于动用武力的人。她曾在日记中写道：

> 就个人而言，我希望，也常常祈祷，战争的阴霾将会消散，中国将再一次摆脱危机，从而能全力推进国家重建计划。在过去几年中，尽管有各种各样的障碍，中国一直在非常勇敢地执行这一计划。由于某种因素，全世界的道义力量能够被动员起来反对战争、反对所有国家的战争机器吗？人们能够把他们的时间、精力放在和平事业和友好合作上，用在消灭世界范围内的贫困、愚昧和疾病上吗？①

8月14日，也就是在八一三事变爆发的第二天，魏特琳便与安娜·莫菲特、罗纳德·里斯、约翰·马吉等基督教会工作人员开会，商讨在战争的情况下，基督教会将做哪些有益的工作，如何以道义的力量阻止日本扩大这场违反人道的战争。魏特琳认为：

> 在我看来，各国都有许多人、和平组织、宗教组织及文化组织，如果我们能联合采取行动的话，是会产生影响的。我的想法是采取一切可能的手段，对日本的军事集团及平民施加压力，迫使日本从中国

① August 11, 1937, *Minnie Vautrin's Diary*, Box 134 of YDL Record Group NO.11, The Archives of the United Board for Christian Higher Education in Asia, Yale University Divinity School Library Special Collections.

的领土上撤走军队……由于我们对热爱和平的日本人——日本的工人、农民怀有友好感情，我们保证随时准备帮助这些团体。①

为了配合日军进攻上海，削弱中国军队的战斗力，同时从战略上动摇中国政府及中国人民的抗战斗志，从 8 月 15 日起，日军飞机对当时中国的首都南京进行了近 4 个月的猛烈轰炸。

1937 年 8 月 15 日，刚刚受到台风肆虐的南京天空一片蔚蓝，火辣辣的太阳高悬在头顶，烤得人们汗流浃背——这是一个炎热的夏日。由于是星期天，南京市民像往常一样，午饭后或是在家小鼾，或是三五成群地在树荫下谈论着上海的战事。人们万万也没有想到，危险正悄悄向他们逼来。

15 日上午 10 时许，日本木更津海军航空队的 20 架九六式陆上攻击机，从日本长崎县大村航空基地起飞，穿过刚刚被台风肆虐过的东中国海，悄悄向南京飞来。经过近 4 个小时的飞行，日机于下午 2 时左右抵达南京上空。

日军飞机空袭南京（《支那战线写真》第 29 卷第 21 号）

说来也巧，这天中午吃过饭后，魏特琳把学校的学生召集起来，告诉她们当空袭发生时应该如何躲避。魏特琳还安慰学生们说，她认为空袭不会那么快发生，只是大家要有思想准备而已。

① August 14, 1937, *Minnie Vautrin's Diary*, Box 134 of YDL Record Group NO.11, The Archives of the United Board for Christian Higher Education in Asia, Yale University Divinity School Library Special Collections.

日机轰炸后的南京街道（每日新闻社秘藏《不许可写真》，每日新闻社 1997 年版）

就在魏特琳刚对学生们讲完话不久，凄厉的空袭警报响彻全城。这天下午 1 时 55 分，日军飞机出现在南京上空。虽然南京市民已进行过防空演习，但当真正的空袭警报传来时，人们仍显得有些不知所措。警察、宪兵立即出动，维持秩序，疏散人群。救护队、消防队则各就各位，随时准备出动。由市民组织起来的“公民训练团”成员也在各个街道路口协助疏散街头的人群，引导人们进入防空壕。顷刻之间，马路上已是交通停顿、不见人踪。

在日机来袭时，虽然中国空军的战斗机升空拦截，地面高射炮也猛烈射击，但日机仍强行突入市区上空，轰炸了南京明故宫机场和光华门外的大校场军用机场，两处机场均遭到 250 公斤重磅炸弹的轰炸。① 日机还对一些目标进行了猛烈扫射，位于新街口的大陆银行妙机公司楼顶也遭到日机的扫射。当天，4 架日机被击落。这是日军飞机首次空袭南京。

下午 3 时许，第二批日机再次对南京进行了猛烈轰炸。在第一天的轰炸中，南京守军和平民伤亡数十人，受伤者分别被送往中央医院、下关传染病院、丰富路卫生事务所、复成桥卫生事务所、煤炭港博爱医院救治。

当第一次空袭发生时，魏特琳组织学校的学生和教职员工躲入地下室，

① 木更津海軍航空隊『昭和 12 年 8 月 15 日南京攻擊戦鬥詳報』、防衛省防衛研究所図書館蔵、支那事変 50。

由于学校中央楼的地下室还没有完全腾空，人们都挤在其他两个地下室里。晚上，为了解决地下室不足的问题，魏特琳带领学校的6名工人，在一幢学生宿舍楼的走廊里用沙袋垒起了一个防空壕，这样，在日机轰炸时学生们就不必从宿舍跑到大楼的地下室去躲避。

8月16日清晨不到6时，空袭警报声、钟声和哨子声把人们从睡梦中惊醒，魏特琳匆忙跑到地下室躲避，学校的学生和教职员工也躲进了地下室。在大楼的地下室里，魏特琳清晰地听到了许多飞机的声音，看来是中国战机起飞拦截日机了。空袭过后，魏特琳听说这次日军飞机由于遭到中国飞机的拦截，没能进入市区上空，而是在南京郊外轰炸了大校场军用机场。在这次空袭中，有7架日机被击落，其中3架在南京、1架在扬州、1架在靖江、2架在上海。在此后的两天里，日机频频来袭，不仅轰炸军事目标和政府机关，而且轰炸了一些民用设施。位于南京市内的广东医院被炸弹直接命中，医院被毁；一枚炸弹击中外国侨民伯奇的家，另一枚炸弹将一位中国护士的家完全摧毁。看到日机肆无忌惮地狂轰滥炸，魏特琳真不知道日本究竟想干什么。

8月19日，国民政府为了尽量减少空袭造成的损失，颁布实施了《防空法》，以期在日机空袭时加强交通、灯火管制。然而就在这天晚上8时许，14架日军九六式陆上攻击机再次空袭南京。此次日机攻击的主要目标是中央陆军军官学校和国民政府参谋本部。军官学校被18枚250公斤炸弹命中，参谋本部亦被7枚炸弹命中。①

日机轰炸的目标主要是南京的飞机场、军事设施、政府机关、交通和通讯设施。但是，中央大学、中央大学附属实验中学、陆军大学，以及南京城南的人口稠密区亦遭日机轰炸与扫射，无辜平民伤亡惨重。金女大虽然距日机轰炸的目标较远，但魏特琳在防空洞里仍可以清晰地听到猛烈的

---

① 木更津海軍航空隊『昭和12年8月19日南京攻撃戦鬥詳報』、防衛省防衛研究所図書館蔵、支那事变50。

爆炸声和附近清凉山上高射炮的猛烈射击声。由于日机投掷了重磅炸弹，猛烈的爆炸使大地颤抖，就连金女大坚固的建筑物也被震得摇撼。傍晚6时，魏特琳正准备吃饭，凄厉的警报声再次响起，她不得不将晚饭带到中央楼去。起先人们并不在意，都在中央楼里吃饭，但随着一声震耳欲聋的巨响，一枚炸弹在附近爆炸，附近清凉山上的高射炮也猛烈开火，显然，日军飞机就在附近轰炸。这时，魏特琳等人才匆匆跑进防空洞。空袭结束后，魏特琳从防空洞中出来，看见南京城东北部燃起了大火，显然那里遭到了轰炸。

在中央大学担任教师的金女大1920年毕业生陈美玉，在轰炸后来到金女大，向魏特琳讲述了中央大学被炸时的情形。很明显，日机轰炸了中央大学图书馆、大礼堂和科学楼，因为当时有好几所政府大学的校长在中央大学开会。一枚炸弹落在图书馆的后面，周围房屋的窗户玻璃全被震碎了；一枚炸弹落在大礼堂的后面，炸毁了礼堂的后墙；还有一枚炸弹炸毁了化学实验室，但没有击中科学楼。猛烈的轰炸使中央大学女生宿舍倒塌，当时陈美玉和她弟弟正在那里。女生宿舍倒塌时，陈美玉躲在脸盆架下面，这才使她幸免于难。听完陈美玉的述说，魏特琳认为她得以躲过这场劫难简直是一个奇迹。

日机为了轰炸清凉山上中国军队的高射炮阵地，几次飞临金女大的上空，炸弹也落在了学校附近，魏特琳对学校的安危感到十分担忧。

为了应对可能的长期空袭，8月18日晚上，魏特琳和金女大的凯瑟琳一道，上街去买食品等生活必需品。在街上，魏特琳发现一些商店的食品都卖完了，南京的居民也少了许多，为了躲避轰炸，很多人都撤离了南京。三天后，魏特琳再次上街买东西时，她发现更多的商店关了门。原来魏特琳常去的两家印度商店已关了门，一些书店、精品店也关了门。在电影院门前，由于很少有观众，许多电影院也已关了门。

日机的频繁轰炸，不仅使魏特琳无法正常工作，而且使她感到疲惫，因为她几乎每天都要躲入那阴暗潮湿、满是蚊虫的防空洞，有时一待就是几个小时，甚至晚上也不例外。为了应对随时出现的空袭，魏特琳不得不在晚上睡觉前把进入防空洞后用的日用品如深色衣服、鞋子、纱布、驱赶蚊子的扇子、防毒面具等准备好，这样就不必在警报响起后再匆忙寻找这些物品。在这样的环境下，魏特琳曾期望自己以及那些与她有同样遭遇的人能有一个宁静的夜晚，以便能够好好地睡上一觉。魏特琳说，她是多么希望今夜能够宁静地度过，特别是为了孩子们，因为他们无法理解所发生的一切。①

然而，侵略者是不会按照善良的人们的意愿行事的。在此后的数天里，日机频频来袭，对南京的空袭步步升级，南京军民的生命财产遭受了严重损失。

从 8 月 19 日起，日机不仅白天空袭南京，而且夜晚也对南京进行猛烈轰炸。18 日午夜 12 时刚过，凄厉的警报声划破了寂静的夜空。自日机轰炸南京以来，这是第一次夜间空袭。

听到警报声，魏特琳一骨碌爬起来，迅速穿上衣服，关上门窗，摸黑深一脚浅一脚地跑到防空洞里。夜晚在防空洞里的滋味实在不好受，洞中阴暗潮湿，蚊虫十分猖獗。一位聪明的女勤杂工带来了一床床单，遮在防空洞口，并把洞内的蚊子赶出去，这才使洞中的人免受蚊虫叮咬。警报解除后，魏特琳走出防空洞，一缕清新的空气扑面而来。在回宿舍的路上，她抬头看见那皎洁的月光，整洁的校园在月光的映衬下显得格外美丽。看见这优美的夜景，魏特琳想，这种时刻正是人们欣赏大自然美景的时光，而不应该用来破坏和屠杀。

8 月 22 日，这一天距日军飞机首次轰炸已过去了一星期。在这一个星期中，由于日机的频繁轰炸，魏特琳几乎没有睡过一个好觉。虽然只过了

---

① August 20, 1937, *Minnie Vautrin's Diary,* Box 134 of YDL Record Group NO.11, The Archives of the United Board for Christian Higher Education in Asia, Yale University Divinity School Library Special Collections.

一星期，但她感觉似乎过了好几年。

8月26日，素有“火炉”之称的南京已度过了最炎热的那段日子，虽然白天的太阳仍烤得人酷热难耐，但夜里人们已不感到那么闷热了。这天夜里11时许，凄厉的空袭警报划破了寂静的夜空，把人们从睡梦中惊醒。由于实行了灯火管制，人们摸黑寻找衣衫，慌忙躲入防空洞或户外安全地带。马路上的一切车辆均关闭了车灯，静静地停在路边。偶有行夜路的人也躲入了公共防空壕。

这一切都是在很短的时间内进行的。由于人们已经经历了多次空袭，现在已不显得过分惊慌，一切都是那么井然有序。

夜色中的南京似乎成了一座无人之城。秦淮河畔夫子庙的花灯熄灭了；太平路等闹市区的霓虹灯也消失在夜幕中；新街口中国银行大楼顶上那两个宝葫芦状的霓虹灯广告牌也失去了平日的辉煌，人们只能借着月光，隐约地看见两个黑影。

几分钟后，第一批12架日机闯入市区上空，轰炸了国民政府卫生署。

8月27日，日机轰炸了南京的军事和民用目标，中央大学实验中学、省三医院、宪兵团驻地、东郊遗族学校、国民政府卫生署均遭到轰炸。国民政府卫生署署长刘瑞恒在致行政院的呈文中称：“查近日敌机不时来侵袭我首都，本署以邻近军事区域，致昨日（八月二十六

卫生署礼堂后部被轰炸后的情形（《南京大屠杀史料集》第28册《历史图像》）

日）夜十二时，敌机飞经本署上空时，投落炸弹数枚，其中二枚落于本署，当命中制药厂后部，炸毁及烧毁厂房五十余［平］方，制药仪器及材料伤损半数，自来水管亦由地中爆出，煤气管及电线均被毁损，职员宿舍亦受震荡，裂痕多处，幸未伤人。制药厂被炸后旋即起火，由本署消防班及警察厅消防队施救，延烧至一小时始告扑灭，统计房屋、药品、设备等各项损失，约值四五万元之谱。”[①]邻近卫生署的中央医院也遭到日机的轰炸。拉贝在日记中记述说：“中央医院里落下了 15 枚炸弹。这很难说是否就是把医院当作轰炸目标。但看上去很像是这样，因为许多弹坑一个接一个，就在中山路的方向。它的后面就是国家资源委员会及其一些实验室，它们已经被轰炸过一次。想必医院在昨天空袭后已经迁走，因为它遭到了严重的破坏。”[②]

面对日军飞机日趋频繁的轰炸，魏特琳和金女大紧急委员会的成员陈斐然，将校园里的工人组成了三个灭火小组。一个小组负责搬运梯子，一个小组负责管理使用分布于各处的灭火器，一个小组负责运水和沙子。8 月 28 日下午，金女大举行了一次消防演习。学校的医务室被当作假定火灾现场，学校所有的人员都参加了灭火。人们排成长队，从校园的池塘里一桶一桶地传递水。梯子队员架起梯子，将水倒在房顶上。演习很顺利，也很成功。[③]经过演习，今后一旦校园里发生火灾，人们就不必惊慌失措了。

在日机轰炸的过程中，金陵大学、金陵女子大学、明德女子中学等外国教会创办的学校由于属于外国财产，而且这些学校位于美国、日本等国驻华大使馆附近，日军飞机不敢贸然轰炸，所以相对安全。然而正是由于相对安全，所以国民政府的许多机关纷纷设法迁入这一地区。虽然国民政府没有直接将政府机关搬进教会学校，却希望将政府的医疗、科研机构搬

---

①《刘瑞恒为卫生署被日机轰炸致行政院呈文》（1937 年 8 月 27 日），载中国第二历史档案馆、南京市档案馆编《侵华日军南京大屠杀档案》，江苏古籍出版社 1997 年版，第 3 页。

②［德］约翰·拉贝著，本书翻译组译：《拉贝日记》，江苏人民出版社、江苏教育出版社 1997 年版，第 22 页。

③ August 28, 1937, *Minnie Vautrin's Diary,* Box 134 of YDL Record Group NO.11, The Archives of the United Board for Christian Higher Education in Asia, Yale University Divinity School Library Special Collections.

进这些学校，这使魏特琳感到很棘手，因为她认为一旦大批政府机构进驻这一地区，必将成为日机轰炸的目标，这将给金女大带来极大的危险。

8 月 16 日下午，国民政府创办的中央医院派人与金女大洽谈，希望借用学校的房屋，实际上是想将整个医院搬过来。魏特琳认为“这是一个很难拒绝的请求”，但是，考虑到学校将于 9 月 20 日开学，所以她在与吴贻芳商量之后，不得不婉言拒绝了这一请求。

8 月 20 日中午，魏特琳与吴贻芳商讨了气象台要求借用金女大诵朗厅的问题，大约 20 名气象台的工作人员不仅想把办公室搬进来，而且想在学校住宿和吃饭。商讨的结果是，允许他们搬进来，但学校无法解决吃饭问题，他们必须自带食物。此外，魏特琳和吴贻芳还商讨了国民政府教育部的请求。教育部希望能将部分办公室搬进金女大，同时教育部的一些高级官员也将来学校办公。吴贻芳和魏特琳认为，一旦教育部的高级官员来学校办公，势必在校园内停放许多小汽车，在日本间谍和汉奸活动猖獗的情况下，这将引起人们的注意，从而给学校带来危险。为了不得罪教育部，吴贻芳和魏特琳想出了一个权宜之计，即把位于校园外的男教师宿舍借给他们，让男教师搬进校园。但是后来教育部官员看到金女大附近的清凉山上有中国军队的高射炮阵地，他们担心这会遭受日机的轰炸，进而殃及周围地区，所以决定不搬来了。

尽管金女大拒绝了许多政府机关希望搬进校园的请求，但仍有大批机关搬到金女大校园附近。10 月 20 日，魏特琳外出时路过宁海路和广州路，她留心数了一下，仅从宁海路到广州路，就有 12 辆汽车。这表明学校周围搬来了许多机关。魏特琳对此不无感慨：“我很遗憾我们有这么好的声誉，现在这一声誉对我们反而不利了。如果我们这里有危险，他们本不会来的。”①

9 月 19 日下午，日本海军第三舰队司令官长谷川清中将，在上海向各

---

① October 20, 1937, *Minnie Vautrin's Diary,* Box 134 of YDL Record Group NO.11, The Archives of the United Board for Christian Higher Education in Asia, Yale University Divinity School Library Special Collections.

南京居民区被炸后的惨景（沈弘编译《抗战现场：〈伦敦新闻画报〉1937—1938 年抗日战争图片报道选》，中国社会科学出版社 2000 年版）

国驻沪领事馆发出所谓“通告”，声称日军“将于 1937 年 9 月 21 日正午 12 时以后，对南京城内及附近的中国军队，以及一切属于华军军事工作及活动之建筑，采取轰炸或其他手段”，并要求驻南京的各国使馆人员及侨民撤至南京长江上游的安全地区，各国停泊在南京下关江面的舰船也须驶往上游地区。

就在长谷川清发出所谓“通告”的当天，近百架次日机对南京进行了多次大规模轰炸。日机轰炸的主要目标有：中央广播电台、自来水厂、大校场军用机场、明故宫机场、兵工厂、军政部、交通部、铁道部、财政部、中央医院等。但是，并不邻近这些目标的一些平民区也遭到了野蛮轰炸。南京城南的下江考棚遭到重磅炸弹的轰炸，市立医院亦受波及。白酒坊、评事街等处多处民房被炸毁。中华路附近十余间民房被毁，伤亡数十人。中央大学的校舍又一次遭到 8 枚 250 公斤重磅炸弹的轰炸。

9 月 20 日，日机 80 余架次在战斗机的掩护下，分四批轰炸了南京。国府路、中央大学、挹江门、兵工厂、和平门、自来水厂等处均遭到轰炸，平民伤亡数十人，民房被毁50余间。

日机的疯狂轰炸改变了人们的观念。以往人们都是盼望有一个晴朗的好天气，而在日军飞机轰炸的过程中，人们却盼望着阴雨天气，因为阴雨天日机是不会来轰炸的。当天气阴郁时，魏特琳在校园中遇到同事，总是寒暄道："今天天气真好！"开始人们总是愣一下，但很快就回过神来，领会了魏特琳的意思，笑着答道："是的，今天天气很好！"当天气晴朗时，则又是另一番情景。10月12日清晨，魏特琳醒来，她凝视着窗外，一轮朝阳透过窗外飘动的垂柳映照在窗户上。接着，魏特琳来到校园，看到阳光洒在池塘边的树叶上，树叶上的露珠发出七彩的光芒。看到这样少见的好天气，魏特琳意识到日机肯定会来轰炸。魏特琳在打开水的途中遇到学校的一位女勤杂工时，她风趣地说："天气糟透了！"不出魏特琳所料，这天日机果然来了，而且来了三批。

过去，每当夜晚，魏特琳总是希望看见皎洁的月光，而现在，她却祈求月亮被乌云遮挡。对此，魏特琳感慨地说："一个晴朗的早晨，在迎接新的一天到来的时候，我们勒紧裤带，因为我们知道这样的天气会带来什么。上帝是多么怜悯我们，创造阳光让我们享受，但又让我们在期盼它的时候忐忑不安；上帝为情人和儿童创造了月亮和星光，但又让我们渴望云彩来遮挡它们。"

一天，魏特琳外出路过首都剧院时，看到一张早已过期的电影海报，电影的名字叫《遮住月亮》。看到这张海报，魏特琳感触颇深，这不正是人们所希望的吗？看来电影与现实生活也越来越近了。

随着轰炸的不断升级，居住在南京的许多人都纷纷撤离了南京。10月的一天下午，魏特琳独自骑自行车去了金女大西面的古林寺，山上的秋叶已经红了，远远望去煞是好看。但是，魏特琳在街道上看到许多白墙红瓦的房屋被涂成了灰色或是土褐色，而且行人很少，整个城市给人一种萧条的感觉，似乎像是一座死城。

在日机疯狂轰炸的日子里，人们也改变了互相祝福的习惯。往常，人们总是用“恭喜发财”“祝你健康”等话语相互祝福，而现在魏特琳用了一句更加贴切的祝福语：“祝你平安！”是的，在这种非常时期，还有什么比平安更重要的呢?

在日机的轰炸下，南京人民并没有屈服。市长马超俊对日军的暴行予以彻底揭露和痛斥，国民政府也照会国联，要求国际社会对日本予以谴责和制裁。同时，各国驻华使馆也对长谷川清的所谓“通告”表明了立场。英国驻中国代办贺武及英国远东舰队司令李德尔中将拒绝了日方的要求，苏联、法国、比利时、意大利、德国等驻华使馆也拒绝了日本的要求。美国驻华大使及使馆的主要人员虽暂时退避到美国军舰“吕宋”号上，但不久又返回了南京。

9月21日中午12时，这是长谷川清所宣扬的对南京进行毁灭性大轰炸的时刻，然而日机并没有开始所谓的大轰炸，只是与往日一样，对南京进行了小规模的轰炸。这天，日机60余架次分两批轰炸了南京30多处地方，炸毁房屋数十间，军民伤亡200余人。

虽然大轰炸还没有开始，但人们的头上总像是悬了一把利剑，不知道这把利剑何时会落在自己头上。这天晚上9时30分，魏特琳在自己家中的烛光下写日记。由于实行了灯火管制，为了避免烛光外露，她不得不在窗户上蒙上一层厚厚的窗帘。夜空一片漆黑，城市里除了偶尔可以看到零星的烛光外，同样是漆黑一片。如同黑夜笼罩着城市一样，人们的心头也笼罩着一种不祥之兆。与人们一样，一种凶兆也悬在魏特琳的心头，她不知道大轰炸将会造成什么样的破坏，也不知道这一切何时才能结束。

9月22日，日方宣称对南京城实施大轰炸。当天早上令魏特琳感到意外的是，日军飞机并不比往日多，这使她稍稍松了一口气。但到了上午10时许，日机飞临南京，其中包括重型轰炸机，对国民党中央党部、内政部、宪兵司令部、中央医院，以及城南居民稠密区、下关难民收容所、浦口火车站等地进行了轰炸，连外国大使馆和外侨较为集中的新住宅区附近也遭到了轰炸。爆炸声清晰地传到躲在防空洞中的魏特琳耳里，她还听见五台山上中国军队高射炮的射击声。

这一天的轰炸造成了较大的破坏和人员伤亡。日机在轰炸内政部及宪兵司令部时，由于高空投弹，炸弹偏离目标，击中附近一家当铺，引起熊熊大火。在城南 ABC 番菜馆门前，日机投掷碗口大小的小型燃烧弹，大火顿时冲天而起。在中山路与山西路交会处，一枚 250 公斤重磅炸弹将路面炸出一条巨大的裂口，交通为之中断。国民党中央党部附近的民生旅馆被日机炸毁。日机在轰炸国民党中央党部时，居住在湖南路 36 号、38 号的刘效侯一家，“被敌机大轰炸南京时，一弹命中民之屋顶，将第三、四、五，三进房屋计共九间二厢完全炸毁，先父刘焕轩公字炳南及姑母二人不及躲避，同时炸死”[①]。同一天，位于下关的难民收容所可容纳数千人的草棚也毁于大火。

第二天，吴贻芳和魏特琳以及鼓楼医院的威尔逊医生、格蕾斯·鲍尔一同来到中央医院，查看前一天医院被日机轰炸的情况。在中央医院，魏特琳看到在医院的大楼顶上画了一个巨大的红十字标记。人类创造的红十字标记，象征着和平和人道。然而，日军不顾起码的人类道德准则，竟然轰炸救死扶伤的医院。在前一天的轰炸中，有 16 枚炸弹命中了中央医院和医院北侧的国民政府卫生署，其中包括两枚重型炸弹。轰炸开始前几分钟，中央医院的沈克非院长和几位记者正在医院大楼的顶上，恰巧医院有一个会议，沈院长下了楼，而那几位记者还在大楼顶上。轰炸开始后，沈院长和医院的 100 多名医护人员都躲进了防空洞，而那几位记者则利用楼顶的有利地形，冒险拍摄了日机轰炸中央医院的照片。幸好两枚重磅炸弹没有命中医院，而是击中了与医院相邻的网球场，否则后果不堪设想。魏特琳

① 《刘效侯为其父、姑母二人被日机炸死致南京市政府呈文》（1945 年 10 月），载中国第二历史档案馆、南京市档案馆编《侵华日军南京大屠杀档案》，第 6—7 页。

看到了重磅炸弹爆炸后留下的巨大弹坑。弹坑有 30 英尺宽、15—20 英尺深。网球场旁边礼堂的墙壁已经倒塌，附近所有房屋的窗户玻璃都被震碎。如果炸弹向北偏 50 英尺，就落在了医院的防空洞上，巨大的冲击力足以摧毁整个防空洞。医院的门房、护士楼以及附近的乒乓球室被彻底摧毁了。从轰炸现场来看，魏特琳断定这是日机故意所为，而非意外。日机在轰炸中还用机枪扫射医院的建筑，所有的屋顶上都留有扫射的痕迹。

尽管国际社会对日机野蛮轰炸中国首都南京等城市进行了严厉谴责，然而，日本法西斯早就把国际公法置于脑后，他们非但没有收敛，反而变本加厉，对南京进行了更大规模的轰炸。

9 月 25 日，日军飞机对南京进行了规模空前的大轰炸。从这天上午 9 时到下午 4 时 30 分，日机近百架次对南京进行了轮番轰炸。首都电厂、中央广播电台、中央通讯社、中央医院、四牌楼卫生事务分所、广东医院等非军事目标均遭到轰炸，三条巷、江东门、建康路、门东三条营、中山汽车行附近居民住宅区也被殃及。这一天，日机在南京投弹 200 枚以上，其中包括 250 公斤重磅炸弹和大量燃烧弹。家住门东三条营 16 号的宗大有一家 6 间房屋全部被炸毁，从此，宗大有全家流离失所，直到 1945 年 11 月，一家人仍无家可归。

南京市市长马超俊 1937 年 11 月 4 日在给国民政府行政院的呈文中指出："查自淞沪抗日军兴以来，我后方不设防城市，迭遭敌机肆意轰炸，凶狠残毒，漫无标的。京市为首都所在，敌人谋我更属无所不用其极，计自八月十五日起至十月十五日止两个月中，共遭空袭六十五次，骚扰破坏无时或已，我无辜民众惨死敌弹之下者，先后达三百余人，他如文化组织、慈善团体以及医药机关，亦莫不遭其摧毁。每一弹落，墙圮壁颓，血肉横飞。似此违反公理、灭绝人道之暴行，实为历史所罕觏，举世所共愤。"①

①《南京市长马超俊就本市被日机空袭损伤情况致行政院呈文》（1937 年 11 月 4 日），载中国第二历史档案馆、南京市档案馆编《侵华日军南京大屠杀档案》，第 4—5 页。

据南京市政府1937年11月的统计，自8月15日至10月15日的两个月间，日机在南京共投弹523枚，炸死我军民392人，炸伤438人，炸毁房屋1949间。[①]

10月18日，魏特琳也得知了日机空袭南京的次数，她听说日机对南京一共进行了66次轰炸，但她同时又听说美国大使馆也进行了统计，他们的统计是77次，而不是66次。

10月19日，日机又对南京进行了猛烈轰炸，其主要目标是下关码头。据一位目睹轰炸的美国海军水兵告诉魏特琳，他看到日机投下了12枚炸弹，其中6枚落在长江中，另外6枚击中了码头附近的一些建筑。

1937年11月，日军攻占上海，随后兵分数路向南京进犯。12月上旬，日军逼近南京城下。为了配合地面部队的进攻，日军飞机继续对南京进行猛烈的轰炸。由于国民政府已迁都重庆，南京已无防空可言，日机更是肆无忌惮，对中国守军的阵地、车站、码头以及兵工厂等地进行了野蛮的轰炸。

12月5日上午11时10分，日机由中山门方向超低空窜入南京市区，在中山门至西华门一带投掷炸弹，民房被毁，大火冲天。日机飞过，妇孺痛哭嘶叫之声立起。在西华门附近，有一个14岁男孩被拦腰炸断，男孩的母亲跪在儿子尸体旁泣不成声。轰炸发生后，鼓楼医院的

南京一男子怀抱被日军飞机炸死的孩子（美国《生活》杂志）

①《南京市长马超俊就本市被日机空袭损伤情况致行政院呈文》（1937年11月4日），载中国第二历史档案馆、南京市档案馆编《侵华日军南京大屠杀档案》，第6页。

美籍医生威尔逊赶到轰炸现场。他看到一户人家，母亲和女儿被当场炸死，女孩子的头已被炸掉一半，那位神情麻木的父亲仍然紧抱着死去的女儿，无法抹去心中的悲伤。

6日和7日，日机猛烈轰炸浦口火车站，当时车站广场上有数千逃难的难民，人们来不及躲避，被日机轰炸扫射，死伤无数。7日，日机轰炸中山码头一带，位于码头附近的唐山路多处民房被毁。13日，日军攻陷南京，当时有许多中国士兵向中山码头撤退，准备过江。就在此时，日机飞临码头附近，疯狂轰炸和扫射在江边等待过江和正在渡江的军民。一时间江面漂满了尸体，江水被染得殷红。

二、面对大使馆的撤退令

在这一非常时期，金女大校长吴贻芳十分忙碌。战争爆发后，蒋介石夫人宋美龄发起组织了“中国妇女战时救济联合会”，吴贻芳是这个委员会的执行委员会委员，整天忙着开会、制订计划和安排工作，这占用了吴贻芳的许多时间，大量学校的工作不得不压在魏特琳的身上。

然而魏特琳并没有畏惧繁重的工作，而且还主动承担了另外一些工作。1937年9月下旬，由于金女大教师凯瑟琳去武汉办理武汉分校的有关事宜，辞去了校长秘书的工作。这样一来，吴贻芳身上的担子就更重了。魏特琳不忍心看到吴校长外出开会后，总是拖着疲惫的身躯回到学校，她主动申请承担了校长秘书的工作。

为了及早做好准备，金女大将几幢主要大楼的地下室清理出来，以便在日机轰炸时，学生、教师、职工可以在此躲避。同时，学校还制作了大量沙袋，用来保护重要的仪器设备。此外，为了校园里更多的人能够躲避空袭，魏特琳还专门咨询了中国和德国的军事专家，准备在校园里修建四座防空洞。经过努力，金女大的四座防空洞终于建成了。为了防止在空袭时发生混乱，

金女大的防空洞［孙建秋编著《金陵女大（1915—1951）：金陵女儿图片故事》］

使人们能够迅速有序地进入防空洞，魏特琳按人数的多少妥善进行了安排。

对学校来说，图书是十分宝贵的。为了不使学校图书馆的书籍在轰炸中遭受损失，魏特琳组织人员在图书馆阁楼的地板上堆了一层沙袋，因为她听说沙袋可以减缓炸弹的破坏力，这样当炸弹击中图书馆时，阁楼下面的图书室就不会受到太大的破坏。

校园里正在施工的新教师公寓由于工人们都离开了南京，工程处于停顿状态。对此，魏特琳十分着急，因为这些房屋的屋顶还没有铺上瓦，她催促负责工程的承包商，尽快找回工人，至少要把屋顶上的瓦先铺上。但是，在南京处于危险之中时，找回工人并不是一件容易的事。到 1937 年 10 月上旬，工程仍然处于停顿状态。看着这栋盖了一半的房屋，魏特琳也无可奈何，她意识到这个秋天肯定盖不上瓦了。

当年 8 月上旬，金女大遇到了一个十分棘手的问题，即在当时的情况下，学校能否按时在南京开学？一些学生已来信表示，希望转到上海或广州去上学。魏特琳与金女大的其他教师就此事进行了深入讨论。讨论的结果是，学校将在 9 月 20 日开学，并正常教学，因为这样对学校更有利。但如果在开学前夕局势恶化，不能按时开学的话，学校将在中国发行量最大的《申报》上刊登有关通知。

虽然金女大仍计划 9 月开学，但魏特琳已意识到南京遭受日机的空袭将不可避免。当日机开始轰炸南京后，魏特琳担心学校无法正常开学，即使开学，“如果中国军队撤退，日本军队向南京逼近，那么我们的麻烦可能是交通问题——必要时，怎样撤出学生？我们要是有先知先觉就好了。我们应该放弃开学的努力吗？”①

由于局势还不是十分明朗，魏特琳为学校开学的事情伤透了脑筋。

8 月 30 日，吴贻芳召集全校教职员工开了一个会，她在会上传达了教育部要求所有学校推迟开学的指示，并决定学校的教师可以自由撤离。在会上，吴校长还就金女大在什么地方开学征求了大家的意见。在此后的几天里，魏特琳根据吴校长的要求，按照学生和教师的原籍，制订了金女大在安全地区开办分校的初步计划。根据这项计划，金女大将在上海、武汉、成都等地开办三所分校，将学校的学生分散到这三个地方去上学。

为了落实这一计划，吴贻芳和魏特琳分别派出一些教师到上海、武汉、成都、湘潭等地联系开办分校的事宜。不久，各地分别传回消息，这些地方的学校和教会组织非常欢迎金女大去开办分校，有些地方的教会学校还愿意将自己的校舍腾出来让给金女大。这些消息使吴贻芳和魏特琳深受鼓舞，更坚定了她们开办分校的决心。

9 月下旬和 10 月初，派往上海、武汉去开办金女大分校的教师分别发回了消息，上海的圣约翰大学同意与金女大联合办学，金女大可以利用圣约翰大学的校舍。武汉方面的情况也很好，各项工作进展顺利。得到这一消息，魏特琳终于松了一口气，几个月来的努力总算没有白费。

金女大的邻里学校，是由学校基督教女青年会捐资兴办的，其学生为学校周边那些上不起学的贫苦人家的女孩子们，教师则是金女大的女大学生。邻里学校的学生主要学习基本文化知识，以及家政、手工制作等课程。在日机轰炸中，魏特琳不仅想到了学校的撤离问题，而且也想到了这所小

---

① September 17, 1937, *Minnie Vautrin's Diary,* Box 134 of YDL Record Group NO.11, The Archives of the United Board for Christian Higher Education in Asia, Yale University Divinity School Library Special Collections.

小的邻里学校。经过慎重考虑，魏特琳决定邻里学校于9月20日开学，以便那些无法撤离的邻里的孩子们能够继续上学。为了这些孩子们的安全，学校修建了两个防空洞。魏特琳认为，这个小学校附近有三个国家的大使馆，目前看来还不会有危险，一旦有危险，孩子们也可以躲进防空洞。

日机炸弹留下的巨大弹坑，空袭来临之际，人们急急忙忙跑向防空设施(沈弘编译《抗战现场:〈伦敦新闻画报〉1937—1938年抗日战争图片报道选》)

9月4日，金女大分别派人到上海和武汉联系开办分校的事宜。为了慎重起见，魏特琳还专门拜见美国驻华大使馆官员W. R.佩克先生，征求他个人对金女大在上海、武汉、成都开办三所分校计划的意见。然而，佩克一开始就直截了当地向魏特琳转达了当天早上刚刚收到的美国国务院的指示：建议撤离南京所有的美国公民。佩克认为日本将会像其宣称的那样，轰炸中国所有的机场、军事和通讯设施，并且已经轰炸了武汉、长沙、福州、广州和厦门，他认为在当时的形势下，可以说中国没有一个地方是安全的。因此，他力劝魏特琳撤离南京回美国去，并告诉她，大使馆将于下星期一用专车把使馆里的妇女送到汉口或广州，然后再回美国或去马尼拉。

佩克并没有以政府官员的身份向魏特琳下命令，而是十分和蔼地劝说魏特琳离开南京。对美国驻华大使馆这一处理问题的方式，魏特琳深表赞赏，她对朋友说：“我非常欣赏美国大使馆处理问题的方式，他们两次告诫我们离开，又两次敦促我们离开，但他们似乎每一次都理解我们肩负的责任，这一责任使我们很难撤离。”①

就在魏特琳积极为金女大开办分校的时候，美国政府开始撤退南京的美国公民。

8月22日晚，金陵大学的美籍教师洛辛·巴克给魏特琳打来电话，告诉她美国大使馆希望所有的美国妇女和没有特殊原因的男子做好撤离南京的准备。魏特琳理解美国大使馆的做法，并对大使馆并不是“强迫”而是“劝说”表示欣慰。

根据美国国务院的要求，所有滞留南京的美国妇女及儿童都必须撤离南京，但由于魏特琳等人坚持说自己身负重任，不能立即撤离，美国大使馆的官员才作出让步，勉强同意她们暂时不撤离。与魏特琳一样暂时不撤离的美国妇女还有金女大的凯瑟琳·萨瑟兰、基督教会的埃尔茜·普里斯特、金陵大学医院的格蕾斯·鲍尔等人。8月19日中午，魏特琳从广播中得知，所有在上海的美国人都已经撤离了上海，其中一部分人直接回美国，另一部分人则到菲律宾的马尼拉。这一切意味着美国政府撤退危险地区侨民的行动已经开始。

8月27日晚上，美国驻华大使馆给魏特琳送来一封措辞强硬的信，要求所有的美国公民撤离南京，同时通知魏特琳，美国大使馆的妇女第二天将撤离南京。信中表示，如果魏特琳不撤离南京，今后发生的一切事情，美国大使馆将不负责任。魏特琳虽然很感激美国大使馆通知她撤离，但她坚持认为，自己不能离开南京：

> 我认为我不能走，因为我要是走了，正承受巨大压力的吴博士除了要做她现在正在做的事情外，还将不得不承担应由我做的那份工作。我觉得我在金陵女子文理学院18年的经历，以及与邻居14年的交往经

---

① September 4, 1937, *Minnie Vautrin's Diary*, Box 134 of YDL Record Group NO.11, The Archives of the United Board for Christian Higher Education in Asia, Yale University Divinity School Library Special Collections.

验，使我能够担负起一些责任，这也是我的使命，就像在危险之中，男人们不应弃船而去，女人也不应丢弃她们的孩子一样。①

（南）京沪路上逃难的难民（国民政府军事委员会政治部编《日寇暴行实录》，1938年）

魏特琳在美国的许多朋友以及学校的同事为她的安全担心，一些校友和学生也关心她的安全，不断写信来询问情况，并赞扬她的勇气。然而，魏特琳并没有把这一切放在心上，她认为：没有一名教工所在的地方比金女大更加安宁，因为学校还没有遭到轰炸，并且有大自然美丽的景色和校园里绚丽的菊花，更重要的是，在金女大，还有着同甘共苦的珍贵友情。

整天的忙碌，使魏特琳感到非常疲惫。她时常在想，人类为什么要发动战争，为什么人类只有通过战争来解决问题？她常常认为发生在眼前的一切都不是真的，只是一场可怕的噩梦，然而，当她一觉醒来，活生生的现实又展现在她的面前——她必须面对这一切。

每到秋季，金女大的花匠老邵总要把一盆盆菊花搬到校园内供人们观赏。与往年的这一时节一样，10月下旬，老邵仍然将菊花一盆盆地摆在校园内的大草坪上。看到这一情景，魏特琳感到无论在什么样的环境下，中国人仍然是那样乐观，他们对未来充满了希望，这更坚定了她留在南京的决心。

① August 27, 1937, *Minnie Vautrin's Diary,* Box 134 of YDL Record Group NO.11, The Archives of the United Board for Christian Higher Education in Asia, Yale University Divinity School Library Special Collections.

金女大500号楼，前面摆放着魏特琳所喜爱的菊花（耶鲁大学神学院图书馆）

魏特琳在困难时刻首先想到的不是自己，而是金女大校长吴贻芳，因为吴校长身兼多职，肩上的担子实在太重。魏特琳对吴贻芳校长十分尊敬，她时常想，当到了最后的关头，吴校长会撤离吗？而吴校长却没有过多地考虑自己，有一段时间，她认为魏特琳和学校的另一位外籍教师凯瑟琳应该撤离南京。魏特琳觉得吴校长在空袭开始时的那种紧张和不安的情绪已经消失得无影无踪，她身上的担子虽然很重，但她工作起来依然是那么积极和愉快，她甚至为学校可能遇到的最坏情况做好了准备。看到吴校长的大无畏精神，魏特琳更觉得自己有必要为吴校长分担一些工作，为金女大分担一些责任。

在日机的肆意轰炸下，金女大的开支大增。为了向美国的金女大委员会提交一份学校的财务报告，魏特琳与吴贻芳一起编制学校在紧急情况下的预算，并整理了这段时间的账目。她们发现学校的经费已经透支，于是不得不决定降低教职员工的薪水。像魏特琳这样仍在工作的人只能拿到正常薪水的60%，而那些暂时不工作的人则只能拿到正常薪水的40%。为了节约开支，金女大不得不在晚上9时30分熄灯，因为发电机用的燃油太贵了。由于没有电灯，魏特琳常常在烛光下写报告和日记，她甚至想把自己日记的标题改为《烛光下的沉思》，因为这样更符合实际。这份紧缩开支的预算编好后寄往美国，尽管吴贻芳和魏特琳想尽办法节约开支，但这份预算仍有11000美元的赤字。在魏特琳看来，薪水的多少并不是一个十分重要的问题，她对减薪没有任何怨言，她所想的只是金女大的未来和饱受苦难的中国人民。

金陵大学教授斯迈思曾在《世界的呼唤》上就外国人撤离南京问题写了一篇文章，他在文章中谴责外国传教士在大使馆或国务院的命令下撤离南京，并认为这无异于“逃跑”。魏特琳认为：“如果可能的话，带着孩子的母亲应该撤到安全的地方去。但是，如果身体能够承受目前压力的话，我们其他人应该留在自己的工作岗位上。我们最大的感情投资是与年轻的教会成员保持友好合作的关系，当人们最需要我们的时候，我们却离开，在我看来这是丢掉了一次需要我们服务的绝佳机会。当然我们应该自己承担留下来的风险，并使传教董事会和大使馆清楚地明白这一点。”[①]

9月20日上午，美国驻华大使馆官员帕克斯顿来到金女大，向魏特琳通报日本第三舰队司令官长谷川清的所谓“通告”，告诉她日军将对南京进行大轰炸的消息，并劝魏特琳暂时离开南京几天，以免发生意外。魏特琳深知在这种最危险的时刻，正是金女大最需要自己的时候，因此，尽管魏特琳不便当面拒绝帕克斯顿的好意，表示容她与凯瑟琳夫人商量之后再作决定，但她还是决定不离开南京，不离开金女大。几个小时后，魏特琳给帕克斯顿写了一封信，明确地表示了自己不撤离南京的决心。她在信中说：“我认为，如果城里所有的使馆都降下国旗，并撤走人员，这将是一个悲剧，

① September 18, 1937, *Minnie Vautrin's Diary,* Box 134 of YDL Record Group NO.11, The Archives of the United Board for Christian Higher Education in Asia, Yale University Divinity School Library Special Collections.

因为这意味着日本甚至在没有正式宣战的情况下，就可以对南京进行无情的、毫无顾忌的狂轰滥炸，我希望日本空军无法得到这种满足。”① 同时，魏特琳还清楚地向美国大使馆表示，她是自愿冒险留下的，无论发生什么事情，都不希望使美国政府或是金女大感到为难，一切责任都由她自己承担。

在日军将对南京进行大轰炸的消息传出后，自愿留在南京的外国人还不止魏特琳一个。就在魏特琳给美国大使馆的帕克斯顿写完信后，她给金陵大学美籍教授斯迈思打电话，斯迈思告诉魏特琳，他也反对撤离外国人，并自愿留下来，为金陵大学医院做一些组织救护车等力所能及的工作。了解了斯迈思的态度，魏特琳感到欣慰，因为留在南京的美国人不止她一个，她并不孤单。

魏特琳留下来不仅仅是为了金女大，她还想到了在大轰炸中可能出现的伤员，她想为那些在战争中遭受伤害，或是不得不忍受战争痛苦的人做一些有益的事情。在日机大轰炸的前一天，魏特琳在学校组织了一些志愿人员，准备在轰炸过后到鼓楼医院去照顾伤员。9 月 22 日，在日机大轰炸过后，魏特琳和学校的志愿人员立即来到鼓楼医院。当魏特琳到达医院时，金陵大学的斯迈思教授已经到了，他正在打电话联系汽车，以便运送伤员。在医院，魏特琳安排好志愿人员的工作后才回到学校。

在外国侨民撤退的同时，金女大的部分教师也准备撤离。8 月下旬，学校的教师张肖松和陈品芝准备购买船票，撤到上游的武汉去。但是，由于撤离的人很多，她们没有买到船票。

在日军飞机的轰炸中，在这样困难的情况下，作为教会学校的金女大并没有放弃自己的信仰，例行的礼拜和祈祷照常进行，人们似乎可以从这些宗教仪式中得到精神安慰，并坚定自己的信念。8 月 21 日早上 7 时，金

---

① September 20, 1937, *Minnie Vautrin's Diary,* Box 134 of YDL Record Group NO.11, The Archives of the United Board for Christian Higher Education in Asia, Yale University Divinity School Library Special Collections. 原文如此。日本没有空军，其航空部队分别隶属于海军和陆军。

女大照常进行祈祷，虽然参加的人比以往少一些，但魏特琳发现祈祷时的气氛良好，人们的神情也很虔诚。她认为，这可能就是宗教的力量吧。

魏特琳是传教士，她认为宗教就是为了帮助那些受苦受难的人而产生的，教会的责任就是让人们脱离苦难，过上幸福的生活。为了达到这一目的，魏特琳曾在南京的教会会议上提出一些设想，即用宗教和道义的力量来阻止这场战争。她设想派一架小型飞机去日本，撒一些揭露战争真相和日军暴行的小册子或传单，让受到日本军国主义蒙骗的广大日本人民了解战争的真相，进而阻止日本军国主义者发动的侵略战争。尽管这一设想无法实现，但从中可以看出魏特琳的正义感和祈求和平的善良愿望。魏特琳深深感到“对基督教领导人来说，现在正是为教会服务和领导其成员救济百姓、从事各项有益工作的绝好时机。我还感到，现在是我们基督教徒更深刻地理解基督教教义的绝好时机。他们能更加深刻地理解耶稣在十字架上所说的话：‘上帝原谅他们，因为他们不知道自己在干什么。’这不是撤退的呼吁，而是在中国和日本继续基督教计划的前进号角”[①]。

10月下旬以来，上海的战局对中方日趋不利，同时战争对上海也造成了巨大的破坏，有大量人员伤亡。上海地区人们所遭受的苦难时时萦绕在魏特琳的心头，她在10月29日的日记中写道：

> 昨夜下了一夜雨，今天白天大部分时间也在下雨，因此没出现日本飞机。昨夜，我情不自禁地想到上海的局势。过去两天的报纸充满了有关中国军队溃退或是撤退的报道，我们对生命的损失和财产的破坏感到震惊，这些消息像棺罩一样日夜悬挂在我们的心上。[②]

---

① October 9, 1937, *Minnie Vautrin's Diary,* Box 134 of YDL Record Group NO.11, The Archives of the United Board for Christian Higher Education in Asia, Yale University Divinity School Library Special Collections.

② October 29, 1937, *Minnie Vautrin's Diary,* Box 134 of YDL Record Group NO.11, The Archives of the United Board for Christian Higher Education in Asia, Yale University Divinity School Library Special Collections.

在人们遭受苦难的情况下，魏特琳认为宗教的作用就是要在人们遇到困难时将人们从苦难中拯救出来。随着上海地区战事的激烈进行，大批中国伤员源源不断地撤到了南京，住进了军队医院或是其他医疗机构，仅10月26日这一天，魏特琳就听说有1500名重伤员被运到南京。11月以后，从上海方面撤下来的伤员仍然源源不断地运到南京。

忧郁的日子来了，
是一年中最凄楚的。
树叶凋零北风号，
草地变黄人亦凉。①

这是魏特琳在11月19日的日记中写下的诗句。在这一天的日记里，她还写道："这是一个暮秋的日子，悲切的秋风整夜都在哀号。对我们这些在南京的人来说，世界仿佛成了悲伤和被人遗弃的地方。"

然而，那些被运到南京的伤员不得不住在临时搭建的帐篷里，甚至躺在露天的广场上。看到这些痛苦不堪的伤员，魏特琳的心碎了。尤其是进入秋天以后，天气渐渐转凉，而许多伤员仍然穿着破烂不堪的单衣，魏特琳的心也越来越不安，这样的衣着，伤员们怎么能够度过寒冷的冬天？

南京的教会组织纷纷动员起来，他们成立了基督教战争救济委员会，专门负责救济工作，魏特琳也是这个组织的成员。这个委员会组织妇女们为伤员缝制棉衣、赶制棉被，并组织人员对重伤员进行护理。金女大也不例外，吴校长和魏特琳积极组织学生和周围的妇女为伤员缝制棉衣，并通过教会机构将这些棉衣赠给那些可怜的伤员。

---

① November 19, 1937, *Minnie Vautrin's Diary,* Box 134 of YDL Record Group NO.11, The Archives of the United Board for Christian Higher Education in Asia, Yale University Divinity School Library Special Collections.

不仅南京的教会组织，其他地方的教会组织也被动员起来，为中国伤员捐赠生活用品。11月初，香港的教会组织募集的几十箱物品运到了南京，并暂时存放在金女大。吴贻芳和魏特琳立即组织人员分装这些物品，以便送到伤员手中。与此同时，金女大校园内的人们也在为伤员赶制被褥，以应急需。

到11月初，由于上海的战事日趋激烈，大批伤员被源源不断地送往后方。为了接待、安置和照顾这些伤员，南京基督教战争救济委员会于11月7日召开委员会议。作为该委员会的成员，魏特琳也参加了会议。会议决定成立“下关伤兵接待部”，专门负责这一工作。

11月中旬，大批伤员被运到南京。下关火车站前的广场上到处躺着伤员。还有近万名伤员已经上了船，等待去长江上游。由于医护人员极少，大批伤员无人照料。南京基督教战争救济委员会得知这一消息后，立即组织人员去照料伤员。11月18日晚上，金陵大学教授斯迈思带领15名学生去下关火车站帮助早已在那里的美国圣公会牧师约翰·马吉。

11月20日，魏特琳听说由于下关的人手不够，许多伤员在痛苦中死去，于是，她与学校的一个门卫晚上赶到了下关。

南京火车站附近的防空掩体（沈弘编译《抗战现场：〈伦敦新闻画报〉1937—1938年抗日战争图片报道选》）

浦口火车站的警示标牌（《支那事变上海派遣军纪念写真帖》）

下关的情形令人触目惊心，魏特琳永远也不会忘记这一情景。

火车站的每一个角落几乎都躺满了伤员，魏特琳估计有 200 人。由于没有医护人员，一些伤员处于极度痛苦之中。有的伤员没有被子，只能用麻袋当作被子。车站上有许多志愿者，他们都是来安慰伤员的。魏特琳看到一位鼻子和眼睛都严重受伤的人在痛苦地呻吟着，由于没有医生，魏特琳只能安慰他说，将尽快送他去医院。一位臀部被炸掉的伤员，伤口已经腐烂，发出阵阵恶臭。

魏特琳在车站来回穿梭，全力照顾伤员。当她走过一位躺在担架上的伤员身边时，这位伤员请求魏特琳不要立即送他去医院，因为他太累了。他在火车上待了整整两天，而且伤口很痛。

魏特琳试图为这位伤员翻个身，挪动一下体位，使他感到舒适一些，但却发现他的被子已经湿透了。魏特琳四处寻找，只找到几条麻袋，只好用麻袋当被子给这位伤员铺上。

这位伤员看到魏特琳是位外国人，就对她说："在前线时外国医生对我很好，每天为我换药。"

听到这位伤员称赞外国人，魏特琳只是淡淡地一笑。

这位伤员见魏特琳和蔼可亲，又说："你知道吗，在那里的最后一天，我对那位外国医生说，如果我年轻一些的话，我想让他做我的教父。"

说到这里，这位伤员的脸上露出了微笑。

见到伤员露出了笑容，魏特琳也面带微笑。但是，她的内心却无法高兴起来，因为她知道，这些伤员已不可能撤到内地去了，在以后的几个月里，谁来照顾他们呢?

在日机对南京的猛烈轰炸中，绝大部分外国记者都离开了南京。为了让西方了解日机轰炸南京的真相，揭露日本侵略者的暴行，留在南京的西方宗教、教育界人士自发地组织了一个宣传委员会，魏特琳和金陵大学的斯迈思都是这个委员会的成员。斯迈思是位多产的学者，他一篇又一篇地给美国新闻媒体写文章。这个委员会还经常开会，商讨如何提高向西方宣传的力度等问题。

10 月 9 日，中国人对魏特琳说了两件事，魏特琳对此感触很深。第一件事是，一位在中国官办学校教书的教师对魏特琳说，他认为教会学校与官办学校在精神上和韧性上是如此不同，官办学校远不能与教会学校相比；另一件事是，一位中国人说，政府医院和教会医院的职员在职业道德和牺牲精神方面存在很大的差异，政府医院不如教会医院。听了这番话，魏特琳认为："应该有这样的差异，而且应该比现在所有的差异更加明显。正如第一世纪的基督教徒所具有的声誉一样，我们能永远超越那些从未皈依上帝的人，毕竟我们知道，正义的力量终究要战胜邪恶与黑暗的势力，这使我们有前进的勇气。"①

10 月 10 日，这一天是中国的国庆节②，魏特琳原以为日本飞机会利用这一机会对南京进行猛烈的轰炸，但这天天气阴郁，对日机来说不是一个飞行的好日子。魏特琳利用这一机会，在校园内举行了一次特别的国庆日礼拜。礼拜由魏特琳主持，吴贻芳校长在礼拜上进行了演讲，然后大家进行祈祷。魏特琳感到通过这种形式，人们更坚定了勇敢前进和在必要时牺牲一切的决心。

南京城里，人们也以各种不同的方式庆祝国庆节。魏特琳在街上看到，许多政府机关和寻常百姓家的门前都挂起了国旗或党旗。一家电影院正连续放映反映卢沟桥事变的纪录影片。

随着日机的不断轰炸，魏特琳认为，在这种危急的时刻，何时开学已经不那么重要了。如果轰炸还将继续下去的话，她估计到开学时，南京将不会有学校开学。

---

① October 9, 1937, *Minnie Vautrin's Diary,* Box 134 of YDL Record Group NO.11, The Archives of the United Board for Christian Higher Education in Asia, Yale University Divinity School Library Special Collections.

② 即"双十节"。

为了避免金女大遭到日机的轰炸，魏特琳曾试图通过美国大使馆向日本方面通报学校的位置和地形。8月25日，魏特琳给美国驻华大使馆起草了一份有关金女大校园的位置和建筑数量的报告，并将报告交给了美国大使馆官员帕克斯顿，魏特琳希望美国大使馆能将这份报告转交日本大使馆。同时魏特琳还将金女大的建筑图纸交由一位摄影师拍摄成照片，通过美国大使馆转交日本大使馆，以便日机识别。

9月下旬，魏特琳与吴贻芳校长商量后，给美国驻华大使馆官员佩克写了一封信，询问金女大是否可以使用美国国旗。佩克21日打电话告诉魏特琳，他认为这是一个很好的主意，并同意借给金女大一面9英尺长的美国国旗。尽管国旗非常大，但魏特琳拿回国旗铺在校园内的大草坪中央时，这面9英尺长的国旗却显得很小，天上的飞机根本无法识别。魏特琳与学校的陈斐然、程瑞芳商量后决定，自己制作一面更大的美国国旗，铺在大草坪中央，以表明这是美国学校。在大国旗没有做好前，只能先用这面较小的国旗。

这天晚上，魏特琳在回自己位于校园内实验学校旁的宿舍时，忍不住来到这面美国国旗旁。借着皎洁的月光，她注视着这面美国国旗，脑海中思绪万千。她想："这些年来，我们国家的动机和所作所为如果不自私、不贪婪的话，这面国旗以及它所代表的国家将具有多大的和平和正义力量啊！即使现在，如果英国和美国能够为了人类的最高利益而联合采取行动的话，人们还有可能为了后代而拯救这个世界！我们是怎样在不同时期，利用我们民族的遗产，并出卖我们与生俱来的权利，这些权利是我们清教徒先辈们历经磨难后才得到并转赠给我们的！"①

为了制作大国旗，魏特琳派人上街购买红、蓝、白三种颜色的布料，并请了一位裁缝师傅制作。很快，一面27英尺长的巨大美国国旗做好了。由于国旗太重，魏特琳请了学校的两位工友把美国国旗抬到大草坪，铺在

---

① September 20, 1937, *Minnie Vautrin's Diary,* Box 134 of YDL Record Group NO.11, The Archives of the United Board for Christian Higher Education in Asia, Yale University Divinity School Library Special Collections.

中央。魏特琳仔细看着这面刚做好的国旗，认为做得非常好。她吩咐两位工友，在空袭时将国旗铺在大草坪中央，空袭结束后再收起来。

在日本飞机频繁的轰炸中，魏特琳并没有忘记学校周边的邻居们，在繁忙的工作中，她仍然抽空到邻居们家中走一走、看一看。当看到邻居们都修建了简易的防空壕，她感到欣慰。邻居们见到魏特琳也十分高兴，他们总是问魏特琳一个同样的问题：美国政府为什么不出来充当调停人，以制止中日之间的战争？作为一名美国传教士和大学教师，魏特琳当然无法影响美国政府的政策，也无法明确回答邻居们提出的问题，但她从这些邻居的神情中可以感受到中国普通老百姓不希望看到战争的愿望，她也希望美国等西方国家能够对日本施加压力，制止日本的侵略行径。在走访邻居的过程中，一位慈祥的老农走过来问魏特琳，战争还要持续多久？老农眼里含着泪花，呜咽着说，如果战争不很快结束，贫穷的人们就忍受不了多久了。魏特琳看着这张饱经风霜且忧虑重重的脸，心里十分难过，她不忍心告诉这位老农，即使是基督教国家，也经历了长达四年的第一次世界大战。她只能安慰这位老农，希望战争早点结束，祈祷和平早日到来。

10 月 30 日是金女大的“创始者节”，即校庆纪念日。即使在这种困难的情况下，金女大仍然准备采取一种特殊的方式纪念这个日子。早在 9 月下旬，魏特琳就给在上海、武汉、成都、香港等地的金女大分校或校友会写了信，要求她们采取合适的方式纪念“创始者节”。10 月 29 日，魏特琳与吴贻芳共同起草了一份给各地分校及校友会的电报，电报的全文为：

> 我们民族的抗战向金陵女子文理学院的全体人员提出了挑战，要求她们积极地追求丰富的生活，无私地奉献自己的一切。
>
> 1937 年 10 月 29 日 8 时 30 分　你们的母校[①]

① October 29, 1937, *Minnie Vautrin's Diary,* Box 134 of YDL Record Group NO.11, The Archives of the United Board for Christian Higher Education in Asia, Yale University Divinity School Library Special Collections.

第二天，也就是金女大的校庆日，吴贻芳对前一天发出的电报不太满意，于是，魏特琳又向各地分校及校友会发出了另一份电报：

> 愿金陵女子文理学院的全体成员通过不懈地自我修炼，无私地承担起民族的危难，使自己无愧于学院的创建者和金陵女子文理学院的理想。
>
> 1937 年 10 月 30 日 8 时 35 分 你们的母校[①]

这一天，金女大进行了"创始者节"的庆祝活动。庆祝活动虽然简朴，但很充实。这天晚上，校园里举办了一个简单的聚餐会。餐后，开始了庆祝活动。吴贻芳校长首先讲了话，她演讲的题目是《面对当前危机的金陵女子文理学院》；接着是魏特琳发言，她演讲的题目是《曾经面对危机的金陵女子文理学院》。在讲话中，魏特琳讲述了 1927 年金女大曾面临的危险，以及人们是如何渡过这一难关并坚持下来的。美国圣公会的约翰·马吉牧师也在庆祝活动上讲了话，他强调了在目前的国家危机中保持对中国的信念、对中国妇女的信念以及对上帝的信念的重要性，正是由于这种信念，才有了金女大。

这次校庆活动，与其说是庆祝会，不如说是动员会、宣誓会。通过这次活动，人们更坚定了信念，增强了战胜困难的信心。

人们敬佩魏特琳，在这样的困境中人们也表示出对她的敬意。1937 年 9 月 27 日，这天是魏特琳 51 岁的生日。看到大家都在忙碌着，她不希望惊扰大家，甚至希望人们在忙碌中忘记自己的生日。然而金女大的程瑞芳还记着魏特琳的生日。在空袭后，程夫人为大家准备了一碗碗面条，以祝贺魏特琳的生日，表达人们对她的敬意。

---

① October 30, 1937, *Minnie Vautrin's Diary,* Box 134 of YDL Record Group NO.11, The Archives of the United Board for Christian Higher Education in Asia, Yale University Divinity School Library Special Collections.

在美国等地的朋友们也十分关心魏特琳，惦记着她的安危。然而，魏特琳却没有考虑自己，她想到的只是全世界受苦受难的人们。11 月 10 日，魏特琳将自己写好的一部分日记寄给了美国的朋友们，她在给友人的信中表示："万一我无法给你们这些在美国的朋友——能够收到我日记的人寄圣诞节祝福的话，那就让它[①]带去我最诚挚的问候，不仅给你们个人，而且给在各地的所有人——在受到战争蹂躏的西班牙，在被践踏的阿比尼西亚[②]，在遭受苦难的中国。愿这些国家享有和平，这种和平是来自对上帝的信仰，因为在上帝诞生时，天使曾高唱：'和平降人间，人类永善良。'"[③]

三、倡议与推动成立"安全区"

南京的秋天是那么短暂，树上的秋叶在秋风的吹动下沙沙作响，像雪花般飘落在地上。满地的落叶，使魏特琳意识到秋天快要过去，冬天即将来临。天气开始转冷，即使白天有衣服穿，夜里有被子盖的魏特琳也感觉到了寒意。在这种时候，她首先想到的不是自己，而是那些四处漂泊流浪的难民："对

难民乘船离开南京时的拥挤情形（耶鲁大学神学院图书馆）

① 指日记——编者注。
② 即埃塞俄比亚——编者注。
③ November 9, 1937, *Minnie Vautrin's Diary*, Box 134 of YDL Record Group NO.11, The Archives of the United Board for Christian Higher Education in Asia, Yale University Divinity School Library Special Collections.

于那些四处漂泊的众多难民来说，这是一个怎样的感觉呢？”

11月2日，《字林西报》刊登了一则消息，该消息援引日军上海派遣军司令官松井石根大将的话说，上海将在10天内被日军包围，与南京的一切联系将被彻底切断。对这则消息，魏特琳将信将疑，她不相信形势会那么快逆转。然而，无情的事实很快回答了她的疑问。

1937年11月5日拂晓，正当中国军队在上海与日军激战时，日军第十军所属之第六、第十八、第一一四师团及国崎支队等，在日本海军炮火的掩护下，从杭州湾北岸的金山卫一带登陆。原本双方在上海相持的战局，由于日军第十军的登陆而急转直下，中国军队腹背受敌，形势日显不利。

日军在杭州湾登陆的消息传来，南京城里充满了恐慌和不安，人们对日军下一步的行动并不十分了解，或许日军将进攻南京。魏特琳认为如果出现那种情况的话，南京将会发生激烈的战斗，其结果，除了焦土和荒芜之外，南京将不会再剩下什么。

随着战局对中方日渐不利，为了保存有生力量，“十一月九日晨一时，我中央军开始向青浦、白鹤港之线转移阵地，因退却命令之下达太迟，各部队非仅无余裕之准备，竟有未接退却命令而随邻部队撤退而撤者，且对于退却之道路未予明示，各部均拥挤于公路，秩序至为混乱，故预定之青浦、白鹤港线于十一日又不能守，敌之便衣队将近安亭，此时左翼军不得不与中央军协同向吴福阵地撤退。因退却部署之不适当，与敌机之轰炸，部队混乱情形较前尤甚。吴福线之国防工事，无图可按，无钥开门，加之各部队完全脱离掌握，士气沮丧，故不能阻止敌之前进，而向锡澄线溃退。至十一月二十四日，敌追至无锡附近，次日该处又被占领。我军为脱离敌由京杭国道大包围，于二十六日以一部沿京沪铁路向常州，主力向浙、皖、赣边境退却”①。随着中国军队的撤退，11月12日，上海失陷。

①《第三战区淞沪会战经过概要》（1937年8—12月），载中国第二历史档案馆编《抗日战争正面战场》，凤凰出版社2005年版，第454页。

早在上海失陷之前，即 11 月 7 日，日军在杭州湾登陆两天后，日军参谋本部为统一上海方面的作战，即下达了“临参命第 138 号”命令，组建由松井石根大将为司令官的华中方面军，统一指挥上海派遣军和第十军，“华中方面军的任务是，与海军协同挫败敌军战斗意志，为寻找结束战争的机遇而歼灭上海附近的敌人”[①]。与此同时，日军参谋本部又下达了“临命第 600 号”命令，为华中方面军作战区域划定了一条“制令线”。命令称：“华中方面军的作战区域大体是苏州、嘉兴一线以东地区。”[②]

日军参谋本部参谋次长多田骏还给华中方面军参谋长塚田攻少将发出通牒，对这条“制令线”作了进一步解释：“将作战地域定为苏州—嘉兴一线以东，意在预期方面军主力不超过该线……贵军的任务仍然是剿灭上海附近的敌人，其地域考虑到尔后的警备及那时候调出兵力等，所以希望在东面加以如此限制，而对其他方面的敌人须继续保持彻底进行攻击的态势。因此，第十军可根据随后将在上游方面出现的作战进展，在认为有利的情况下，及时以一部兵力推进到苏州、嘉兴等地。”[③]

由于中国军队从上海撤退，11 月 14 日，松井石根下令向“制令线”追击。同日，日军第十三师团攻占浏河镇；第三师团经南翔向太仓方向追击，并进抵太仓；第十一师团攻占太仓后向支塘镇追击，其一部向莫城镇追击，以配合第十六师团攻击常熟。19 日，日军攻占莫城镇，第十六师团及重藤支队占领常熟。

在京沪线（今沪宁线）方面，日军第九师团以主力沿京沪线西进，15 日抵达昆山，继而于 19 日占领苏州。同日，日军第十军主力占领了嘉兴。由于日军迅速抵达苏嘉“制令线”，日军参谋本部即着手讨论是否撤消“制

① 「臨参命第百三十八号」、南京戦史編集委員会編『南京戦史資料集 I 』、偕行社、1993 年、427 頁。
② 「臨命第六百号」、南京戦史編集委員会編『南京戦史資料集 I 』、428 頁。
③ 日本防卫厅防卫研究所战史室著，齐福霖译：《中国事变陆军作战史》第一卷第二分册，中华书局 1981 年版，第 94 页。

日军第十六师团步兵第九联队越过磨盘山，向南京进攻（《一亿人的昭和史》）

令线”问题。参谋次长多田骏因担心战线太长、战局扩大而反对华中方面军越过“制令线”继续西进，而参谋本部内的另一些人则认为必须撤消“制令线”，否则将延误追击。双方未能取得一致意见。

此时，华中方面军方面则竭力主张越过“制令线”，继续西进，以追击中国军队，并一举占领南京。第十军命令所属部队于11月19日晨，以全部主力向南京追击，其具体部署为：国崎支队经湖州、广德向芜湖进击，以截断中国军队的退路；第十八师团经湖州、广德、溧水向南京追击；第一一四师团经湖州、长兴、溧阳向南京进击；第六师团先进至湖州一线。根据这一命令，日军实际上已越过了苏嘉“制令线”。

11月22日，日军参谋本部第一部经过讨论，决定废止“制令线”。随后，经参谋次长多田骏同意，并通过大本营下达“大陆电第18号”指示：“废除根据‘临命第600号’指示的华中方面军作战区域。”[①] 同一天，华中方

① 「大陸電第十八号」、南京戦史編集委員会編『南京戦史資料集Ⅰ』、429頁。

面军向参谋本部提出了今后作战的意见："华中方面军为了加速解决事变，需要乘现在敌之颓势攻占南京。理由：一、南京政府因在湖东会战中大败，现已做出迁都之举，仅留统帅机关于南京，其第一线部队之战斗力已显著丧失。如今，敌之抵抗在各阵地皆极为微弱，很难确认敌是否有确保南京之意图。在此之际，留部队于苏州、嘉兴一线，不仅已丧失战机，而且使敌恢复元气，战斗力得以重新整备。据此，要彻底挫败其战斗意志，恐怕甚为困难。由于事变之解决时间愈发延长，故于国内之国民难以谅解我军之作战意图，从而有害于国论之统一。因此，可利用目前之形势，攻占南京。华中方面也可明确作战目标。二、要迅速解决事变，固然应考虑开辟西南方面或山东方面的新战场，但此等作战给予支那政府之影响虽有相当之价值，但较之攻占敌之首都、迫其心脏而言，则意义相差甚远。若我军乘目前在华中方面之进展，继续于太湖以南地区作战，在迅速攻占南京之同时，以一部于扬子江左岸截断津浦铁路，则山东、湖北地区之解决自然有望。三、要攻占南京，若以方面军之精锐兵力（可抽出若干部队组成），且充分利用铁路和水路，则后方可保平安。另外，敌之抵抗在丧失无锡与湖州之后，以地形及平时之设施来观察，当不会出现大量牺牲。估计两个月以内，可达目的。"①

事实上，所谓华中方面军攻占南京的意见，也是松井石根个人的意愿。1937 年 11 月上海沦陷后不久，日军参谋本部即派战争指导课课长河边虎四郎大佐赴上海，与华中方面军司令官松井石根及方面军参谋长塚田攻等就下一步作战计划进行商谈。"战争指导当局鉴于前线已以破竹之势向南京追击，打算在作战指导上利用现在的战局，促进停战谈判时机的成熟，以导致战事的一举解决。即建议：为了保持中国方面的面子，防止蒋介石撤出南京，促使其定下停战谈判的决心，不一举攻占南京，而是在设法按兵不动的同时，

①「中方参电第一六七号中支那方面今後ノ作戦ニ関スル意見具申」、南京戦史編集委員会編『南京戦史資料集Ⅰ』、430—431 頁。

为更有把握起见，迅速地促进广州方面的作战。”[①] 为了开辟广州战场，河边虎四郎向华中方面军转达了参谋本部计划从华中方面军抽调一个半师团的意见，然而，松井石根却表现出攻占南京的强烈愿望。河边虎四郎回忆说：“松井大将个人强烈地表示出无论如何必须攻占南京的愿望，并且很自信地断言，即使抽调走一个半师团的兵力，也能成功攻占南京。”[②]

11 月 24 日，日军华中方面军拟订了《第二期作战计划大纲》，命令上海派遣军与第十军在无锡、湖州一线做好准备，摆出攻取南京的架势。

11 月 28 日，日军参谋本部向华中方面军下达命令：向南京追击！

12 月 1 日，日军高层以“大陆命第七号”，下达了华中方面军战斗序列令，接着，又以“大陆命第八号”下达命令：“华中方面军应与海军协同，攻占敌国首都南京。”[③]

同日，日军华中方面军向所属上海派遣军和第十军下达了进攻南京的作战命令：

一、华中方面军计划与支那方面舰队协同攻占南京。

二、上海派遣军主力于 12 月 5 日开始行动，重点保持于丹阳、句容方面，击破当面之敌，进至磨盘山脉西部地区。

令一部自扬子江左岸地区攻击敌之背后，同时截断津浦铁路及江北大运河。

三、第十军主力于 12 月 3 日前后开始行动，以一部自芜湖方面进抵南京背后，以主力击破当面之敌，推进至溧水一线。

应特别对杭州方面加强警戒。[④]

---

① [日] 堀场一雄：《日本对华战争指导史》，军事科学出版社 1988 年版，第 80 页。
② 河辺虎四郎『市ケ谷台から市ケ谷台へ——最後の参謀次長の回想録』、時事通信社、1962 年、144—145 頁。
③「大陸命第八号」、南京戦史編集委員会編『南京戦史資料集 I 』、428 頁。
④「中方作命第二十五号」、南京戦史編集委員会編『南京戦史資料集 I 』、432 頁。

11月中旬，日军占领上海后继续向南京进犯。国民政府为了继续抗战，决定迁都重庆。早在10月29日，在上海战局恶化的情况下，蒋介石在南京召开国防最高会议，并作了《国民政府迁都重庆与抗战前途》的报告，在这一报告中，蒋首次提出国民政府迁都重庆的问题。此后，蒋介石又对迁都事宜作了进一步安排。

当日军开始向南京进犯时，国民政府即着手迁都的准备工作。11月15日，德国西门子公司南京办事处负责人约翰·拉贝到交通部，看到了政府机关准备迁移的情形。拉贝在日记中记述说："在交通部里，我确信政府正在准备撤离南京。交通部的走廊上、办公室里放满了皮箱和木箱。人们打算迁到扬子江上游的长沙去。我去了铁道部，那儿的一个杂工偷偷告诉我说，铁道部明天也要装箱打包。"①

除了拉贝之外，魏特琳也听说了中国政府机构开始撤离南京的消息，她还听说交通部正在征用民船，以便撤离。

11月16日，就在拉贝到交通部的第二天，原来秘密准备的迁移工作便公开进行了。政府各机关开始公开进行大规模的迁移。11月20日，国民政府发表"宣言"，宣布迁都重庆：

自卢沟桥事变发生以来，平津沦陷，战事蔓延，国民政府鉴于暴日无止境之侵略，爰决定抗战自卫，全国民众，敌忾同仇，全体将士，忠勇奋发，被侵各省，均有极急剧之奋斗，极壮烈之牺牲。而淞沪一隅，抗战亘于三月，各地将士，闻义赴难，朝命夕至，其在前线以血肉之躯筑成壕堑，有死无退……迩者暴日更肆贪黩，分兵西进，逼我首都，察其用意，无非欲挟其暴力，要我为城下之盟。殊不知我国自决定抗战自卫之日，即已深知此为最后关头，为国家生命计，为民族人格计，

① ［德］约翰·拉贝著，本书翻译组译：《拉贝日记》，第85页。

为国际正义与世界和平计皆已无屈服之余地。凡有血气，无不具宁为玉碎不为瓦全之决心。国民政府兹为适应战况，统筹全局长期抗战起见，本日移驻重庆，此后将以最广大之规模，从事更持久之战斗，以中华人民之众、土地之广，人人抱必死之决心，以其热血与土地，凝结为一，任何暴力，不能使之分离，外得国际之同情，内有民众之团结，继续抗战，必能达到维护国家民族生存独立之目的。①

由于政府西迁，魏特琳在中国政府部门工作的一些朋友也将随之撤离南京，于是她抽空去看望了一些在政府部门工作的朋友。11 月 16 日下午，魏特琳去了金女大校友杨丽琳家。杨丽琳是几个月前刚刚和在外交部工作的张先生结婚的。杨丽琳告诉魏特琳，外交部和教育部已接到命令，两天后撤往重庆，军事委员会也很快要撤离。听到这些消息，魏特琳感到一片茫然，她不知道中国军队是否能遏止日军的攻势，如果不能的话，她相信南京被占领只是时间问题，但不知道到那时将会发生激烈的抵抗还是仓促的撤退。

在回学校的路上，魏特琳看到两种汽车，即载着军官的汽车和装满行李的汽车。看到这一情形，魏特琳不知道下个星期人们将面对什么。她相信那种无忧无虑的日子还会再现，但此时此刻，这似乎是一种不可能的奢望。

随着政府的西迁，尚在南京的金女大部分教师也纷纷撤离，即使是一些女勤杂工也准备撤离南京。然而就在这危急时刻，吴贻芳和魏特琳决定成立一个由魏特琳、程瑞芳、陈斐然、陈尔昌和闵先生组成的 5 人紧急委员会，负责留守金女大和其他事务，由魏特琳代理校务。其任务是留在南京，在最危急的时候帮助那些善良的邻居们。

几天以后，这个紧急委员会召开了第一次会议，在委员会会议上，大家都认为今后的局势难以预料，尤其是日军进城以后的情况更是无法预测。

---

①《国民政府迁重庆昨发表宣言》，《申报》1937 年 11 月 21 日第 2 版。

为以防万一，大家觉得还是及早做好准备为好。

为了及早做好准备，避免学校以及教师的个人财产遭受损失，魏特琳组织人员将一些暂时不用的物品如图书、教学仪器、已撤到内地去的教师的私人物品等装箱打包，以便运往武汉等地，同时将学校一些无法搬运的物品储藏在地下室，这样不仅可以妥善保管物品，又可以为躲避战火的难民们腾出更多的栖身场所。

正在这时，美国大使馆又开始催促美国公民撤离南京。11 月 17 日，金陵大学教授贝德士打电话给魏特琳，向她转达了美国大使馆询问每一位美国公民的两个问题：第一，你现在就可以撤离南京吗？或者你现在还不能撤离？第二，如果南京陷入非常危险的境地，你愿意到美国大使馆的防空洞来躲避吗？对第二个问题，魏特琳当然同意，但对第一个问题，魏特琳的态度非常明确，那就是和需要帮助的人们在一起。

两天后，魏特琳去了美国驻华大使馆，得知不论什么时候美国大使馆都将有人留守。同时，大使馆官员帕克斯顿告诉她，如果局势过于危险，危及外国人的安全时，所有美国人将被送到美国军舰上去。魏特琳当即向帕克斯顿表示："我不能离开金女大的同事和邻居，因为他们需要我，有时他们可以帮助我，有时我也可以帮助他们。"

听了魏特琳的话，帕克斯顿半开玩笑半当真地说："我很羡慕你的位置，很遗憾，我不得不依靠军事手段来保护你们。"[①]

政府的西迁，对南京的平民来说无异于失去保护，再加上大批逃难来南京的难民，使南京的难民问题日益突出。一旦日军攻击南京以及日机猛烈轰炸，将危及平民的生命财产安全，使他们丧失基本的生活条件。

11 月中旬，留在南京的外籍人士首先提出效仿法国神甫饶家驹在上海

① November 19, 1937, *Minnie Vautrin's Diary,* Box 134 of YDL Record Group NO.11, The Archives of the United Board for Christian Higher Education in Asia, Yale University Divinity School Library Special Collections.

南市设立难民区的成功先例，在南京设立“安全区”的构想。

金陵大学校董会董事杭立武曾回忆说：“1937年11月，我在南京看到报纸上报导上海有一个饶神父，在上海设难民区，容纳很多妇女和小孩。我忽然动脑筋，觉得日本将来进攻南京了，我准备成立一个南京安全区国际委员会，并设置一个难民区。那时我是金陵大学校董会的董事长，认得金陵大学的许多美国人，同时我也是中英文教基金会的总干事，和许多英国人和德国人有来往。我约集了一二十个外国人，我说我们要设一个难民区，他们都同意，他们认为这是为人道的事情，应该赞同。我们这个难民区很自然的就把金陵大学、金陵女子文理学院划进去，一直到鼓楼、新街口。划好后，我们就写信给上海饶神父，请他把地图给日本的司令看，请他同意我们成立难民区，并且答应以后不要骚扰难民区。”①

杭立武的回忆显示，在南京设立难民区的设想首先是由他提出的，同时也得到了当时在南京的大部分外籍人士的赞同。但历史资料显示，当时留在南京的外籍人士并非是由杭立武提议后才提出设立难民区的构想的。1937年11月17日，魏特琳曾致信美国驻华大使馆官员佩克，在信中，魏特琳建议在南京设立一个安全区域，以保护难民。信件全文如下：

亲爱的佩克先生：

在日军逼近南京前，我认为事先为那些无法避难的贫苦妇女、儿童，以及其他市民设立一个对他们来说较为安全的场所为好，并期望能事先就此事进行商讨。

正如您所知，这样的事情在上海已经实行了，但为时已晚。毫无疑问，如果能及早着手进行周密的准备，将能挽救更多人的生命。

当然，我知道这件事并不那么容易，即使是相对安全，也必须事

① 杭立武：《筹组南京沦陷后难民区的经过》，（台北）《传记文学》第41卷第3期，1982年8月，第26页。杭立武时任金陵大学校董事会的董事，而非董事长。原文如此。

先征得交战双方的同意。另外，不仅只是（向交战双方）提出建议，为了获得军方的同意，还必须由有影响的中立国人士出面。

我认为金陵女子文理学院从地理位置和建筑物的牢固性来说，作为（安全）中心是再合适不过了。如果这里被用作人道的目的，那些出资捐助者们①也一定会很乐意的。若本校被指定为（安全）中心，我们准备立即腾出楼下的房屋，准备好大房间，以备万一。

上述事情，恳请您认真加以考虑和研究，并请尽快商讨，我希望及早看到商讨的结果。②

从魏特琳的上述信件中可以看出，她之所以提出成立安全中心，也是受到上海南市难民区的启发，而且她认为南市难民区成立得太晚，因此希望尽早准备。佩克收到魏特琳的信后，立即将此事报告给了美国驻华大使约翰逊，并于当天给魏特琳回了信，全文如下：

亲爱的魏特琳女士：

你 1937 年 11 月 17 日的来信已经给大使看了。信中建议，将非武装的平民集中起来，提供一个“安全中心”，以尽可能避免战争的伤害，并应当将这一情况告知交战双方的军事当局。

如果设立这样的中心，大使馆是欢迎的，并打算代为向日军当局转达。③

就在魏特琳向美国大使馆官员提出建议的当天下午 5 时 30 分，美国长老会牧师米尔斯，金陵大学美籍教授贝德士、斯迈思三人相约来到美国大

① 指美国资助金陵女子文理学院的教会组织——编者注。
② 南京事件調査研究会編訳『南京事件資料集〈1〉アメリカ関係資料編』、青木書店、1992 年、124 頁。
③ 南京事件調査研究会編訳『南京事件資料集〈1〉アメリカ関係資料編』、125 頁。

使馆官员佩克家，就设立安全区问题与佩克进行商谈。米尔斯首先提出成立安全区的设想，[①] 他的提议得到贝德士、斯迈思等人的赞同。

在与佩克的商谈中，米尔斯等人向佩克提出了设立安全区的构想。他们认为，首先，一旦南京附近及市内发生战事，为了避免战火殃及平民，应当设立一个安全区，或者称难民区及非战斗区域，以保障平民的安全。其次，关于安全区的位置，他们认为设在市内西部较为适宜。因为根据判断，战事将发生在市区的东部和南部，而中国军队在西部地区并没有重要的军事设施，所以中国军方有可能会同意将西部地区划为非军事区。

米尔斯还表示，一旦安全区进入实质性操作阶段，希望美国大使馆能代为向日本当局转达这一信息。佩克表示："对这件事，今天大使馆已明确表示了态度，因为对金陵女子文理学院魏特琳女士关于设立安全区的来信，已有明确的答复，大使馆很乐意代向日本当局转达。"[②]

在日军向南京进犯的过程中，在南京的外籍人士提议在南京设立安全区的设想能否实现，关键在于能否得到中日交战双方及中立国的支持和认可。因此，各方对设立安全区的态度至关重要。

美国驻华大使馆最早获悉设立南京安全区的建议，并表示赞同。11 月 17 日，魏特琳向美国大使馆官员佩克提出设立安全区的设想后，美国大使约翰逊表示赞同，并愿意代为向中日双方转达这一信息。11 月 17 日晚，美国驻华大使约翰逊及大使馆官员佩克与孙科等中国官员共进晚餐，张群和南京市市长马超俊也在座。席间，佩克向在座的中方人士说明了下午与米尔斯等人商谈的主要内容。美国大使约翰逊也向中国官员表示，这不是美国官方的建议，而是一些民间人士的设想，目前还处于商讨阶段，如果这一建议进入实质性筹设阶段，美国大使馆可代为向日本当局转达这一信息。[③]

---

① [德] 约翰·拉贝著，本书翻译组译：《拉贝日记》，第 680 页。
② 南京事件調査研究会編訳『南京事件資料集〈1〉アメリカ関係資料編』、122 頁。
③ 南京事件調査研究会編訳『南京事件資料集〈1〉アメリカ関係資料編』、123 頁。

在第三国中，除了美国外，英国、德国驻华大使馆对设立安全区一事也表示赞同，至少在 11 月 22 日之前，英国大使馆对此已表示同意。[①] 德国虽然是日本的盟友，但德国驻华大使对此亦表示赞同。拉贝在 11 月 22 日的日记中记述说："德国大使在上船前不久通过我的介绍认识了斯迈思博士（委员会秘书）。大使同意委员会草拟的有关建立安全区的建议，该建议将通过美国大使馆（有一个电台）电发给上海美国总领事再转交给日本大使。"[②]1937 年 12 月 24 日，罗森在给德国外交部的报告中写道："12 月 9 日，日本向所有大使馆发出了要求，要一切外国人立即离开南京。这时我同领事馆的秘书许尔特尔先生一起再次坐车进城，以便把留在那里的帝国德意志人接到长江上去——可惜没有成功。无论如何我感到安慰的是，在此之前我把一家中国银行供我支配的一所房子交给了拉贝先生，这所房子有一个由德国顾问建造的，不怕轰炸的地下大掩体。"[③] 罗森的报告对房屋的记述有误，该房屋当时并非中国银行所有，而是张群的官邸，位于南京市宁海路 5 号。

安全区能否设立，关键是中日双方的态度。中国政府及南京市政府对设立安全区持较为积极的态度。11 月 17 日晚，当美国驻华大使约翰逊向参加宴会的张群等人告知设立安全区的构想时，张群表示现在考虑这一问题还为时过早，而马超俊市长则似乎是第一次听到设立安全区的构想，他没有表明个人的态度。[④] 从米尔斯与美国大使馆官员佩克的交谈内容看，在南京设立安全区的设想已得到时任教育部部长王世杰的赞同，而且这一建议已转告唐生智（当时唐的南京卫戍司令长官的任命尚未公布），唐生智当

---

①［德］约翰·拉贝著，本书翻译组译：《拉贝日记》，第 97 页。
②［德］约翰·拉贝著，本书翻译组译：《拉贝日记》，第 97 页。
③《德国驻华大使馆留守南京办事处政务秘书罗森给德国外交部的报告》，《抗日战争研究》1991 年第 1 期。
④ 南京事件調査研究会編訳『南京事件資料集〈1〉アメリカ関係資料編』、122 頁。

时并未明确表态，只是同意就此事与蒋介石商谈。[①] 然而根据《王世杰日记》记载，当时唐生智是表示赞同的。不仅如此，参谋总长何应钦也表示赞同。王世杰在 11 月 18 日的日记中说："在京外国人士，意欲组织团体，请求中日两方，承认就京市划一区域，以为不能迁徙之市民，临时避难之地点。彼等托杭立武君向余言，盼余转达政府。余已将此意转告何敬之[②]、唐孟潇[③]，彼等表示赞同，并谓下关或为适宜地域。各外籍人士于今日成立一种团体，准备进行接洽。"[④]

在安全区酝酿的过程中，杭立武在外籍人士与中国官方之间起到了牵线搭桥的作用。杭立武当时是金陵大学校董会的董事、中英文教基金会的总干事，在文化教育界有相当的影响力，其妻玛丽·陈是金陵大学校长陈裕光的妹妹。另外，杭立武与中国官方有着密切的联系，而且与蒋介石夫人宋美龄的私交甚好。从 11 月 17 日至 28 日，中国官方虽然没有正式承认安全区，但拉贝等外籍人士仍然通过一些渠道，间接了解到中国方面对此举的肯定态度。11 月 26 日，当拉贝向杭立武询问中国方面是否同意设立安全区时，杭立武表示："不必为中国政府是否同意建立中立区一事担心，最高统帅本人[⑤]已经表示赞同。"[⑥] 另外，张群将自己在宁海路 5 号的官邸提供给德国大使馆，并由德国大使馆的罗森转交给拉贝，作为安全区国际委员会总部的办公场所，这件事本身也从一个侧面表明了中方的基本态度。

为了早一点为难民进入校园避难做好准备，魏特琳与学校的教师罗小姐一起到住在学校附近的一位传教士家去，希望他了解一下附近有多少妇女和儿童将留在南京，这样就可以估计出来学校避难的大概人数。在魏特

① 南京事件調査研究会編訳『南京事件資料集〈1〉アメリカ関係資料編』、122 頁。
② 即何应钦——编者注。
③ 即唐生智——编者注。
④《王世杰日记》（手稿本）第一册，（台北）"中研院"近代史研究所，1990 年，第 142 页。
⑤ 指蒋介石——编者注。
⑥［德］约翰·拉贝著，本书翻译组译：《拉贝日记》，第 109 页。

琳看来，无论金女大是否位于即将设立的安全区范围内，学校都将成为附近妇女儿童的避难所。

11 月 24 日，魏特琳听说日本方面已得知设立安全区计划，虽然日方还没有给予明确答复，但这毕竟是一个好兆头。尤其令她高兴的是，安全区国际委员会已划定了安全区的范围：“东面以中山路北段从新街口到山西路广场为界；北面以山西路广场沿西到西康路（即新住宅区的西南界路）为界；西面以由西康路

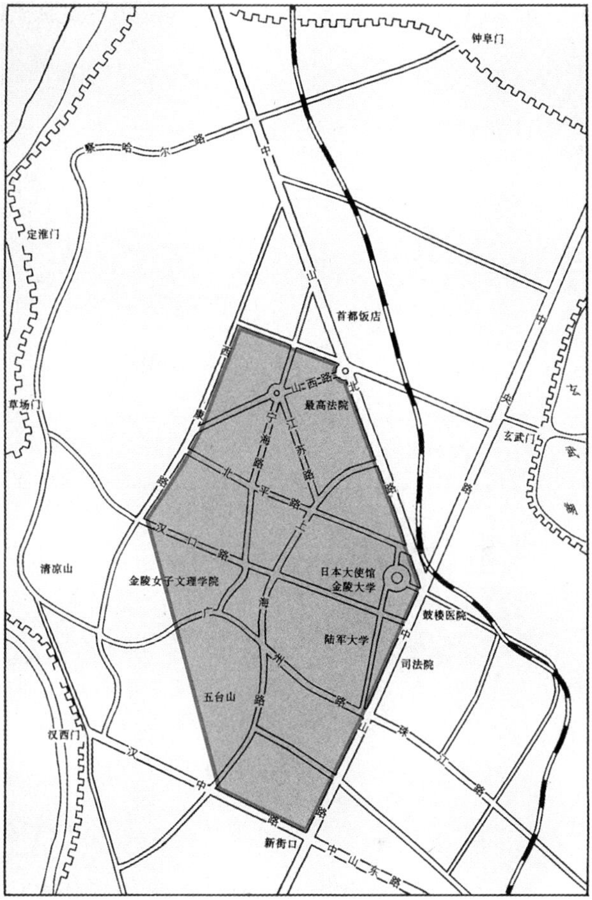

南京安全区示意图（中国第二历史档案馆、南京市档案馆、侵华日军南京大屠杀遇难同胞纪念馆编著《侵华日军南京大屠杀图集》，江苏古籍出版社 1997 年版）

向南到汉口路交界（即新住宅区的西南角），又向东南成直线到上海路与汉中路交界处为界；南面以汉中路与上海路交界处到原起点的新街口为界。”[①] 没有出乎魏特琳预料，安全区包括了美国大使馆、日本大使馆，以及金陵大学、金女大等在内。

① ［德］约翰·拉贝著，本书翻译组译：《拉贝日记》，第 147—148 页。

12月1日晚上，南京安全区国际委员会在北平路中英文化协会召开会议，会后又召集新闻记者和欧洲人开会，向新闻界公布了南京安全区国际委员会的计划和各个职务的分配情况。

12月8日，南京安全区国际委员会公布了《告南京市民书》，全文如下：

告南京市民书

在不久以前，上海战争的时候，国际委员会曾经向中日双方当局建议，在南市一部分地区设立一个平民安全区。这个区域为双方所赞同的。中国当局允诺中国军队不进入指定的区域。这个区域既然没有驻兵，日方也就赞同不再攻打那个地方了。这个协定为双方所遵守的。在那个区域以外的南市各地方，虽然有恐怖和毁灭的事，然而这个难民区域却是被救了，而且又救了整千整万人的生命。

现在在南京的国际委员会也为本城作了同样的建议，这个区域的界址开在下面："东面以中山路北段从新街口到山西路广场为界；北面以山西路广场沿西到西康路（即新住宅区的西南界路）为界；西面以由西康路向南到汉口路交界（即新住宅区的西南角），又向东南成直线到上海路与汉中路交界处为界；南面以汉中路与上海路交界处到原起点的新街口为界。"这个区域的边界都用了旗帜作记号。在旗帜上面有一个红十字，红十字以外再有一个红圆圈，并在旗上写了"难民区"三字。

为着要使上述的区域为平民成为一个安全地点，卫戍司令长官曾允诺在本区域以内所有的兵士和军事设备一概从速搬出，并且允诺以后军人一律不进本区。日本一方面说："对于规定之区域颇难担负不轰炸之责。"在另一方面又说："凡无军事设备，无工事建筑，不驻兵，及不为军事利用之地点，日本军队决无意轰炸，此乃自然之理。"

看到以上中日两方面的允诺，我们希望在所指定的区域内为平民谋真正的安全。然而在战争的时候，对于任何人的安全自然不能担保的。无论何人也不应当认为进了这个区域，就可以完全保险平安。我们相信，倘然中日双方都能遵守他们的允诺，这个区域以内的人民，当然比他处的人民平安得多啦，因此，市民可以请进来吧！

南京难民区国际委员会

民国二十六年十二月八日[1]

随着《告南京市民书》的公布，在日军飞机的轰炸和日军步步紧逼的情况下，大批市民和难民开始涌入安全区。拉贝在日记中描述了这些难民的悲惨情景："成千上万的难民从四面八方涌进我们这个所谓的'安全区'，街道上比和平时期活跃了许多。看着那些一贫如洗的人们在街上漫无目标地流浪，真是催人泪下。那些还没有找到落脚处的人们，在寒冷的黑夜来临时，一家老小就躺在房子的角落里睡觉，还有一些人甚至就躺在露天大马路上。"[2]

市民和难民虽已开始进入安全区，但由于日方对安全区的态度模棱两可，南京安全区国际委员会认为安全区不可能是十分安全的，于是 12 月 9 日晚通过新闻界公布了"安全区安全措施"，对在安全区避难的市民和难民如何有效地保护自己作了一系列规定。[3]

到南京沦陷时，虽然安全区国际委员会始终没有向中日双方正式宣布安全区的启用，但随着《告南京市民书》的公布和大量难民涌入安全区避难，安全区实际上已经启用，开始发挥其功能和作用。

---

① [德] 约翰·拉贝著，本书翻译组译：《拉贝日记》，第 147—148 页。
② [德] 约翰·拉贝著，本书翻译组译：《拉贝日记》，第 150 页。
③ [德] 约翰·拉贝著，本书翻译组译：《拉贝日记》，第 157—158 页。

四、筹设金女大难民收容所

随着上海的失陷和日军向南京逼近，南京的形势骤然紧张，城内谣言四起，人心惶惶。魏特琳对南京将要遭受战争的蹂躏而感到忧心忡忡。她一想到所热爱的南京——那古老而美丽的城墙、笔直的林荫大道、景色秀丽的东郊风景区，特别是生活在南京的淳朴善良的人民以及朝夕相处的同事将要经受种种磨难而常常夜不能寐："今天晚上，我的脑海里有无数个没有答案的问题：南京会被彻底摧毁吗？中国军队会被迫撤退而不是被困在南京吗？会发生抢劫吗？在南京的战斗会持续多久？会有长时间的围困吗？"[①] 尽管魏特琳对南京的未来十分担心，但她更坚定了留下来与同事共患难的决心。同时，她也开始考虑保护学校和人员的问题。

一天下午，魏特琳去了美国大使馆，与大使馆官员讨论了在南京城易手时，保护金女大的事宜。美国大使馆的官员建议魏特琳在金女大门口挂一面美国国旗。魏特琳还了解到，美国大使馆正准备布告，以便在南京城易手时张贴在美国人的财产上。

为了安全起见，魏特琳在征求了吴贻芳校长的同意后，决定在最危险的时刻，除了挂美国国旗外，还将学校以前的牌子挂起来。于是魏特琳就带着人去寻找以前挂在老金女大前门的两块旧牌子，这两块牌子上写着"大美国女子学院"。魏特琳记得，这两块旧牌子收藏在中央楼的阁楼上，但她和工人们找来找去却不见其踪影。无意间，他们发现了金女大在国民政府注册前使用的牌子，上面只写着"金陵学院"，最后魏特琳和同事们决定就凑合使用这块牌子。但是，当他们准备把牌子从阁楼中拿出来而把它翻转过来的时候，他们发现"大美国女子学院"几个大字被一层红色油漆覆盖着。魏特琳让人用黑底白字重新写了那几个字，并决定在日本人入城前，

① November 18, 1937, *Minnie Vautrin's Diary,* Box 134 of YDL Record Group NO.11, The Archives of the United Board for Christian Higher Education in Asia, Yale University Divinity School Library Special Collections.

金女大使用“金陵学院”这一面，在日本人进来后，使用写有“大美国女子学院”的另一面，因为这可能对保护学校的财产和人员更加有利。

随着形势越来越紧张，为了金女大的安全，也许也是一种心理上的安慰，魏特琳和同事们在校园的不同地方共挂出了八面美国国旗，外加一面放置在主操场的 30 英尺长的国旗。

魏特琳后来发现，其他学校和机构也纷纷仿效金女大的做法，以至于为金女大做第一面旗帜的那位裁缝生意十分兴隆，在这一非常时期，他的所有时间都用来制作美国国旗。魏特琳感到自豪的是，如果这些旗帜在日本人占领南京后对人员的生命和学校的财产起到保护作用的话，那么金女大与众不同之处是，金女大策划制作了第一面美国国旗。

11 月 18 日，魏特琳第一次听说在南京的一些外国人准备设立安全区，她为此很高兴，并对安全区从设想到落实筹建所取得的积极进展感到欣慰。她在日记里称赞道：“在今天我们非正式的宣传委员会会议上，我们听说了成立安全区的计划。这个想法仅仅是两天前提出来的，现在已取得了不小的进展，真是了不起。昨天成立了一个具有影响力的国际委员会。明天早上，委员会成员将同南京市市长会面。美国大使馆愿意以后帮助他们同日本当局取得联系。”① 高兴之余，魏特琳开始着手为安置未来的难民做准备——尽可能地腾空校舍，把所有的东西都放进阁楼。这个工作看似简单，但工作量却十分庞大。还有一个干扰因素是，从各方面汇总的情况看，日本方面对设立安全区的态度模棱两可，但魏特琳仍坚持积极腾空校舍，并认为“万一我们这里成了安全区，这些房子可以给难民派上用场”。

魏特琳还向有关人士征求日本方面如果不同意设立安全区的应对措施。路透社记者向魏特琳建议，如果安全区的计划没有办法实现，而魏特琳允许妇女和儿童到金女大避难的话，应该让美国大使馆把这个情况告诉日军

① November 18, 1937, *Minnie Vautrin's Diary*, Box 134 of YDL Record Group NO.11, The Archives of the United Board for Christian Higher Education in Asia, Yale University Divinity School Library Special Collections.

指挥官。魏特琳觉得这样即使安全区成立不了，金女大也可以较为安全地收容妇女和儿童难民。

11 月 29 日，金女大紧急委员会召开会议，这也是南京沦陷前吴贻芳参加的最后一次紧急委员会会议，再过两天吴校长将撤离南京去成都。会上有许多具体的问题要讨论：学校的保险柜如何保护，是上锁，还是为了应付可能的抢劫者让它开着？留下的钱是藏起来，还是放进保险箱？如果藏起来的话，藏在哪里？如何处理许多重要的文件、建筑计划等？在一段时间里南京市和校园会不会都没有警察？是否应该挑选一些最好的工人，把他们训练成卫兵？

因为不确定的因素太多，许多问题一时难以定论。但令魏特琳感动的是，与会成员一致决定，如果出现对外国人不利的危险局面，委员会成员保证负责将魏特琳藏起来。后来程瑞芳特意让人为魏特琳做了一件中式服装，为的是当这种情况出现时，魏特琳可以穿上它，以便遮人耳目。

在吴校长召集紧急委员会会议的当天下午，魏特琳和陈斐然在学校外面张贴南京卫戍司令长官司令部禁止部队占据校舍的布告，并准备焚毁校园内任何会引起日本人怀疑或误会的传单和宣传画。

对吴贻芳的撤离，魏特琳是赞成的，除了安全因素的考虑外，还有金女大已无法在南京开学，为了学校的发展和未来，魏特琳认为吴校长应该撤离南京，把主要精力放在学校未来的发展上。

魏特琳对吴校长在这一非常时刻所表现出的爱国、忘我、坚定、无私和沉着的大将风度感到由衷的敬佩。魏特琳和吴贻芳校长私交甚笃，她在日记里记下了这样一个细节："今天早上，吴博士邀请我到南山公寓与她共进早餐。我们吃了黄油——新鲜的黄油和吐司。这是蒋夫人送给吴博士的礼物，这算得上是盛情款待了。"[①] 的确，当时南京市面上早已买不到这

① November 2, 1937, *Minnie Vautrin's Diary,* Box 134 of YDL Record Group NO.11, The Archives of the United Board for Christian Higher Education in Asia, Yale University Divinity School Library Special Collections.

金女大紧急委员会成员，左起：陈斐然、魏特琳、程瑞芳（耶鲁大学神学院图书馆）

些食品了。

当然，她们之间的友情是双向的，实际上，魏特琳决定留在南京的原因之一就是为了帮助吴校长在这一非常时期承担起部分责任。随着吴校长的离去，魏特琳知道自己要在这变化多端、前途未卜的时期承担起更大的责任。

12 月 1 日，即吴校长离开南京的当天，11 时 30 分紧急委员会召开会议，这时闵先生也已撤离南京。会上决定由李鸿年组织一个治安小组，由 6 名工人组成，并训练他们，为他们做臂章。会议还决定由金女大旁的邻里学校的教师薛小姐把她的学生和校园里大一点的孩子组成一个难民服务队，并训练他们，为他们准备胸章。

会上还讨论了南京可能出现的几个阶段：（1）战斗阶段；（2）中国军队撤退；（3）城里没有军队，很可能也没有警察，不法分子可能要利用这种状况；（4）日本军队入城，以及各个阶段可能出现的问题和危险。与会的男性成员最担心的是第四阶段，因为他们认为在这个时期他们可能无法从家里出来。

当魏特琳得知金陵大学也成立了一个 7 人紧急委员会，共有 30 多人留下时，觉得自己不是在孤军奋战，并认为“这对我们是一个安慰”。

魏特琳还决定增加管理人员，她让“大王”王耀廷一家搬到东院来，大王将兼任魏特琳的“秘书”，帮助魏特琳处理中文信件和其他事情；让罗小姐搬到实验学校，帮助照料管理住在实验学校的难民；神学院的王小姐也搬来了——她是神学院留下的唯一学生；同时把大客厅里的家具搬走，以便为将要到来的难民做好准备——主要是金女大附近的妇女和儿童。

有关安全区的消息已在部分市民中传开。12 月 4 日晚上，门卫向魏特琳报告说：“白天有数百名平民到我们学校门口来问，金陵女子文理学院是否真的是一个难民收容所。”[①] 在此前几天，当魏特琳从上海路步行到明德中学时，她也曾不断地碰到一群群的妇女和儿童在寻找“安全区”。这些难民模糊地听说了有关安全区的消息，想确定一下它的位置。一次，魏特琳停下来和她们谈话，并告诉她们：“安全区还没有最后定下来，但是一旦定下来，市政府是会通知她们的。她们多么像是没有牧羊人的羊群。”这使魏特琳感到心情沉重。

魏特琳觉得她所能做的就是加快金女大接收难民的准备工作。她是这么想的，也是这么做的。

一方面，魏特琳指挥工人们继续把家具从宿舍、美术楼搬到阁楼上去，腾出够 200 名难民居住的空间（后来几乎住了 1000 人）。魏特琳发现，在这个特定的时期，阁楼真是帮了大忙。到 12 月 6 日，美术楼的清理工作已经结束，两幢宿舍楼也做好了接待难民的准备。科学楼和中央楼也将在第二天做好接待难民的准备。为腾出地方收容难民，员工们把已经捆好的书

---

① December 4, 1937, *Minnie Vautrin's Diary*, Box 134 of YDL Record Group NO.11, The Archives of the United Board for Christian Higher Education in Asia, Yale University Divinity School Library Special Collections.

1937年12月初，警察在被日军轰炸后的南京街头维持秩序（秦风等编《铁蹄下的南京》，广西师范大学出版社2006年版）

搬进地下室。陈斐然的心情十分沉重，觉得这好像是在准备一场葬礼。魏特琳也有同感，她感觉“过去美好的一切似乎都快要结束了”。

另一方面，魏特琳着手对可能来金女大避难的难民人数进行了调查摸底和预测。她请罗小姐负责金女大附近的人数调查摸底工作，罗小姐调查后报告说，在最危险的时候，附近有200多名妇女和儿童可能想来。在汇总了各方面的情况后，魏特琳“完成了对我们能够接纳的难民人数的估计，人数为2750（8栋房子分配给难民，每16平方英尺1人）”。魏特琳认为“这个数字尽我们的力量是可以办到的”，但后来的事实证明这个数字是不准确的，“在我们6栋建筑里的难民人数实际上超过了10000人”。[①] 在白天空暇的时候，魏特琳和中国同事制定了一个分配房屋的方案，标出有多少房屋能够提供给难民使用及如何使用。为了使难民进入校园的工作能够有

① December 7, 1937, *Minnie Vautrin's Diary,* Box 134 of YDL Record Group NO.11, The Archives of the United Board for Christian Higher Education in Asia, Yale University Divinity School Library Special Collections.

条不紊地进行，魏特琳还特意安排了一些少年儿童为难民引路，把她们带到各自的房间。她计划在门口贴上很大的布告，告诉人们可以把哪些东西带进校园，而哪些东西不能带进来。如果可能的话，魏特琳还计划在南京的报纸上刊登布告。

对自己发挥的作用，魏特琳感到欣慰："我很高兴能留在这里协助这一工作。程夫人无法单独指挥这一工作，别的人又没有经验。"① 同时，魏特琳更加坚定了自己留下来的决心。12 月 3 日，美国大使馆最后一次打电话给魏特琳，要她必须在三项选择中选一项，并签上自己的名字。这三项选择是：一、现在就走；二、过些时候再走；三、在任何情况下都不走。面对选择，魏特琳毫不犹豫地选择了第三项。她在日记中补充道："当然，如果中国同事认为我的存在威胁到他们安全的时候我就走。"②12 月 5 日，美国大使馆再一次打来电话，要求目前仍滞留在南京的美国公民于第二天上午 9 时 30 分之前做好撤离的准备，魏特琳根本没有把这个电话放在心上，因为她已下定决心，无论发生什么情况自己都要留下来。

12 月 8 日上午 9 时，魏特琳还组织了一次接收难民的实地演习，为的是积累经验。邻里学校的学生、大王的 3 个孩子、程瑞芳的孙子担任"引坐员"，他们戴着袖标，看起来很精神，还有 6 名工人也来帮忙。陈斐然和杨师傅站在学校大门外，让难民以家庭为单位有序地进入校园。就在这天晚上，金女大迎来了第一批女难民，其中大部分来自南京南门附近和城南地区，少部分来自苏南地区。程瑞芳在日记中写道："今晚由国际委员会回来，在路上许多人由城南搬到安全区，有的人找不到房子，在路上睡……他们（指日军）已经到了牛首山，我们不能不开放。今晚进来的人

① December 6, 1937, *Minnie Vautrin's Diary,* Box 134 of YDL Record Group NO.11, The Archives of the United Board for Christian Higher Education in Asia, Yale University Divinity School Library Special Collections.

② December 3, 1937, *Minnie Vautrin's Diary,* Box 134 of YDL Record Group NO.11, The Archives of the United Board for Christian Higher Education in Asia, Yale University Divinity School Library Special Collections.

参与金女大难民救助的部分成员。前排左起：罗宪珍、王瑞芝、魏特琳、程瑞芳、薛玉玲。后排左起：蒋牧师、范牧师、约翰·马吉、汤忠谟、陈斐然、李鸿年、汤牧师（耶鲁大学神学院图书馆）

不多，我们定规收妇人和小孩子，男子不收。”[①] 学校把当地的难民安置在宿舍里，把从无锡等地来的难民安置在中央楼。魏特琳允许本地的家庭住在邻里之家，但很快那里就住满了。由于过度劳累，魏特琳这天没有和往常一样去参加记者会，她在日记中写道：“今晚，我看起来有 60 岁，感觉像是 80 岁。”[②]

12 月 9 日，随着日军逐步逼近南京，外地及近郊的难民开始大量出现。当天晚上，金女大校园里已有约 300 名难民，一些来自无锡等苏南地区，一些则来自南京城外，还有一些是来自附近的居民。魏特琳了解到金陵女子神学院已有约 1500 名难民了。

通过与难民的交谈，魏特琳了解到他们的一些经历。战争造成的一幕

①《程瑞芳日记》（1937 年 12 月 8 日），张连红编《幸存者的日记与回忆》，收入张宪文主编《南京大屠杀史料集》第 3 册，江苏人民出版社、凤凰出版社 2005 年版，第 9 页。

② December 8, 1937, *Minnie Vautrin's Diary,* Box 134 of YDL Record Group NO.11, The Archives of the United Board for Christian Higher Education in Asia, Yale University Divinity School Library Special Collections.

幕悲剧使魏特琳感到很难过，觉得“难民讲述的情况令人心碎”。一位妇女泪流满面地来到金女大，说她有事到南京来，她刚进城，城门就关闭了，但她12岁的女儿却被关在了城外，她也无法出城去寻找她的女儿。这个小女孩在光华门，那里的战斗最为激烈。另外一位来自南京三汊河的妇女正发疯似的寻找她的母亲。她在金女大未能找到母亲，魏特琳派人将她送到金陵女子神学院继续寻找。

第二天上午，大量难民继续涌来。旧的教师宿舍快住满了，中央大楼也开始住人。《芝加哥每日新闻报》记者斯提尔早上也来看了金女大的情况。到中午，难民人数已达850人，除此之外，还有3户人家住在金女大的东院，约120人住在“邻里活动中心”内。

随着难民人数的增加，生活供应问题也被提上了议事日程。学校在北面两幢宿舍楼之间用芦席搭了个棚子，让熟悉的人在里面卖食品。设在金女大大门外的粥厂，尽管魏特琳和金女大其他管理人员多次催促，但仍没有向难民提供食物。

魏特琳还发现难民们似乎对安全区有一种天真的想法，认为既然是安全区，那么空袭时，即使站在马路中间也不会有事。魏特琳多次告诉难民们空袭时要待在屋内，或躲在墙后。同时，魏特琳对中国难民的生存能力赞叹不已。一些难民在学校的前门外，搬来砖头砌房，自己动手，很快就变成了一间间小屋，然后再用一两张芦席盖顶，就有了自己的房屋——有了享受天伦之乐的地方。一些难民还很自豪地邀请魏特琳去参观他们的“新家”。

在随后的几天里，难民继续涌入金女大校园，三幢大楼已住满了难民，艺术楼也开始接纳难民。但由于种种原因，学校前门外由红十字会管理的粥厂却仍未开张，因此对没有带食物的难民来说，日子非常艰难。魏特琳为此很是焦急，并一再催促粥厂尽快向难民提供食物，粥厂表示，可能在12日上午9时开张。魏特琳意识到如果当天城市陷落，恐怕连这一点也做不到了。

难民带着铺盖等物品涌进金女大（耶鲁大学神学院图书馆）

12日，粥厂开张了。开张的第一天粥厂不收钱，对没钱的穷人免费提供粥，第二天才开始收钱。由于粥厂第一天开张，金女大难民收容所的人员忙得不可开交。程瑞芳在日记中写道，粥由“外面挑进来，在里面大院子里，中间分两处发，人多，拥挤得很。我们要去照应，忙死了，累死了，又是这，又是那，简直忙不过来”[①]。

从接掌校务，到金女大难民收容所接收第一批妇孺难民，魏特琳和员工们不辞辛劳地做了大量工作，似乎一切都还顺利，一切都还能按照预先设想的去做。周密的计划和身体力行去实施，是魏特琳的一贯作风，这种作风早在她主持金女大教育系和全校教务时就充分表现了出来。认真、勤勉，为信念不惜奉献自己的全部，是她处世的根本态度和人生哲学。当日军即将攻入南京城之时，她很难想象经历了持续数月空袭的南京市民将陷入一种怎样的苦难。在魏特琳的心中，扶贫济弱，抵御强暴，为人类伸张正义的信念，比任何时候都更加坚定。宗教信仰是鼓舞魏特琳奋斗的力量源泉，在她看来“宗教就是为这种时刻创造的”。在信仰的驱动下，她义无反顾地坚守在救助无辜难民的第一线。

12月10日，日军华中方面军司令官松井石根下达了攻占南京的总攻击

①《程瑞芳日记》（1937年12月12日），张连红编《幸存者的日记与回忆》，收入张宪文主编《南京大屠杀史料集》第3册，第11页。

1937 年 12 月 12 日，日军坦克进攻中华门（《日本侵华图片史料集》）

令。随后，中日两军在雨花台、紫金山、南京城垣一带展开激战。12 月 12 日夜，南京城东南方传来隆隆的枪炮声，魏特琳房间的窗户被震得摇晃。在马路上，大批中国军队向下关方向撤退。魏特琳意识到日军就要攻入南京城了，她的神经绷得紧紧的，焦虑不安地等待着，不知道日军究竟会给南京带来什么。

第四章 南京沦陷之后

一、震惊中外的大屠杀

1937年12月13日，对六朝古都南京来说，终究是一个无法忘却的日子。这一天，南京沦陷了。

枪炮声响了一夜。魏特琳几乎彻夜未眠，焦虑地等待着黎明，祈祷平安。13日的黎明终于到来了，但却夹杂着令人不安的寂静，激烈的战斗似乎已经停止，日军显然已经进城了。

下午4时，金女大校园里出现了第一批日本兵，随后又来了两批，其中一批向金女大索要鸡、鹅，另一批十分凶恶的日本兵则蛮横地占领了金女大存放大米的房屋。尽管如此，令魏特琳十分担心的这一天总算幸运地过去了。

然而与包括金女大在内的安全区相比，南京城内其他地区则是火光冲天，枪声不断，一批批放下武器的中国士兵惨遭日军集体屠杀。日军第十六师团长、陆军中将中岛今朝吾在这一天的日记中有如下记述：

二十、败逃之敌大部进入第十六师团作战地区的林中或村庄内，另一方面，还有从镇江要塞逃来的，到处都是俘虏，数量之大难以处理。

二十一、由于基本上不实行俘虏政策，决定采取全部彻底消灭的方针。但由于是以1000人、5000人、10000人计的群体，连武装都不能及时解除。不过他们已完全丧失了斗志，只是一群群地走来，他们现在对我军是安全的。虽然安全，但一旦发生骚乱，将难以处理。为此，增派部队乘坐卡车负责监视和引导。

13日傍晚，需要大批出动卡车，但由于战斗刚刚结束，计划很难迅速执行。因为当初从未设想过将采取这一措施，参谋部忙得不可开交。

二十二、事后得知，仅佐佐木部队就处理掉约15000人，守备太平门的一名中队长处理了约1300人。在仙鹤门附近集结的约有七八千人。此外，还有人不断地前来投降。

二十三、处理上述七八千人，需要有一个大壕，但很难找到。预定将其分成一两百人的小队，领到适当的地方加以处置。

二十四、这些败兵的处置，大多由第十六师团负责，因此师团无暇顾及入城或宿营等，只是一味地东奔西走。①

中岛今朝吾日记所记载的屠杀事实，也得到了其部下日军第十六师团步兵第三十旅团长佐佐木到一少将日记的印证。佐佐木到一在12月13日的日记中称：

今天，在我支队的作战区域内，遗弃的敌人尸体达一万几千具。此外，还有在江面上被装甲车击毙的士兵和各部队捉到的俘虏，合在一起计算，仅我支队就已解决了敌军2万以上。

下午2时，扫荡结束，我们背后也有了安全保障。于是，部队边集中，边向和平门方向前进。

其后接连不断地有俘虏前来投降，其数量高达数千人。情绪亢奋的士兵丝毫不理睬上级军官的劝阻，将俘虏一个个地杀死。回想到许

①「中島今朝吾日記」、南京戦史編集委員会編『南京戦史資料集Ⅰ』、430—431頁。

多战友流的血和十天来的艰难困苦，别说士兵了，我自己也想说“全都干掉吧”。①

日军除了大肆屠杀已经放下武器的中国士兵外，对于南京城内的普通平民也进行惨无人道的杀戮。12 月 13 日这一天，美国传教士费吴生目睹了 20 名中国平民由于见到日军恐慌奔跑而立即遭枪杀的情景：“上午 11 时，安全区首次得到他们（进城）的报告。我与委员会两位同事开车去会见他们，正好在安全区南面进口遇见一支小分队。他们未显露敌意，尽管稍候片刻就枪杀了 20 个由于害怕他们而慌忙逃跑走的难民。似乎从 1932 年在上海已形成一条通例，凡逃跑者必被枪毙或刺杀。”②

日军进城之初，在金女大守护大门的魏特琳并不太了解日军的暴行，但持续不断的枪声使魏特琳充满悲哀：“天亮前似乎又有猛烈的炮火轰击城墙——也许是在轰掉那些阻碍日军主力入城的路障，不时还夹杂有枪声，也许是日军士兵在向撤退的中国士兵开枪，或者是向抢劫者开枪。我还能听见下关方向的枪声，在我的想象中，这些子弹是射向坐在拥挤的舢板上，拼命向江北划去的中国士兵们的。可怜的人啊，他们几乎没有机会逃脱这些无情的子弹。”③

魏特琳的担忧并不是“想象”。12 月 13 日上午，由于撤退的中国军队涌向下关江边准备渡江北撤，日军步兵第三十八联队及配属的战车第八中队、步兵第三十三联队第一大队（欠一个中队），从紫金山北麓向下关攻击前进。下午 2 时，步兵第三十八联队长助川静二大佐命令第一大队（欠第

---

①「佐佐木到一少將私記」、南京戦史編集委員会編『南京戦史資料集Ⅰ』、271—272 頁。

②《费吴生日记》（1937 年 12 月 10 日—1938 年 1 月下旬），章开沅编译《美国传教士的日记与书信》，收入张宪文主编《南京大屠杀史料集》第 4 册，江苏人民出版社、凤凰出版社 2005 年版，第 69 页。

③ December 14, 1937, *Minnie Vautrin's Diary*, Box 134 of YDL Record Group NO.11, The Archives of the United Board for Christian Higher Education in Asia, Yale University Divinity School Library Special Collections.

一、第三中队）、战车队向下关方向追击撤退的中国军队。[①] 接到命令的步兵第三十八联队向下关急进，于下午 3 时左右抵达下关江边，截断了中国军队渡江北撤的退路。

在南京城西面，日军第六师团为了迂回包抄下关，早在 12 月 10 日就下达了进击下关的命令："左翼队应逐步将兵力调至西北方，进攻水西门及汉中门。配属的骑兵第六联队，应让迂回部队逐步进入下关一带，阻止敌军渡江。"[②] "11 日以来，担任左翼左路前线的步兵第四十五联队和利用众多河川顽强抵抗的敌军展开了持续苦战，12 日下半夜终于占领了江东门，接着为切断来自南京城里溃败敌军的退路，向下关方向前进。"[③]

13 日，日军第六师团骑兵第六联队也向下关进击，并在棉花堤附近与从下关向南突围的数千人中国守军发生了遭遇战。中国守军不敌日军，向江心洲撤退，此后日军骑兵第六联队继续向下关前进。[④]

13 日傍晚，第六师团步兵第四十五联队、骑兵第六联队抵达下关，与先前抵达的第十六师团所属部队会合。此外，12 月 11 日从安徽太平以北慈湖镇渡过长江的日军第十军所属之国崎支队，亦沿长江北岸向浦口进击，于 13 日下午攻占了下关对岸的浦口，彻底截断了中国军队渡江北撤的退路。

当日军抵达下关时，大批撤退的中国军队及平民因无船可乘而被困在江边或设法泅水渡江，但由于"渡河准备不充分，致十余万大军云集江边，均无船可渡，不得已而扎筏，当时溺毙于江中者甚多"[⑤]。正如魏特琳在日记中"想象"那样，抵达江边的日军立刻在江岸展开，集中战车、重火器

---

①『步兵第三十八聯隊「戦闘詳報」第十一号』（自昭和 12 年 12 月 12 日至昭和 12 年 12 月 13 日）、南京戦史編集委員会編『南京戦史資料集Ⅰ』、479 頁。

②「六師作命甲第八十一号・第六師団命令」（12 月 10 日 11 時 30 分）、南京戦史編集委員会編『南京戦史資料集Ⅰ』、452 頁。

③『第六師団「戦時旬報」第十三、十四号』（自昭和 12 年 12 月 1 日至昭和 12 年 12 月 20 日）、南京戦史編集委員会編『南京戦史資料集Ⅰ』、585 頁。

④《熊本兵团战史——支那事变》，王卫星编《日军文献》（上），收入张宪文主编《南京大屠杀史料集》第 56 册，江苏人民出版社 2010 年版，第 433—434 页。

⑤《宪兵司令部战斗详报》，马振犊等编《南京保卫战》，收入张宪文主编《南京大屠杀史料集》第 2 册，江苏人民出版社、凤凰出版社 2005 年版，第 215 页。

及步枪密集射击，正在撤退的中国军队及平民伤亡惨重。据日军第十六师团步兵第三十三联队战斗详报记载，“上午 9 时 30 分，联队接到‘十六师作命甲第 171 号’命令，奉命派部分部队守卫太平门，主力向下关方向前进以切断敌军退路”，“下午 2 时 30 分，前卫尖兵到达下关搜索当面敌情。结果发现扬子江江面满是船、木筏及所有能漂浮的东西，无数败残兵正用之不断地顺流而下。联队马上将前卫队及速射炮展开在江岸上，猛烈射击江面上的敌军。据判断，两个小时消灭的敌军不下 2000 人”[①]。

由于日军封锁了下关江边，再加上几乎没有渡船可用，许多中国军人及平民不得不返回城内躲藏，其中许多军人脱下军装，换上便衣进入安全区避难。

南京失陷后，日军随即派出部队在城内外进行“扫荡”。日本兵四处搜捕放下武器换上便衣的中国军人，以及疑似军人的普通平民。日军第十六师团步兵第二十联队第一大队上等兵增田六助在其手记中记述说：“第二天（14 日），要去国际委员会设立的难民区扫荡。数万残兵一直誓死抵抗到昨日，但被四面八方包围后，他们一个也没跑掉，结果全部逃进了这个难民区。今天我们即使拨开草丛，也非要把他们搜出来不可，为阵亡战友报仇。我

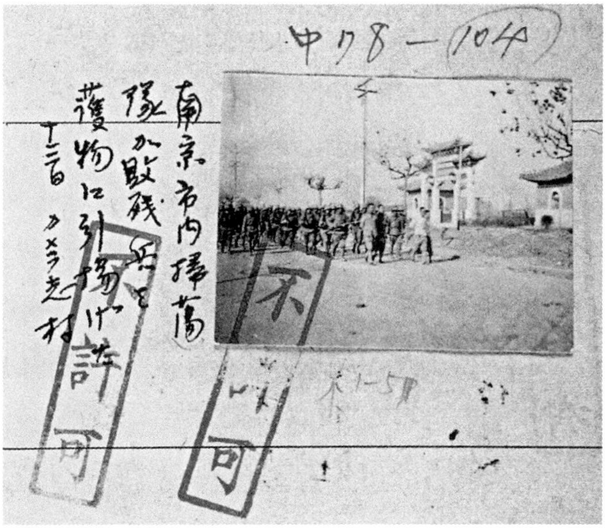

日军在城内外进行“扫荡”，大肆抓捕青壮年（每日新闻社秘藏《不许可写真》）

① 『步兵第三十三聯隊「南京附近戦闘詳報」』(自昭和 12 年 12 月 10 日至昭和 12 年 12 月 14 日)、南京戦史編集委員会編『南京戦史資料集 I』、495 頁。

们分成小队，各自挨家挨户搜索。每家的男人都受到我们的盘问。”①

12月16日，魏特琳在日记中记载了金女大校园内发生的一幕：有两次日本兵抓住了学校的工人，说他们是中国兵，要把他们带走。魏特琳解释说：“他们不是士兵，是苦力。”他们才得以逃脱被枪杀或是被刺死的命运。为了搜捕中国军人，日本兵还搜查了金女大所有住有难民的大楼。在搜查时，日军在校园里架起6挺机枪，还有更多的日本兵在校园外站岗，并做好了射击的准备，如果有人逃跑就开枪。“中午刚过，一小股日本兵从原医务室边门进来，如果我不在的话，他们将会把唐的兄弟抓走。后来他们沿路而上，要求从洗衣房的门进来，我也及时赶到了。如果日本人怀疑哪个人，那么其命运将与在他们身后被捆着的4个中国人一样。日本人把那4个人带到西山，我听到那儿响起了枪声。”②

魏特琳在金女大听到的枪声只有数声，然而在同一天，在南京的下关码头、草鞋峡、汉中门和江东门等地，却有成千上万被日军搜捕出来的放下武器的中国军人和普通平民倒在日军的枪口之下。据幸存者和加害者的证言，16日这一天，中山码头有5000余名已被解除武装的中国军人和平民被日军屠杀，这场大屠杀的幸存者刘永兴回忆说：

> 冬月十四日是一个大晴天，我们全家躲在屋里，不敢出来。下午三时左右，一个日本兵闯进门来，向我和弟弟挥了挥手，要我们跟他走。我们只好跟他出去，因为我们曾看到一个姓钱的私塾先生不听日本兵的命令，遭到了枪杀。出门后，一个汉奸翻译官对我们说，要我们到下关中山码头去搬运东京运来的货物。我们发现，同时出来的还有我家附近的三十多个人。我们先被带到一个广场，天将黑时，场上坐满

---

①「增田六助手記」、南京戦史編集委員会編『南京戦史資料集Ⅰ』、416頁。

② December 16, 1937, *Minnie Vautrin's Diary,* Box 134 of YDL Record Group NO.11, The Archives of the United Board for Christian Higher Education in Asia, Yale University Divinity School Library Special Collections.

了人。日军叫我们六至八个排成一排，向中山码头走去。

我和弟弟走在平民队伍的前头，看到一小队拿着枪的日军走在最前面，接着是三十多个被俘的国民党军警，后面才是被抓来的平民百姓。队伍的两旁有日军押着，还用马驮着三十几挺机枪，队伍的最后是骑马的日军军官。一路上，我们看到路两旁有不少的男女尸体，大部分是平民百姓，也有一部分是中央军。

到了下关码头江边，发现日军共抓了好几千人。日军叫我们坐在江边，周围架起了机枪。我感到情况不妙，可能要搞屠杀。我心想，与其被日军打死，还不如跳江寻死，就和旁边的人商量一起跳江。日军在后边绑人以后，就用机枪开始扫射。这时，天已黑了，月亮也出来了，许多人纷纷往江里跳，我和弟弟也跳到了江里。日军急了，除继续用机枪扫射外，又往江里投手榴弹。跳江的人，有的被炸死了，有的被炸得遍体鳞伤，惨叫声，呼号声，响成一片。一阵混乱之后，我和弟弟散失了，以后再也没有找到。我随水漂流到军舰边，后来又被波浪冲回到岸边。我伏在尸体上，吓得不敢动弹。突然，一颗子弹从我背上飞过，擦破了我的棉袍。猛烈的机枪声，把我耳朵震聋了，至今还没有好。机枪扫射以后，日军又向尸体上浇上汽油，纵火焚烧，企图毁尸灭迹。夜里，日军在江边守夜，看见江边漂浮的尸体就用刺刀乱戳。我离岸较远，刺刀够不着，才免一死。①

这一天，在草鞋峡，日军第十三师团山田支队集体屠杀中国军人及平民约 7000 人，参与这场大屠杀的日本兵近藤荣四郎在 12 月 16 日的日记中记述道：

①《刘永兴证言》，载“南京大屠杀”史料编辑委员会、南京图书馆编《侵华日军南京大屠杀史料》，江苏古籍出版社 1985 年，第 409—410 页。

下关江边被屠杀的中国军人和平民尸体(《村濑守保写真集·我从军在中国战线》,1989年)

晚上,20000人的俘虏营发生火灾,我们前去与担任警卫的中队交接换班,今天最终将20000人中的三分之一,即7000人拉到扬子江边枪决。这期间,我们担任警卫工作。之后,又处决了其余所有俘虏。我们用刺刀把没有被枪打死的人刺死。

月亮正圆,挂在山边。在煞白的月光下,垂死的人发出痛苦的哀鸣。没有比这更让人毛骨悚然的了。这是只有战场上才能见到的情景,是我终生难忘的情景。①

日军在安全区搜捕的过程中,连安全区国际委员会用以维持秩序的警察和“志愿警察”也不放过。位于金陵大学附近的国民政府司法部等难民收容所驻有安全区国际委员会的部分警察和“志愿警察”,这些警察并不携带武器,只是维持安全区的正常秩序。然而,12月15日,日军将司法部内的50名警察和45名“志愿警察”,以及数百名平民抓走并予以屠杀。伍长德是一名警察,南京沦陷后他为安全区国际委员会服务。12月15日,他在安全区内司法院难民收容所被日军抓走,理由为他是一名中国兵。伍长德回忆说:

12月15日上午八时左右,忽然来了十几个日本兵,用刺刀把青壮年男子全部赶到外面,并集中到马路上,共约2000人以上。十一点左右,

①《近藤荣四郎阵中日记》,王卫星编《日军官兵日记与书信》,收入张宪文主编《南京大屠杀史料集》第9册,江苏人民出版社、凤凰出版社2006年版,第89页。

我们全体排着队被押着出发，走到首都电影院（现胜利电影院）门前时，从队伍后面开来了几辆卡车，运来了日本士兵和机枪，并由这几辆卡车在我们队伍前面开路，从首都电影院继续出发。下午一点到达汉中门，要我们这2000多人都在城门里停下来，并命令坐下。接着，两个日本兵拿着一根长绳子，一人手持一头，从人群中圈出100多人，周围由大批日本兵押着，带往汉中门外，用机枪扫死……到了下午五点多钟，我本人也被圈进去了，日本兵把我们带到护城河边上，赶到河堤斜坡下面。我见到河堤两侧，架着两挺机枪；再定神一看，眼前横七竖八全是倒卧着的尸体。我急了，就情不自禁地向前跑了几步，纵身一扑，扑倒在乱尸堆上。恰恰就在我扑倒的同时，机枪响了，人们接二连三地倒了下去，我就被埋在别人的尸体下面了。机枪射击声停止后，接着又响起了步枪声。等到步枪声停止后，我感到尸体堆上像是有人在走动。因为我是冲着河岸方向脸朝下抱着头趴着的，通过背上的尸体，传来有人走动的压力。这时冷不防，我的背上却挨了一刀，火辣辣地疼。原来是日本兵在尸体堆上刺杀尚未断气的活人，刀尖穿透我背上那个人的尸体，扎到我身上来了。在这以后，我又连续听到两阵机枪声响，大约还屠杀了两批人。接着，日军就放火烧尸，我被浓烟烈火逼得受不了，就趁着天黑，冒着危险，忍痛跳进了秦淮河……①

当年曾目睹日军在汉中门外集体屠杀的高秀琴回忆说："1937年，我17岁，随父在汉中门外织芦席，卖芦柴，以此维生。日本兵进城前，已有人去难民区。因我家没钱，与别的许多穷人一样，还留在家里……有一天，我到城里去，看到日本兵把手上有茧的人抓了八九辆卡车，拉到汉中门码头用机枪扫射死了。从上午九十点钟左右到下午二时许，一直听到汉中门

①《伍长德口述》，张连红、张生编《幸存者调查口述》（上），收入张宪文主编《南京大屠杀史料集》第25册，江苏人民出版社、凤凰出版社2006年版，第1—2页。

码头传来密集的枪声。枪声停止以后，我们合伙跑到那里，亲眼看到死尸堆满码头，惨不忍睹。”①

北山与隶属于日军第十六师团步兵第二十联队第三机关枪中队，他在12月27日的日记中记述说：“出了汉中门，去征发菜叶、水牛。我们到的地方死人堆积如山，总数有500多，被堆在一起杀害了。其中主要是军人，也有穿着如一般百姓的死尸。大多是被集体枪杀的俘虏。道路两边堆满的支那军人的尸体。”② 牧原信夫是日军第十六师团步兵第二十联队的上等兵，他在12月27日的日记中也记述说：“早上6时起床。立即准备早饭，吃完早饭以后，上午8时出去征发蔬菜。四方伍长领头，通过汉中门，向扬子江方向去。出汉中门时，看见五六百具被烧焦了的尸体挨得紧紧地倒在那里。烧烂了的皮肤呈黄色，看上去很难看。也许是战斗已经远离我们了，所以看了以后很恶心。到处都散乱着这样凄惨的尸体。”③

针对日军屠杀安全区国际委员会的警察一事，南京安全区国际委员会主席约翰·拉贝于12月18日致函日本大使馆二等秘书福井淳表示抗议：“我们昨天向贵方指出，贵军从司法部抓走了50名着装的警察和45名‘志愿警察’。在此我们还要指出，我方又有40名派驻在最高法院建筑物内的着装警察被抓走。一名日军军官对他们提出的指控是，说他们在搜查之后又将中国士兵放进了司法部建筑物，因此必须枪毙他们。”④ 安全区国际委员会秘书斯迈思专门拟具了“司法部事件备忘录”，作为致福井函的附件。“备忘录”指出：“1937年12月16日早晨，一名日军军官带领一队日本士兵来到司法部，命令带走大部分中国人，对他们执行枪决。根据这名军官走前的说法，他来此的目的就是抓人枪毙。在殴打了一名上尉警察后，他命

①《高秀琴口述》，张连红、张生编《幸存者调查口述》（上），收入张宪文主编《南京大屠杀史料集》第25册，第38页。
②「北山日記」、井口和起、木阪順一郎、下里正樹編集『南京事件京都師団関係資料集』、青木書店、1989年、74頁。
③「牧原信夫日記」、南京戦史編集委員会編『南京戦史資料集Ⅰ』、408—409頁。
④［德］约翰·拉贝著，本书翻译组译：《拉贝日记》，第204页。

令抓走全部警察。估计有 50 名警察被抓走，因为当时派驻在司法部的共有 50 名警察。”[①] 然而无论安全区国际委员会如何抗议，日军在安全区的搜捕和屠杀仍然在持续。

在日军的大肆搜捕下，一些换上便衣的中国军人和警察不得不四处躲藏。时任首都警察厅保安科代理科长的杨权，南京沦陷后在安全区内大方巷华安新村避难，他于 1938 年根据自己的亲身经历，撰写了《南京难民区九十四日记》的长文，文中记载：“那些巷战不敌后化装易服逃入难民区的员警，就好比一群没有娘的孩子，无人管理，只好天天挤到金陵大学去吃施粥，都过着那种不生不死的日子，衣服呢，褴褛得就同乞丐一样，还要时时受敌兵的搜查和侮辱，和担心着那不可预防的猝然的被敌人捕去枪毙。”[②]

在金女大附近，日军也进行集体屠杀。魏特琳在 1938 年 1 月 26 日的日记中记述说：“我们壮起胆子，决定到金陵女子文理学院西边的一条叫做‘虎踞关’的路上去散步。路边的房屋都关了门，上了门板，街上几乎荒无人烟。……我去了龚家——明朝第一代皇帝赐予的府第[③]，这里已成一堆烧焦的木头和焦黑的瓦砾。……离开那座废墟，我遇到一位熟悉的妇女，她问我是否听说在杨家附近山谷池塘里有大量尸体。我告诉她已经听说了一些情况，并想去看一看，她愿意带我去。不久，我们遇到了她的丈夫，他说要跟我和工人一道去。我们找到了那个池塘。池塘边有许多具焦黑的尸体，尸体中间还有两个煤油或汽油罐。这些人的手被铁丝绑在身后。有多少具尸体？他们是不是先被机枪扫射，再遭焚烧？我不得而知。在西边小一些的池塘里还有 20—40 具烧焦的尸体。我看到这些人穿的是平民的鞋，

---

① [德] 约翰·拉贝著，本书翻译组译：《拉贝日记》，第 206 页。
② 杨权：《南京难民区九十四日记》（一），《警察向导》创刊号，1938 年 7 月 7 日，第 57 页。
③ 似为龚贤故居。龚贤为清初著名画家，其住宅位于虎踞关附近的清凉山。此处似有误，龚贤故居不可能为明朝第一代皇帝所赐。

古林寺附近被日军杀害的放下武器的中国军人和平民尸体（耶鲁大学神学院图书馆）

而不是军人的鞋子。山丘上到处都是尚未掩埋的尸体。”①

古林寺距离金女大不远，位于南京安全区西部边界西康路以西的小山丘上。日军在这里也进行了集体屠杀。时为古林寺和尚的融通法师回忆说：“日本人进南京时，我16岁，在古林寺上初级佛教学校。我的师父叫果言。冬月十四那一天，日本兵冲进寺里，把近百个和尚和躲在寺里的百把个散兵都赶到山门外的菜园里集合。枪响的时候，寺后面一个四五岁的小孩跑着喊着来找他妈妈，鬼子的大皮鞋一脚踢过去，又狠命一踩，小孩的头都被踩扁了！白的脑浆，红的鲜血，一塌糊涂，孩子的手指头还在一下一下地抽搐。罪过啊！”②

关于日军在古林寺的集体屠杀，留在南京的外籍人士的日记与书信中亦有大量记载。魏特琳在1937年12月23日的日记中记述说：“住在我们东院的邻居孙说，昨晚有60—100人，大多数是年轻人，被日本人用卡车

① January 26, 1938, *Minnie Vautrin's Diary,* Box 134 of YDL Record Group NO.11, The Archives of the United Board for Christian Higher Education in Asia, Yale University Divinity School Library Special Collections.

②《融通法师口述》，张连红、张生编《幸存者调查口述》（上），收入张宪文主编《南京大屠杀史料集》第25册，第236—237页。

运到古林寺南面的小山谷里，用机枪打死，然后把尸体拖入一间房子里，连同草房一起烧掉。我一直在怀疑，我们晚上看到的那些火是用来掩盖抢劫与杀人的。”① 魏特琳在 1938 年 1 月 21 日的日记中还记述说：“近几天来，神情悲哀、心神不安的妇女们，报告了自去年 12 月 13 日以来失踪的 568 名丈夫或儿子的事件，她们仍希望他们是被抓去为日军干活的，但我们中许多人担心，他们的尸体和那些许许多多被烧焦的尸体，浸泡在离古林寺不远的池塘中，或是汉中门外那一大堆被烧得半焦而未掩埋的尸堆中。”② 直到近一年后，魏特琳再一次听到日军在古林寺屠杀的情形。她在 1938 年 12 月 6 日的日记中记述说：“下午，凯瑟琳骑马，我和哈丽雅特骑自行车，一起去古林寺。在那里，我们遇上了一位年轻的僧侣，他说，现在寺里共住着 7 位僧侣。去年 12 月，许多僧侣和中国警察在古林寺的院子里被杀害了。”③

马吉在 1937 年 12 月 30 日的日记中也记述了日军在古林寺的屠杀：“几天前，日本兵去了金陵大学，那儿大约有 4000 名男性难民。日本人向他们宣布，如果中国士兵主动站出来，不仅不会杀害他们，而且还要给他们工作。日本人给他们 20 分钟的考虑时间，然后叫中国士兵向前一步走，约有 200 多人走了出来，接着他们被带走了。在路上日本人又抓了一些不是士兵，但日本人认为是的人。他们被带到位于金陵女子文理学院和下关之间的古林寺附近，在那儿他们全被刺死。”④

① December 23, 1937, *Minnie Vautrin's Diary,* Box 134 of YDL Record Group NO.11, The Archives of the United Board for Christian Higher Education in Asia, Yale University Divinity School Library Special Collections.

② January 21, 1938, *Minnie Vautrin's Diary,* Box 134 of YDL Record Group NO.11, The Archives of the United Board for Christian Higher Education in Asia, Yale University Divinity School Library Special Collections.

③ December 6, 1938, *Minnie Vautrin's Diary,* Box 134 of YDL Record Group NO.11, The Archives of the United Board for Christian Higher Education in Asia, Yale University Divinity School Library Special Collections.

④《马吉致妻子函》（1937 年 12 月 12 日—1938 年 2 月 5 日），章开沅编译《美国传教士的日记与书信》，收入张宪文主编《南京大屠杀史料集》第 4 册，第 159 页。

金陵大学教授斯迈思博士在致家人的书信中也有同样的记述：12 月 27 日，“日军占领南京已经两周……昨天金陵大学登记的过程中，有二百多人志愿承认他们过去当过兵或当过部队的夫役（这两个名称对于被征用的平民劳力来说区别并不明显），因为日军许诺，如果他们承认，他们就会获准工作；而若不承认就会被枪毙。今天早上有个人身上带着五处刀伤来到大学，他说他们一群人被驱至古林寺，在那儿被 130 名日本士兵用作刺刀靶子。他当时被刺昏了过去，醒来时日本人已离开，于是他挣扎着回来。威尔逊说他有一处伤口太严重，不可能保全性命。我们听了这些，午饭就吃不下去了。我们中有些人因为这些事连早餐也没咽下去”[①]。

在日军官兵的日记中，也有关于古林寺集体屠杀的记载。日军第九师团步兵第七联队第二中队上等兵井家又一在 1937 年 12 月 22 日的日记中记述说：

下午 5 时天快黑时去大队本部集合，听说是去杀死败兵。过去一看，只见 161 名中国人老老实实地待在本部院子里，他们望着我们的行动，全然不知死神的降临。一路连打带骂地拉着 160 余人出了外国人居住的街区，来到古林寺附近筑有地堡的要塞地带。

夕阳西下，仅能分辨出晃动的人影。这里只有不多的几所民宅。将他们关进池塘边一间单独的房子里，然后 5 人一组地带出来用刺刀刺死。有的哇哇叫着，有的边走边嘟囔着，有哭的，有的知道死到临头而失去了理智。

吃败仗的士兵最后的归宿就是被日本军杀死。

用铁丝捆住他们手腕，扣住脖子，用木棒敲打着拉走。其中也有勇敢地唱着歌迈着大步的士兵。有装着已被刺死的，有跳入水中咕嘟

①《史迈士致家人函》（1937 年 12 月 20 日—1938 年 1 月 9 日），章开沅编译《美国传教士的日记与书信》，收入张宪文主编《南京大屠杀史料集》第 4 册，第 252—253 页。

嘟挣扎的，也有为了逃命，紧紧抱住屋梁藏起来，任凭怎么喊也不下来的士兵。于是我们就浇上汽油烧房子，两三个被烧成火人的人刚跑出来就猛然被刺刀捅死。

昏暗中，嗨、嗨，憋足劲呐喊着用刺刀捅着，捅死要逃走的家伙，或用枪砰砰地打。片刻间这里成了人间地狱。结束后，往遍地的尸体上浇上汽油点着火。看到火中还有活动的家伙就打死。后面的房子燃起熊熊大火，房顶的瓦片掉了下来，火花四下飞溅。

返回途中回头看了看，熊熊大火还在燃烧。①

井家又一在日记中的记述，在时间上与魏特琳日记的记述完全吻合，可见日军在古林寺的集体屠杀是不争的事实。

12月下旬，日军认为仍然有放下武器换上便衣的中国军人混在难民中，在安全区内躲藏，于是他们想出一个“绝招”，采取带有欺骗性的“良民登记”的办法对安全区进行彻底清查。12月22日，日军发出布告，令难民一律于三日内亲往登记，领取“良民证”，否则便认作中国便衣队，格杀勿论。

所谓“良民登记”的情形究竟如何？记者范式之在《敌蹂躏下的南京》中这样记述日军的“良民登记”：“在登记前例由某汉奸先登台说明，‘凡是过去隶属军人，被征士兵或拉夫得来的兵士，可站立两边，由其负责担保生命决无危险，送你们各自回籍，否则，设若此时不自首，将来查觉，或找不到五家连环保，那时就只有一概斩决了’。由于汉奸的威胁引诱，凡是在京没有住宅，没有眷属的人，大都站到两边去了，这样敌人就毫不费力地又是一卡车一卡车把他们送入军政部等处营房。”②

在金女大，日军也进行所谓“良民登记”。由于金陵大学校园内的难民登记进行得较早，魏特琳得知消息后，就让陈斐然准备花名册。1937年

---

①「井家又一日記」、南京戦史編集委員会編『南京戦史資料集Ⅰ』、373頁。
② 范式之：《敌蹂躏下的南京》，张连红编《幸存者的日记与回忆》，收入张宪文主编《南京大屠杀史料集》第3册，第575页。

12 月 28 日上午 8 时，金女大登记点开始登记，男性首先登记。金女大将本校的人员集中在一起，通过翻译，接受日本人训话。魏特琳在这天的日记中记述说："日本人称，如果是中国士兵，应该自首，他们将不会受到任何伤害，并让他去做工。我不明白他们所说的士兵是指现役还是曾经当过兵的人。第一个承认的是给 Y.H. 陈干活的工人。我知道他不是现役军人，我正努力让日本人放了他。接着，那些承认自己是士兵的人四个一排，每人发了一张登记表，然后走到校园的东北角。我仔细看了这些人的脸，他们大多是老弱伤残者，因为所有年轻人都到校园的西面去了。"就在这时，一个前一天预约要来的日本军官来了，他要求美国人住到一个地方去，被魏特琳拒绝了。她深知若无外国人在旁监督登记，情况将更糟，她告诉那个日本军官："我们不能离开各自负责的地方。"①

第二天来金女大进行登记的日本人比第一天更厉害，他们逐一检查了每个男人的手，并把他们认为可疑的人挑选出来。尽管这些人从未当过兵，他们是裁缝、小贩、卖烧饼的，但还是被挑了出来。他们的母亲、妻子恳求魏特琳为自己的儿子、丈夫说情。面对眼前发生的不幸，魏特琳又有什么办法呢？这些被挑出来的人，肯定

日军在南京上海路上搜捕（《拉贝日记》）

① December 28, 1937, *Minnie Vautrin's Diary*, Box 134 of YDL Record Group NO.11, The Archives of the United Board for Christian Higher Education in Asia, Yale University Divinity School Library Special Collections.

要被日本人带走的。

金女大登记点在12月28日、29日，登记的是男性难民，从30日起开始登记17—30岁的女性难民。妇女们非常害怕，这个年龄段的妇女正是日军施暴的主要目标。31日上午，约有1000名女难民去登记。登记前先由一名日本军官训话，接着是曾任日本驻华大使馆翻译的汉奸詹荣光训话。训话结束后，妇女们排成两队进行登记。登记时有20名妇女被挑出来，仅仅因为她们“看上去与众不同，要么烫发，要么穿得太好”。这些被挑出来的妇女还算幸运，总算有母亲或他人为她们担保而被释放。这天，妇女登记完后，又开始登记男子。男人们虽然经过几天登记，但还是有很多人登记不上。①

为了尽快结束登记，从1938年1月5日傍晚起，日军突然改变登记方法。魏特琳接到通知，妇女继续在金女大登记，男子登记在金陵大学进行。登记改由伪南京市自治委员会文职人员负责，也不再有人训话，难民排成12行，每行前面放两张桌子，在一张桌子前领许可证，在另一张桌子前领登记证，所有登记都由中国人办理，只有几个日本警察和日本兵在旁监视。登记已接近尾声，日军突然改变登记方法还有另一原因，那就是出于欺骗宣传的需要，企图制造南京居民生活平静的假象。1月6日，几名日本记者来拍照，甚至要求妇女面带笑容，显出高兴的样子。金女大的男性员工，早在登记的第一天就先登记了，但女性员工却一直未被安排登记，魏特琳很机智，见这个机会可以利用，就提出为她们登记，并得到准许。魏特琳带着5名女工、程瑞芳的儿媳和4名女勤杂工，很快办完了登记，免去了许多繁琐的手续。又过了几天，“良民登记”的骗局终于收场。

---

① December 31, 1937, *Minnie Vautrin's Diary,* Box 134 of YDL Record Group NO.11, The Archives of the United Board for Christian Higher Education in Asia, Yale University Divinity School Library Special Collections.

家人被日本兵杀害后，这个小孩栖身于金女大难民收容所（耶鲁大学神学院图书馆）

南京沦陷后，日军不仅在安全区内反复进行“扫荡”，大肆搜捕放下武器的中国军人和疑似军人的普通平民，还随意杀人，零散屠杀时有发生。日军三五成群地在安全区游荡，稍不顺眼者，就有被杀之虞。

魏特琳负责的金女大难民收容所由于仅收容妇女和儿童，没有青壮年男子，因此日军直接在金女大抓人杀人的情况并不多。尽管如此，魏特琳也耳闻目睹了许多日军零散屠杀平民的事件。她在1937年12月21日的日记中记述：“下午1时30分，我和艾奇逊的厨师坐着使馆的车向西开去。他听说他75岁的老父亲被打死了，急着要去看一看。我们看到那位老人躺在路中央。我们把他的尸体抬到一个小竹林里，用席子裹好。据说，这位老人拒绝到大使馆接受保护，说他肯定不会有什么危险。……你们曾在南京住过的人永远也想象不出面前的街道是什么样子，那是我所看到的最悲惨的景象。公共汽车、小汽车翻倒在街上，东一具、西一具地躺着脸已发黑的尸体，到处都是被丢弃的军服，所有的房子和商店不是被洗劫一空就是被烧毁。”①

日军的屠杀使南京的难民妻离子散，生活极度贫困，许多市民不得不向伪政权呈文，请求救济。戚吴氏于1938年8月在致伪督办南京市政公署的呈文中称：“自去岁冬事变之初，氏偕子随众避入难民区，得以安身。讵

① December 21, 1937, *Minnie Vautrin's Diary,* Box 134 of YDL Record Group NO.11, The Archives of the United Board for Christian Higher Education in Asia, Yale University Divinity School Library Special Collections.

料日军入城时，视氏子系中央遗军，即行刺杀，家屋复遭焚毁。自此氏即沦为孤苦无依，失所流离，每思自尽，均被邻人挽救，慰言相劝，遂告中止。但氏每日之生活，均奈乞食为依，虽东恳西求，竟难保久饥之腹，夜宿荒庙，终难免风雨之残。兹际秋冬将届，更难为生。前闻人言，京市救济院收容衰老孀迈，氏曾迭呈二次请求，至今未曾批允。氏迫不得已，故特具文恳求钧署转函保送，俾免饿殍。”①

抗战胜利后，许多经历过南京大屠杀的南京市民纷纷向国民政府、南京市政府等呈文，控诉日军在南京的暴行。南京市民孙宝庆在 1945 年 11 月 5 日致南京市政府的呈文中称：“窃民孙宝庆，住皇城区李府街二号，务农为业。不料事变，南京危急，民父教胞兄孙宝学和嫂侄男女等逃难至汉中路难民区内暂住，父母看守家庭。日兵进城，惨无人道，将民六旬老父用战刀杀死。不料福无双至，祸不单行，日军到达难民区内，民兄因受军事训练防护团责任，不及逃走，被日军将民兄嫂二人执行枪决。”②

南京沦陷后，一些未及撤离南京的中国军人和警察，不得不进入安全区避难，其中许多人目睹了日军在安全区内的屠杀暴行。军医蒋公穀南京沦陷后被困在城内，目睹了日军在安全区的暴行。他在《陷京三月记》中记述说：1937 年 12 月 29 日，“敌人扬言，限下月四日登记完毕，接着便要挨户搜查。倘发现有未登记的，即遭杀戮，弄得满城风声鹤唳。隔壁的一位难民因为面色特黑，我们都称他为黑子，他全家兄弟妻子都逃避在馆内。今天清晨同弟进山西路回中央路家中，走在中途，被敌兵截住，一口咬定黑子是中国兵，不允分辩的就将他捆缚在地上，拿刀来乱砍。他痛极号淘，一跃好几丈，落在塘内淹死了”③。

---

①《戚吴氏为其子被日军杀死致日伪督办南京市政公署呈文》（1938 年 8 月），载中国第二历史档案馆、南京市档案馆编《侵华日军南京大屠杀档案》，第 176 页。
②《孙宝庆为其兄孙宝学被日军杀害致南京市政府呈文》（1945 年 11 月 5 日），载中国第二历史档案馆、南京市档案馆编《侵华日军南京大屠杀档案》，第 202 页。
③ 蒋公穀：《陷京三月记》，张连红编《幸存者的日记与回忆》，收入张宪文主编《南京大屠杀史料集》第 3 册，第 66 页。

首都警察厅保安科代理科长杨权记述了日军在安全区内大方巷随意杀人的情形：12月15日，一位难民“在大方巷走路，见对面来一个敌兵，他想进华安新村躲避，敌兵教（叫）他站住，他不肯住，便望（往）华安新村逃，敌兵追着对他一枪——便是我们刚才听到的那一枪——把他打死了”[①]。同一天，杨权等避难的大方巷安华新村的房东太太“上街的一会儿工夫，便亲眼看见一件残杀案，一个敌兵追着一个十六七岁的青年，一刺刀从背后戳进入直透过肚皮，那青年惨号了一声躺下了”[②]。

一些南京大屠杀的幸存者或见证人，也证实了日军在南京的零散屠杀。大屠杀的幸存者吴芝生证实说：“日本兵进城前半个月，我们就从原住处大丁家巷三十八号搬进难民区，住在今华侨路附近……一九三七年冬月二十三日（‘送灶节’）上午，我同芝堃到德商西门子电器公司驻京办事处（今小粉桥附近）去买米，当时买米的人很多，正簇拥着买米时，忽然来了三四个日本兵，他们抓男人看头、看手，检查‘中央军’。我是给人抄文书的‘录事’，心里也很害怕。我把芝堃朝人群里边一推，拔腿就跑，被日本兵看见，对准我的后脑勺就是一刀。顿时，血流得满头都是，沾湿了衣领。我装死趴在地上，日本兵踢了我一脚，看我不动就走开了。后来我弟弟和别的买米的邻居把我扶回家，用香灰撒在伤口上止了血。”[③]

日军在南京经常是毫无理由地滥杀无辜。曾目睹日军在金女大附近屠杀暴行的朱有才证实说：“一九三七年十二月，我帮人家做烧饼，师傅叫尹永发（已死），住在东瓜市金陵女子大学门口……那天早上，我包了二十块烧饼，走到陶谷新村时，路上行人很少，只有一个二十岁左右的小伙子在我前面走，我连走带跑急于赶回家，不一会就赶过了这个小伙子。忽然一声枪响，惊

---

① 杨权：《南京难民区九十四日记》（七），《警察向导》第1卷第7期，1939年1月7日，第59页。

② 杨权：《南京难民区九十四日记》（七），《警察向导》第1卷第7期，1939年1月7日，第54页。

③《吴芝生证言》，载“南京大屠杀”史料编辑委员会、南京图书馆编《侵华日军南京大屠杀史料》，第422页。

得我回头一看，只见小伙子倒下去了。这时我离小伙子只有十多米远，吓呆了，站在那里不敢跑，也跑不动，直愣愣地看到两个日本兵上来又打了小伙子一枪。我想这下要完了，只好听天由命了。日本兵跑到我面前，见我拿了一大包烧饼，就拿起烧饼吃起来。他觉得好吃，就全部把烧饼拿走了。我虽空手而归，却留得了性命，总算二十块烧饼救了我一条命。”①

当年留在南京的外籍人士也记录了日军随意杀人的案例。拉贝在日记中收录了424件日军在南京的暴行案例，这些案例均经过核实，其中第1号案例记载：“12月15日，安全区卫生委员会第二区的6名街道清扫工在他们位于鼓楼的住所里被闯进的日本士兵杀害，另外一名清扫工被刺刀严重刺伤，日本士兵没有任何明显的理由！如上所述，这些人是我们安全区的雇员。”②《拉贝日记》中收录的第56号案例记载：“12月18日16时，日本士兵在颐和路18号向一个中国人索要香烟。由于香烟没有及时递给他们，该中国人被日本士兵用刺刀劈中头部（脑浆外溢）。受伤者现在大学医院，已经没有保住生命的希望。”③

在南京，任何一个日本士兵都可以决定中国人的命运。美国牧师约翰·马吉在致妻子的信中写道：“过去一个星期的恐怖是我从未经历过的。我做梦也没有想到日本兵是如此的野蛮。这是屠杀、强奸的一周。我想人类历史上已有很长时间没有发生过如此残暴的事了，只有当年土耳其人对亚美尼亚人的大屠杀堪与比拟。日本兵不仅屠杀他们能找到的所有俘虏，而且大量屠杀不同年龄的平民百姓。就像在野外猎杀兔子一样，许多百姓在街上被日本兵随意杀掉。从城南到下关，整个城市到处都是尸体。就在前天我们看到一个可怜的人被日本兵杀死在我们住所附近。许多中国人很胆小，一遇日本兵掉头就跑，这个人就是这样被打死的。由于现场在我们能看到

①《朱有才证言》，载“南京大屠杀”史料编辑委员会、南京图书馆编《侵华日军南京大屠杀史料》，第434页。
②［德］约翰·拉贝著，本书翻译组译：《拉贝日记》，第187页。
③［德］约翰·拉贝著，本书翻译组译：《拉贝日记》，第222—223页。

的竹篱笆的一个拐角，他具体是怎样被杀死的我们看不见。后来克拉到那儿去看，说他们在他头上开了两枪。这两个日本兵一直抽着烟，谈笑风生，杀一名中国人就像杀死一只老鼠。”① 马吉在 1938 年 1 月 11 日致妻子的信中还写道：“昨天早上，奥地利人哈茨（Hatz，他是我们这群待在南京的外国人之一，在外交人员到达前我们总共有 20 人），他看见两个日本兵把一名双手捆着的中国人推到山西路旁的一个塘里，让他站在齐腰深的水里，那个日本兵开枪把他打死。似乎任何下士班长或是列兵都可以决定任何一名中国人的命运。”②

许多难民为了保护自己，以及妻子、女儿不被日军侮辱，或为了保护财产不被抢劫而被日军屠杀。日军暴行的目击者金秀英证实说：“一九三七年十二月十三日，日军侵占南京时，我住在新街口难民区。跟我家住在一起的还有两对夫妇，一个男的叫陈天有，另一个男的叫黄同桥。第二天，为了出去找吃的，陈天有夫妇和黄同桥夫妇带着一个老太，他们五人走到宁海路口，迎面碰到三个日本兵要强奸两人的妻子。陈天有为了保护老婆，当时就被日军打死。黄同桥拖着自己的老婆跑，被日本兵刺了一刀，掉进旁边的河里，正待要爬上来，又被日本兵打了一枪，死了。然后把两人的妻子拖到一户人家，把陈、黄两人的妻子强奸了。”③

拉贝在日记中也收录了许多此类案例：“12 月 15 日，日本士兵闯进汉口路的一个中国居民住家，强奸了一名年轻妇女，强行拖走 3 名妇女。其中 2 名妇女的丈夫跟在日本士兵的后面追赶，结果这 2 名男子被这些日本士兵枪杀。”④

---

①《马吉致妻子函》（1937 年 12 月 12 日—1938 年 2 月 5 日），章开沅编译《美国传教士的日记与书信》，收入张宪文主编《南京大屠杀史料集》第 4 册，第 149 页。
②《马吉致妻子函》（1937 年 12 月 12 日—1938 年 2 月 5 日），章开沅编译《美国传教士的日记与书信》，收入张宪文主编《南京大屠杀史料集》第 4 册，第 164—165 页。
③《金秀英证言》，载朱成山主编《侵华日军南京大屠杀幸存者证言集》，南京大学出版社 1994 年版，第 367 页。
④［德］约翰·拉贝著，本书翻译组译：《拉贝日记》，第 189 页。

一些参与大屠杀的日军官兵的日记也记录了日军零散屠杀的暴行。最高法院位于中山路西侧，在安全区的边界。日军第十六师团步兵第二十联队上等兵东史郎在日记中写道：

中山路上的最高法院，相当于日本的司法省，是一座灰色大建筑。法院前有一辆破烂不堪的私人轿车翻倒在地。路对面有一个池塘。不知从哪儿拉来一个支那人，战友们像小孩玩抓来的小狗一样戏弄着他。这时，西本提出了一个残忍的提议，就是把这个支那人装入袋中，浇上那辆汽车中的汽油，然后点火。于是，大声哭喊着的支那人被装进了邮袋，袋口被扎紧，那个支那人在袋中拼命地挣扎着、哭喊着。西本像玩足球一样把袋子踢来踢去，像给蔬菜施肥一样向袋子撒尿。西本从破轿车中取出汽油，浇到袋子上，在袋子上系上一根长绳子，在地上来回地拖着。

稍有一点良心的人皱着眉头盯着这个残忍的游戏，一点良心都没有的人则大声鼓励，觉得饶有兴趣。

西本点着了火。汽油刚一点燃，就从袋中冲出了令人毛骨悚然的惨叫声。袋子以浑身气力跳跃着、滚动着。有些战友面对如此残暴的玩法还觉得很有趣，袋子像火球一样满地滚，发出一阵阵地狱中的惨叫。西本拉着口袋上的绳子说：

“喂，嫌热我就给你凉快凉快吧！”

说着，在袋子上系了两颗手榴弹，随后将袋子扔进了池塘。火渐渐地灭掉了，袋子向下沉着，水的波纹也慢慢地平静下来。突然，“嘭！”手榴弹爆炸了，掀起了水花。过了一会儿，水平静下来，游戏就这样结束了。[①]

---

①[日]东史郎著，本书翻译组译：《东史郎日记》，江苏教育出版社1999年版，第204—205页。

日军屠杀时，并不区分原中国士兵和普通平民，甚至连六七岁的孩子也不放过。目睹日军暴行的徐静芬证实说："当时住在难民区的一名叫阿五的姑娘和我一道去上海路，我们俩亲眼看到坐在路边上的一个六七岁的小姑娘，被日军一刀从背后捅了进去，刺刀在体内转动一圈再拔出来，带血的刺刀卷着小姑娘的肚肠子流了一地，惨不忍睹。在古林路，我亲眼看到日军押着一个十一二岁的小男孩（小男孩头上还扎着一个小辫子），强迫小男孩进入防空洞，正当小男孩被迫下去时，日军将小孩打死在台阶上。"①

贝德士在1937年12月18日致日本使馆的信函中也记述说：17日，"干河沿金大附中。一个恐怖至极的儿童被刺刀戳死，另一个重伤垂死"②。这个负重伤的小男孩被人们送往鼓楼医院抢救。美国医生威尔逊为他做了手术。威尔逊在12月18日的日记中记述说："在金大附中有8000难民，昨晚日本兵翻墙进去10次，抢劫食物、衣服，并强奸妇女直到他们满足。他们用刺刀捅死了一个小男孩。上午，我花了一个半小时为另一个八岁男孩做了缝补手术，他被刺了五刀，其中一刀刺穿了他的肚子，一部分腹膜流了出来。我想他能存活。"③

这种日复一日的零散屠杀在日军占领南京后持续了相当长的一段时间，数以万计的平民在日军的零散屠杀中惨死在屠刀下。

二、灭绝人性的性暴行

日军攻占南京后，大肆奸淫妇女，下至八九岁的幼女，上至六七十岁的老妪均不能幸免。据保守估计，在日军南京大屠杀期间，南京有2万以上

①《徐静芬证言》，载朱成山主编《侵华日军南京大屠杀幸存者证言集》，第381页。
②《贝德士致日本使馆函》（1937年12月16日—27日），章开沅编译《美国传教士的日记与书信》，收入张宪文主编《南京大屠杀史料集》第4册，第9页。
③《威尔逊书信（日记）选译》（1937年12月15日—1938年1月9日），章开沅编译《美国传教士的日记与书信》，收入张宪文主编《南京大屠杀史料集》第4册，第336页。

的妇女被强奸、轮奸。尤其是自日军占领南京3天后，即1937年12月15日开始，强奸事件明显增多。

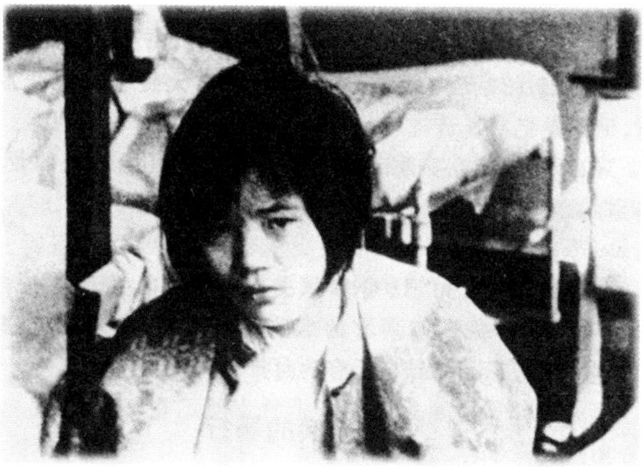

遭日军轮奸致病侥幸死里逃生的姑娘（《拉贝日记》）

由于受传统观念的影响，许多受害妇女不愿轻易提及自己遭受日军侮辱的事情。尽管如此，仍有一些受害妇女向魏特琳讲述了自己的遭遇。魏特琳在1938年2月1日的日记中记述说："午前，一位6时30分就来的39岁的妇女讲述了她的遭遇。今天上午，她劝一个曾和她一起在一户人家干过活的男子一同回家取些剩下的东西。这个妇女被日本兵抓住，5个日本兵强奸了她，男的则被打了耳光，并被抢去9元钱。这位妇女的丈夫于12月27日被抓走，至今未归。这位妇女刚走，另一位57岁的妇女进来，她和丈夫在星期天回家时，她丈夫被赶出家门，两个日本兵调戏了她。妇女们并不愿意对我讲述这些遭遇，因为，她们认为这很不光彩，难以启齿。怎么能让年轻姑娘回家呢？"①

1938年2月9日，魏特琳从美国大使馆回家时，一位妇女告诉魏特琳："她丈夫以前在南京一所很大的学校当教师，她出身书香门第。灾难来临之前，她们逃到乡间，盘缠用完了，决定不论南京情况如何都要回来。她们的归途是个多么可怕的故事啊：14岁的女儿和同龄的侄女脱掉鞋袜，跑到田野里，试图躲避日本兵，尽管如此，在她们进城门的时候，她们的侄女被强奸了3次，女儿被强奸了1次。14岁的姑娘啊！做母亲的脑子已记不清时间了，苦难竟如此接连不断。她自己并没有要求到我们这里来，说自己能忍受，

① February 1, 1938, *Minnie Vautrin's Diary*, Box 134 of YDL Record Group NO.11, The Archives of the United Board for Christian Higher Education in Asia, Yale University Divinity School Library Special Collections.

但恳求我们允许小姑娘进来。金陵女子文理学院的大门又一次敞开了，如果能为她们做点什么，我一定尽力。”①

抗战胜利后，一些日军性暴行的受害者向政府有关方面呈文，控诉日军的暴行。受害妇女徐洪氏在1945年10月10日致中国陆军总司令何应钦的呈文中称：“为因中日事变，全家避难五台山难民区，被日寇强盗枪杀，全家被难，受侮死亡，忍辱含耻，偷生迄今……氏于事变前家道小康，因南京战争全家避居难民区。讵料日寇进城，于冬月十四日，氏与弟媳王氏均被日寇奸污，当场王氏毙命。家弟幼卿（年三十岁）见其妻被数名倭［兵］奸污致死，则哭跳咒骂，旋即一枪将幼卿毙死，复又一刺刀将幼卿之子云保（年四岁）戳死。”②

事隔多年之后，一些日军性暴行的受害者也勇敢地讲述了当年自己受害的惨痛经历。金××在接受调查采访时说：“一九三七年冬天，日军侵占南京后，我住在汉口路难民区。一天夜里，几个日军闯进难民区，把我从梦中拖起，用汽车拉到一个地方，对我进行了奸污。第二天黎明，把我放回。和我一起受难的有十多人。”③

日军强奸妇女不分白天和夜晚，许多性暴行是在白天实施的。受害人张氏证实说：“一九三七年十二月十八日下午一点多钟，好几个日本兵跑到难民区里，把我和我的姑子叶××（已死），以及另一个女子（大约十五六岁，不知姓名），抓到鼓楼一家空房子里，两个日本兵拖一个，分别用刺刀逼着我们脱去衣服，进行轮奸，当时我吓得直抖，大约有一个多小时，日军哈哈大笑，叽叽咕咕地走了，我们只好哭着奔到金陵女子大学内躲起来。”④

---

① February 9, 1938, *Minnie Vautrin's Diary,* Box 134 of YDL Record Group NO.11, The Archives of the United Board for Christian Higher Education in Asia, Yale University Divinity School Library Special Collections.

②《徐洪氏为家中四口遭日军残害事致何应钦呈文》（1945年10月10日），载中国第二历史档案馆、南京市档案馆编《侵华日军南京大屠杀档案》，第354页。

③《金××证言》，载“南京大屠杀”史料编辑委员会、南京图书馆编《侵华日军南京大屠杀史料》，第478页。

④《张氏证言》，载朱成山主编《侵华日军南京大屠杀幸存者证言集》，第358—359页。

南京守军的营长郭岐在南京沦陷后避入意大利使馆内，他曾目睹日军强奸中国妇女的暴行：“隔壁所见兽兵空前的大奸淫不一而足，那时又不敢出门一步，我在意国领事馆的楼上，向邻居常常窥察，于是兽兵的行为，一齐在目了。那是很完整一座洋楼，门墙坚固，还有地下室。主人当然早不在了，里面住有四五十个难民，女子占十几个，都是中年以上，儿女都成群了。但我不晓得她们的姓名，我和她们梦也梦不到有如此的下场！第一次兽兵打门时，他们尚未躲藏，以为不要紧的，哪知开门迟了一点，就把开门的人打了个半死。女人孩子未及躲避，被他们抓住了，楼上楼下先抢完，然后几十个兽兵把女子们关起来，三个一奸，二个一奸……一个兽兵出来，裤子尚未扎好，快叫第二个进去，轻俏诡诈，形同兽类。”[①]

日军性暴行的见证人李秀清证实说：

日军大屠杀前，我们搬到原美国大使馆隔壁一带难民区住（即现在的宁海路、牯岭路）。一天，我在做饭，不想日本兵来了几十名，这时他们突然发现我的邻居是一对青年夫妇，就像没命似的追了上来。这位妇女为了不受侮辱，竭尽全力与日军搏斗，她的丈夫在旁苦苦哀求，但是在这群杀人不眨眼的刽子手面前哀求又有什么用呢？丈夫绝望地向屋里的妻子喊道：“算了，随他们吧，保住自己的命要紧。”就这样，这个年轻妇女被日军轮奸了。

我楼下也住着一对年轻夫妇，记不得是哪一天了，为了一点小事，夫妻拌嘴，男的生气离家上街去了，女的一人在家，恰巧碰到日本兵闯进难民区，把这位妇女轮奸了。[②]

---

① 郭岐：《陷都血泪录》，载“南京大屠杀”史料编辑委员会、南京图书馆编《侵华日军南京大屠杀史料》，第10页。

②《李秀清证言》，载朱成山主编《侵华日军南京大屠杀幸存者证言集》，第368—369页。

当时留在南京的外籍人士在日记和书信中也大量记述了日军的性暴行。麦卡伦在致家人的信中写道："这里叙述的是一个恐怖的故事，我不知道从何处开始，到何处结束。我从未听过或见过如此暴虐。强奸！强奸！强奸！我们估计每晚至少有 1000 起案件，而白天也有许多。只要是反抗或稍有不顺从，立即被刺刀捅戳或枪击。"①

贝德士在致朋友的信中也写道："这是在强奸、刺刀刺戳和肆无忌惮的枪杀之间仓促写下的简短笔记……估计强奸案例有 2 万起。我想不会少于 8000 起，也许更多。仅在金陵大学房产范围内——包括我们一些教职员宿舍和现在由美国人居住的房子——我得知详细情况的就有 100 多例，可以确信的大约有 300 例。人们很难想象这种痛苦与恐怖。小至 11 岁的女孩和老到 53 岁的妇女横遭奸污。在神学院里面，17 个士兵在光天化日之下轮奸一个妇女。事实上约三分之一此类案件发生在白天。"②

日军强奸妇女不分地点，甚至在日本大使馆旁也白昼宣淫。贝德士在给日本使馆的抗议信函中证实说："在邻近你们使馆的头条巷 4 号，下午有一妇女被两个士兵奸污。难道这就意味着少数卫兵正在恢复秩序？"③

在商店里、街道旁，日军也大肆奸淫。日军性暴行的目击者蔡顺寿证实说："日军进城时，我搬进了难民区，在新街口西北角的国货大楼。有一天，我在国货大楼的楼梯上亲眼看见日本兵拖了个中国妇女进来，就在我住的楼下，被四个日本兵轮奸了。"④

医院是救死扶伤、实行人道主义的地方，然而日军在鼓楼医院也大肆奸淫。鼓楼医院医生威尔逊在 1937 年 12 月 18 日的日记中记述说："晚饭

①《麦卡伦致家人函》（1937 年 12 月 9 日—1938 年 1 月 5 日），章开沅编译《美国传教士的日记与书信》，收入张宪文主编《南京大屠杀史料集》第 4 册，第 203 页。
②《贝德士致朋友函》（1938 年 1 月 10 日），章开沅编译《美国传教士的日记与书信》，收入张宪文主编《南京大屠杀史料集》第 4 册，第 16 页。
③《贝德士致日本使馆函》（1937 年 12 月 16 日—27 日），章开沅编译《美国传教士的日记与书信》，收入张宪文主编《南京大屠杀史料集》第 4 册，第 7 页。
④《蔡顺寿证言》，载朱成山主编《侵华日军南京大屠杀幸存者证言集》，第 384 页。

后我返回住所时发行三个士兵已经仔细搜查过这个地方。海因兹小姐陪着他们去后门。有两个家伙到了那儿，另一个却不见了。他一定是藏在附近哪个地方……我快步走出去，因为发现了第三个日本兵。他正在护士宿舍的四楼，那里住着15位护士。她们一生中的这一刻给她们留下了永远的创伤。我不知道在我赶去之前他已侮辱了多少姑娘。”① 威尔逊事后得知，这个日本兵“一丝不挂，爬上了三个护士的床，每次当护士大声叫喊时，他就匆忙穿上衣服，出去看看是否有人进来”②。拉贝在日记中收录了威尔逊给日本大使馆的抗议信，信中写道：“当我赶到时，其中有 3 名护士已经被强奸。全体护理人员对此感到极大的震惊。”③

外国大使馆、外籍人士的住宅及美国人创办的学校等也成为日本兵发泄兽欲的场所。拉贝在 1937 年 12 月 18 日的日记中记述了在自己住宅中发生的事：“晚上 6 时，几个日本士兵爬过院墙的时候，我正好回到家撞见了他们。其中的一个人已经脱下了军装，解下了皮带，正企图强奸难民中的一个姑娘。我走上前去，命令他从爬进来的地方再爬出去。”④ 汉口路 11 号和 23 号是安全区国际委员会外籍成员的住所，12 月 17 日和 18 日，日本兵闯入这两处房屋，强奸了数名妇女。⑤

汉口路 5 号是鼓楼医院美国医生威尔逊的家，日本兵多次闯入。12 月 20 日，“士兵再次闯进汉口路 5 号家中，在那里逗留了三个小时，尽管他们军方的日语布告贴在大门上，禁止他们入内。当人们力言此处没有妇女时（在地下室有几名妇女），他们走出门，看到一个女孩，就把她抓到楼

①《威尔逊书信（日记）选译》（1937 年 12 月 15 日—1938 年 1 月 9 日），章开沅编译《美国传教士的日记与书信》，收入张宪文主编《南京大屠杀史料集》第 4 册，第 336 页。
②《威尔逊书信（日记）选译》（1937 年 12 月 15 日—1938 年 1 月 9 日），章开沅编译《美国传教士的日记与书信》，收入张宪文主编《南京大屠杀史料集》第 4 册，第 338 页。
③［德］约翰·拉贝著，本书翻译组译：《拉贝日记》，第 215 页。
④［德］约翰·拉贝著，本书翻译组译：《拉贝日记》，第 208—209 页。
⑤［德］约翰·拉贝著，本书翻译组译：《拉贝日记》，第 210 页。

上蹂躏了三个小时”[①]。

金陵大学是美国教会创办的学校，属美国财产，南京沦陷后，这里成为难民收容所，许多妇女在这里避难。然而日军闯入金陵大学，大肆强奸妇女。贝德士在致日本大使馆的抗议信中写道：“（1）12 月 14 日——士兵撕毁美国国旗和张贴在农经系（小桃园）大门上的（日本）使馆布告，抓走教师与助手，而且不等找来钥匙就打开几扇门。（2）12 月 15 日——上述地点士兵数次前来，从收容于此的难民身上抢走现金与其他物品，也抢走女人。（3）12 月 15 日——在我们的新图书馆，收容了 1500 个平民。其中有四个妇女在校园被强奸，三人被抓走，再未回来；一人被抢走，但在邻近贵馆处被日本宪兵释放。”“在我校农经系（小桃园）被奸污者超过 30 人，这是昨晚（15 日）不断前来的大批日军所为。我已全部核查过此事，确知报告事项的准确。”[②]

金陵大学附属中学亦属于美国财产，安全区国际委员会在这里设立了难民收容所。但是日军经常在这里滥施淫威，大肆强奸妇女。12 月 17 日，金陵中学难民收容所负责人、难民区第二区区长姜正云在致费吴生的信中写道：“今天晚上，日本兵为了进一步搜寻少女，闯入了我们的宿舍。到处都充满了呜咽声。我毫无任何方法阻止她们哭泣。金陵中学是美国的财产。她们都把目光投向了美国人，希望把她们从耻辱中解救出来。”[③]这一天，日军在金陵中学强奸了 8 名妇女。

金陵女子神学院（又被译成圣经师资培训学校）位于安全区内，是美国教会创办的学校。在这里，日军反复闯入校内，大肆强奸和绑架妇女。

①《威尔逊书信（日记）选译》（1937 年 12 月 15 日—1938 年 1 月 9 日），章开沅编译《美国传教士的日记与书信》，收入张宪文主编《南京大屠杀史料集》第 4 册，第 340 页。
②《贝德士致日本使馆函》（1937 年 12 月 16 日—27 日），章开沅编译《美国传教士的日记与书信》，收入张宪文主编《南京大屠杀史料集》第 4 册，第 3—4 页。
③《姜正云给菲奇的信件》（金陵中学 12 月 17 日），张生等编《英美文书·安全区文书·自治委员会文书》，收入张宪文主编《南京大屠杀史料集》第 12 册，江苏人民出版社、凤凰出版社 2006 年版，第 92 页。

当时留在南京的外籍人士记录了日军在金陵女子神学院的性暴行。贝德士在《南京一瞥》中写道："昨夜（12月21日）七个士兵进入金陵女子神学院寻找并奸污妇女。"[①] 费吴生在12月27日的日记中也证实说："金陵女子神学院被闯进多次，老百姓被抢劫，二十个妇女被强奸。"[②]

在外籍人士的不断抗议下，日军不得不在金陵女子神学院配置了宪兵，但没有想到的是，连日军宪兵也乘机实施性暴行。"日本兵在金陵女子神学院大肆奸淫掳掠。经不断抗议之后，一队宪兵在此驻扎。一天夜里，其中一人进入并强奸了一名妇女。"[③]

金女大是南京唯一的专门收容妇女和儿童的难民收容所，难民最多时达1万多人。南京沦陷后，为了躲避日军的性暴行，许多妇女纷纷来金女大避难。魏特琳在日记中说："现在几乎每天都一样，整天都听到各种各样我以前从未听过的悲剧发生。一大早，神情惊恐的妇女、年轻的姑娘和孩子就潮水般涌了进来。我们只能让她们进来，但没有地方安置她们。"[④]

由于金女大收容了众多妇女，因此日军不断闯入金女大，不仅在校园内强奸妇女，还强行掳走妇女。魏特琳在12月19日的日记中记述说："上午其余的时间，我都从校园的一边跑到另一边，把一批批的日本人赶走。我去了南山三次，然后又到校园的后面，接着又被急呼到教工楼，据说那里有两个日本兵上了楼。在楼上的538房间里，我看见一个家伙站在门口，另一个正在强奸一名姑娘。我的出现和我手上那封日本大使馆的信，使他们慌忙逃走。在我内心深处，我真希望自己有能力把他们揍扁。如果日本

①《贝德士致日本使馆函》（1937年12月16日—27日），章开沅编译《美国传教士的日记与书信》，收入张宪文主编《南京大屠杀史料集》第4册，第8页。

②《费吴生日记》（1937年12月10日—1938年1月下旬），章开沅编译《美国传教士的日记与书信》，收入张宪文主编《南京大屠杀史料集》第4册，第79页。

③《福斯特致妻子函》（1937年11月23日—1938年2月13日），章开沅编译《美国传教士的日记与书信》，收入张宪文主编《南京大屠杀史料集》第4册，第109页。

④ December 18, 1937, *Minnie Vautrin's Diary,* Box 134 of YDL Record Group NO.11, The Archives of the United Board for Christian Higher Education in Asia, Yale University Divinity School Library Special Collections.

妇女知道这些恐怖的事情，她们将会感到多么羞耻啊！”①

日军为了抓走在金女大难民收容所避难的妇女，不惜玩弄各种卑鄙伎俩。魏特琳在 1937 年 12 月 17 日的日记中记述说：

又有许多疲惫不堪、神情惊恐的妇女来了，说她们过了一个恐怖之夜。日本兵不断地光顾她们的家（从 12 岁的少女到 60 岁的老妪都被强奸。丈夫们被迫离开卧室，怀孕的妻子被刺刀剖腹。要是有良知的日本人知道这些恐怖的事实就好了）。但愿这里有人有时间写下每一件可悲的事情，特别是那些抹黑脸庞、剪掉头发的年轻女子的遭遇。看门人说，她们从早上 6 时 30 分就开始进来了。

……

人群不断涌入，我们简直无法应付……下午 4 时—6 时，我接收了两大批妇女和儿童。这真是一幅令人心碎的景象，惊恐的年轻姑娘、疲惫的妇女拖儿带女，背着铺盖和衣物，拖着沉重的步履走来。我很高兴我和她们一道走，因为一路上我们遇到了好几批日本兵正在挨家挨户地搜查，他们身上背着各种各样抢来的东西。

……

我们吃完晚饭时，中央楼的那个男孩跑来说，校园里有许多日本兵正向宿舍走去。我看见两个日本兵在中央楼前推门，坚持要求把门打开。我说没有钥匙，一个日本兵说：“这里有中国士兵，日本的敌人。”我说：“没有士兵。”和我在一起的李先生也说了同样的话。他们打了我一记耳光，并狠狠地打了李先生，坚持要开门。我指了指侧门，把他们带进去。他们在楼上楼下到处看，似乎在找中国士兵……

---

① December 19, 1937, *Minnie Vautrin's Diary*, Box 134 of YDL Record Group NO.11, The Archives of the United Board for Christian Higher Education in Asia, Yale University Divinity School Library Special Collections.

当我到前门时，看到一大批中国人被迫跪在路旁，包括陈先生、夏先生以及我们的一些工人在内。一名日军中士及他手下的一些人在那儿。很快，在日军的押送下，程夫人和玛丽也来了。他们问谁是学校的负责人，我说我是，然后他们让我来指认每一个人。不幸的是，有些新人是最近刚雇来帮忙的，其中有一个人看上去像是一个士兵，他被粗暴地带到路的左边，并被仔细地审查。当我来指认工人时，陈先生开口说话，想帮助我，他被日本兵狠狠地揍了一顿，并被带到路的右边，强迫他跪在那里。

……事后，我们发现了他们的计谋：把负责人困在前门，由三四个士兵假装审查和搜捕中国士兵，而其他人则在大楼里挑选妇女。当这一勾当干完后，日本兵带着陈先生从前门出去，我们肯定再也见不到他了。他们走后，我们还不敢肯定日本兵确已离开，而是以为他们还守在外面，并准备向任何敢动的人开枪。

我永远也不会忘记这一情景：人们跪在路旁，玛丽、程夫人和我站着。枯叶瑟瑟地响着，风在低声呜咽，被抓走的妇女们发出凄惨的叫声。当我们默默地站在那儿时，"大王"过来说，有两名在东院的妇女被抓走了。我们叫他赶快回去。我们为陈先生和其他被抓走的人祈祷，希望他们能够获释，我肯定以前从来没做过祈祷的人，那一夜也做了祈祷。①

尽管魏特琳等人全力保护在金女大避难的妇女，但还是不时有妇女在校园内被强奸或被掳走。

程瑞芳在 1937 年 12 月 19 日的日记中记述说："昨晚有宪兵在前面睡，

① December 17, 1937, *Minnie Vautrin's Diary,* Box 134 of YDL Record Group NO.11, The Archives of the United Board for Christian Higher Education in Asia, Yale University Divinity School Library Special Collections.

晚上还是有兵进来，到五百号客厅许多人之中强奸。今日白天有两兵到五百号，房门口站一兵，里面一兵叫别人出去，留下一年轻女子强奸。”①

曾目睹日军在金女大强掳妇女的董秀英证实说：“一九三八年一月，当时我住在难民区金陵女子大学内。有一天夜里十二点多钟，来了很多日本兵，到处抓妇女，抓走了三大卡车妇女，三天后才送回来，都已被日本兵强奸过了。其中有一个姑娘二十六岁，送回难民区三天后就死了。”②

日军性暴行的见证人刘凤英也证实说：

> 一九三七年日军从中华门攻进城时，我们全家躲入金陵女子大学避难。女子大学由美国妇女华小姐管理，日本兵经常来难民营要花姑娘，都是华小姐出面阻拦。
>
> 在难民营里没菜吃，我母亲和一个姓殷的好姐妹一起，在乌龙潭边挑野菜，被三个日本兵拖去轮奸。我妈回来后也不说，光哭不吃饭，后来问了姓殷的，才知道她俩被轮奸的事。
>
> 当时，我们脸上涂锅底灰，披头散发，故意搞得很脏，衣服破破烂烂的，以此来逃避日本兵污辱。有一次我差点被日本兵抓走，没命地跑。躲在旧芦席里，没被日本兵找到，才免遭毒手。
>
> 有一次，我亲眼看见一姓施的姨侄女俩人，被日本兵抓去轮奸，侄女被糟蹋死了，姨妈被糟蹋致残，无法行走。③

在魏特琳和安全区国际委员会的不断抗议下，日军在金女大也配置了宪兵，但这些宪兵也进入校园强奸妇女。魏特琳在日记中记述说：“早饭后，我们开始收集有关昨晚25名宪兵所干坏事的材料（两名妇女被强奸）。但

①《程瑞芳日记》，张连红编《幸存者的日记与回忆》，收入张宪文主编《南京大屠杀史料集》第3册，第18页。
②《董秀英证言》，载朱成山主编《侵华日军南京大屠杀幸存者证言集》，第367页。
③《刘凤英证言》，载朱成山主编《侵华日军南京大屠杀幸存者证言集》，第367—368页。

我们知道，在处理这一事件时必须小心谨慎，要讲策略，否则可能引起这些士兵的仇恨。对我们来说，这可能比我们目前遇到的麻烦更糟。”①

日军在强奸妇女时，根本没有将美国财产放在眼里。在日军士兵看来，在美国人的房屋中实施性暴行，与在其他地方施暴并无不同。

日军在施暴时，被害妇女如稍有不从或反抗，就会引来杀身之祸。许多妇女为了反抗日军的性暴行而遭杀戮，有些妇女则在被奸后又遭杀戮。贝德士证实说：“干河沿金大附中……八个妇女被强奸……三天来，许多人无法睡眠，出现一种歇斯底里的恐惧。如果这种恐惧与失望导致被士兵强暴的妇女的抗拒，将要造成毁灭性的屠杀。”② 费吴生在1937年12月17日的日记中也证实说：“屠杀、抢劫、强奸继续横行。粗略估计至少有成千妇女在昨天被强暴。有一个可怜的女人被强奸了37次。另一妇女有五个月的婴儿，在日军强奸母亲时婴儿被残酷闷死，因为他啼哭。抵抗就意味着挨刺刀。医院迅速挤满日军残忍和兽性的牺牲品。”③

南京大屠杀的幸存者李秀英因反抗日军的强暴而遭到日军的残杀，她的遭遇具有典型性。李秀英证实说：

一九三七年十二月十三日下午，日本军队一进城，就开始杀、烧、淫、掠。我的丈夫已经逃到江北乡下避难，我因有七个月身孕，行动不便，就和父亲留在城内未走，躲在五台山一所小学的地下室里。

十二月十九日上午九点钟，来了六个日本兵，跑到地下室，拉走我和其他十多个年轻妇女。我想宁死也不能受辱，急得没有办法，就

① December 21, 1937, *Minnie Vautrin's Diary*, Box 134 of YDL Record Group NO.11, The Archives of the United Board for Christian Higher Education in Asia, Yale University Divinity School Library Special Collections.

②《贝德士致日本使馆函》（1937年12月16日—27日），章开沅编译《美国传教士的日记与书信》，收入张宪文主编《南京大屠杀史料集》第4册，第6页。

③《费吴生日记》（1937年12月10日—1938年1月下旬），章开沅编译《美国传教士的日记与书信》，收入张宪文主编《南京大屠杀史料集》第4册，第73页。

一头撞在墙上，撞得头破血流，昏倒在地。当我醒来时，日军已经走了。后来我感到这样做没有用，我自幼跟父亲学过一点武术，可以跟他们拼一拼。这天中午，又来了三个日本兵，他们把男人赶开，把两个妇女带到另外一间屋子里，准备奸污。这时一个日军上来解我的纽扣，我看到他腰间挂着一把刺刀，我急中生智，决定夺他的刀。我趁机握住刀柄，同日军拼搏。日军见状大惊，同我争夺刀柄。我刀不能用，就用牙咬，咬住日军不放。日军被咬痛了，哇哇直叫，隔壁屋里的两个日军听到喊声，就跑过来帮助这个日军。我一人对付这三个人，没有办法，但我紧紧抓住刀柄不放，和这个日本兵在地上滚来滚去搏斗，其他两个日军就用刺刀向我身上乱戳，我的脸上、腿上都被戳了好几刀。最后，一个日军向我肚子刺来，我立即失去了知觉，什么事也不知道了。

日军走后，父亲见我已死，十分伤心。他找几个邻居在五台山旁挖了一个泥坑，把门板拆下来做担架，抬出去准备埋葬。当他们抬出门的时候，由于冷风的刺激，我苏醒了过来，哼了一声。父亲听见了，知道我还活着，赶忙抬回家，又设法将我送进鼓楼医院抢救。第二天，我流产了。经医生检查，我身上被刺了三十多刀，嘴唇、鼻子、眼皮都被刺破了。经过七个月的医治，我才恢复了健康。[①]

一些日本兵在实施性暴行后又将受害者杀死，以逃避罪责。日军性暴行的目击者王桂珍证实说："一九三七年十二月，日军进城开始灭绝人性的大屠杀时，我们全家躲进阴阳营难民区避难，白天就躲到美国人华小姐办的金陵女子大学内。一天傍晚，我家刚结婚才二十三岁的三姑回家来，三个日本兵闯进门，将她抓走奸污杀害了，至今尸体不知下落。"[②]

马吉在致妻子的信中说："昨天在医院看到一名妇女，被砍了数刀，

---

①《李秀英证言》，载朱成山主编《侵华日军南京大屠杀幸存者证言集》，第357—358页。
②《王桂珍证言》，载朱成山主编《侵华日军南京大屠杀幸存者证言集》，第387页。

头都快要掉了。这名妇女同其他四名妇女一起被日本兵从金陵大学抓走，这些日本兵需要一些妇女为他们洗衣裳和服侍他们。据这名妇女说，她们中间年轻漂亮些的白天洗衣服，夜晚还要被强奸40次，她本人和其他一些人白天干活，夜晚要被强奸10—20次。有一天，两个日本兵叫她跟他们走，他们把她带到一个空房子里，在那儿他们试图把她的头割下来。她没死真是个奇迹。幸运的是没有割到要害部位。她说伤害她的人中有一些是军官。”[①]

在日军惨无人道的性暴行中，一些妇女不堪受辱，被迫自杀。日军性暴行的目击者王兆芳证实说：“日军在南京大屠杀时，我们住在豆菜桥难民所。我表姨当时二十岁左右，被日军奸污过。第二次她又碰上日本兵，又被强奸。她实在忍受不了，就和母亲俩一起跳塘自杀。后被人救起。”[②]

日军第十军后备步兵团的士兵冈本健三也证实说：“强奸事件也不是谣传，而是确有其事。占领南京之后，一切都乱七八糟的。登陆杭州湾后更是一点女人的气息都没有，队里又都是些年轻的士兵。上级交待过，如果干了那种事，就马上把女的干掉。用刀刺或枪杀就不用说了，听说还有被殴打致死的。我想，这是不想让别人知道是谁强奸的才下的毒手。”[③]

日军步兵第三十三联队第一大队士兵鬼头久二在接受调查采访时回忆说：“扫荡的时候是挨家挨户进行搜查，如发现女孩子，当场就给强奸了……如果被宪兵抓住的话比较麻烦，所以就杀死了女人。”[④]日军步兵第三十三联队第三大队士兵井户直次郎在接受调查采访时也回忆说：在南京，“那时也征发女人。打开屋里的衣箱盖时，发现里面藏着年轻的媳妇。因为缠足，所以逃不快，就抓住了，就地扒掉衣服强奸……干完后，对方虽说‘不要’，

① 《马吉致妻子函》（1937年12月12日—1938年2月5日），章开沅编译《美国传教士的日记与书信》，收入张宪文主编《南京大屠杀史料集》第4册，第165页。

② 《王兆芳证言》，载朱成山主编《侵华日军南京大屠杀幸存者证言集》，第370页。

③ 冈本健三：《参加杭州湾敌前登陆——士兵讲述的日中战争》，王卫星编《日军官兵日记与回忆》（下），收入张宪文主编《南京大屠杀史料集》第61册，江苏人民出版社2010年版，第640页。

④ 鬼頭久二「男を殺し、女を徴発するのは兵隊の習いや」、松岡環編著『南京戦・閉ざされた記憶を尋ねて—元兵士102人の証言』、社会評論社、2002年、272—273頁。

但还是对准胸口开枪杀了。这是一种默契。如果以后宪兵队来了，事情败露的话要算作罪行的，所以给杀掉了。大家都知道这个道理，所以干完就杀掉”[①]。

日军在南京的性暴行持续了很长时间，直到1938年2月后，日军强奸中国妇女的案件还时有发生。马吉在1938年2月1日致妻子的信中说：“一些日本宪兵刚才抓走了一个姑娘，她正和妹妹走在宁海路，可能由于某种原因进入位于山西路的部队驻地。这儿离国际委员会总部只隔几道门，因此史迈士赶去了（后来，克拉也去帮着翻译），在警察局没找到这个姑娘，也不知她妹妹被抓到哪个房间。我们从日本使馆叫来一些人，他们认为她会在那个房间，但还是没找到，在我们看来真是太不幸了。姑娘被抓走了，但妹妹却不知抓到哪里去了。这姊妹俩闯进驻地时看到许多喝醉酒的士兵。”[②]

日军的性暴行集中发生在1937年12月中旬至翌年2月间，此后日军的性暴行虽有所减少，但仍时有发生。“三月初几，在广州路口上，又奸淫了一家并抢去三百元。那是一对青年夫妇，早上尚未起床，忽然来了一部汽车，停在路上，一个兽兵先进去，从梦中打醒，然后说男子是中国兵，头上脚上乱检查了一顿，结果并非军人，于是将男子赶出外面，强奸了他的妇人。”[③] 1938年3月11日，贝德士也看见两个日本兵在金陵大学围墙连接处强奸了一名妇女。[④] 贝德士1938年3月20日在致美国大使馆三等秘书阿利森的信中写道：“昨天下午3时30分至4时，一名日本士兵在小粉桥3号小桃园强奸了一位避难的19岁的姑娘。士兵来去都骑着一辆带黄色标志的自行车。我4时到了那里。我走近士兵时，他上了刺刀，很无礼地说：

---

① 井户直次郎「南京ではクーニャン探しばっかりやった」、松岡環編著『南京戦・閉ざされた記憶を尋ねて—元兵士102人の証言』、275—276頁。

②《马吉致妻子函》（1937年12月12日—1938年2月5日），章开沅编译《美国传教士的日记与书信》，收入张宪文主编《南京大屠杀史料集》第4册，第169页。

③ 郭岐：《陷都血泪录》，载“南京大屠杀”史料编辑委员会、南京图书馆编《侵华日军南京大屠杀史料》，第12页。

④《贝德士致美国使馆阿利森函》（1938年1月14日—6月16日），章开沅编译《美国传教士的日记与书信》，收入张宪文主编《南京大屠杀史料集》第4册，第25页。

‘我要姑娘。’”①

南京大屠杀期间，日军大肆强奸、强掳妇女，给广大妇女的身心造成了极大的伤害。即使几十年后，一些日军性暴行的受害妇女提及往事，仍然痛不欲生，内心承受着极大的伤痛。

南京大屠杀期间，日军不仅滥施性暴行，还强掳“慰安妇”，以满足他们的兽欲。“慰安妇”是指根据日本政府或军队之命令，为日本军人提供性服务、充当性奴隶的妇女，是日本军队专属的性奴隶。“慰安妇”制度是日本在侵略战争中设立的一种罪恶制度，这在世界上是绝无仅有的。日军的“慰安妇”制度，极大地伤害了被强迫女性的人格和自尊，使她们的心灵和肉体蒙受了巨大创伤和痛楚。正如学者所言，“慰安妇”制度是日本军国主义者违反人道主义、违反人类两性伦理、违反战争常规的制度化了的政府犯罪行为。②

日军的“慰安妇”制度虽然发端于1932年一·二八事变期间的上海，但最终确立则是在1937年日军进攻南京的过程中。在日军华中方面军向南京进犯的途中，相继占领苏州、无锡、广德、常州、湖州、镇江等地，日军所到之处，不仅四处“征发”粮食和物资，还大肆强奸妇女，犯下了累累暴行。伴随着日军的性暴行，性病也逐渐在日军中蔓延，患病者不断增加，从而大大削弱了日军的战斗力。有鉴于此，在向南京进犯的过程中，日军中一些军官认为有必要设立慰安所。日军上海派遣军司令部参谋部第一课课长兼华中方面军司令部参谋西原一策骑兵大佐在《作战日志》中记述说：1937年12月4日，“据说第十一师团辎重队将十二三岁的少女强行带走，并在行军途中加以凌辱。根据宪兵的报告，其他类似事件还有很多，这使我感到有必要设立慰安所”③。日军上海派遣军参谋长饭沼守少将也在1937

①《贝德士致日本使馆函》（1937年12月16日—27日），章开沅编译《美国传教士的日记与书信》，收入张宪文主编《南京大屠杀史料集》第4册，第24—25页。
② 苏智良：《慰安妇研究》，上海书店出版社1999年版，第13页。
③ 西原大佐『作戦日誌』(自昭和12年8月11日至昭和13年2月18日)、靖国偕行文庫蔵、390・28/二二。

年12月11日的日记中写道："关于慰安设施一事，方面军来文件指示，予以实施。"[①]显然，设立慰安所来自日军华中方面军司令部的命令，而不是所属部队自行决定的。

在南京沦陷之初，日军尚没有在南京正式设立慰安所，各部队自行设立了一些临时性的慰安所。没有"慰安妇"，日军便强掳妇女，充当他们的性奴隶。南京沦陷后，日军在南京大肆强奸，大批妇女涌进了安全区避难，安全区外的妇女相对较少，于是日军便在安全区内大肆掳掠妇女，将她们关在房子里，供日军官兵蹂躏。

对于日军掳掠妇女的暴行，当时留在南京的外籍人士的日记、书信中均有大量记载。福斯特在致妻子的信中记述了1938年1月30日发生的事情："我要说刚刚发生的另一件事，那个被日本人抓住当翻译的金大附中学生的妻子，或遗孀？她丈夫被一个日本领事馆警察抓去审讯，他一直没有回来，我们想一定是被处决了。这位妇女准备去难民区外的一个地方买点东西，那儿被日军指定为平民居住的安全地点。但她和另外19位青年女子被路过的日军拖进一辆卡车，带进一幢军官使用的大楼。一位被迫为军官服务的中国人悄悄告诉她，她惟一逃脱的办法就是迫使自己呕吐不已，她照办了。于是她得以逃脱了比死亡更可悲的命运。"[②]

拉贝在日记中收录了大量日军在南京暴行的案例，并就日军犯下的暴行，向日本大使馆提出抗议。在拉贝收录的日军暴行案例中，不乏日军强掳妇女的案例。其中第4号案例记载，"12月15日夜晚，7个日本士兵闯进金陵大学图书馆大楼，拖走7名中国妇女，其中3名妇女被当场强奸"[③]；第57号案例记载，"12月16日，7名16岁—21岁的姑娘被从陆军大学的宿舍抓走，其中5个人被放了回来。根据姑娘们12月18日的报告，她们每

---

①「飯沼守日記」、南京戦史編集委員会編『南京戦史資料集Ⅰ』、153頁。
②《福斯特致妻子函》（1937年11月23日—1938年2月13日），章开沅编译《美国传教士的日记与书信》，收入张宪文主编《南京大屠杀史料集》第4册，第123页。
③［德］约翰·拉贝著，本书翻译组译：《拉贝日记》，第187页。

天遭强奸6次—7次”；第122号案例记载，在金陵女子神学院难民收容所，“12月21日，早上8时来了7名日本士兵，要求提供45名苦力和姑娘。下午2时，来了4名日本士兵找姑娘。下午3时30分，来了6名日本士兵和1名军官，强迫我们向他们提供10名姑娘，结果他们抢走了4名姑娘”[①]；第196号案例记载，1938年1月19日，“日本领事馆警官高玉来到大学附中物色6名洗衣女工。同往常一样，他被告知，如果有妇女自愿报名，我们没有意见。可高玉提出，只有年轻妇女才在考虑范围之内。当被问及为何要年轻妇女而不是更适于洗衣的其他人时，答复是：她们还得长得漂亮”[②]。

拉贝在日记中收录的日军强掳妇女充当“慰安妇”的暴行中，有两例由鼓楼医院外科医生威尔逊提供的案例最具代表性，其中第178号案例如下：

1938年1月3日，一名现安置在大学医院的妇女报告说，1937年12月30日她同其他5个妇女一起被从铜银巷6号骗出去，据说是为给日本军官洗衣服，日本士兵把她们带到西郊的一所屋子，她们根据情况判断认为是一所日本军队医院。在这里，白天她们的确必须洗衣服，而每到晚上她们都要被反复强奸，年纪大些的妇女一个晚上被强奸10次—20次，而年轻漂亮一点的妇女则被强奸多达40次。1月2日，两个日本士兵把我们的

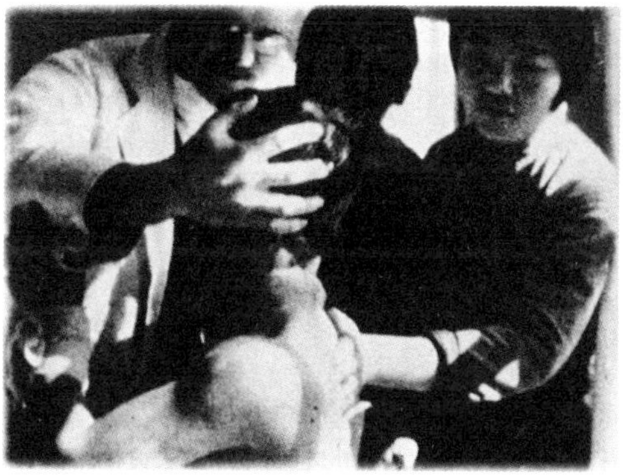

这名妇女和其他5人被从铜银巷6号强行带至一所大楼里，白天要洗衣，晚上被日军奸淫。1938年1月2日，两名日军将她带至一所空屋内，欲砍下其脑袋，其颈项上有4处刀伤，颈部肌肉被切断，手腕有一处刀伤，后被送至鼓楼医院救治（《拉贝日记》）

① [德]约翰·拉贝著，本书翻译组译：《拉贝日记》，第260页。
② [德]约翰·拉贝著，本书翻译组译：《拉贝日记》，第502页。

女病人拖到一所偏僻的校舍，用刺刀总共戳了她10下，4刀戳在她的脖颈上，脖颈肌肉直至脊椎被戳穿，一刀戳在手关节上，一刀戳在脸上，4刀戳在背上。这个妇女虽然预计会康复，但脖颈却不能弯曲了。这两个日本士兵以为她死了便弃置了她。但是她被别的日本士兵发现，他们看到她的惨状便把她送到几个中国朋友那儿，这些中国人后来把她送到了医院。①

由于金女大专门收容妇女儿童，因此，日军不仅经常闯入校园强掳妇女，还厚颜无耻地索要"慰安妇"。魏特琳在1937年12月24日的日记中记述说："10时，我被叫到我的办公室，与日本某师团的一名高级军事顾问会晤，幸好他带了一名翻译，这是日本使馆的一名年长的中国翻译，他要求我们从1万名难民中挑选出100名妓女。他们认为，如果为日本兵安排一个合法的去处，这些士兵就不会再骚扰无辜的良家妇女了。当他们许诺不会抓走良家妇女后，我们允许他们挑选，在这期间，这位顾问坐在我的办公室里。过了很长时间，他们终于找到了21人。日本人认为，姑娘们听到这一消息后会躲起来。许多姑娘来问我，日本人会不会从她们中间再挑选另外79名？我所能回答的是，如果我能阻止的话，应该不会。"②

为了躲避日军的性暴行，许多妇女不得不躲避于安全区内的各难民收容所。日军为了挑选和强掳"慰安妇"，采取各种卑鄙的手段。从1937年12月下旬开始，日军对南京的难民进行所谓"良民"登记，其目的一是继续搜捕放下武器的中国军人，另一个卑鄙目的就是乘机挑选和掳掠年轻妇女。当时被困在南京，目睹日军进行"良民"登记的军医蒋公穀记述了1938年1月4日难民登记的情形：

① [德]约翰·拉贝著，本书翻译组译：《拉贝日记》，第341页。
② December 24, 1937, *Minnie Vautrin's Diary,* Box 134 of YDL Record Group NO.11, The Archives of the United Board for Christian Higher Education in Asia, Yale University Divinity School Library Special Collections.

新年一过，敌又开始办理登记，我欲完成我的实地观察起见，乃继续前去。晨五时许，即赴宁海路，鹄立等待，至十时左右挨进阴阳营转角的党园。该处本有两个院落，中间隔以竹篱，只见广场四周围以木栅，限止进出，犹如牛牢、马栏、猪圈，场内敌酋三五成群，蹀躞往来，或围坐方桌，焚柴取暖，木栅每一转角间，都派驻敌兵，贼头贼脑，心怀叵测地注视着。可怜我成万的男女民众，都面带愁容，于北风凛冽中，强迫每四人一排，依次向指定之木栅挨行……

囚首垢面的女子，不论老幼，同样的四人一排，在木栅内挨行，行经转角处，凡稍具姿色者，立被敌兵指出，逼令鹄立木栅外的广场中，缩瑟之状，惨不忍睹。集有成数，即派卡车一车一车的载去，不知何往。唉，如此惨酷，岂止侮辱女性，真是比奴隶牛马还不如了呀！①

在参与南京大屠杀的原日军官兵的回忆中，也有大量日军掳掠妇女充当“慰安妇”的记载。日军第十六师团步兵第三十八联队士兵东口义一说：“1937年12月14—16日，在南京城中，小队长市川中尉集合下士官召开会议，为了在会后的会餐会上将中国妇女作为小队的慰安妇，对村田军曹做了指示。为此，村田军曹指挥10名士兵，侵入宿舍附近的中国民房，谎称让妇女洗衣服，抓了10名妇女，投入宿舍地下室，在枪刀监视下，强制地由小队全员60人进行轮奸。我对25岁和30岁左右的中国妇女进行两次轮奸。宿舍变动时，把她们留在那里而离开了。”②

日军第十六师团步兵第三十三联队第二大队士兵井上益男说：“南京陷落后，我进入金陵女子大学警备。警备有10人，实行一周交接制。女子大学是专门收容女人的避难所。那里经常有日本的军官过来说‘进去一会

① 蒋公毅：《陷京三月记》，张连红编《幸存者的日记与回忆》，收入张宪文主编《南京大屠杀史料集》第3册，第69页。

②《东口义一笔供》（1954年8月21日），载朱成山主编《侵华日军南京大屠杀外籍人士证言集》，江苏人民出版社1998年版，第362页。

儿'，就进校舍带走女孩子了……经常出入校园的不仅是第33联队的，还有第9师团和第16师团步兵第30旅团的。他们是开着卡车来的。白天不怎么来。一天大概来两三趟。每次来的包括军官有四五人，其中三人拿着枪。也有的时候一天来五六辆车，一车大概装20个女孩子……被送回来的姑娘是很少的。”①

日军第九师团步兵第三十六联队本部士兵森田太郎于2001年1月接受采访时也回忆说：“征发姑娘我们也干了……说是去征发食品，其实就是食品和姑娘一起找……也有的分队把女孩子拉过来私自设立了慰安所。基本上一个大队有10个左右的姑娘。”②

日军不仅强掳妇女充当“慰安妇”，而且还先后在南京开设了许多慰安所。米尔斯在1937年12月24日致家人的信中写道：“住房委员会许先生刚刚进来。红卍字会正着手和日本人一起建慰安所，以满足日本士兵和军官而不必危及私人住户！上周六贝德士就暗示过此事，当时林查理吃惊不浅。许先生说他们准备建两个分部：一个在鼓楼火车站以北供普通士兵使用，一个在新街口以南，供军官使用，全是营业性的。”③

有资料显示，日军不仅在南京开设慰安所，而且还将慰安所开设在安全区内。铁管巷位于中山路西侧、汉中路北侧，在安全区范围之内。日军占领南京后不久，即在铁管巷四达里开设了“上军南部慰安所”。山西路同样位于安全区之内，日军在山西路口开设了“上军北部慰安所”。④

贝德士就日军在南京开设慰安所专门写了新闻发布稿《妓院是“东亚新秩序”的政治工具——皇军在被占领的首都大街上肆意行恶》：“海报

① 井上益男「金陵女子大から女の子がトラックで連れ去られた」、松岡環編著『南京戦・閉ざされた記憶を尋ねて—元兵士102人の証言』、298—299頁。
② 森田太郎「女の子をひっぱって中隊の私設慰安所に入れた」、松岡環編著『南京戦・閉ざされた記憶を尋ねて—元兵士102人の証言』、330頁。
③《史迈士致家人函》（1937年12月20日—1938年1月9日），章开沅编译《美国传教士的日记与书信》，收入张宪文主编《南京大屠杀史料集》第4册，第248页。
④ 苏智良：《慰安妇研究》，第118页。

照片代表装点南京街道之一种象征模式。这种特殊招贴有两大张展示于中山北路，离广场不远。经调查属实，它正对着一所规模很大的女子学校，也靠近宪兵司令部。南京居民常常回想，在国民政府治理下，这里是不允许

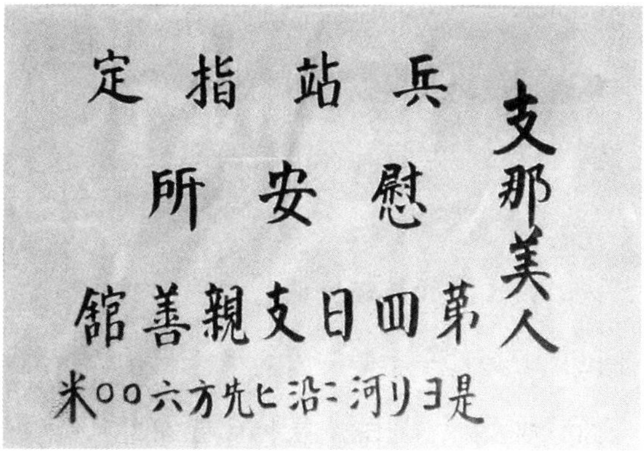

日军慰安所广告（耶鲁大学神学院图书馆）

有有伤风化的淫秽展示的，市政当局严禁各种恶行。现在他们正在了解日本首相声明的意义，他的国家‘必须尽最大努力把中国提升到日本的文化水准’。甚至连海报的语言都是中日淫秽的混合物，令每个有教养的中国人作呕，同时又是对于受过某些教育的普通日本人的冒犯。”日军在中山北路张贴的慰安所海报上写着：“支那美人兵站指定慰安所第四日支亲善馆，沿此河前方 600 米。”[①]

虽然日本投降时日军大量销毁档案文件，以逃避战争罪责，但大量事实证明，日军在南京大屠杀期间，在大肆强奸中国妇女的同时，还肆意闯入安全区掳掠妇女，并在包括安全区在内的南京多地开设慰安所。

三、抢劫、纵火与破坏

日军占领南京后，在屠杀和强奸的同时，还大肆抢劫。“自敌军进城后，一个月内每日有大批卡车满载器物向下关驰去，自系以车船运走，并闻所有红木家具亦均载运殆尽，较珍贵物品更早被席卷而去矣。难民区外财物既全抢尽，敌兵又假借检查名义闯入难民区内，翻查衣箱。当时区内

① 贝德士：《关于“慰安妇”的新闻发布稿》，章开沅编译《美国传教士的日记与书信》，收入张宪文主编《南京大屠杀史料集》第 4 册，第 36 页。

难民恐慌异常，然一般赤手空拳之难民，对此暴举固无法制止，敌兵检查时每遇珍贵物品即强行取去，旋更进一步检查衣装，因此每人所有钞票及财物亦皆被夺无存。无抵抗的难民遭此浩劫既已不幸，同时外人财产亦竟不免。”①

南京沦陷后，难民成为日军主要的抢劫对象。由于安全区集中了大量难民，于是日军不断在安全区进行抢劫，除了挨家挨户抢劫外，日军还以搜捕“败残兵”为由，对难民进行搜身，乘机抢劫财物。

金女大舍监程瑞芳在日记中记述说，1937年12月16日上午8时30分，日本士兵进入金女大搜查，声称要找“中国兵”，而校园内并没有“中国兵”，因此在魏特琳的应对下，日本兵离去。不久，又一批日本士兵闯入校园，遇见了魏特琳的助手李先生，就搜了李先生的身，不仅抢去了50元钱，还打了李先生一记耳光。同一天，金女大700号楼管理员也被日军抢去10元钱，同时还抢了学院饲养的鸡。②

魏特琳在日记中也记述了日军在金女大校园内的抢劫：“这些天，我整天都在校园里从一个地方跑到另一个地方，大声地说：‘这是美国学校！’大多数情况下，这足以让日本人离开，但有时他们不理会，并凶狠地盯着我，有时还对我挥舞刺刀。今天，当我们到南山公寓去阻止日军抢劫时，其中一个日本兵用枪对着我和与我在一起的守夜人。”③

当时未及撤离，被困在南京的军医蒋公穀在《陷京三月记》中写道：12月14日，“闻说难民区外屠杀的情形，残酷极了；区内于昨天起，也已开始了抢劫”；16日，“今天是首都沦陷后的第四日，听说敌人的暴行益发狂肆，

---

① 佚名：《失守后的南京》，载“南京大屠杀”史料编辑委员会、南京图书馆编《侵华日军南京大屠杀史料》，第152页。

②《程瑞芳日记》，张连红编《幸存者的日记与回忆》，收入张宪文主编《南京大屠杀史料集》第3册，第13—14页。

③ December 18, 1937, *Minnie Vautrin's Diary,* Box 134 of YDL Record Group NO.11, The Archives of the United Board for Christian Higher Education in Asia, Yale University Divinity School Library Special Collections.

情形愈来愈恶劣了。难民区内的每一住宅，敌人日必进出七八次，劫掠复劫掠，后来的如搜劫不到什么物品，便将箱笼捣毁”[①]。

曾任南京某文化机关职员的李克痕，南京沦陷时被困在南京，目睹了日军的抢劫暴行：“抢掠，这也是敌人的拿手好戏。入城后，挨家搜索，翻箱倒笼，凡稍值钱的家用什物，或完好的衣服被褥，亦被抢去，敌人用卡禁〔车〕装载不知运往何处。不过两天光景，难民区以外各处，被抢一空，于是敌人便设法到难民区内抢劫。敌人狡猾多端，宣称以检查逃兵为口实，闯入难民区，经〔遭〕国际救济委员坚决反对，但敌人对国际公法一向漠视，也不能制止敌人的疯狂行为。他那〔哪〕里是检查逃兵？只是检查衣箱，遇有贵重物品，即行掳去，我同胞只有忍气吞声任其抢劫。敌人又想出抢劫的妙法，在路上以检查行人为名，搜索行人衣装，于是我同胞所有之钞票及其他贵重物品，尽被掳去，即或有稍美好之衣服，亦被强

1937 年 12 月，日本兵在南京城内中山路上，用卡车、马车、自行车、婴儿车等多种交通工具“运送行李”，实际是进行抢劫（每日新闻社秘藏《不许可写真》）

① 蒋公毅：《陷京三月记》，张连红编《幸存者的日记与回忆》，收入张宪文主编《南京大屠杀史料集》第 3 册，第 60—61 页。

行剥去，想起敌人这种卑鄙行为，真令人痛恨。”①

一些受害者纷纷揭露日军的抢劫暴行。早在抗战胜利之初，许多日军抢劫的受害者即向南京市政府呈文，揭露日军的抢劫暴行。徐兆彬在1945年9月22日致南京市政府的呈文中称：“窃民于民国七年时，曾在南京汉口路六号（原薛家巷十七号）开设徐复兴牛乳厂，并设饲牛场于金银街二十二号，向称乐业。自民国二十六年冬季，日军攻陷南京，民当时父亲老病，儿子幼小，又因饲牛场处于难民区内，不疑有他，故未逃避。讵料日军于进城后之第九日，有中岛部队者将民所饲养之荷兰种乳用牛三十二头（计大牛十八头，中等牛八头，小牛六头，内中有一条雄牛，余下皆为雌牛）及喂牛用之干草二百担，全部抢去。”②

当年被日军抢劫的受害者江凤生证实说：“我家原住邓府巷，民国二十六年冬天，日军侵占南京前夕，迁居到干河沿。我们一家和同院的大约有十二、三人住在一起。有一天，只听到炮声隆隆，大门紧闭着，谁也不敢出去，后来听说广州路都挂了太阳旗，才知道日本兵进了城。有一天，日本兵冲进了我们的住所，同院的男人们招呼妇女赶快躲起来，日本兵对每个人都进行搜身，我的自来水笔和同住的上海人身上的钱都被他们抢走了，日本兵还说：‘支那的钱大大的好！’我们住在干河沿，人身安全没有保障，于是同院人一起商量，到金陵中学难民区去避难。”③

一些被日本兵抢劫、强奸的难民，不堪忍受日军的暴行，向安全区国际委员会求救。1937年12月18日，住在广州路83号和85号的540名难民向安全区国际委员会发出求救信，全文如下：

---

① 李克痕：《沦京五月记》，张连红编《幸存者的日记与回忆》，收入张宪文主编《南京大屠杀史料集》第3册，第506页。

②《徐兆彬为其牛奶场被日军抢劫一空致南京市政府的呈文》（1945年9月23日），载中国第二历史档案馆、南京市档案馆编《侵华日军南京大屠杀档案》，第440页。

③《江凤生证言》，载朱成山主编《侵华日军南京大屠杀幸存者证言集》，第400—401页。

致南京难民区国际委员会

南京

我们这些签署本信的540名难民被安置在广州路83号和85号，拥挤不堪。

从本月的13日到17日，我们的房子多次遭到三五成群的日本士兵的搜查和抢劫，今天日本士兵又不断地来抢劫。我们所有的首饰、钱财、手表和各类衣物都被抢劫一空。每天夜里都有年轻妇女被抢走，日本人用卡车把她们拉走，第二天早晨才放她们回来。到目前为止，有30多名妇女和姑娘被强奸。妇女儿童的呼喊声日夜不绝于耳。这里的情况已经到了语言无法形容的地步。请救救我们！

难民

1937年12月18日于南京[①]

当时留在南京的外籍人士也以大量笔墨记录了日军的抢劫暴行。费吴生在日记中写道："日本人把法学院和最高法院抢空了……向难民索取金钱，把能找到的任何财物从他们身上取走，甚至连他们最后一点卧具也不放过。"[②]

日军占领上海后，为了追击向南京撤退的中国军队并攻占南京，不顾粮秣补给跟不上的现实，快速向南京进犯。为了解决粮食问题，日军采取就地"征发"的措施加以解决。所谓"征发"，实际上就是抢劫当地居民的粮食。日军占领南京后，粮食仍然是其抢劫的主要物资。1937年12月15日下午4时，在金女大门口附近，一辆载有大米的卡车被日本士兵抢走。[③]12月17

① [德] 约翰·拉贝著，本书翻译组译：《拉贝日记》，第212—213页。
②《费吴生日记》（1937年12月10日—1938年1月下旬），章开沅编译《美国传教士的日记与书信》，收入张宪文主编《南京大屠杀史料集》第4册，第72页。
③《南京安全区档案》，张生等编《英美文书·安全区文书·自治委员会文书》，收入张宪文主编《南京大屠杀史料集》第12册，第277页。

日和18日，日军分别从陆军大学难民收容所抓走26名男子和30名男子，并抢走了现金、行李、一袋米和400套医院的被褥。[①]12月24日，日本士兵多次闯入金陵女子神学院难民收容所，抢走了难民的衣服、钱和食品。[②]

日军第十六师团步兵第三十八联队第一大队士兵河合锦一于2000年8月接受采访时述说了日军抢劫食物的情形："在南京，从和平门进城的时候，城内已经很荒凉了，房子里也空无一物。因为食品没有运来，就闯入民宅，偷鸡偷猪。士兵也如同小偷。因为我们天天出去征发，所以都知道吃的东西放在哪里。"[③]

日军在抢劫时，一些在外籍人士的住所避难的难民也遭到抢劫。费吴生的司机李文元一家八口人，在珞珈路16号避难，这里是德国人的房产，不仅门口悬挂有德国国旗，而且还贴有日本大使馆禁止入内的布告，但是，12月19日上午8时30分左右，日本兵闯入该房屋，将屋内全部财产洗劫一空。李文元一家的七箱衣物、两篓家庭用具、六床羽绒被、三顶蚊帐、一些餐具和50元钱均被抢劫，"这个家庭现在一贫如洗，连一床睡觉的被子都没有"[④]。

拉贝位于小桃园的住宅收容了许多难民在此避难，最多时超过600人。日本兵不断闯入拉贝住宅抢劫难民。当拉贝在家时，日军的暴行往往被制止，而拉贝不在家时，闯入拉贝住宅的日本兵便肆无忌惮，大肆抢劫难民。拉贝在1937年12月18日的日记中记述说："今天的情况比昨天还要糟糕。今天从一大清早我就开始驱赶爬越围墙的日本士兵。有一个日本士兵开始的时候拔出刺刀朝我逼来，但是当他明白过来站在他对面的是一个德国人

① 《南京安全区档案》，张生等编《英美文书·安全区文书·自治委员会文书》，收入张宪文主编《南京大屠杀史料集》第12册，第296页。
② 《南京安全区档案》，张生等编《英美文书·安全区文书·自治委员会文书》，收入张宪文主编《南京大屠杀史料集》第12册，第310页。
③ 河合錦一「兵隊もドロボウと一緒ですわ」、松岡環編著『南京戦・閉ざされた記憶を尋ねて—元兵士102人の証言』、345—346頁。
④ ［德］约翰·拉贝著，本书翻译组译：《拉贝日记》，第226页。

的时候，他便迅速把刺刀收了回去。只要我本人在家，情况就还过得去……当我回到小桃园的时候，一个士兵正打算闯进我的家……我们正准备走的时候，韩走过来告诉我说，我不在的时候，一个闯进我家的日本士兵对他进行了抢劫。”①

日本方面的史料也大量记录了日军在南京的抢劫暴行。时为日军第十六师团步兵第二十联队上等兵的牧原信夫在1937年12月22日的日记中写道：“为了给中队长征缴东西，我和关本二人吃完午饭后就出发。进到前日去过的杂货店里看了看，里面几乎什么都没有，只拿了信封。大约一个小时后回来。在途中，遇到了《每日新闻》报社驻南京的通讯员志村君。此人住的地方很漂亮，但他说18日之前什么东西都没有，有两三天不在家的时候，从澡盆到被子，东西全被抢光了，所以这会儿正在找被子。我们笑道：士兵要是不进入民家征缴适当的东西的话，就没法打仗了。”②

小俣行男是日本随军记者，他曾随日军到达南京，目睹了日军的暴行，他记述说：“在南京，到处都可以掠夺、强奸。刚进城时，还有很多建筑物，可是翌日就开始放火，主要建筑物全被焚毁。士兵们冲进深宅大院，在屋里乱翻一气，掠走值钱的东西后就烧房。”③

日军的抢劫暴行，连参与攻占南京的日军高级指挥官也不得不承认。曾指挥部队实施南京大屠杀的日军第十六师团长中岛今朝吾中将在日记中写道：

> 日本军队根本不管是否是其他部队的管辖区域，都进行抢劫。他们强行闯进这些地方的民宅，洗劫一空。总之一句话，脸皮越厚，越

---

①［德］约翰·拉贝著，本书翻译组译：《拉贝日记》，第200页。

②《牧原信夫日记》，王卫星编《日军官兵日记》，收入张宪文主编《南京大屠杀史料集》第6册，江苏人民出版社、凤凰出版社2005年版，第610—611页。

③［日］小俣行男著，周晓萌译：《日军随军记者见闻录——南京大屠杀……》，世界知识出版社1985年版，第4页。

不知羞耻，占的便宜就越大。

最好例子就是：

在我们占领的国民政府官邸，第十六师团的士兵已于13日进来扫荡过了。14日一早，管理部门经过侦察后制定了住宿分配计划并挂上“师团司令部”牌子，结果走进各个房间一看，发现从主席房间，到每个房间所有角落都被彻底翻箱倒柜地洗劫一空。不管是古董陈列品，还是其他什么，只要认为值钱就全部拿走。

15日入城后，我将剩余物品集中起来放进一个橱子里并加上封条，但还是不行。第三天进来一看，收在里面的东西都杳无踪影了。看来只有放进保险柜里，否则放哪里都没用。[①]

金陵大学被日军抢走10车书［汤美如主编，章开沅编译《南京：1937年11月至1938年5月》，三联书店（香港）有限公司1995年版］

日本学者在论及日军在南京的抢劫暴行时指出：“日军在南京长期从事了与战斗并没有直接关系的抢劫与纵火。滞留在南京的市民一般都属于贫困阶层，当时他们那些所剩无几的家庭财产也受到损失。根据金陵大学的斯迈思和贝茨等南京国际救济委员会成员的调查，南京市内的建筑73%被掠夺。在中心商业街，许多商店有时被小股士兵抢劫之后，又用军用卡车进行彻底

①「中島今朝吾日記」、南京戦史編集委員会編『南京戦史資料集Ⅰ』、226頁。

掠夺，最后再放火焚烧。”①

从受害者、目击者和加害者方面的大量资料中可以看出，日军对贫苦难民的抢劫已经疯狂到无以复加的地步。除了人身安全受到威胁外，日军在安全区内日复一日的抢劫暴行，造成许多难民身无分文、家徒四壁，使原本就十分贫困的难民的生活更加艰难。

为制止日军的暴行，安全区国际委员会不断致函日本大使馆，就日军的暴行提出抗议。国际委员会的抗议信中列举了大量日军的抢劫暴行。现列举其中抢劫难民的部分暴行：

> 12月14日夜晚，安全区第二区的全体居住人员被赶出房子，然后被洗劫一空。第二区区长本人被日本人抢劫过两次。
>
> 12月14日，30名显然没有军官带队的日本士兵搜查了大学医院和女护士的寝室，医院的职员们遭到了有组织的抢劫。被偷走的物品有：6支自来水笔、180元现钞、4块表、2卷医院的绷带、2只手电筒、2双手套和1件毛线衣。
>
> 昨天，即12月15日，不论是收容所、公共场所，还是大学建筑物内，从各个方面都传来报告，日本士兵在各个地方强行闯入，多次抢劫中国难民。
>
> 12月16日，日本士兵从红卍字会（中国的一种慈善机构，类似于德国和美国的红十字会）粥厂的役工手中抢走了一个用来烧饭的铁锅，并将锅中的米饭倒在地上。
>
> 12月18日，在宁海路，日本士兵抢走了一个中国小男孩的半桶柴油，将他殴打一顿，并强迫他为他们拎这个桶。日本士兵在平仓巷6号偷走了一头猪。另外5名日本士兵赶走了一批小马。

① 笠原十九司『アジアの中の日本軍：戦争責任と歴史学・歴史教育』、大月書店、1994年、151頁。

12月19日凌晨3时，日本士兵扯下委员会的牌子，从门窗强行进入普陀路7号和9号无人居住的楼上和楼下的房间，抢走了一部分属于房主的东西。上午10时，又有4名士兵对这几间房子进行了搜查，他们把凡看得上眼的东西全拖走了。

12月20日，阴阳营47号的房子被抢劫7次，一大批珍贵物品被盗走，昨天日本士兵再次闯进，偷走了3元钱，并找寻妇女。幸好没有发生强奸事件，但是房子里的所有住户均遭到抢劫。自那以后，就再也没有人敢在这栋房子里逗留较长时间了。

12月20日，2名日本士兵今天从金陵大学红卍字会粥厂的会计处抢走了7元钱。

12月20日下午4时，4名武装日本士兵闯入第六区的房管处办公室，偷走了衣物。离开房子时，他们强迫一名佩戴安全区袖标的工人为他们拿抢来的东西。

12月20日夜间，安全区分区负责人在北平路60号的地方（中英文化协会附近）遭抢劫，其恶劣程度前所未有。

12月21日下午3时30分，施佩林被叫到颐和路19号，在那里他看见了2个正在抢劫的日本士兵。施佩林走进房子后，日本士兵扔下了他们抢夺的东西逃走了。

12月21日下午，莫干路6号的房子遭到2名日本士兵的洗劫。

12月22日上午9时—下午1时，普陀路7号的房子3次被抢劫，每次有3名—4名日本士兵参与抢劫。国际委员会的7块牌子被扯掉。

12月25日，日本士兵从金陵大学胡家菜园11号的院子里偷走2头水牛。

12月27日下午，在宁海路33号我们的住宅里，闯入3个日本士兵，他们砸开了6只箱子，劫走了一些贵重物品。所有这些物品都是我的雇主陈先生的。

（1938年）1月29日，在三省里，3个身带匕首的日本士兵向刘品源（音译）索要钟表和钞票。

1月30日上午11时，两个日本士兵闯进高家酒馆苏先生家，他是1月25日刚搬到这里的。日本士兵向他要姑娘，遭到拒绝，他们就用刺刀胁迫他，抢走了他的手表和一枚金戒指。

1月30日19时，一个日本士兵持手枪闯进上海路115号，抢走现金12元。

2月1日中午，在颐和路东头站岗的2个哨兵翻查沈先生的口袋，抢走了6元钱。

2月1日下午5时许，刘先生在古林寺附近琅玡路，被4个日本士兵抢走了3.70元钱。

2月1日中午时分，张先生在古林寺附近被日本士兵抢走了8角钱。（这些在安全区西部发生的事件表明，这些农民每天上下工要克服多大困难。）

2月1日，在华侨路的一条小巷里，日本士兵抢走了张青梅（音译）7.90元和30枚铜板。[①]

尽管安全区国际委员会不断抗议日军的抢劫暴行，但日军的抢劫仍在继续。他们不仅抢劫中国难民，还抢劫外籍人士的财产，甚至不顾国际惯例，闯入第三国人士住宅或外国使领馆内抢劫。

南京沦陷前，曾居住在南京的许多外籍人士纷纷离开，其住宅或交给中国人照看，或借给留在南京的外籍人士使用，其中许多住宅位于安全区内。日军进城后，大肆抢劫，连外籍人士的住宅也未能幸免。在外籍人士的不断抗议下，日本大使馆在第三国房产门口张贴了布告，禁止日本士兵进入，

① 参见［德］约翰·拉贝著，本书翻译组译《拉贝日记》。

但日本士兵根本不把布告放在眼里，继续侵入第三国房产大肆劫掠。

在日军劫掠的过程中，美国人的财产损失严重。费吴生在 1937 年 12 月 16 日的日记中记述说："对于我们来说，这是恐怖的一天，而对于可怜的难民来说，则是惨不堪言的一天。我利用到卜凯教授家（我和其他六个人住在那里）吃午饭的时间，匆匆去我自己的房屋看了几分钟。两面美国国旗仍然飘扬，使馆的布告依旧贴在门上，但侧门被毁，门户洞开。房内一片狼藉。每个抽屉、衣柜、箱子都被打开，锁都撬掉了。阁楼上垃圾成堆。我不能停下来检查哪些东西被拿走，但是多数卧床、衣服、食物都不见了。一条桃花桌布被撕掉镶边，这是王正廷博士的礼物，还有一张沉重的橡木餐桌被砸坏。"[①] 费吴生在致友人的信中还记述说："我的房子被抢劫了。我想你能想象得出室内有多乱。但实际上每一个外侨家里都遭洗劫，甚至连一些使馆房子也未能幸免。幸运的是，我早把一些箱子提到卜凯家里，因此，损失并不严重。有些地方则损失惨重，即使房子在安全区内。"[②]

贝德士在致日本大使馆的抗议信函中列举了大量日军抢劫第三国财产的案例：12 月 17 日，"昨晚我们几所挂有美国国旗和张贴使馆布告的美国人住宅，被游荡的士兵闯入，有些被闯入数次。这些住宅包括我们三位美国同事正在居住的房屋。我们请求你们作一比较，这些行为只是发生在南京大量居民家里的小小事例，而贵国政府的正式声明则声称关切中国百姓的福祉以及保护外国财产"[③]。贝德士在致日本外交官福田笃泰的信函中还写道：12 月 21 日，"正当我今天与您在使馆晤谈时，我自己的房屋第四次被劫掠。本校其他七所房屋亦于今日遭劫，还有一些房屋数次被闯入"[④]。

①《费吴生日记》（1937 年 12 月 10 日—1938 年 1 月下旬），章开沅编译《美国传教士的日记与书信》，收入张宪文主编《南京大屠杀史料集》第 4 册，第 72—73 页。
②《费吴生致朋友函》（1938 年 1 月 6 日），章开沅编译《美国传教士的日记与书信》，收入张宪文主编《南京大屠杀史料集》第 4 册，第 86—87 页。
③《贝德士致日本使馆函》（1937 年 12 月 16 日—27 日），章开沅编译《美国传教士的日记与书信》，收入张宪文主编《南京大屠杀史料集》第 4 册，第 5 页。
④《贝德士致日本使馆函》（1937 年 12 月 16 日—27 日），章开沅编译《美国传教士的日记与书信》，收入张宪文主编《南京大屠杀史料集》第 4 册，第 7 页。

金女大是美国教会大学，然而，日本兵不顾大门口张贴有美国大使馆的布告，多次闯入校园抢劫。魏特琳向安全区国际委员会报告说，日本士兵擅自闯入学院的五栋住房（系学院工作人员的）进行抢劫，这五栋房屋都悬挂有美国国旗。五栋房屋中有一栋多次遭到抢劫。①

魏特琳在写给学校董事会的信中还说："日本士兵窜至南山宿舍有10至20次之多，藏在大餐厅的4箱女人内衣让他们找到了很大乐趣。我们一次又一次地发现他们在抢劫，然后再把他们请出去。生物系的吴博士、陈博士，心理学系的张博士，图书管理员爱丽丝·莫瑞丝（Alice Morris），他们的住宅不幸被抢劫……大学财产的损失主要是由于日本士兵的劫掠，包括毁坏的门窗。"②

魏特琳还记录了日军在安全区的抢劫暴行："警察治安工作逐渐加强，但仍不足以阻止这个城市的违法案件发生。军队劫掠仍在持续，但形式多少不同于以前。贫苦百姓仍旧被剥夺了铺盖和钱财，甚至连几个铜板也不能逃过，从前小康人家的房子在安全区是很安全的，现在，地毯、收音机和家具都被劫走。"③魏特琳在1937年12月27日的日记中还记述道："现在，日本兵抢劫时动用卡车，大的东西，如床和地毯等都用卡车装运。他们说，这些脏物被送到溧阳。今天早上，一位妇女来说，抢劫仍在私人家中进行，而且连一个铜钱这样的小钱也不放过。"④

斯迈思在致家人的信中记述说：12月23日，"今天早上拉贝来说，领事馆警察要一份至今天2时止被抢劫的外国房屋清单。所以这就是我们马上着手做的事。当然我们给的仅是一份大概的情况报告，有关抢劫的程度，

① ［德］约翰·拉贝著，本书翻译组译：《拉贝日记》，第234页。
② 魏特琳：《第一个月的评述》（1937年12月13日—1938年1月13日），章开沅编译《美国传教士的日记与书信》，收入张宪文主编《南京大屠杀史料集》第4册，第322页。
③ 华群：《作为难民营的金陵女子文理学院》（1938年1月4日—3月31日），章开沅编译《美国传教士的日记与书信》，收入张宪文主编《南京大屠杀史料集》第4册，第325页。
④ December 27, 1937, *Minnie Vautrin's Diary*, Box 134 of YDL Record Group NO.11, The Archives of the United Board for Christian Higher Education in Asia, Yale University Divinity School Library Special Collections.

晚些时候由美国使馆确定的文件中声称（间接地）保留的权力。47 幢德国房屋中据说有 38 幢遭到洗劫，174 幢美国房屋中有 158 幢被劫”[①]。

鼓楼医院是金陵大学附属医院，为美国财产。日本兵时常到医院进行抢劫，甚至连美国护士也遭到抢劫。鼓楼医院美籍外科医生威尔逊在日记中写道：12 月 18 日，“晚饭后我返回住所时发现三个士兵已经仔细搜查过这个地方。海因兹小姐陪着他们去后门。有两个家伙到了那儿，另一个却不见了。他一定是藏在附近哪个地方。我给外面的其他人打手势，明确告诉他们这是美国医院。你们怎么能这样呢？那两个家伙允许把他们领出去。他们抢走海因兹小姐和其他人的手表，还抢走了一些钢笔。”[②] 鼓楼医院总管麦卡伦在日记中也记述说：“我们医院的工作人员有三次被抢去自来水笔、手表和钱。”[③]

鲍恩典是鼓楼医院的美籍医务人员，她在致家人的信中记述说：12 月 14 日，“日本士兵开始进入我们的房子抢劫。就在中午我回去之前，一些人来到医院，当其他美国人赶来护送他们时我回到了家。我看见几个士兵坐在叶古家门口的台阶上，所以我立刻上前，进门后我惊讶地发现他们围坐在桌边，刚刚吃光了叶家的晚饭。当时有 11 个人在房间里，外面还有更多。我在叶家的房间里待了一会后，他们叫我回家。我们的房间里也有日本兵闯进来。他们感觉很自在，坐下来问我们要饮料。喝光了我们为午饭准备的牛奶和水，还向我们要砂糖……士兵离开后我发现，在我回家之前他们已经彻底翻过我们的家当，拿走了他们想要的东西。我只损失了一副保暖很好的手套。陈夫人丢了一只手表，梅琳少了一支钢笔。特里默的闪光灯

---

①《史迈士致家人函》（1937 年 12 月 20 日—1938 年 1 月 9 日），章开沅编译《美国传教士的日记与书信》，收入张宪文主编《南京大屠杀史料集》第 4 册，第 245 页。
②《威尔逊书信（日记）选》（1937 年 12 月 15 日—1938 年 1 月 9 日），章开沅编译《美国传教士的日记与书信》，收入张宪文主编《南京大屠杀史料集》第 4 册，第 336 页。
③《麦卡伦致家人函》（1937 年 12 月 19 日—1938 年 1 月 5 日），章开沅编译《美国传教士的日记与书信》，收入张宪文主编《南京大屠杀史料集》第 4 册，第 204 页。

被拿走了，还有一些人少了钱”[①]。

为抗议日军在鼓楼医院的抢劫暴行，威尔逊致函日本大使馆指出：“在此请允许我向贵方指出12月18日夜间发生在大学医院的事件。这所医院除了有医护人员和员工，还有150多名病人。这所医院以前曾经享有特权，为日本大使馆的工作人员提供医疗护理。晚上将近8时的时候，3名日本士兵从医院的一个后门闯入，放肆地在医院的走廊里跑来跑去。医院65岁的护士海因兹小姐接待并陪同了这些闯入者，尽管海因兹小姐一再声明她的手表属于私人财产，他们仍然抢走了她的手表。此外被偷走的还有6块怀表和3支钢笔。”[②]

日军不仅抢劫鼓楼医院美国护士的个人物品，还试图抢走鼓楼医院的救护车。贝德士在致日本外交官福田笃泰的抗议信中指出：12月21日，“双龙巷大学（鼓楼）医院大门今天被砸坏，尽管上面贴有贵馆布告。在医院其他地方，有些士兵正在盗窃一辆救护车，一个美国人及时阻止此种丑行”[③]。

日军不仅抢劫外籍人士的个人财物，还不顾国际公法，公然抢劫第三国驻南京使领馆的财物。南京沦陷后，军医蒋公穀被困在南京，不得不躲入位于上海路的美国大使馆避难，他记述说：12月17日，“那

美国大使馆门前的美国国旗也遭日军扯落（汤美如主编，章开沅编译《南京：1937年11月至1938年5月》）

① 杨夏鸣译：《鲍恩典书信选 1937—1938（一）》，《日本侵华南京大屠杀研究》2018年第3期。
② ［德］约翰·拉贝著，本书翻译组译：《拉贝日记》，第214—215页。
③《贝德士致日本使馆函》（1937年12月16日—27日），章开沅编译《美国传教士的日记与书信》，收入张宪文主编《南京大屠杀史料集》第4册，第7页。

两个美国的新闻记者，于清晨匆匆的携着行装出馆去了，据悉是由敌机载返出去的。立刻，全馆的空气变得异常愁黯了，失去了保障似的，大家都怀疑顷刻之间会有危险到来。到了夜里，果然有敌兵数人来光顾，先撬开地下的汽车室，推去一辆汽车，随后又到馆内强拉去两辆。这汽车，都是馆内职员及他们的侨民寄存的，钥匙亦归各人带走，绝不能作为战利品看待。而敌人竟不顾一切，将锁内电线割断强行推走，这种'伟大'的强盗行为，真可令人咋舌"；19 日，"晨起即听得有敌兵数人来劫汽车，馆内的华籍职员，无法拦阻。所有可以行驶的汽车，截至今日已悉数为敌掳去"；24 日，"一早敌兵又来抢去汽车两辆，使馆的汽车，不论好坏，全部被抢光了。他们弄这么多汽车去，是在装载所抢的东西，我每见到他们部队移动时，后面必定踢踢蹋蹋跟着许多破汽车，烂的人力车、牛车、小车和驴子，都满载着，外面拿油布遮住，这掩耳盗铃的办法是欺蒙不了众人的耳目的，谁都晓得这都是抢来的贼赃呀"；1938 年 1 月 17 日，"敌兵的恣意抢劫，各国使馆亦同承光顾。苏联使馆已早被他（们）纵火烧毁，其他各使馆，也都遭受很大的损失"。①

马吉在 1937 年 12 月 19 日致妻子的信中记述说："在整个一星期，日本兵在南京抢劫了他们所能抢到的东西，他们甚至把德国使馆的小汽车也抢走了，并几次进入美国大使馆，但都被赶了出来。日本军官也参与抢劫。昨天他们来到我住的房子（汉森的寓所），企图把剩下的一辆汽车抢走（其他两辆汽车已被抢走）……抢劫持续了许多天。"②

德国是日本的盟国，然而在南京的德国财产也遭到日本兵的抢劫。拉贝在日记中记述说："德国顾问的房子几乎也都遭到了日本士兵的抢劫。已经没有人敢出家门了！为了让汽车出入，有的时候要打开院门，这个时候

① 蒋公毅：《陷京三月记》，张连红编《幸存者的日记与回忆》，收入张宪文主编《南京大屠杀史料集》第 3 册，第 61、62、64、72 页。
②《马吉致妻子函》（1937 年 12 月 12 日—1938 年 2 月 5 日），章开沅编译《美国传教士的日记与书信》，收入张宪文主编《南京大屠杀史料集》第 4 册，第 151 页。

外面的妇女、儿童就会涌进来，跪在地上磕头，请求我们允许他们在我的院子里露宿（我已经接纳了100多名极为困苦的难民）。”① 截至1938年1月15日，德国人在南京的大部分房屋均遭到日本兵的抢劫。②

意大利大使馆也位于安全区内，这里同样遭到日军的劫掠。1937年12月30日，两名日本士兵闯入位于北平路64号意大利大使馆官员的住所，偷走了100元钱，并抓走了一名年仅16岁的姑娘。③

1938年1月6日，美国驻华大使馆三等秘书阿利森、副领事埃斯皮返回南京，随即开始调查日军对美国财产的侵害及美国财产的损失情况。在经过充分调查和听取留在南京的美国人的陈述后，美国副领事埃斯皮于1938年1月中下旬起草了题为《南京现状》的报告，内称：

> 根据国际委员会以及美国公民提供的情况，结合大使馆职员所作的调查，确信南京城中几乎没有一处财产能够免遭日军侵入和掠夺。校园、房屋、商店或建筑，不管它们属于外国教会，还是外国人或中国人所有，都遭到不加区别的侵入，并且或多或少地遭到抢劫和掠夺。据悉，美国、英国、法国、德国大使馆均遭到侵犯，都有东西被拿走。有报告说，意大利大使馆也遭受同样命运。1月1日，俄罗斯大使馆因一场神秘大火而烧毁。经我们检查过的每一处美国财产，或美国侨民报告中所提到的每一处美国财产，都毫无例外地遭到过日本兵的侵犯，而且经常是遭到反复侵犯。即便里面仍然有美国人住着的寓所，甚至也发生过这种事情。这些美国侨民和国际委员会的其他成员，一直在不断地驱赶那些侵入外国财产并意欲掠夺或寻找女人的日本兵。直到写本报告的时候，他们仍然还在忙着驱赶日本兵。

---

①［德］约翰·拉贝著，本书翻译组译：《拉贝日记》，第189页。
②参见［德］约翰·拉贝著，本书翻译组译《拉贝日记》，第436—440页。
③［德］约翰·拉贝著，本书翻译组译：《拉贝日记》，第321页。

对于日本士兵来说，所有能够拿走的东西似乎都成了理想的掠夺对象。他们对外国人住宅做过专门的摸底，他们的猎取对象尤其集中在汽车、自行车、酒类以及一切能够装进小兜里的值钱的东西上。不过，对于任何其他财物，只要这些侵犯者看中，不管它是属于中国人的，还是属于外国人的，一律难逃被掠夺的厄运。①

从这份报告中可以清楚地看出，日军不仅抢劫外籍人士住宅，而且完全不顾国际公法，擅自闯入多国使领馆进行抢劫。可以说，这一报告是日军在南京滥施暴行的真实写照。

南京沦陷后，日军在抢劫的同时还大肆纵火破坏，劫后的南京，残垣断壁，满目疮痍。马吉在致妻子的信中记述说：12 月 30 日，“过去的 10 天中，日本兵在整个城市里到处放火，除了外国人在下关的最好的建筑——邮局和海关外，整个城市被逐步地烧毁了——我最后一次去那里时，所有东西都被烧毁……整个太平路除了我们的教堂和住所外全部被日军烧毁，公馆的一部分——我们用于布道讲堂的那部分，也被烧毁了（后来，在 1 月 26 日，公馆被整个烧毁了）。安全区内发生了四场大火，不幸的是这一地区，特别是山西路一带人口稠密。很难想象南京的未来会是怎样，但可以确定一点，南京要恢复元气需要很多年”②。

相对来说，日军在安全区内的纵火暴行比安全区外少，但仍不时有纵火事件发生。拉贝在日记中记述说：“毫无疑问，日本人正在纵火焚烧城市，可能仅仅是为了抹去他们掠夺的痕迹。昨天晚上，城市有 6 处火灾。其中一处较大的火灾发生在珠江路（是沿我南面院墙的广州路的延续）。克勒

①《驻华使馆三等秘书（阿利森）致美国大使约翰逊》（1938 年 1 月 25 日），杨夏鸣编《美国外交文件》，收入张宪文主编《南京大屠杀史料集》第 63 册，江苏人民出版社 2010 年版，第 319—320 页。

②《马吉致妻子函》（1937 年 12 月 12 日—1938 年 2 月 5 日），章开沅编译《美国传教士的日记与书信》，收入张宪文主编《南京大屠杀史料集》第 4 册，第 159—160 页。

格尔和辛德贝格两人来过，让我注意安全。但是我自己觉得起火地点距离这里还相当远。夜里 2 时 30 分，我被院墙倒塌声和屋顶坍塌声惊醒，大火已经蔓延到我的住所和中山路之间的最后一排房子。但是谢天谢地，火势没有发展下去。只有四处飞舞飘散的火星对我院子里难民茅棚的稻草屋顶构成威胁，当然还有放在院子里的汽油。”①

日军纵火常常是伴随着抢劫暴行而实施的。安全区国际委员会在致日本大使馆的抗议信中列举了日军抢劫并纵火的暴行：“12 月 19 日 16 时 45 分，贝茨博士被喊去平仓巷 16 号，这座房子里的难民几天前被日本士兵赶了出去（里格斯先生、斯迈思博士和斯蒂尔先生目睹了这起事件）。日本人刚刚洗劫了这所房子，并在三楼纵火。贝茨博士试图灭火，但无法扑灭，整栋房子被彻底烧塌了。”②

日军占领南京时，正值隆冬，天气寒冷。日军为了取暖，随意焚烧家具等物品。日军暴行的目击者蒋公毅记述说：“敌兵怕冷，最喜欢烤火。我曾在宁海路头看见他们将家具践破，又见在山西路拆毁邮亭，顺手夺饼摊的油壶浇上，纵火焚烧。此外也有就在屋内地板上烧起来的，种种破坏行动，不一而足。所以近来晚间火烧的处所，仍不稍减。”③

安全区国际委员会的外籍人士普遍认为日军占领南京后的纵火暴行是有计划进行的，④ 而且这种有计划的纵火持续了相当长的一段时间。到 1938 年初，日军的焚烧暴行仍在继续。1938 年 1 月 1 日，伪南京市自治委员会在鼓楼举行成立大会。然而就在这个所谓的成立大会召开时，会场周围的

---

①［德］约翰·拉贝著，本书翻译组译：《拉贝日记》，第 235 页。

②［德］约翰·拉贝著，本书翻译组译：《拉贝日记》，第 230 页。

③ 蒋公毅：《陷京三月记》，张连红编《幸存者的日记与回忆》，收入张宪文主编《南京大屠杀史料集》第 3 册，第 71 页。

④《贝德士致日本使馆函》（1937 年 12 月 16 日—27 日），章开沅编译《美国传教士的日记与书信》，收入张宪文主编《南京大屠杀史料集》第 4 册，第 7 页；《费吴生日记》（1937 年 12 月 20 日—1938 年 1 月下旬），章开沅编译《美国传教士的日记与书信》，收入张宪文主编《南京大屠杀史料集》第 4 册，第 65 页。

几处房屋正在燃烧。[①]

日本随军记者也证实了日军的纵火暴行："在南京，到处都可以掠夺、强奸。刚进城时，还有许多建筑物，可是翌日就开始放火，主要建筑物全被焚毁。士兵们冲进深宅大院，在屋里乱翻一气，掠走值钱的东西后就放火烧房。"[②]

日军在南京的纵火暴行，使古城南京满目疮痍，南京人民生活在极度困苦之中。正如拉贝在日记中所记述的："日本人在这里造成的破坏真是罄竹难书。我认为这个城市完全不可能在短时间内恢复繁荣……先前我写过这座城市被日本人纵火烧毁了三分之一，如今我担心自己的估计大错特错了。如果我还未认真看过的东城也遭到了同样的命运，那这座城市肯定有一半以上都成了废墟。"[③]

在魏特琳的心目中，南京是一座美丽又具有现代气息的城市，然而在日军暴行之下，魏特琳所看到的，是南京的残垣断壁、满目疮痍。

1938年1月，难民们在废墟中搜寻物品（张建军主编《南京大屠杀史实展》）

1938年，在南京的小巷里，杀戮、放火、掠夺……在灾难之中，这个孩子是如何逃难、如何生存的？（《一亿人的昭和史》）

①［德］约翰·拉贝著，本书翻译组译：《拉贝日记》，第318页。
②［日］小俣行男著，周晓萌译：《日军随军记者见闻录——南京大屠杀……》，第4页。
③［德］约翰·拉贝著，本书翻译组译：《拉贝日记》，第419—420页。

第五章　救苦救难的“活菩萨”

一、女难民的守护神

在中国的传统文化中，菩萨是救苦救难、保佑和平安宁的象征，而“活菩萨”则是对心地善良、积善行德、大慈大悲好人的最高褒奖。如果一名凡人得到这一头衔，那么此人在德行方面必定有非凡之举。在一个长期封闭且以泱泱大国自居的国度里，在那个流行称外国人为“洋鬼子”的时代，如果老百姓自发地称一名外国人为“活菩萨”的话，那么此人必然更加不同寻常。在日军南京大屠杀那段悲惨的岁月里，魏特琳却得到了这一头衔。当时有一位家住金女大西面的 80 多岁的老太太，她 19 岁守寡，一直吃斋，是位虔诚的佛教徒，她的女儿告诉金女大的罗小姐，当时这个老太太每天为魏特琳磕 10 个头，祈求这位“活菩萨”能够继续管理金女大难民所，并一直庇护难民所里的年轻妇女。[①] 在南京妇女难民眼中，“活菩萨”魏特琳成为驱除魔鬼、逢凶化吉的守护神的化身。

魏特琳是女性，所以常常被难民们称为“观音菩萨”。因为日夜操劳，魏特琳非常疲惫和憔悴，她的助手程瑞芳很是担心，在 1937 年 12 月 26 日的日记中这样写道：“华今日不大好，恐是太累，我就是怕她生病，她已

① May 1, 1938, *Minnie Vautrin's Diary,* Box 134 of YDL Record Group NO.11, The Archives of the United Board for Christian Higher Education in Asia, Yale University Divinity School Library Special Collections.

瘦了不少，又老，但是她有一好名，这些难民叫她观音菩萨，救苦救难。”[1]

观音慈悲，在中国妇孺皆知。在魏特琳的另外一个助手邬静怡看来，南京市民之所以称呼魏特琳为“观音菩萨”，就是因为在黑暗恐怖笼罩的时期，“她慈悲为怀与仁爱的行为，以及她在中国无私奉献的生活”。邬静怡出生于浙江宁波的牧师家庭，早年就读于当地的教会学校，后来进入金女大，主修生物学，1930年获燕京大学生物学硕士学位，1932年赴美深造，1936年回到金女大工作，1948年再度赴美进修，其后在美国工作直到退休。毫无疑问，她所接受的是一整套的西方式的教育，但是，对于“观音菩萨”这个非常传统的中式化称谓，邬静怡与普通难民并无二致。在晚年的回忆录里，邬静怡仍然以“观音菩萨”为题，记述大屠杀期间的魏特琳，她甚至以为这四个字后来还被刻在了魏特琳的墓碑上。[2]

20世纪初，日本在很多方面要比中国“先进开化”得多，因此，在情感取向上，留在南京的西方人士一开始更趋于认同所谓的日本“文明”。南京沦陷前夕，他们更多的担心来自中国政府和中国军队。其一，由于国民政府采取“焦土抗战”的策略，人们担心南京在陷落之前会遭到火烧的厄运。在部署南京周边阵地时，中国军队出于军事目的，的确烧毁了少部分村庄和民房，一度引起了恐慌。西方人士的另一个担心是溃退的中国士兵滋扰、抢劫。上海沦陷后，溃退的中国士兵在江南沿线不听约束、扰民滋事的事情时有发生。因此，当南京城内的枪炮声逐渐平息之后，不少西方人士如释重负，以为日本军队的进入会带来和平和秩序。在1927年的“南京事件”中，金陵大学历史系教授贝德士被一群中国士兵拘捕，双手被缚于背后，几乎被胡乱开枪的士兵打死，幸亏得到红卍字会的援救才得以幸免。[3]南京

---

①《程瑞芳日记》，张连红编《幸存者的日记与回忆》，收入张宪文主编《南京大屠杀史料集》第3册，第24页。

② 邬静怡：《东西方相会》，载陆束屏编译《血色恐怖金陵岁月——金陵女子文理学院中外人士的记载》，南京出版社2014年版，第832页。魏特琳墓碑上镌刻的是“Goddess of Mercy”（活菩萨）。

③ 章开沅：《南京大屠杀的历史见证》，湖北人民出版社1995年版，第5页。

沦陷之际，他与很多人一样，对日军的组织和秩序充满希望，“许多本地居民在日军进城后由衷地表示宽慰，因为显然结束了战争状况的紧张与随时发生空袭的恐怖。至少是可以免于对溃败士兵的畏惧，他们确实是未对城市绝大部分造成严重破坏就跑掉了”①。他的同事斯迈思也作如是观，认为日军会“建立一个有秩序的政权，形势是令人乐观的”②。

1927 年的“南京事件”也给魏特琳的心理留下了严重的创伤，但是，也许是女性固有的直觉，魏特琳与贝德士、斯迈思等人的看法略有不同，她对日军进入之后的状况，一直持保留的态度。早在 1937 年 11 月 24 日她给友人的信中就提到要为即将到来的四个危险阶段做准备，首先是中日交战状态下飞机的轰炸以及军舰的炮击；其次是中国军队撤退的时刻，或早或晚或根本不撤退；第三，一方军队已经撤出而另一方军队尚未进入——这是无法无天的人利用民众孤立无助的机会作恶的时刻；第四，日本军队进入的时刻。③

12 月 13 日，日军攻占南京，魏特琳清醒地认识到“三个危险——士兵的抢劫、飞机的轰炸和大炮的轰击已经过去，但我们还面临着第四个危险——我们的命运掌握在取得胜利的军队手中。今晚人们都十分焦虑，因为不知道未来会怎样”④。

果然，晚上 7 时 30 分，粥厂负责人来向魏特琳报告说，日本兵正在强占校门对面存有大米的房子。魏特琳等人试图同这批日本兵的头目取得联系，但是没有结果。门口的卫兵凶神恶煞一般，魏特琳在日记中写道：“我

① 贝德士：《南京一瞥》，载章开沅编译《天理难容：美国传教士眼中的南京大屠杀（1937—1938）》，南京大学出版社 1999 年版，第 5 页。

②《史迈士致妻子函》（1937 年 12 月 20 日—1938 年 1 月 9 日），章开沅编译《美国传教士的日记与书信》，收入张宪文主编《南京大屠杀史料集》第 4 册，第 231 页。

③ Letter from Minnie Vautrin, Received in New York December 7, 1937,Via China Clipper, RG11, Box 145, Folder 2875，The Archives of the United Board for Christian Higher Education in Asia, Yale University Divinity School Library Special Collections.

④ December 13, 1937, *Minnie Vautrin's Diary,* Box 134 of YDL Record Group NO.11, The Archives of the United Board for Christian Higher Education in Asia, Yale University Divinity School Library Special Collections.

真不愿意看到他！”①

第二天，魏特琳去了南京安全区国际委员会总部了解情况，当魏特琳从外面回到金女大时，她发现学校前面的空地上满是日本士兵，约有 8 名士兵站在学校门口。魏特琳赶紧站到门口，挡住日本兵的路，直到他们离开。当魏特琳发现学校的工友陈师傅正被日本士兵带走时，她设法把陈师傅救了下来。后来还有几次日本兵抓住学校的工人，说他们是中国士兵，要把他们带走。但魏特琳据理力争，说他们是学校的工人，魏特琳的出现，使得他们得以逃脱被枪杀或是被刺死的命运。但学校一个姓魏的信使，就没有这么幸运了，早上他被派出去后，就被日军抓差，很长时间才被放回。

从 12 月 14 日起，魏特琳几乎每天都守卫在学校的大门口，阻止日本士兵进入，同时维持校门口的秩序，让符合条件的人进入校园避难。但情况变得越来越糟！日军不断骚扰金女大。12 月 15 日，金女大校园里又来了一队日军，他们搜查了所有住有难民的大楼。当时魏特琳等人并不知道日军在校园里架着 6 挺机枪，且有更多的日本兵在校园外站岗，并做好了射击的准备，如果当时有人从校园跑走，恐怕是凶多吉少。当一名级别最高的军官离开时，魏特琳要他写个条子，说明学校已被搜查过了，这名军官只好写了一个证明，说学校里只有妇女和儿童，这有助于魏特琳将其他的小股日军挡在校门外。

在日军最为疯狂的日子里，魏特琳一天中的大多数时间，都像卫兵一样守卫在前门，或是跑到学校的其他地方，去对付进入校园的一批又一批日本兵。尽管如此，金女大科学楼管理员蒋师傅的儿子还是被抓走。魏特琳常常感到内疚，认为自己的动作要是再快点，就可以救更多的中国人。魏特琳一直在想做点什么以阻止日军暴行和由此而产生的悲剧，但由于城里没有秩序，她一刻也不能离开学校，因此感到无从下手。

---

① December 13, 1937, *Minnie Vautrin's Diary*, Box 134 of YDL Record Group NO.11, The Archives of the United Board for Christian Higher Education in Asia, Yale University Divinity School Library Special Collections.

在这种情况下，魏特琳只好默默地祈祷："要是日本有良知的人知道南京发生的一切就好了！噢，上帝，阻止日军凶残的兽性，安慰今天无辜被屠杀者的父母们破碎的心，保护在漫漫长夜中倍受威胁的年轻妇女和姑娘吧！愿没有战争的日子早日到来！正如你在天国所为，你也一定会恩泽芸芸众生。"①

然而，魏特琳的祈祷并没能阻止日军暴行的继续。魏特琳每天都要奔波于出现日本兵的大门口、小门、南山和宿舍，这几乎成了魏特琳生活的全部。通常接到校工的报警后，魏特琳就会迅速赶到日军出现的地方，并对日本士兵大声地说："这是美国学校！"②

除此之外，魏特琳还会用礼貌用语"你好"来应对那些到处肆虐的日本士兵。"你好"是西方人士初到中国学习中文时，最早在语言学校学会的问候词语，魏特琳怎么也不会想到，竟然会将其用在"与魔鬼打交道"的场合里，邬静怡这样回忆说：

> 日本军人不分昼夜，出其不意地来到我们的难民营。因此，魏特琳小姐一直忙于巡视校园，将他们驱赶出去。有时，她在吃饭或休息之际，会突然被招呼去，她便立即前去，以礼貌文雅的"你好"来迎接日本兵，作为有人来了，或者生怕他们会突然开枪的信号。③

当时住在金女大门房的杜师傅的妻子赵政莲回忆说："华小姐经常被喊来赶日本鬼子，有一次，200 号楼一个女孩被一个鬼子拉出来，准备带走，

① December 16, 1937, *Minnie Vautrin's Diary,* Box 134 of YDL Record Group NO.11, The Archives of the United Board for Christian Higher Education in Asia, Yale University Divinity School Library Special Collections.

② December 18, 1937, *Minnie Vautrin's Diary,* Box 134 of YDL Record Group NO.11, The Archives of the United Board for Christian Higher Education in Asia, Yale University Divinity School Library Special Collections.

③ 邬静怡：《东西方相会》，载陆束屏编译《血色恐怖金陵岁月——金陵女子文理学院中外人士的记载》，第 825 页。

这时华小姐赶来，将那个日本鬼子赶走，并用手做一种动作来羞这个鬼子。”在大多数情况下，魏特琳的出现足以让日本兵离开，但有时候日本士兵并不理会她，甚至凶狠地盯着魏特琳，有时还对她挥舞刺刀。一次，魏特琳到南山公寓去阻止日军抢劫时，其中一个日本兵用枪对着魏特琳和与她在一起的一位守夜人。

在难民中当时还流传着魏特琳用美国星条旗帜挡日本兵的故事：有一天，两辆日军的汽车吼叫着要开进校门抢掠妇女。魏特琳手握星条旗要日军的汽车走开，日本兵冲下车拉开学校大门，魏特琳挺立在学校大门口，像帆船上的桅杆。卡车怒吼着冲过来，这时，魏特琳急中生智，她把手中的星条旗扔在汽车前，汽车停住了，日本兵的汽车轮子不敢碾轧美利坚的星条旗！[①]

因为人满为患，金女大数百名女难民被转移到邻近的金陵大学（《拉贝日记》）

12月17日，难民进校避难达到一个高潮，人们不断涌入。魏特琳感叹道：“我们简直无法应付。即使有房间，我们也没有足够的力量来管理。我们与金陵大学联系，开放了他们的一个宿舍。”魏特琳还要金陵大学派一名外国人在那儿整夜守卫。下午4时至6时，又有两大批妇女和儿童进来。魏特琳看到这个场面感到很难过，她在日记中写道：“真是一幅令人心碎的景象，惊恐的年轻姑娘、疲惫的妇女拖儿带女，背着铺盖

① 徐志耕：《南京大屠杀》，解放军文艺出版社1997年版，第59页。

和衣物，拖着沉重的步履走来。”由于拥进金女大的难民远远超过了金女大的承受能力，在得到金陵大学特别委员会的同意之后，当天，魏特琳护送一批妇女儿童到金陵大学。一路上，魏特琳遇到了好几批日本兵正在挨家挨户地搜查，这些士兵身上背着各种各样抢来的东西，但由于有魏特琳陪着她们走，这些日本兵没敢骚扰这些妇女。后来，安全区国际委员会主席拉贝，在离开南京前发表的告别演说中也曾提到此事："我一定不会忘记，明妮·沃特林小姐是怎样率领400名女难民穿过全城，将这些人（她的难民们）送进我们安全的收容所里去的，当然这只是无数事例中的一个。"①

为了阻止日军对金女大的骚扰，魏特琳觉得同这些野蛮的士兵有理也说不清，于是决定到日本使馆报告这一事件，看看是否能够得到帮助。12月18日，魏特琳同大王来到了汉口路与上海路交界处时，魏特琳转念一想，还是由她独自先去美国大使馆寻求帮助。

很幸运，在美国使馆魏特琳碰到了一个非常有用的中国秘书或是职员，他给魏特琳写了两封信，并用使馆的车把魏特琳送到日本大使馆。到日本使馆后，魏特琳报告了连日来日本士兵对金女大骚扰的情况，日本使馆的官员听了这些情况后，有些尴尬，但也没有什么好的措施可以采取。于是魏特琳要求使馆官员写一封可以带在身上的信，以便以后能用它将进入校园的日本兵赶走。另外，魏特琳还要求在学校门口贴上日本官方的告示，以制止日军闯入。

魏特琳很高兴这两个要求都得到了满足。日本使馆的田中副领事还说他将去找两个日本宪兵在夜里到金女大去站岗。当一切都办完后，魏特琳准备给为美国使馆开车的驾驶员小费时，这位中国司机坚决不收，并说："使中国人免遭彻底毁灭的惟一原因，就是南京有为数不多的十几位外国人。"的确，在当时那种无法无天的情况下，任何一个日本兵都掌握着对中国人生杀予夺的权力，魏特琳也在思考："如果对这些毁灭和残忍没有任何限

① [德]约翰·拉贝著，本书翻译组译：《拉贝日记》，第680页。

制的话，将会是怎样呢？”[①] 这使她感到自己留下不走的决定是正确的，因为她不仅仅是在保护学校的那些财产，更重要的是她留在南京能起到拯救生命的作用，魏特琳决心加倍努力。

在魏特琳的请求下，日本大使馆从 12 月 20 日开始派遣宪兵到金女大站岗，但令魏特琳十分气愤的是，站岗的宪兵第一天晚上就强奸了两名女难民。这件事使魏特琳感到十分震惊和愤怒，但又感到很难处理：不要宪兵站岗，学校内的难民妇女没有安全保障，而要宪兵站岗同样也没有安全。最后她还是决定亲自去一趟日本大使馆，她在日记中说：

> 早饭后我们开始收集有关昨晚 25 名宪兵所干坏事的材料（两名妇女被强奸）。但我们知道在处理这一事件时必须小心谨慎，要讲策略，否则可能引起这些士兵的仇恨。对我们来说，这可能比我们目前遇到的麻烦更糟。
>
> ……
>
> 当我们 2 点到达日本使馆时，领事不在，因此我们准备 4 点再来，幸运的是，当我们出门时看见了领事的车，于是我们就回去与他见面，并告诉他我们很抱歉，无法为 25 名宪兵提供木炭、茶和点心，能否晚上安排两名宪兵，白天安排一名。他很聪明，猜到昨晚 25 名宪兵在我们那里表现不佳。[②]

日本大使馆还是继续派 25 名宪兵来金女大站岗，这使得魏特琳哭笑不得，不过她最后还是想出了一些办法。一是尽量让这些宪兵在校园外站岗，

---

① December 18, 1937, *Minnie Vautrin's Diary*, Box 134 of YDL Record Group NO.11, The Archives of the United Board for Christian Higher Education in Asia, Yale University Divinity School Library Special Collections.

② December 21, 1937, *Minnie Vautrin's Diary*, Box 134 of YDL Record Group NO.11, The Archives of the United Board for Christian Higher Education in Asia, Yale University Divinity School Library Special Collections.

而学校内则由学校自己的人来巡逻放哨，同时魏特琳又增加了两名曾当过警察的中国人守卫校园，他们现在已身着便装；二是尽量争取让日本大使馆的警察来当宪兵，由于日本方面派来守卫的宪兵经常轮换，因此常常出现误会——魏特琳试图把宪兵当作普通士兵赶走。每次新的宪兵来时，魏特琳和其他人都尽量花时间同他们交谈，记下这些宪兵头目的姓名和番号，并让日本宪兵知道这一点，这样，一方面使他们不敢轻易放肆，另一方面出了事也便于向日本使馆报告。

魏特琳认为结识这些宪兵虽然耗费时间，但却值得。因为后来来站岗的一批又一批宪兵确实没有再给学校和难民带来什么麻烦。“如果他们挑选四个较好的宪兵长期为我们站岗，而不是每天换人的话，那我们就更放心。”

魏特琳竭尽全力的努力和奋不顾身的行动，使她的名字在难民中广为传颂，她的名字成了安全和希望的象征，当年在其他难民所避难的中国军官郭岐也知道魏特琳的事迹，就是一个很好的例证。他说当时“人人为她担心，人人为她安慰。然而她始终如一的奋斗到底”。不过他当时并不知道魏特琳的名字，而只是听别人说是一位美国的“黄小姐”。郭岐在后来的回忆文章中是这样描述魏特琳的：

黄小姐这个名字，在一切难民的口中像一位活菩萨一样，尤其是女同胞的救星。偌大的金陵女大住满数千女同胞，皆由她一个人管理保护，有条有理真是能干极了！不知道的人听了黄小姐三个字，以为她是个外国的年轻姑娘，其实她是一位四十多岁的尚未嫁人的女教授，学识志气，能力人格，都值得我们佩服。她将女界同胞组织起来，一切皆有规定，一点也不乱。如厕所、厨房、井水、出入规则，都有详细规定，男人是不许进去的。等到日本兵进城之后，她日夜坐在门房内，守卫态度十分严肃。进出的人向她行礼，她也顾不得还礼。人数一天天增加，她的责任也一天天的增加。她也不要人家向她客气，认为是自己应尽的责任。她身上也有手枪，日本兽兵如果来了，要进去的话，她即不顾一切抵抗，不准进去。说理不成，有时动武，同兽兵搏斗。①

在南京大屠杀期间，由于金女大有魏特琳的挺身保护，因此，相比较而言，金女大难民所比其他难民所显得更为安全，女难民更愿到金女大来避难，甚至一些日本军官和伪自治会的官员也认为金女大最为安全。有一天魏特琳被叫到办公室与一名年轻的日本军官会面，这名日本军官告诉魏特琳，他马上就要离开南京，他想请魏特琳收留两位中国姑娘，一位 20 岁，一位 14 岁，她们现在住在外交部附近。他说她们住在那里不安全，而当时日军当局正在催促难民们回家。魏特琳告诉他，作为难民，住在金女大是很不舒服的，并让他看了这里女难民是如何生活的。魏特琳猜测他可能对那个大一些的姑娘感兴趣，不敢将她留在安全区外的家中。后来那名年轻的日本军官还是把那两个中国姑娘带来了。一些伪自治会的官员如副会长詹荣光也曾偷偷地请求魏特琳同意他的家人住到金女大来。魏特琳真不想收留她们，但也无法拒绝。

还有一次，时间是 1938 年 2 月 4 日下午 3 点，两名日本大使馆的警察和一名中国人来了，要魏特琳召集全体难民，以便向难民解释让她们回家的计划。魏特琳建议让科学楼里的人到报告厅，可以先和这些人谈，然后再一幢楼一幢楼地进行。这些人同意了魏特琳的这个计划，但他们在第一幢楼讲完后，就草草结束了他们的任务。讲话的内容为：（1）难民必须回家，宪兵、警察和特别的地区组织会保护她们（城里有四个特别区域机构）；（2）如果丈夫被抓、房屋被焚，或极度贫困，她们应该向特别区的机构报告；（3）从此以后，日本方面将不再对安全区加以保护，而只有那四个地区受到保护。在这些人离开时，同日本人一起来的那个中国人故意迟走了一会

① 郭岐：《陷都血泪录》，载“南京大屠杀”史料编辑委员会、南京图书馆编辑《侵华日军南京大屠杀史料》，第 16 页。

儿，然后低声对魏特琳说，他认为让年轻妇女回家不安全，应该留在金女大。这也从一个侧面反映出魏特琳在保护难民方面所取得的成绩。

南京伪自治委员会在1938年初成立后，日本军事当局准备尽快解散安全区，让国际委员会把有关的权力移交给伪自治委员会。但是安全区外日军的暴行丝毫也没有收敛，这使得许多难民不敢回去，有的难民返回后又遭屠杀和强奸，还有许多难民的家早已被日军烧毁，或者其他亲人全部被日军屠杀，处在无家可归的境地。日军当局竟规定2月4日为最后期限，超过这个时限，日军将强行驱赶。这在难民特别是在妇女中造成了极大的恐慌。

1月31日是中国农历大年初一，本是一个喜庆的日子，当魏特琳外出返回校园时，几群年轻姑娘数次围着她，恳求魏特琳允许她们在“自治政府”规定难民必须回家的日子——2月4日之后继续留在这里。魏特琳非常同情她们，心想：“她们面临的是怎样的困境啊！”[①] 并暗自下决心将尽力保护她们。

金女大的小难民（耶鲁大学神学院图书馆）

2月4日，一些难民所开始被迫解散。这天上午，有5个姑娘从金陵女子神学院来到金女大，她们告诉魏特琳，昨天她们那个难民所解散后，她们只好回家，但是，当天晚上日本兵就来了。她们只好翻墙跑回金陵女子神学院，但那里已空无一人，情急之中她们想到了魏特琳，于是一起来到金女大。

对这件事，魏特琳感到左右为难。一方面魏特琳非常同情这些姑娘们的处境，愿意让她们来此避难；另一方面，由于金女大难民所并没有按日

① January 31, 1938, *Minnie Vautrin's Diary*, Box 134 of YDL Record Group NO.11, The Archives of the United Board for Christian Higher Education in Asia, Yale University Divinity School Library Special Collections.

本人的规定那样解散，这可能会引起日本当局的不满，而且如果再接收其他难民所的妇女，肯定又会引来大批的难民，从而引起日本方面的注意，这又会给金女大已有的4000多难民增加危险。魏特琳反复考虑后决定让她们来，“如果以后几天，从其他难民营回家的姑娘觉得她们无法待在家里，我们将不得不收留她们，并将承担其后果”[①]。

魏特琳收留了这5名姑娘及其他的有着类似情况的妇女，同时她决心还要保护好现有的妇女。在做这个决定时，她的脑海里浮现出昨天下午发生在金女大的一幕：米尔斯到金女大来谈论救济计划，约200名年轻的妇女过来并磕头，恳求让她们留下来，当米尔斯走时，她们在他的汽车前哭泣和磕头。魏特琳为她们感到难过，如果不是回去危险太大，这些姑娘们绝不会这样的。

后来，又有许多在日军占领南京之前就到农村躲避的姑娘及农村姑娘陆续来到金女大难民所寻求避难，她们每个人都有悲惨的经历。不少年轻女孩子女扮男装，或是在脸上抹灰、装扮成上了年纪的老妇人来到金女大。国际救济委员会已决定在1938年5月31日正式关闭所有的难民所，因此不让难民所再接收难民，魏特琳在日记里写道：“而我却想收容这些年轻姑娘。”[②] 事实上，魏特琳在其后又收留了不少这样的难民。

魏特琳是一位虔诚的基督教徒，她反对战争，反对残暴与不人道。面对惨无人道的日军，出于一种正义感，魏特琳十分同情难民，她也希望难民能够自强自立，不要向强权与残暴低头屈服。当时在难民所里流传着这样一则故事：

---

① February 4, 1938, *Minnie Vautrin's Diary,* Box 134 of YDL Record Group NO.11, The Archives of the United Board for Christian Higher Education in Asia, Yale University Divinity School Library Special Collections.

② April 7, 1938, *Minnie Vautrin's Diary,* Box 134 of YDL Record Group NO.11, The Archives of the United Board for Christian Higher Education in Asia, Yale University Divinity School Library Special Collections.

金女大难民所闭营时部分妇孺合影（中国第二历史档案馆、南京市档案馆、侵华日军南京大屠杀遇难同胞纪念馆编著《侵华日军南京大屠杀图集》）

那时难民区内，有些神经过敏的人，为安全计，尽在大门挂出太阳旗，过了几日，每人臂上都佩上太阳臂章。有些人早上买菜，还要持上一面太阳旗。然而，到金陵女子大学去的时候，魏特琳最痛恨这一点，都得拿下来。她总说："中国没有亡，不能戴这个。"有一次，一个十四五岁的小孩儿给他姐姐送饭，忘记将臂章拿下来，被魏特琳看见了，她说："你不用佩这个太阳旗，你是中国人，你的国家并没有亡。你年纪很轻，你要记着，牢记在心，是哪一年、哪一月佩的这个。在这个时候，你看见些什么？孩子久远不要忘记！"说完，她帮助这个男孩取下了太阳臂章。这件事感动了整个难民区。[①]

① 郭岐：《陷都血泪录》，载"南京大屠杀"史料编辑委员会、南京图书馆编辑《侵华日军南京大屠杀史料》，第16—17页。

在南京大屠杀那段黑暗的日子里，魏特琳成了南京妇女难民眼中的“守护神”，成了难民们赖以活下去的精神支柱。其实，她也成了妇女难民心目中名副其实的“父母官”。

二、难民所的父母官

日军攻占南京前夕，住在金女大校园里的难民和住在学校附近的居民，不到 1000 人，他们一般都准备了食物，所以比日军占领南京后大量拥入的难民状况要好。那时红十字会设立的粥厂还没有开张，魏特琳便叫人在校园北面两幢宿舍楼之间用芦席搭个棚子，让附近熟人在里面卖食品。这样既方便了难民购买食物，又使附近的熟人多了一条生计。

但是，随着情况的不断恶化和日军的攻入，潮水般涌来的难民显得惊慌失措，许多人什么食物也没带，除了身上穿的外，一无所有，日子非常艰难。12 月 13 日南京陷落的当天，粥厂终于开张。这天，新开张的粥厂按难民进入校园的先后顺序，依次向每幢宿舍楼送早饭，下午又开了一次饭。晚上 7 点半，食堂负责人突然来报告说，日本兵已强占了校门对面存米的房子。魏特琳和总务主任陈斐然试着同日本兵的头目交涉，但却没有结果。存米的房子被日军监控，食堂断炊，难民就只有挨饿。魏特琳立即去见安全区国际委员会主席拉贝，这时已经很晚，拉贝和委员们决定明天解决这个问题。类似的情况在其他难民所也发生了，因为日军在中国作战从不准备给养，对于粮食这样的重要物资向来都是靠劫掠和所谓“征集”来获得的。安全区国际委员会在成立之时就得到南京市政府提供的 4 万担大米，又通过采购储备了一些粮食，这些粮食自然成为日军强夺的目标。12 月 14 日，拉贝通过日本使馆同日本军方取得联系，于次日在南京交通银行与谷寿夫师团的参谋长举行会晤。在《会晤纪要》中，日方对安全区内储备的 1 万担大米

魏特琳（左一）、德威南夫人（右一）等与金女大红十字会粥厂的工作人员等人合影，左五为花匠老邵（耶鲁大学神学院图书馆）

作出这样的表态：即这些大米可供难民使用，但也必须允许日本士兵购买。[①]

通过国际委员会的努力，虽然暂时缓解了“等米下锅”的问题，但如何及时调拨粮食给各难民所，仍面临着严重的困难，缺乏粮食、缺少运输手段以及不能及时了解各难民所的情况，都是造成困难的原因。12 月 17 日上午，魏特琳捎信给安全区总部负责粮食分配的索恩先生，告诉他校门口的红十字会粥厂必须运进煤和米才能维持。19 日上午，她又亲自去见索恩以解燃眉之急，索恩许诺 9 点把大米送到学校。由于难民人数的激增，又无纪律约束，开饭时混乱不堪，德威南夫人和程瑞芳要求难民排队，并按规定的数量领取饭食，但仍无济于事，难民所不得不在 22 日全天停止向难民提供米饭，重新安排供应办法。经过整顿，供应饭食的工作才有了秩序。魏特琳在写给金女大董事会、校长和同事的报告中说：

① ［德］约翰·拉贝著，本书翻译组译：《拉贝日记》，第 181 页。

金女大的难民排队打开水（耶鲁大学神学院图书馆）

你们也许想知道我们是如何供应这么多人吃饭的。南京沦陷那天，红十字会在我们校园北部开了一个粥厂，每天向我们这个大家庭供应两顿米饭。数周以来，他们把蒸好的米饭送到校园广场两个不同的地方。我们已定好了供餐标准，并竭力教育妇女不要拥挤，按顺序轮流，但这对她们来说是很难学会的一课。最近，供餐改在粥厂，比原来好多了，因为粥厂给妇女和姑娘每日两餐，并能随时让她们吃到热的米饭。如果她们能付得起钱，一碗饭交三个铜钱；如果她们确实没钱而且经过核实，就发给她们一个红色标牌，可以免费就餐。许多难民营没有像我们这么幸运，有一个管理完善而且近在身边的粥厂。关于开水，我们很早就让两个男人把大开水炉搬进校园——他们很乐意这么做，这意味着她们得到了人身保护——因此，这儿的妇女整天都有开水喝。[1]

魏特琳在报告中所说的情况，大致反映了向难民供应饭食的方式。她与程瑞芳、陈斐然估算收容难民给金女大造成的损失时认为：“我们的学校在许多方面还算是幸运的，这在很大程度上是因为我们仅收容妇女和儿童，还因为我们的难民无需在自己的房间里做饭。”[2] 给数量庞大的全体难民供

①《第一个月的评述》（1937 年 12 月 13 日—1938 年 1 月 13 日），载章开沅编译《天理难容：美国传教士眼中的南京大屠杀（1937—1938）》，第 376—377 页。

② February 23, 1938, *Minnie Vautrin's Diary*, Box 134 of YDL Record Group NO.11, The Archives of the United Board for Christian Higher Education in Asia, Yale University Divinity School Library Special Collections.

应饭食，在粮食和燃料都十分缺乏的情况下，是很困难的事，魏特琳为此费尽心机。虽然金女大难民所需要的大米和煤炭，主要靠国际委员会调拨，而国际委员会对专收妇孺难民的金女大难民所也总是特别关注，但由于缺乏运输手段，魏特琳仍需另想办法运进大米。1938年1月12日，魏特琳亲自带人前往一所储藏大米的寺庙仓库，看看能否为难民所弄到一些大米，结果是“能得到大米，却无法运进来”。第二天下午，魏特琳用了4个小时，才设法用独轮车和板车把一座寺庙仓库的12袋大米运到学校。第三天，魏特琳又为运28袋大米再次来到这座寺庙仓库，忙碌了整整一天。正当她感到无可奈何的时候，国际委员会的里格斯调来了卡车。两天共运进大米40袋，以当时“一袋中低档米（占委员会供给的大多数）每袋重达212.25磅，或接近77.5公斤”计算，40袋大米合计3100公斤。1月中旬，金女大难民人数仍在5000人以上，如按当时的估算，“一袋米由集体粥厂做成粥可供300人吃一天；若以米饭的形式发放，一袋米可供250人吃一天”来计算，就算把妇孺难民食用数量较少的因素也考虑在内，40袋大米也只够几日之需。由此可见，魏特琳为筹集粮食耗费了多么大的精力。

值得注意的是，在魏特琳接连去这所寺庙仓库运米的时候，国际委员会已把运送大米的事移交给“自治政府”。她已得知“自治政府”所设的大米销售点已经迁出了安全区，且从日本人那里得到了先前属于中国军队的大米。她还听里格斯先生说，他曾去过7家煤店，但都没有煤，燃料越来越成问题，这意味着有更多房屋木料和家具将不得不作为烧饭用的燃料。正因为魏特琳估计到粮食和煤的运送将遇到更多问题，所以才抓紧时间设法运进一些大米。

1938年1月初，国际委员会对各难民所进行了普遍的检查，检查项目大致分为组织情况、难民人数、大米分发情况以及评价等数项。1月5日，国际委员会米尔斯和福斯特参与了对金女大难民所的检查，检查报告的内容如下：

金陵女子文理学院难民收容所

1938年1月5日由洛、王、米尔斯和福斯特先生检查。

组织：

所长：沃特林小姐，带助手。

难民人数：5000人—6000人（以前为1万人）。一些年轻妇女被其家属带回了家，因为在此期间恢复了一定的安全。

这个收容所几乎只住妇女和儿童，另有极少的男性老人。

收容所难民中有许多人暂时还不敢回家。

一支日本宪兵队负责这个收容所的夜间安全。

收容所总共有18位妇女分娩和10人死亡，死亡者大都是儿童。

这个收容所在难民最多的时候，有1000多人露宿在各个楼房之间的通道上。

大米分发：

收容所平均每天得到12袋米供分发。饭在学校大门对面的公共厨房里做。厨房由中国红十字会领导。这个厨房雇用了22个厨师以及许多伙夫。

有1000多人靠自己的亲戚送到收容所来的食品生活。收容所向350人凭别在衣服上的红色配给证免费分发饭。其余的难民在厨房以一杯3个铜板的价格买饭。以前他们在领取食物时支付现金，现在必须买配给证，配给证的销售由一个属于学院会计室的中国人负责。

厨师和伙夫由陈先生直接雇佣，住在学院辖区，只给他们膳食不付报酬。

每天出售饭所得的收入为80元—100元。这些钱大部分已交给国际委员会。

评价：

收容所的领导是出色的。[①]

如果把这份检查报告同其他难民所的检查报告作比较，不难看出，即使在最艰难的时期，金女大难民所的饭食供应也是最好的。

时间一天一天地接近中国人的传统节日——春节，尽管食物奇缺，连米饭的供应都难以为继，但魏特琳和程瑞芳还是在农历除夕免费为难民供应油菜饭做准备。这时，国际委员会送来两份礼金，作为春节的贺礼，魏特琳把其中一份用作给所有人加餐的费用，另一份用作给做了许多额外工作的临时工的小费。2 月 1 日，年初二，金女大的教职员工聚在一起吃了一顿特殊的晚餐。饭后每人还吃了半个蜜橘和几块巧克力，这对于忍饥挨饿、日夜不息为难民解难排忧的员工们来说，简直是意想不到的奢侈品了。

不过，在为难民筹集大米、施放米粥的过程中，魏特琳还不得不亲自处理食堂管理方面出现的漏洞。1938 年 3 月 11 日早晨，一些难民抱怨粥非常稀，供给的量也不足，她们给魏特琳看了她们分到的早饭。魏特琳对这种为中饱私囊而忍心让妇孺挨饿的丑恶行为愤慨不已。她甚至想亲自掌管食堂，根除这种榨取行为。在魏特琳看来，食堂有人不让难民得到应得的粮食份额，就是损害提供粮食的国际委员会的声誉，就是对人道主义精神的亵渎。

但由于这个粥厂是隶属红十字会的，因此这个问题一时难以解决。后来又不断有难民来反映这个问题，魏特琳听后常常怒火满胸膛，“我们得知，这个粥厂没有给穷苦的难民充分的好处，而是以难民饿肚子为代价赚了一大笔钱。我不敢相信这是真的。我觉得，用刺刀很快地刺杀一个人比不给他食物而让他饿死可能还要人道一些”[②]。后来，魏特琳亲自去了解情况，

① [德] 约翰·拉贝著，本书翻译组译：《拉贝日记》，第 366—367 页。

② March 12, 1938, *Minnie Vautrin's Diary*, Box 134 of YDL Record Group NO.11, The Archives of the United Board for Christian Higher Education in Asia, Yale University Divinity School Library Special Collections.

结果粥厂的负责人指控工作人员一点点地偷米，而工作人员们又指控那些负责人大量地偷米。魏特琳觉得："令人厌恶的是人人都想得到好处，却让那些可怜的妇女和孩子们挨饿。"[①]魏特琳想，如果由金女大负责粥厂的话，"国际救济委员会投入多少，我们就能给难民们多少"[②]。经过一段时间的努力，魏特琳让其助手陈斐然接管了粥厂的工作，这样食堂对难民的供应才有了很大的改进。

如果我们留意一下西方人士在这期间的日记和书信，就会发现他们无一例外地特别关注天气情况。南京沦陷前，他们特别希望下雨，因为一般下雨天，日本飞机不会光顾南京。而南京沦陷之后，他们则希望天气晴好如春。魏特琳在 1937 年 12 月 23 日的日记中写道："今天下雨了，所有睡在走廊上的人，无论如何必须挤进来。过去几个星期的好天气是天公最大的恩赐。"[③]好在 1937 年 12 月到 1938 年 1 月的大部分时间里，天气晴朗，气温较高。但是，天气好、气温高，同时也带来负面的影响。由于垃圾堆积得很多，马路上的尸体也没有及时清运，空气中弥漫着尸体的腐臭味，疾病时刻威胁着聚集在安全区的难民。

在诸多管理工作中，如何维护环境和保持卫生是最令人头疼的事。近万名难民拥入金女大，在卫生工作方面带来的问题完全超过了人们特别是魏特琳的想象。

魏特琳曾自嘲地说："不用说，它（难民所）是不会因为环境卫生而获得蓝绶带[④]的。"一开始，难民人数只有 400 人的时候，魏特琳规定了较

① March 31, 1938, *Minnie Vautrin's Diary,* Box 134 of YDL Record Group NO.11, The Archives of the United Board for Christian Higher Education in Asia, Yale University Divinity School Library Special Collections.

② April 1, 1938, *Minnie Vautrin's Diary,* Box 134 of YDL Record Group NO.11, The Archives of the United Board for Christian Higher Education in Asia, Yale University Divinity School Library Special Collections.

③ December 23, 1937, *Minnie Vautrin's Diary,* Box 134 of YDL Record Group NO.11, The Archives of the United Board for Christian Higher Education in Asia, Yale University Divinity School Library Special Collections.

④ 英国政府所颁发的最高荣誉。

为严格的卫生制度，难民们每天打扫房间与大厅，随时捡起废纸，禁止小孩随地大小便。但随着难民人数的增加，“有 1 万名或更多的难民在这儿，除了劝说难民们不要把校园当做厕所外，我们什么也做不了。哈丽雅特所谓‘草坪上可以行人’的理想在这里得到了如此充分的体现，以至于现在不再有任何草坪了。许多地方，尤其是打饭的地方则是泥土和卵石。树木和灌木丛也严重毁坏，有些灌木被踩得无影无踪。一到晴天，树上、灌木上、篱笆上、围栏上，到处都挂着各种颜色的尿布、裤子等东西，当外国人来时，他们都笑了起来，并说从未见过金陵女子文理学院是如此绚丽多彩”①。

随着春天的来临，天气变暖，难民粪便如何处理的问题日益突出，魏特琳非常担心瘟疫的爆发。在这之前的粪便处理方式是挖了几个壕沟供难民们倒粪便，由于难民人数和难民待在难民所的时间远远超过了原来的估计，结果一个壕沟接着一个壕沟被粪便填满，并且开始四溢。魏特琳在日记中忧心忡忡地写道：“到处都是粪便，这已成为一个长期困扰我们的问题，但人们说，我们解决这个问题比其他难民所都要好。如果我们不能很快弄来石灰的话，在夏天结束前我们都将死于疾病。”② 当时由于特定的情况，到处都买不到石灰，魏特琳十分着急，甚至表示：“即使去抢，我们也要弄些石灰来，否则天气转暖后，可能会有传染病。”

后来，魏特琳决定再挖几个更大、更深的坑，将到处堆放的垃圾和粪便埋掉，但当时有个难题是，由于大部分工人已离开了南京，很难找到好的工人。魏特琳只好组织现有的工人进行了艰苦的工作，经过数天的努力，2 月 19 日，工人们终于看到了自己辛勤劳动的成果：中央楼西面山上挖了一个新的大坑，用来装夜里的粪便。堆在那里的所有垃圾也被埋掉了。他

---

① December 27, 1937, *Minnie Vautrin's Diary*, Box 134 of YDL Record Group NO.11, The Archives of the United Board for Christian Higher Education in Asia, Yale University Divinity School Library Special Collections.

② February 15, 1938, *Minnie Vautrin's Diary*, Box 134 of YDL Record Group NO.11, The Archives of the United Board for Christian Higher Education in Asia, Yale University Divinity School Library Special Collections.

们还在山后挖了一个巨大的壕沟，同时还将在图书馆北面的山上再挖一个。

3月3日，工人们又挖好了两条供装粪便的壕沟，壕沟长20英尺，宽5英尺，深4英尺。这样暂时缓解了处理粪便的压力。但魏特琳知道这只是暂时的现象，因此决定过几天再挖新的壕沟存放粪便，同时更加积极地到各地去寻找石灰。3月16日，工人们终于弄到了石灰，撒在肮脏的地方消毒。

金女大的难民排队等候种痘（耶鲁大学神学院图书馆）

为了防止疾病和瘟疫的流行，除了要搞好环境卫生外，很重要的一个方面就是为难民们接种疫苗和打防疫针，南京国际救济委员会募集到一笔资金专门用于为难民们打防疫针，另外，还派来了鼓楼医院的布雷迪医生负责这一工作，2月21日开始给儿童接种疫苗，到2月25日下午，共为1117人接种了疫苗。同时还为难民所里的7582人打了预防针，其中金女大就有约2000人。

对于这项工作，魏特琳积极予以配合。当时有些难民不知道打防疫针的重要性，也不懂何为瘟疫，由于害怕而不愿打针，魏特琳就积极地做工作，以解除难民的顾虑和恐惧，但仍有一些难民不愿打针，魏特琳自己也吃不准是否应该强迫所有的难民都接种疫苗。但经过一段时间后，难民都自愿接受接种疫苗。

4月份，国际救济委员会又弄到了霍乱和伤寒的疫苗。26日上午，李医生和几位助手、护士来注射霍乱和伤寒的两次疫苗接种中的第一针，从上午8点30分至10点30分，共有363人接受了疫苗接种。魏特琳和程瑞芳把这一工作组织得有条不紊，难民没有一声抱怨。因为魏特琳她们知道，如果这第一针组织工作做得不好，要让她们来注射第二针就更困难了。4月29日是接种霍乱和伤寒疫苗的最后一天，这天又有310人接受接种，金女大全部接种的难民数超过了1000人。

国际救济委员会还在上海募集到了奶粉和鱼肝油，魏特琳把其中的奶粉分发给婴儿，把鱼肝油分给12岁以下的儿童。程瑞芳及其3名助手每天要给34个婴儿喂牛奶，给240个12岁以下的孩子喂鱼肝油，以增强他们的体质，提高他们预防疾病的能力。

金女大，女难民在洗衣服（耶鲁大学神学院图书馆）

与卫生有关的另一个问题就是难民如何洗澡。当魏特琳得知许多难民已数月没有洗澡时，就积极张罗，落实开放东北宿舍楼浴室的有关事宜——共开放两个澡堂，由程瑞芳负责管理，金女大的洗衣工负责烧炉子，另外还有4个难民来帮忙。3月15日8点30分，两个澡堂正式开门，对成人的收费是4个铜板，孩子减半。难民们听说有地方可以洗澡了，都非常高兴，一位母亲拿着一块“救生带”牌香皂到魏特琳办公室，说明天要给两个小儿子洗澡，喜悦之情溢于言表。第一天就有154人洗了澡，第二天有161人。3月15日至4月14日，总共有4071人洗了澡。魏特琳觉得：“校园里人们的精神面貌是多么不一样啊！所有的人都有机会洗澡了，妇女们脸上的极度恐惧已了无踪影。”[①]

① April 18, 1938, *Minnie Vautrin's Diary*, Box 134 of YDL Record Group NO.11, The Archives of the United Board for Christian Higher Education in Asia, Yale University Divinity School Library Special Collections.

作为金女大难民所的负责人、妇女难民的父母官，魏特琳一直最为关心的是如何救济那些因大屠杀而失去生存能力的妇女，从而使她们能重新树立信心生存下去。魏特琳从小家境贫寒，吃过许多苦，因此，她从内心深处对极度贫苦的妇女表现出了特别的关注和同情。当得知南京城里的三个慈善机构计划分发 1000 袋大米和 2000 元钱给最贫困的人们时，魏特琳赶紧为金女大的难民提出了申请，并得到了 200 元钱的资金，魏特琳很高兴，因为这笔资金可以为最贫穷的难民——免费吃饭或给持红证的难民购买蔬菜和食油。包括孩子在内，这些难民在金女大约有 1000 人。

后来南京国际救济委员会从上海和国外募集到一笔款项，决定将其中的一部分用来救济南京最贫穷的难民。是否有资格获得救济，每个难民要填写表格，并要经过难民所负责人的推荐。魏特琳及程瑞芳、王瑞芝、薛玉玲花了 4 个小时把这些表格填写完。在填表时，对那些有孩子的妇女，填表人总是这样写道："如果其丈夫回来便不会有问题，但如果回不来，就让她们进家庭工业学校或家庭手工学校，我们希望从 3 月 1 日到 6 月 30 日在金女大开办这些学校。"魏特琳还推荐许多妇女，使她们获得小额贷款，直至她们与撤往中国西部的丈夫联系上。对另外一些人，魏特琳则推荐每人得到 5 元赠款，以帮助她们开始新的生活。对如何才能帮助这些无依无靠的妇女重新自立，魏特琳感到没有把握。她感叹："如果我们的社会学系及其学生在这里就好了！"①

2 月 6 日，即大年初七，国际委员会的米尔斯又给金女大的难民送来了 300 元救济款——100 元用于捐赠，200 元作为贷款资金。他同时还许诺，以后此类资金将增加到 500 元。魏特琳还积极地从海外为难民们募捐，3 月 24 日，吕蓓卡发来的电报报告魏特琳一个好消息：金女大已获得 500 美元

① January 29, 1938, *Minnie Vautrin's Diary*, Box 134 of YDL Record Group NO.11, The Archives of the United Board for Christian Higher Education in Asia, Yale University Divinity School Library Special Collections.

以资助难民，金陵大学医院获得1000美元。

如何将救济金分配给最贫穷和最需要的难民，这成为魏特琳考虑的一个重要问题。1938年2月7日上午，魏特琳召开了一个会议，决定在难民居住的每一幢房子里派一个人，第一个星期的任务是结识难民，安慰她们，了解她们的真实情况，并制定出直接救济的最佳方案，同时非正式地与她们讨论将要开办的家政和手工班的事宜。

在调查了解的基础上，2月16日，金女大难民所完成了用新的黄标记更换红牌的任务。更换以后，有653人得到免费大米，人数比以前有所减少，魏特琳在日记中问自己："我们是否在分发领免费大米的标记时过于谨慎了？"但由于资金有限，魏特琳想只能救济最困难的难民。"要是我们不这么谨慎的话，就会有更多的人待在这里。"[①] 根据国际救济委员会的精神和难民的实际情况，魏特琳和同事们还制定了金女大难民所的现金救济和勤工俭学的救济原则与方案。

魏特琳的日记中记载了许多接受救济的案例，如一个带着孩子的女难民，丈夫被日军抓走，下落不明。她决定离开难民所，跟随一些人去汉口。魏特琳就给了她5元的现金救济。那位妇女说，她的钱用完后如果到不了汉口或是生活仍然无着落的话，她只有去讨饭，可见这笔钱对这个难民来说是多么重要。

5月18日，一位带着3个孩子的妇女也领到了5元，她的丈夫在日本人进城时被杀害了，她要努力开始新生活。19日，魏特琳救济了一个带着5个孩子的寡妇，给了她5元的现金，她要把两个大一些的女儿暂时留在这里，而将那3个更小的孩子带在身边。她要用这微薄的5元试着去做某种小买卖。她那个负担全家生计的20岁的儿子被抓走了，可能永远不会再回来了。

① February 16, 1938, *Minnie Vautrin's Diary*, Box 134 of YDL Record Group NO.11, The Archives of the United Board for Christian Higher Education in Asia, Yale University Divinity School Library Special Collections.

28日，魏特琳给3位非常穷困的妇女每人发了6元作为资本，她们有一个或几个儿子被抓走了，现在无依无靠。在过去的几天中，她们一直在和自己家里的其他成员计划如何谋生，其中一个人打算去卖扇子、肥皂和蜡烛；另一个人和她的女儿要开一家小洗衣店。她们对魏特琳的资助万分感激，并且诚挚地保证要将这笔基金作为资本。

在金女大难民所被迫解散不久，魏特琳又给最贫穷的9名妇女和1名老汉发放了资助。她在日记中记载了一份十分详细的接受资助妇女的资料，很有价值，现附录如下：

受资助者1：一位婚后姓陈而婚前姓李的妇女，现年60岁，丈夫62岁。去年12月16日，她的3个儿子被日军带走，而且从此杳无音讯。最大的儿子35岁，已婚，留下他的妻子和4个孩子，他是个卖鱼的；她的二儿子29岁，留下他怀胎的妻子，他是做布丁的；她的三儿子17岁，没结婚，靠卖报纸为生。这个妇女得到6元，她拿它做小生意。她现在卖一种中国人当早饭吃的油炸圈饼，这能使她扩大生意、增加收入。

受资助者2：黄云洲（音译），70岁，妻子已故。他和他的儿子是裁缝。他的儿子32岁，去年12月13日被抓走，从此杳无音讯。他有一个30岁的儿媳妇，眼睛瞎了，他还有3个孙子，最大的9岁，最小的3岁。老人得到6元，他想开一个小店，这样就可以养家糊口了。

受资助者3：李杨氏，35岁，她的丈夫是个制伞匠，去年12月15日被抓走，从此杳无音讯，留下她和2个小女孩，一个14岁，另一个5岁。她现在住在一些可怜她的邻居家里，她的家被中国军队为了军事目的焚烧了，她现在一无所有，连根筷子都没有。她的铺盖在日本兵进城时被抢走了。她得到6元，她指望用它去开一个卖蜡烛、肥皂等杂货的小店，努力养活她的孩子们。

受资助者4：杨陶氏，43岁，丈夫47岁。去年12月16日，她的

2个儿子被抓走了，大儿子在一家当铺做事，25岁；二儿子18岁，刚刚小学毕业，对他父母来说，花了很大的代价才使他接受了这些教育。当我们问她，日本兵抓走她的2个儿子时，她是否哀求过那些士兵。她说，她没敢求他们，因为那些士兵非常凶残。这名妇女有一个80岁的老母亲跟着她住，还有一个10岁的小女儿。她得到6元，她和她丈夫希望用它去重开一个小古玩店。

受资助者5：王胡氏，52岁，丈夫60岁。她的2个儿子在去年12月16日被抓走了。最大的20岁，开了一个小电器商店；二儿子17岁，在他哥哥的店里工作。她得到了6元，这可以帮她开一个洗衣店。

受资助者6：沈田氏，29岁，带着3个小孩，分别是6岁、4岁和1岁。她的丈夫在这次灾难中离开了南京城，她一直未能找到他。她得到5元，可以帮她开一个小店，希望她能挣足钱养活3个孩子。

受资助者7：刘殷氏，49岁。她的丈夫61岁，去年12月13日被抓走，从此杳无音讯，那时他正在寻找他的一个女儿。她有4个女儿、2个儿子。大女儿29岁，已婚，丈夫死了；其他3个女儿分别是17岁、14岁和9岁；小儿子12岁；大儿子21岁，已去了西部。我们给了她6元，可以让她买制鞋材料——这是那3个女儿在家里进行的一项生产。她自己要出去替别人洗东西。

受资助者8：王秀兴（音译），是名21岁的年轻姑娘，她的母亲去年秋天在空袭中吓死了。去年12月16日，她43岁的父亲、31岁的叔叔和一个19岁的弟弟都被日本兵抓走了，从此杳无音讯。他们也许已经被杀害了。留下了这个姑娘和3个弟弟。大弟弟16岁，智力发育不全；二弟弟13岁；小弟弟6岁。我们给了她5元，她想用来开一个店，以挣到足够的钱来养活他们4人。他们已经回到她父母亲的一个朋友家里，但是这些人也很穷，无法帮助他们。

受资助者9：马吴氏，她是从上海来的难民，有2个小孩，一个7岁，一个2岁。她和她的丈夫在去年秋天的撤离中走散了，她不知道他现在在哪里。她得到2元，可以暂时帮她一下。她现在仍待在一个难民所，吃免费的饭菜。

受资助者10：朱梁氏，35岁，有3个小孩，她的丈夫去年秋天被带去为中国军队干活，她不知道现在他是死是活。她仍然待在一个难民所，我们给了她2元，可以为她的小孩们买点食物。[①]

通过金女大的小额救济，这位老裁缝得以重新开业，他的儿媳（几乎失明）和三个孙子都要依靠他（耶鲁大学神学院图书馆）

实际上，魏特琳救济妇女难民的工作持续了相当长的时间，如1938年12月19日，“早上做完祷告后，我们5人委员会讨论了过圣诞节的问题。要知道，我们已经给西部寄去了150元以救济难民。我们打算再花100元帮助南京的穷人。我们将给市残疾儿童之家的穷人每人0.2元，那里一共有60—70位穷人，这些钱可以让他们多买一些食品过圣诞节。我们还将寄一些衣服给那些最需要的人们”[②]。1939年1月4日，魏特琳日记记载：“拨了50元用于购买米票，今天，罗小姐将分发给穷人，在我们中她是最适宜做这项工作的，因为她知道谁

① June 7, 1938, *Minnie Vautrin's Diary,* Box 134 of YDL Record Group NO.11, The Archives of the United Board for Christian Higher Education in Asia, Yale University Divinity School Library Special Collections.

② December 19, *1938, Minnie Vautrin's Diary,* Box 134 of YDL Record Group NO.11, The Archives of the United Board for Christian Higher Education in Asia, Yale University Divinity School Library Special Collections.

是穷人。”[1]

以许多生活在和平条件下的人的眼光，以上受魏特琳资助的人根本就无法生活。但中国人几千年来历经磨难而始终能够恢复、发展的一个重要原因，就是中国百姓始终抱有旺盛的求生意志和忍受苦难的坚韧品质，魏特琳对此有极高的评价，她在1938年夏天从南京去上海的路上，看到绿油油的庄稼，她曾在心中默默念叨：怎样才能为中国的未来留住这些仍在辛苦劳作的中国人？资助以上孤苦无助的人，让他们重新扬起生活的风帆，可以说是这种思想一以贯之的表现。

救济妇女难民资金的来源，其中一部分是魏特琳给在美国的熟人写信报告这里的情况后，由美国的一些人募捐，并通过辛普森小姐转来的；一部分是由上海的中国妇女俱乐部赠送的，其数目达3000元[2]；还有一部分是国际救济委员会提供的。几个月后的一个上午，魏特琳清理了账目，并将从国际救济委员会收到的救济金做了账。国际救济委员会给了金女大200元作为现金救济，做完账后魏特琳发现已用了210元。但魏特琳觉得并没有乱用这笔钱，因为“每次我们都尽力把钱给那些最需要的妇女，她们带着几个孩子，由于丈夫被杀或被抓而无依无靠”[3]。到了后来，还有些钱是金女大师生捐的款，如1939年3月20日魏特琳的日记记载：“几天前，陈先生张贴了一份学校关于上学期慈善捐款的财务公告，内容如下：教师捐款225元，勤杂工捐款17.14元，特别圣诞捐款24.5元，伙食费（只吃白米饭）省出42.1元，学生奖学金的捐款13元，学生捐款59.98元。各班的捐款情况是：高二（9名学生）7.8元，高一（15名学生）3.46元，初二（二）

---

① January 4, 1939, *Minnie Vautrin's Diary,* Box 134 of YDL Record Group NO.11, The Archives of the United Board for Christian Higher Education in Asia, Yale University Divinity School Library Special Collections.

②《金女大行政会议记录（英文）》（1938年6月15日），六八八（49），中国第二历史档案馆藏。

③ June 4, 1938, *Minnie Vautrin's Diary,* Box 134 of YDL Record Group NO.11, The Archives of the United Board for Christian Higher Education in Asia, Yale University Divinity School Library Special Collections.

（22名学生）7.94元，初二（一）（36名学生）12.66元，高一（63名学生）20.71元，共计381.98元。”①

除了通过现金救济这些一无所有的妇女难民外，魏特琳还通过提供工作机会的方法救济一批贫困的妇女。如魏特琳和程瑞芳安排了许多妇女开始重新制作去年秋天为伤兵做的衣服，魏特琳认为“这是帮助我们这个难民所里的最穷的妇女脱离贫困的一个办法”。通过做这一工作，难民们能得到相应的收入。在后来的几个月里，金女大难民所共组织了约100名最穷的妇女将原先为伤兵做的衣服改制成平民穿的衣服。难民所每天付钱给她们，这些钱足够她们买额外的食物，后来还发动妇女除草，并支付相应的报酬。这样既改善了金女大的环境，同时又对难民们实施了救济。

随着安全区最后关闭的日期临近，魏特琳也在考虑孤儿安置的问题。1938年4月30日上午9点，魏特琳、程瑞芳、德威南夫人坐着大主教汉耐克（Hannaker）的汽车出发去调查南京可以安置孤儿的机构的情况。她们首先去了马先生的“真诚”孤儿院，那里的情况令人遗憾，平房已很破旧，有的门窗已损坏，但修缮后仍可再使用。主楼已被抢劫一空，但楼还较新，未遭破坏，大约有16台完好的织布机还在那里，不幸的是织毛巾的机器已被当作柴火烧了。显然那里的一些房屋里曾拴过马匹。然后魏特琳等人又去了剪子巷查看为穷人和残疾人设置的南京的一个慈善机构的情况，该机构的人告诉魏特琳等人说，他们在南门外用于生产自救的工厂已完全遭受破坏。接着魏特琳等人鼓起勇气，决定去位于南京卫岗的遗族学校，并去了原来用于收留男孩的地方，那里的一些建筑被毁了，另一些建筑情况也不好。在返程途中，她们对此行未能发现一个较为理想的安置孤儿的地方而感到非常失望。

① March 20, 1939, *Minnie Vautrin's Diary*, Box 134 of YDL Record Group NO.11, The Archives of the United Board for Christian Higher Education in Asia, Yale University Divinity School Library Special Collections. 日记原稿中出现了两次高一班级捐款数，恐有误。

除了要解决妇女难民的吃饭和生活资助问题之外，处在极端无望的难民几乎事事都要向魏特琳求助。有一段时间，每天都有许多人来找魏特琳帮忙，以至于魏特琳经过校园时总是一次又一次地被求助的人拦住。

如 1938 年 4 月 12 日，饭堂的一个挑水工来说，他妻子的弟弟住在玄武湖边，一个日本兵在玄武湖钓鱼时，在附近丢失了钓线和鱼竿，怀疑是他妻弟家的人拿的，日本兵已经带走了他家的小儿子，还威胁说如果不立刻送还鱼线鱼竿的话，就要烧掉他家的房子，杀死他全家的人。魏特琳不知道这个故事的真实性有多少，但还是决定写封信给伪自治委员会，请他们去调查这件事。

还有一个年轻妇女带着 4 个孩子来求魏特琳给在重庆的朋友写封信，问问她的丈夫是否曾经到过那里。她的丈夫是跟着一些人乘小船逃离南京的。但后来她听说许多船只都沉掉了，现在她急切地想知道这方面的消息。

魏特琳认识的金陵大学附中一位老师所教过的一个男孩的父亲，也来求魏特琳帮忙，他说他家已贫困潦倒，希望得到帮助。魏特琳请国际救济委员会的一位调查员去调查这件事，并回来向她报告。

有一天，魏特琳在办公室帮助一群邻居起草了一份请愿书，请求释放一位被日本兵抓走的无辜邻居。事情的经过是这样的：可能是不久前的一个晚上，一个醉醺醺的士兵来到一个姓何的人家要找一个年轻姑娘，那家的母亲和女儿得以逃脱，由于那个士兵醉了，那个父亲看看有把握就杀了那个日本兵，并将尸体掩埋在一个防空壕里。开始一切都平安无事，后来附近的一个孩子将消息走漏给了正在寻找这个失踪士兵的日本兵，那些日本兵去了何家，但何家人已逃走了。日本士兵捉住了一个孩子，那孩子惊骇之下大叫姓焦的人的名字，求他来救他。根据这个证据，日本兵抓走了姓焦的人，并对他严刑拷打。姓焦的全家焦虑万分，魏特琳建议知道实情的那些邻居们去伪自治委员会为他请愿，但后来人们告诉魏特琳伪自治委员会已经被解散了。几天后，魏特琳骑着自行车出去，了解到姓焦的还未被释放，魏特琳决定再想办法。

对于这么多的请求，魏特琳在日记中写道："我多么希望我们能比现在做得更多，然而精力、耐心和资金都是有限的。"①

尽管魏特琳总认为自己为难民做得还不够，但南京难民却对她十分感激，对她这位"父母官"异常尊敬，难民们都以自己独特的方式表达了自己的敬意，这使得魏特琳感到无限的温暖。一次，魏特琳和同事去位于南门东面的"寡妇之家"。她们转进剪子巷不久，遇上了胡老先生和他的妻子，他们在金女大当了大约20天的难民。他坚持要魏特琳去他家喝杯茶，魏特琳怕给他们添麻烦和增加他们的负担，说如果他们不张罗东西来招待就去，胡老先生同意了。但是到了他家后，他和他那贤惠的妻子用花生、西瓜子和精心烧煮的可口的糖藕来招待魏特琳等人。他家的一排三间小屋没被烧掉，然而同它们连在一起的主屋全都被烧了。当他带魏特琳进入其中一间天花板上的纸已被烤焦而差点被烧掉的屋子时，他说他之所以能幸免于难是因为他供奉的神像——观音菩萨保护了他。确实这一对老夫妻至今一直很幸运，因为他的儿子、孙子或曾孙，一个都没有受到伤害。但是离他家不远的一个菜农家就没有他家这么幸运了，这个家庭有18口人，死了16口人。

还有一次，魏特琳路过花匠老邵的家，他一定要请魏特琳喝一碗热气腾腾的鸡汤、吃一只水煮荷包蛋。魏特琳觉得他就是《大地》②一书中的一个人物，因为他是勤劳的中国农民的典型形象，和大地贴得那么近。

魏特琳知道许多中国人请她及其他外国人吃饭是为了感谢留在南京的外国人为他们的同胞所做的一切。但她总认为这是自己应该做的事情，因此，她在日记里对此不断地告诫自己："这已变成他们的习惯。反对似乎没用，事实上他们表示的感谢太多了，这对白人来说真是个危险，白人们会变得

---

① April 12, 1938, *Minnie Vautrin's Diary,* Box 134 of YDL Record Group NO.11, The Archives of the United Board for Christian Higher Education in Asia, Yale University Divinity School Library Special Collections.

② 这里指的是美国著名女作家、诺贝尔文学奖获得者赛珍珠所著的 *The Good Earth* 一书。

得意洋洋。”

魏特琳对难民的关心和爱护，使那些曾经得到她帮助的人终身难忘。20世纪80年代中期，作家徐志耕在采访南京大屠杀幸存者时，一位名叫张镜轩的老太太深情地回忆起往事：

> 华小姐会讲中国话，有一次我去晚了，粥没有了，华小姐把自己的在吃的麦粥给了我，她问我会不会写字，她对我说：你们不要愁，日本要失败，中国不会亡！①

魏特琳在南京大屠杀期间保护妇女难民的壮举，也得到了重庆国民政府的重视和高度评价，为此，国民政府曾于1938年7月31日秘密地给魏特琳等人颁发了一枚“襟绶采玉勋章”，据说魏特琳是第一位获得采玉勋章的外国女性。由于当时魏特琳还在日军统治下的南京，因此这枚勋章是通过美国大使馆官员秘密带到南京的，1939年2月2日，魏特琳前往美国大使馆秘密领取，这枚勋章现在为魏特琳的侄女蓝恩太太所收藏。

魏特琳并非一个人在战斗。南京大屠杀期间，魏特琳所管理的金女大难民所之所以取得如此高的赞誉，同协助魏特琳工作的其他人的努力也是分不开的。1937年11月22日，金女大成立了由魏特琳等人组成的5人紧急委员会。11月30日，金陵神学院的学生王瑞芝也搬到金女大帮忙。12月1日，委员会召开会议，决定总务助理李鸿年负责组建一个治安小组，组织并训练6名工人，为他们做臂章。会议还任命邻里学校的教师薛玉玲小姐负责把她的学生和校园里大一点的孩子组成一个难民服务队，训练他们，并为他们准备胸章。12月2日，5人紧急委员会又缩减为3人——魏特琳、程瑞芳、陈斐然。中文老师王耀廷也是魏特琳的得力助手。学院留守的老师、

---

① 徐志耕：《南京大屠杀》，第61页。

德威南夫人

职员、工人都参与了收容所的工作，甚至邻里学校的学生，王耀廷的3个孩子王兰影、王瑞颐、王瑞豫和程瑞芳的孙子程国祥等都参与了收容所的服务工作。

毫无疑问，紧急委员会是金女大难民所的管理核心。除此之外，魏特琳还有一个与她同心协力的群体，首先应该提到的是魏特琳的亲密朋友德威南夫人，她的中文名是戴费马利，1895年，生于美国新泽西州特伦顿，后于哈特福德神学院获神学教育学士学位，纽约大学获硕士学位。1919年9月前往中国安徽省怀远县，成为一名长老会传教士。1922年5月，与金陵大学教授戴籁三（保罗·德威南）结婚，但1923年9月24日戴籁三因盲肠炎逝世。为了纪念丈夫，她修建了一座小型的中国式的德威南礼拜堂。德威南夫人留在南京，就是为了守护这座礼拜堂。德威南夫人在金陵大学教书，1936年5月加入中国国籍。南京大屠杀期间，德威南夫人任国际红十字会南京委员会成员。早在南京沦陷前、日军轰炸期间，德威南夫人就经常到金女大帮助魏特琳，魏特琳在1937年10月17日的日记中写道："玛丽·德威南在这里，她工作得很好，无论什么地方需要她，她总是乐于帮助，但是，她已不再被算作外国人了。"[①] 南京沦陷后，这位令人尊敬的夫人于12月17日住进金女大后，成为魏特琳最得力的助手之一。熟悉德威南夫人的中国人一般称她为戴师母，程瑞芳在日记中写道："华、戴二位不能同时出外，非得有一西人在家，戴虽是中国人，不过她的面相是外国人。"[②] 德威南夫人凭着自己的勇气和特殊身份，

① October 17, 1937, *Minnie Vautrin's Diary,* Box 134 of YDL Record Group NO.11, The Archives of the United Board for Christian Higher Education in Asia, Yale University Divinity School Library Special Collections.

②《程瑞芳日记》，张连红编《幸存者的日记与回忆》，收入张宪文主编《南京大屠杀史料集》第3册，第27页。

帮助魏特琳承担起责任，特别是当魏特琳有事必须暂时离开校园的时候，她总是恪尽职守地坚守在校园。因为一直忙于在金女大救助难民，德威南夫人的家遭到日军彻底的洗劫。

程瑞芳与小孙子及德本康夫人（耶鲁大学神学院图书馆）

程瑞芳是魏特琳另外一个非常得力的女助手。程瑞芳1875年出生于湖北武昌，早年毕业于武昌护士学校，1924年来到金女大任舍监，她善良、富有责任心，深得师生的喜爱。她是金女大紧急委员会成员，在魏特琳看来，她的“许多意见都非常明智、有价值”。为了保护、救助成千上万的妇孺难民，已逾花甲之年的程瑞芳冒着生命危险，不辞辛劳、竭尽心智协助魏特琳在校园内四处奔波，驱赶频频前来作恶的日军士兵。作为金陵女子文理学院难民所唯一的护士，程瑞芳还承担了校内卫生、产妇生产及儿童护理等繁重工作。不仅如此，程瑞芳还将每天所见所闻所思所感记录下来，写成《首都沦陷金校留守日记》，与已经公布的《魏特琳日记》《拉贝日记》等西方人士的证言相互印证，这是到目前为止所发现的唯一一本参加安全区管理工作的中国人的日记，为研究南京大屠杀期间南京难民的社会心理，提供了一个十分重要的观察窗口。1946年，她曾向远东国际军事法庭提供南京大屠杀的书证。

魏特琳的中文老师王耀廷，早年毕业于南洋公学，是南京华言学校资深教员，被西方人士誉为“中国最好的老师”，他们常常称他为“大王”（Big Wang）。大屠杀期间，为驱赶前来骚扰的日本兵，魏特琳在校园里四处奔走，多次前往日本大使馆提出抗议，通常情况下，“大王”都会陪伴在侧。在魏

王耀廷（家属提供）

陈斐然（家属提供）

特琳看来，“大王”的年纪和尊严，“在很多场合都帮了大忙”。“大王”还与一个姓孙的同事，对失去丈夫和儿子的妇女进行询问调查，填写信息表格。有时，“大王”的儿子也会来帮忙，最后由魏特琳将表格提交给日本大使馆，至1938年1月底，整理了592份这样的表格。1937年12月17日，“大王”的家人也被日军劫持，经过交涉，第二天终于被放回。可以想见，他内心的悲苦与无助，短短几个月的时间，他的头发全部花白了。①

陈斐然是魏特琳的另外一个助手。1933年毕业于东吴大学政治专业，1934年应吴贻芳邀请担任金女大总务主任。南京大屠杀期间，他和魏特琳、程瑞芳三人担任金女大紧急委员会成员，协助魏特琳清理校园、收容难民、管理食堂、救济妇女、开设职业女校等。1937年12月17日晚，为了阻止日军抓捕工友，他惨遭日军殴打并被带出校园，险被枪杀。陈斐然晚年曾回忆：“为配合抗日工作，于1937年冬至1939年春，在日寇占领南京前后的在职期间，我曾和当时留在南京的国际人士组织难民安全区，负责附近一区的区长，兼本校妇孺收容所所长，日寇疯狂地进行奸杀焚掠阶段，为维护难民安全，曾被寇执，遭枪毙凌胁，赖有牺牲决心，镇静应对，得以幸生，而免妇女遭受污辱。”② 据《现代快报》记者采访，

①《魏特琳1938年3月9日寄出的信》，载陆束屏编译《血色恐怖金陵岁月——金陵女子文理学院中外人士的记载》，第326—327页。
② 陈斐然：《为求合理使用得尽所长籍安其所请为调职上海教育工作由》（1957年5月25日），原件藏天津其女儿陈朝一家中。

陈斐然曾对其小女儿陈朝一说，日军闯入难民区，发现一名工人手上有老茧，怀疑他是中国军人，准备把他带走，陈斐然站出来帮助说话，遭日军掌掴、殴打、带走。[1] 为了协助魏特琳救济妇女难民，陈斐然其后一直在金女大工作，1939 年才离开南京。

生物系老师邬静怡、事务主任助理李鸿年、助理学籍注册员詹擎栋等，都共同参与了难民救助工作。薛玉玲是社区学校老师，大屠杀期间，协助魏特琳管理难民收容所，开展教会活动，为难民开办各种类型的课程。罗

这张照片中的人，全职或兼职，大多参与了金女大的难民救助工作。中排左起：帮助教课的杨益清、帮助程夫人的难民陈小姐、罗宪珍、邬静怡、陈斐然、魏特琳、程瑞芳、德威南夫人、王瑞芝、薛玉玲、杨绍诚牧师、李鸿年。后排左起：帮助分发鱼肝油和奶粉的王小姐、在卫生组帮忙的王太太、吴爱珍、蒋先生、范先生、鲍忠、福斯特牧师、汤忠谟、王耀廷、周玉文牧师、赵雅男、詹擎栋、孙承恩（耶鲁大学神学院图书馆）

---

① 张然：《寻后人，他叫陈斐然，揭阳人，84 年前他曾在南京安全区守护难民，从日军枪下死里逃生》，《现代快报》2021 年 12 月 9 日 A4 版。

贤珍在金陵女子文理学院附近的街坊从事福音传教工作，是魏特琳的好友，大屠杀期间，她搬到金陵女子文理学院的校园，帮助管理难民收容所。

魏特琳曾对金陵女子文理学院难民收容所的中方人员进行了全面客观的介绍和评价，她这样写道：

如果没有大批忠实的人帮忙，我们所做的这些工作是不可能完成的。程夫人不仅负责膳食、管理宿舍里的工人，还担任大批难民的护士工作，把铺盖分发给最贫困的难民，也在应付复杂困难的局面时提供良策；陈斐然因为年轻而遇到一些艰难的经历——在有的情况下年纪轻成为不利的条件，但是他总是乐意尽力帮忙；李先生是陈斐然的助理，他尽其所能地帮忙——从负责卖饭票到管理校园的卫生工作。在大肆抓捕年轻人出城的那些最危险的日子里，他也不能抛头露面。我的私人中文老师王先生已经名副其实地成了我的秘书，多次陪我去日本大使馆进行艰难的拜访，以及和时常派给我们的岗哨谈话的过程中起到了难以估量的作用。高级官员来检查、拜访时他也帮了大忙。眼下，他在每天上午的大部分时间里，都忙于抄录那些失去丈夫或儿子的妇女提供的数据。到目前为止，我们已整理了 592 份这样的表格。你们将会有兴趣得知这些人里面有 423 个是在 12 月 16 日被抓走的。我们不知道把这些申请材料交上去是否管用，但是我们为这些心碎的妇女仅能做我们能力范围内的工作。王小姐是金陵神学院唯一留在城里的学生，她在很多方面给了我们非常宝贵的帮助。她负责核查那些申请免费就餐的人。家庭手工学校的教师薛小姐在日军进城前几天关闭了我们那所小小的学校，自那时起，她也对核查工作和组织祈祷会等方面给予了巨大的帮助。以往居住在校园西面的福音传布者罗小姐现在住在这儿，全天候全身心地提供帮助。她非常熟悉附近街坊的妇女，这对我们很有帮助……（邬静怡）除了忙于家禽研究项目之外，有可

> 能的话，她也帮着做一些难民工作。住在前门的夏先生很善于和日本兵聊天，常常陪着一群日本兵四处转转。伊娃·史巴瑟的中文老师赵先生一大家人住在东院，无论我们什么时候需要，他总是乐意帮忙。詹先生住在东院，需要时，帮我们抄抄写写，但是看到日本兵他就受不了。这些是我们的工作人员。此外还有工人在那段危险的时期，他们一直努力地工作——如果没有他们帮忙，真不知道我们该怎么办。他们自觉自愿地承担额外的工作——不是住在校园里的人是不会体会到他们工作的繁重与艰辛。①

中方人员的处境极其艰难，他们不像西方人士有一层护身符，常常连自己和家人也无法保护，他们自己往往也需要借助西方人士的保护，才得以挣脱日本侵略者的魔爪。

其实，在难民眼中，当时留在南京的 20 余位西方人成了难民们唯一可以依靠的“救星”。“外国几位先生，每到一处，一般难民齐围上来，好像小鸟见了他的母亲一样。”② 在南京大屠杀之前，中国的老百姓看到西方人时，都会蔑称他们为“洋鬼子”，但在南京大屠杀期间及其之后，人们从内心里真正地改变了这一称呼。一天，魏特琳在外出回来的路上碰到一件有趣的事：“一个小男孩看到我骑着自行车过来时大叫‘洋鬼子’，但另一个离他不远的小男孩竭力纠正他说：‘啊，那是华小姐！’”③1938 年 2 月 17 日，魏特琳在金女大为拉贝先生举行了告别茶会，当金女大难民所的难民得知拉贝要离开南京后，有两三千人聚集在大草坪跪着大哭，恳求拉

① 魏特琳：《第一个月的回顾》（1937 年 12 月 13 日—1938 年 1 月 13 日），载陆束屏编译《血色恐怖金陵岁月——金陵女子文理学院中外人士的记载》，第 279—280 页。

② 郭岐：《陷都血泪录》，载“南京大屠杀”史料编辑委员会、南京图书馆编辑《侵华日军南京大屠杀史料》，第 19 页。

③ March 30, 1938, *Minnie Vautrin's Diary*, Box 134 of YDL Record Group NO.11, The Archives of the United Board for Christian Higher Education in Asia, Yale University Divinity School Library Special Collections.

贝先生留下。魏特琳在日记里曾详细记载了这一感人的场面：

今天下午，玛丽[①]和我为拉贝举行了告别茶会，在目前的情况下，这可不是件容易的事。客人有拉贝先生、罗森(rosen)博士、阿利森先生、菲奇、里奇先生和贝茨。程夫人也来帮助我们。我们吃了色拉、巧克力糖和橘子。蛋糕也不错，是一种水果蛋糕，但用的是肉糜，而不是水果，肉糜是从埃斯特那儿弄来的。还没有一家中国商店开门，因此，菜单必须根据即将耗尽的食品储藏室里所剩食物，或是根据好朋友的家中的食物储备情况来定。

阿利森是由日本卫兵陪同来的，因此，我们建议他先走。程夫人听说我们的女难民想见见拉贝先生，并恳求他留下。当我们到科学楼的时候，我们没有想到会见到这样的一幕：在拉贝先生走过去的时候，两三千名妇女都跪了下来，并开始哭泣和请求。拉贝说了几句话，然后玛丽从小路把他带走了。我努力让妇女们让开，这样，罗森博士和里奇先生才能够离开，但这可不是件容易的事。当我分散她们的注意力，把她们领到操场的另一边时，玛丽带着罗森等人步行离开了。过了很长时间，我们才把他们的汽车弄出了校园，但此时，这些先生们一定在回家的路上走了好一会儿了。[②]

日本人曾试图让中国人“矫正依靠欧美的观念”[③]，但结果，日本人发现“中国人依赖欧美人的思想至今犹存”[④]。甚至伪政权中的中国警察看到

① 德威南夫人——编者注。
② February 17, 1938, *Minnie Vautrin's Diary,* Box 134 of YDL Record Group NO.11, The Archives of the United Board for Christian Higher Education in Asia, Yale University Divinity School Library Special Collections.
③ 辽宁省档案馆：《满铁档案中有关南京大屠杀的一组史料：南京班第一次报告（1 月 21 日提交）》，《民国档案》1994 年第 2 期。
④《驻南京总领事花轮义敬致驻北平森岛参事官函》（1938 年 4 月 12 日），载中央档案馆、中国第二历史档案馆、吉林省社会科学院合编《日本帝国主义侵华档案资料选编：南京大屠杀》，中华书局 1995 年版，第 365—366 页。

西方人士时，都要情不自禁地向他们敬礼。魏特琳以及20多位西方人士成了南京难民心目中真正的“父母官”。

三、中国的“辛德勒”

在救济工作中，魏特琳最同情的就是那些无依无靠、孤立无援的孤儿寡母。魏特琳对日军当局强制要求在1938年2月4日解散难民所非常不满，她不但未关闭金女大难民所，而且还冒着风险接收了许多从其他难民所和农村来的年轻妇女。在5月31日所有难民所解散后，魏特琳仍然以暑期办学形式收留着800多名这样的妇女。

实际上，对这些妇女的同情和对日军暴行的厌恶已深深地扎根在魏特琳的内心深处，两者相互影响，互为因果。有一次，日本大使馆的官员邀请拉贝、斯迈思和魏特琳等20名分别代表德国、英国和美国的西方人去参加在日本大使馆举行的吹奏音乐会。这些西方人无心去听音乐，但觉得出于礼貌和实际需要应该去。乐队指挥安排了很好的节目，但魏特琳却无法沉浸在音乐之中。“当他们演奏序曲《轻骑兵进行曲》时，我的思绪却离不开12月14日路过我们大门口的队伍——那群手被绑着、在日军骑兵押解下行进的一百多位平民，这群人一去不复返了。当他们自豪地演奏《我们的军队》时，被摧毁的城市、荒芜的乡村、遭强奸的妇女和小姑娘一一展现在我的眼前。我觉得并没有听到音乐。”[①] 在经历了日军南京种种暴行后，显然没有什么能抹去魏特琳对这些暴行的记忆，这些无依无靠的妇女也常常使魏特琳的思绪回到那黑暗恐怖的岁月。

---

① February 8, 1938, *Minnie Vautrin's Diary,* Box 134 of YDL Record Group NO.11, The Archives of the United Board for Christian Higher Education in Asia, Yale University Divinity School Library Special Collections.

这些妇女的丈夫或是儿子都是在南京陷落后的最初几天被日军抓走的，三四个月过去了，仍杳无音讯，魏特琳心里明白，他们可能永远也回不来了，但是这些妇女仍在执着地寻找着，并常常来寻求魏特琳的帮助。一天下午，魏特琳在办公室时，一名刚结婚18天的新娘来问魏特琳能否帮助她找到丈夫。他是位无辜的裁缝，于1937年12月25日在家里被抓走，至今未归。另一位结婚两个月的新娘恳求魏特琳帮她找回12月16日被抓走的丈夫。虽然两人都不是当兵的，可魏特琳心里觉得找回他们的希望十分渺茫，“因为，我听说在最初几天疯狂的日子里，许多年轻人被枪杀”[①]。

不过，魏特琳还是抱着很大希望去努力帮助她们寻找，她觉得万一了解到她们丈夫的下落，或找到她们的丈夫的话，不仅对这些妇女来说是家庭团圆的大事，更重要的是这些妇女将不再依靠救济而可以开始新的生活。因此，帮助这些妇女寻找失踪的丈夫或是儿子成了魏特琳所关注的一件大事。

1938年1月15日下午，魏特琳去日本大使馆报告了26名妇女的丈夫或儿子被抓走至今未归的情况。这些人的丈夫没有一个是军人，其中许多人是一大家子的唯一供养者。日本大使馆的官员答应调查此事，并要求魏特琳提供详细的材料。魏特琳知道这恐怕也不会有什么结果，她在日记里写道：“不知有多少人在初期的野蛮屠杀中被杀害了，在那些日子里每天听到的枪声都意味着一些人的死亡——很可能是些无辜的人。”[②]

但人总要在希望中生活，于是魏特琳便着手调查有关的情况，具体的工作是魏特琳委托一个姓王和一个姓孙的中国人进行。1月15日后，每天上午10点至12点，王先生都在收集整理那些男人被抓、至今下落不明的妇女们的材料。这个消息在难民中一传十、十传百，甚至在郊区的农民中也流

---

① January 5, 1938, *Minnie Vautrin's Diary,* Box 134 of YDL Record Group NO.11, The Archives of the United Board for Christian Higher Education in Asia, Yale University Divinity School Library Special Collections.

② January 15, 1938, *Minnie Vautrin's Diary,* Box 134 of YDL Record Group NO.11, The Archives of the United Board for Christian Higher Education in Asia, Yale University Divinity School Library Special Collections.

传开来。在以后的几天里，陆续又有100多名妇女进入了校园，1月18日来的人非常多，以至魏特琳担心出问题。从妇女们反映的情况看，“似乎12月16日是最糟糕的一天，我担心许多人被枪杀了，恐怕连他们的尸首也找不到，大概是被焚烧了”[①]。但很多难民认为魏特琳神通广大，可以帮她们找回失去的亲人。的确，在当时的情况下，魏特琳是她们唯一可求助的人，是她们的唯一希望。

魏特琳知道，实际上她们能做的只是将一份名单交给日本当局。尽管如此，魏特琳觉得这项工作也很值得去做。一方面有可能找回难民的亲人，另一方面使日本官员知道他们的军队杀死了多少无辜的平民。

不过，魏特琳最得力的帮手程瑞芳对这件事却有不同的看法，她认为魏特琳不应该将这些妇女的材料交给日本大使馆的福田先生，并提醒魏特琳永远不要忘记中国是日本的仇敌，日本根本不在乎自己使中国遭受的深重苦难。但魏特琳觉得日本大使馆的官员还是比较通情达理的，她决定过一两天再去见福田先生，告诉他许多妇女恳求帮忙的情况，并问他能否提供帮助。

几天下来，神情悲哀、心神不安的妇女们报告的自去年12月13日以来她们亲人失踪案例已达568件，这些妇女们仍希望她们的亲人是被日军抓去干活的，但魏特琳和其他许多人担心，他们的尸体就在那些许许多多被烧焦的浸泡在离古林寺不远的池塘中，或是汉中门外那一大堆被烧得半焦而未掩埋的尸堆中。仅根据校园里女难民的报告，12月16日这天就有422人被抓走，其中有十六七岁的男孩，据说还有一名12岁的男孩失踪。这些被抓走的人大部分是家庭生计的唯一支柱。

---

① January 18, 1938, *Minnie Vautrin's Diary*, Box 134 of YDL Record Group NO.11, The Archives of the United Board for Christian Higher Education in Asia, Yale University Divinity School Library Special Collections.

2月2日11点15分，魏特琳到日本大使馆去见刚从上海回来的福田先生。魏特琳交给他一份涉及658名失踪人员（难民的丈夫或儿子）的资料，其中大多数人于12月16日被抓走。福田说他将尽力而为，帮助打听这些难民的下落。魏特琳相信他的话是真诚的，“因为，他认识到这些失去丈夫的妇女将要依赖社会救济，而现在没有一个可依靠的社会体系”①。

后来陆续有一些人和难民向魏特琳报告南京老虎桥模范监狱里关押着平民。2月14日，大约在下午3点钟，魏特琳和“大王”去了模范监狱。“我们的主要目的是，如果可能的话，了解监狱里是否有平民。”在证实了模范监狱里确实关押有平民的报告后，魏特琳立刻去见了安全区国际委员会主席、德国人拉贝，向拉贝报告了监狱里有平民的情况，并把监狱里的人写的请愿书交给了他。魏特琳意识到“为他们做点事很不容易，因为稍微出点差错，对他们所有的人来说就意味着死亡”②。

当天一个姓袁的先生在下午5点至6点间来访，在此之前魏特琳曾听说他被打死了，魏特琳没有告诉他这件事。袁先生听说在南京被占领的初期，有1万人在三汊河被屠杀，燕子矶有2万至3万人，下关也有1万人被屠杀。当魏特琳告诉他现在有许多妇女要她帮助寻找她们亲人的下落时，他很肯定地认为，这些人永远回不来了。这些天不少妇女常来询问魏特琳她们的请愿是否有回音，魏特琳现在越来越确信她们的丈夫或儿子可能永远也回不来了，但魏特琳觉得实在无法对她们启齿。

深切的同情心使得魏特琳对妇女们的求助不仅不厌烦，而且很欢迎难民们来反映情况，这样魏特琳对这个问题就有了更多的了解。一天，一位在3个多月前被抓走3个儿子的母亲来问魏特琳是否能采取进一步行动保

① February 2, 1938, *Minnie Vautrin's Diary,* Box 134 of YDL Record Group NO.11, The Archives of the United Board for Christian Higher Education in Asia, Yale University Divinity School Library Special Collections.

② February 14, 1938, *Minnie Vautrin's Diary,* Box 134 of YDL Record Group NO.11, The Archives of the United Board for Christian Higher Education in Asia, Yale University Divinity School Library Special Collections.

释他们回来。另一位已看见自己丈夫在模范监狱的年轻妇女也来求魏特琳帮她保释她的丈夫。魏特琳写道："这是我们一直在努力解决的一个问题，所以我们很高兴她来找我们。就是这样。"①

魏特琳不仅向日本大使馆官员反映模范监狱关押平民的问题，而且利用一切机会向日本军官反映这个问题。1 月 28 日下午 1 点半钟，一名日本军官和两名士兵来查看金女大难民所的情况，他们询问了难民的人数。魏特琳借此机会向他们讲述了许多女难民的丈夫和儿子至今未归的问题，那位军官说，在"模范监狱"有 1000 多名俘虏，但都是士兵和军官，没有平民。由于日本军方认为模范监狱里关押的全是军人，因此，几个星期过去了，释放平民之事仍无结果。

3 月 13 日，魏特琳刚吃过晚饭，一位约 60 岁的老太太领着她的 37 岁的女儿来到金女大的食堂，魏特琳还没来得及阻止，她们就向魏特琳磕头，求魏特琳去保释她唯一的孙子——一位年仅 15 岁的青年，她们听说他被关在模范监狱。她们还向魏特琳提供了那些使她们确信他在那里的证据。那位老太太说她曾连续四个早晨去了监狱附近，看见七八辆卡车装着监狱里的囚犯去各地干活。其中一些人穿着士兵服，一些人穿着平民服，一些人只穿着裤子和衬衣，她说他们的脸色都很难看。还有人告诉她说大约有 3000 人被关在监狱里，其中约有 1000 人是平民。她听说其中一些人饿死了，一些人冻死了，监狱的地上连一棵草都没有了。听到这一消息后，魏特琳很着急，她想："我已 3 次间接地设法使那些平民得到释放，都未成功。明天，我要去自治协会见一位有影响的人。"②

第二天在临近中午的时候，魏特琳去了宁海路 5 号——原南京安全区

---

① April 12, 1938, *Minnie Vautrin's Diary*, Box 134 of YDL Record Group NO.11, The Archives of the United Board for Christian Higher Education in Asia, Yale University Divinity School Library Special Collections.

② March 13, 1938, *Minnie Vautrin's Diary*, Box 134 of YDL Record Group NO.11, The Archives of the United Board for Christian Higher Education in Asia, Yale University Divinity School Library Special Collections.

国际委员会总部，现在它已成为伪南京自治委员会的办公地点，拜见许传音博士，恳求他帮助她们从军事监狱里保释平民。许传音对此非常感兴趣，并说他将尽他所能。

为了使模范监狱的平民得到释放，魏特琳几乎是在利用一切可能的机会。3 月 15 日上午，为了得到更换转移属于中央研究院的科研资料所需的新通行证，魏特琳去了一趟原交通银行，现在是日军宪兵总部，在那里，魏特琳得到一张为期 5 天的通行证。在宪兵总部，魏特琳看到两个中国人在里面工作，她就向这两个人介绍了有关情况，并恳求他们想法帮助释放被关押在模范监狱的平民。魏特琳凭直觉感到“我多少认为他们会为此作出努力的”[①]。

魏特琳在这个问题上的努力，在妇女中传开，结果“可怜的中国妇女真是不惜一切，抓住任何一线可以救回她们的丈夫、儿子或兄弟的希望！今天早上到 9 时，我们已经得到许多人的签名，在接下来的 3 个小时中，我和大王以及他的小儿子，都在忙着让人们在我们准备好的 3 份请愿书上签名。到中午已有 104 名妇女签了名，她们中大多数人不会写自己的名字，所以只好让王先生帮她们写，她们再按个手指印。我帮着她们按手印。许多妇女由于辛苦劳动，手被磨得又粗又硬，以致她们把手弯过来按手印都很艰难。整个下午，人们接连不断地来签名。她们大多数都有伤心欲绝的故事。我真希望能坐在一边安慰她们。其中一名妇女，她有 4 个儿子被抓走了，还有许许多多的妇女说，她们惟一的依靠丈夫以及三四个孩子都被抓走了。这是一群多么心碎却又充满了希望的人啊！在过去的 3 个月中，我常常责备我们自己不收留她们的丈夫，不过，今天许多妇女都说，尽管她们的丈夫和儿子叩头求日本兵放过他们，可还是被带走了。如果，日本的妇女得

① March 15, 1938, *Minnie Vautrin's Diary*, Box 134 of YDL Record Group NO.11, The Archives of the United Board for Christian Higher Education in Asia, Yale University Divinity School Library Special Collections.

知她们的士兵——她们的丈夫和儿子如此野蛮、残忍地对待中国人，我不知道她们会怎么想”①。

魏特琳的中文老师王耀廷为失去丈夫和儿子的妇女登记（耶鲁大学神学院图书馆）

3 月 19 日，从上午 9 点到下午 5 点，在两位工友的帮助下，魏特琳和王先生以及他的小儿子都在帮助源源不断来签名的妇女们。晚上魏特琳久久不能入睡，那一张张悲伤、绝望、忧心忡忡的脸和那一双双辛苦操劳的手，不时地浮现在魏特琳的脑海中，使她觉得“永远也不会忘记”。妇女们近乎绝望的声音——“他是我唯一的儿子”，“他们抓走了我所有的 3 个儿子，我不敢去求他们”，“我家里有 4 个男人被抓走了，再也没回来”，“我只有 3 个孩子和我婆婆留在身边，无法维持生活了，我只有去讨饭”，“我的两个孙子被抓走了，他们是我们这个家唯一的依靠”……诸如此类的话，一直萦绕在她的耳际。这些妇女中的大多数人觉得她们的丈夫和儿子仍然还活着，魏特琳在日记里写道：“在这一点上她们的希望要比我的大，因为，我听说城门外或幽僻的山谷中的池塘边尸体成堆，不过还是乐观点好。也许正是有了这个希望，这份请愿书才能使模范监狱里的那些人获释。但事实是，安全区外的许多男性平民被当场杀害了，而安全区内的成千上万的男性平民则被带到安全区外加以杀害了。”②

在 3 月 18 日、19 日两天中有 605 名妇女在请愿书上签了名，或是按了

① March 18, 1938, *Minnie Vautrin's Diary,* Box 134 of YDL Record Group NO.11, The Archives of the United Board for Christian Higher Education in Asia, Yale University Divinity School Library Special Collections.

② March 19, 1938, *Minnie Vautrin's Diary,* Box 134 of YDL Record Group NO.11, The Archives of the United Board for Christian Higher Education in Asia, Yale University Divinity School Library Special Collections.

手印，而且还有更多的人要继续来签名或是按手印。

3月20日，魏特琳又去了许传音那里，给他看了那份附有600多人签名的请愿书，他赞成这一举动，并叫魏特琳坚持做下去。他还告诉魏特琳，昨天他得到进入模范监狱的许可，他说日本人告诉他狱中有1500名男人，其中一些是平民，大约还有20个男孩。日本人不准他同里面的任何人说话，许传音相信能想办法使平民得到释放。许传音还说犯人们营养严重不良，因为他们只有米饭吃，他能送盐和加盐的蔬菜进去。他还说下次他将努力送蔬菜和肉进去。他看见的许多男人都病了，虚弱得无法劳动。

得到许传音的支持后，魏特琳继续签名的工作，3月22日，请愿书的签名一直持续到下午4点，共有1105人签了名。魏特琳立刻将它拿给许传音博士，他随即呈送给当局——既给中国当局，也给日本当局。同时，许传音建议让妇女到监狱门口去恳求释放她们的亲人。魏特琳立刻有了行动的计划，"组织100来名年长妇女，再让她们去请愿，难道不是一个聪明之举吗？"魏特琳把这个计划告诉了一些年纪较大的妇女。①

3月24日，又有许多年长的妇女签名，其中有3名妇女说她们已经在模范监狱看见过自己的儿子，另外一些妇女报告说已经一次又一次地去过模范监狱，以辨认每天早上被带出去劳动的犯人。魏特琳甚至想亲自去那里，"如果可能的话，我多么希望自己能和这些妇女一起去，然而，我知道我的出现不仅不会有任何帮助，反而是个障碍"②。

3月25日，有更多妇女从农村赶到学校来签名。其中有两名妇女已经在模范监狱看见她们的亲人，当时他们正从卡车里出来，其中有个男人求他妻子想办法让他获释。听到这个消息后，魏特琳问自己："我们该怎么办？

① March 22, 1938, *Minnie Vautrin's Diary,* Box 134 of YDL Record Group NO.11, The Archives of the United Board for Christian Higher Education in Asia, Yale University Divinity School Library Special Collections.

② March 24, 1938, *Minnie Vautrin's Diary,* Box 134 of YDL Record Group NO.11, The Archives of the United Board for Christian Higher Education in Asia, Yale University Divinity School Library Special Collections.

许传音博士正着手解决这个问题，但他说，可能需要两个星期。”[①]魏特琳决定再去日本大使馆。第二天，大概4点钟以后，魏特琳去日本使馆拜见福田先生，询问他在这方面的努力有无结果。但令魏特琳遗憾的是，福田说他已努力去查询有关这些失踪男人们的情况，但没成功。当魏特琳告诉他有许多平民被关在模范监狱时，他显得很惊讶，似乎这个消息对他来说很新鲜。后来，魏特琳向他提供了一份有关一名年轻男孩的详细资料，该男孩的母亲说她已经4次看见儿子了。福田要了那份资料后说，他将去了解一下，并看看能做点什么。魏特琳听了很高兴，因为她觉得他是真诚的。

3月28日上午，来了两名妇女向魏特琳报告，她们在模范监狱见到了她们的丈夫，现在她们已经能给她们的男人送食物和衣服了。听到这个消息，金女大的一些以前认为自己亲人已被日军杀害的工作人员也要去模范监狱看看他们的亲人是否在那里。魏特琳还特地将这些工作人员失踪的亲人——3名男子的特征用文字描述后送给了福田。魏特琳写道：“我多么希望他能真的努力，使那些平民获释！”[②]

3月31日下午，许传音博士来告诉魏特琳，魏特琳送的那3份请求释放平民犯人的请愿书有了一点效果，他要魏特琳去找有关这些人的更具体的材料，魏特琳知道这就意味着金女大的一些工作人员至少又要辛苦工作4天，艰难跋涉许多里去找寻那些失去亲人的妇女们，但魏特琳觉得：“我们都很愿意花这份时间和精力，希望至少有一些妇女的丈夫和儿子可以被释放。”上午又有3名妇女来报告说，她们今天早晨看到了她们的亲属，当时他们正在被带上卡车出去劳动。魏特琳以金女大难民所的名义给她们写了担保信，

---

① March 25, 1938, *Minnie Vautrin's Diary,* Box 134 of YDL Record Group NO.11, The Archives of the United Board for Christian Higher Education in Asia, Yale University Divinity School Library Special Collections.

② March 28, 1938, *Minnie Vautrin's Diary,* Box 134 of YDL Record Group NO.11, The Archives of the United Board for Christian Higher Education in Asia, Yale University Divinity School Library Special Collections.

并送她们去了日军南京卫戍司令部办公室。[①]

4月1日上午，许传音博士来到金女大，告诉魏特琳要使模范监狱的人获释还需要提供哪些资料。魏特琳和王先生立刻制作了一份表格，并想将它油印出来。为了得到填写这份表格所需要的资料，学校的两名工作人员和他们的4个孩子及两名工友要花三四天的辛勤劳动，但在魏特琳看来，“如果那些男人最终被释放了，即使只有10个人被释放，哪怕只有1人被释放”，“那所有这些努力都是值得的，而且这些资料对我们以后开展救济工作也很有帮助”。[②]

4月5日、6日，又有许多妇女在请愿书上签名，两天共有1835人在上面签字。其中有241名妇女现在处在绝望的境地，她们拖儿带女或有老人要养。工作人员特地在她们的名字后面做上标记。魏特琳在日记里描述了她对这项工作的感受时说：“要是所有这些妇女的儿子和丈夫都能安全地回来，我有什么不能奉献的呢？”[③] 这是魏特琳对这一工作态度的真实写照，实际上也是她对整个难民工作心态的真实写照。

消息一传十、十传百，魏特琳这种舍己救人的心态，不仅金女大难民所的妇女们知道，很远地方失去亲人的妇女也知道，就连关在模范监狱的囚犯也有所闻。4月8日，魏特琳收到模范监狱里偷偷寄来的一封信，恳求她尽其所能去保释他们。魏特琳收到信后感叹道：“真希望我能完成这一重托！”[④]

---

① March 31, 1938, *Minnie Vautrin's Diary,* Box 134 of YDL Record Group NO.11, The Archives of the United Board for Christian Higher Education in Asia, Yale University Divinity School Library Special Collections.

② April 1, 1938, *Minnie Vautrin's Diary,* Box 134 of YDL Record Group NO.11, The Archives of the United Board for Christian Higher Education in Asia, Yale University Divinity School Library Special Collections.

③ April 5, 1938, *Minnie Vautrin's Diary,* Box 134 of YDL Record Group NO.11, The Archives of the United Board for Christian Higher Education in Asia, Yale University Divinity School Library Special Collections.

④ April 8, 1938, *Minnie Vautrin's Diary,* Box 134 of YDL Record Group NO.11, The Archives of the United Board for Christian Higher Education in Asia, Yale University Divinity School Library Special Collections.

事也凑巧，第三天，魏特琳刚吃过午饭，一名日本士兵来访，魏特琳以前就认识这名日本士兵。他是神户一所教会学校的毕业生，会说英语。他的妻子是基督徒。这次他是来询问金女大难民所工作进展得如何的。魏特琳同他严肃地谈到战争及战争对两国造成的危害。他说他觉得战争之所以发生是因为两国彼此不理解，他也觉得战争是个错误。最近他被分派到模范监狱当看守，他告诉魏特琳一个人的名字，并让那些正在寻找丈夫和儿子的妇女去找那个人。魏特琳决定第二天试着将几名已见过她们的亲属的妇女找到一起，让她们带上金女大难民所的一封信去找那个人。

后来魏特琳又去德国大使馆同罗森博士商谈有关保释那些被捕平民的下一步程序。使魏特琳感到吃惊的是，罗森已对日本政府代表和军方代表的真诚和善意完全失去了信心。罗森认为，如果缺少了真诚和善意这两样东西的话，那么必然一事无成。

4 月 20 日，许传音博士来信告诉魏特琳，有关请求释放在模范监狱里平民的请愿书已经被送往驻上海的日本军事当局。魏特琳不知是祸还是福，但过了两个星期，那些平民还没有被释放。魏特琳在日记中写道：“那些丈夫被抓走以及丈夫被关在模范监狱的妇女的状况令我焦虑不安。”绝望中魏特琳给一位一直在当地政府中工作的可信赖的中国人写信，求他与新政府拉关系，以便使模范监狱里的平民得到释放。然而那人在回信里说：“关于你建议我去和新政府拉关系，我真不知道说什么，新政府什么用都没有，指望他们做什么事会令人失望的。如果你提到的那名妇女想为她丈夫的释放写信去上海，她当然可以写，但是，我怀疑这是否会有希望。”①从这里也可以看出为了救那些被关在模范监狱里的平民，魏特琳愿意尝试她所能采取的一切办法。

① May 3, 1938, *Minnie Vautrin's Diary,* Box 134 of YDL Record Group NO.11, The Archives of the United Board for Christian Higher Education in Asia, Yale University Divinity School Library Special Collections.

为了使被关押在模范监狱里的平民能够获释，魏特琳只好采用担保的方法。5 月 12 日上午，那些已在模范监狱见过自己丈夫的妇女又开始在王先生那里登记。王先生将和她们一一面谈，以确保她们的丈夫和军队从未有过联系。然后王先生向魏特琳做同样的保证，魏特琳再向四水[①]中佐做同样的担保，希望四水可以想办法保释他们。

这种做法终于有了结果，5 月 18 日下午四水来访时说，那 9 名被他们的妻子在模范监狱看到的男人，其中 4 个人将在一星期后被释放，但他坚持认为其他几个人中有 3 个人以前同中国军队有过联系。虽然王先生调查时非常仔细地核查了每个人，但没发现他们的这些情况，魏特琳搞不清谁在说谎。

6 月 2 日，当魏特琳不在的时候，来了电话，叫丈夫在模范监狱的那些妇女明天上午去一个地方集中，她们将被带到那个监狱去辨认她们的丈夫，这样就可保释她们的丈夫。魏特琳回来得知这一情况后写道："如果男人们明天被释放，那是在 1 月份首次呈递的请愿书所取得的结果。妇女们已经等待了漫长的5个月，在那期间，她们进行了多种形式的请愿都未成功。"[②]

6月3日，魏特琳听说有30名男子当天真的从模范监狱里被释放了出来，很是高兴，很希望他们中能有人过来讲述一下那里的具体情况，以及他们是如何获释的。

两天后的一个晚上，上海银行南京分行的一位雇员杨先生来访，他就是魏特琳见到的第一个被从模范监狱里释放的人。他告诉魏特琳，监狱里只有 64 个平民老百姓，其余的全是士兵。这个监狱在最初的几个月里有许多人冻死或者饿死，但现在条件有所改善。目前日本军队给每人发了少量的米让他们自己做饭吃，偶尔还给点油和蔬菜。另外 34 位未被释放的平民

---

① 据《魏特琳日记》记述，四水系日军中佐，曾在美国 5 年，英语说得很好。

② June 2, 1938, *Minnie Vautrin's Diary*, Box 134 of YDL Record Group NO.11, The Archives of the United Board for Christian Higher Education in Asia, Yale University Divinity School Library Special Collections.

大多来自别的城市。杨先生试图弄到他们家人的名字和地址，这样就可以把这个消息通知他们的家人，让他们来证实这些犯人的身份，并保释他们。

几天后，又有一位从模范监狱释放出来的青年来到金女大，向魏特琳表示感谢。

6月9日，金女大上海分部的佛洛伦丝·柯克、伊娃·史巴瑟等人，历经困难访问南京，她们阅读了魏特琳的日记，讨论了日军屠杀、强奸、洗劫等一系列暴行，她们也见证了魏特琳营救平民的感人画面。柯克在随后完成的《南京访问记》中这样写道：

> 我们离开南画室时，明妮遇到一个中年的中国妇女，她一遍又一遍地感谢明妮，使她的儿子从模范监狱中释放出来。就在最近，被关在那儿的1000多名中国男子中，在数月的申请与请愿之后，释放了31个人。剩下的30个平民没有人去认领，所以，他们也许原来并不是南京人。有谣传说，抓了很多人去上海，给日本人做苦工，我们希望开始做些工作，看看情况是否如此。如果确实是这样，那么这些是什么人？是哪儿的人？不一会儿，那个儿子来了，一个气色健康的年轻人，曾经当过警察。程夫人叫他给魏特琳小姐鞠三个躬，然后她对母子俩说，他们应该感谢上帝的赐福，因为很多家庭都没有这么幸运。[①]

营救狱中平民一事终于有了结果，魏特琳感到宽慰，但令魏特琳伤心的是获释的平民太少，许多无依无靠的孤儿寡母看来是永远也找不回她们的亲人了。实际上，魏特琳的努力无异于与虎谋皮。

好在在此之前，即5月30日，国际救济委员会总部召开了一次特别委员会会议，魏特琳也参加了这个会。会上决定将30岁以上特别贫困的妇女

① 佛洛伦丝·埃达·柯克：《南京访问记》（1938年6月），载陆束屏编译《血色恐怖金陵岁月——金陵女子文理学院中外人士的记载》，第804—805页。

魏特琳与4个被收容的盲人姑娘，她们来自南京的盲人学校。1939年2月初，魏特琳将她们带到上海，由上海国际救济会安置到盲人学校（耶鲁大学神学院图书馆）

安置在大方巷，而将那些30岁以下的贫困女子、住在城里危险地区的女子和无法作其他安排的女子安置在金女大。魏特琳计划要为这些较年轻的妇女开办生活技能培训班，因此许多没有找到丈夫的妇女仍然可以留在金女大。

6月6日下午，魏特琳、王耀廷、李鸿年、孙先生、程瑞芳去了设在大方巷的难民所，并从那里挑选了80名妇女，她们立即被转到金女大的校园。这些年轻妇女是从当天被关闭的金陵大学附中送过来的，她们中许多人在这世界上已是孑然一身——她们的父亲或丈夫被杀害，母亲死了或是与她们离散了。魏特琳担心日本人想通过自治政府去接管大方巷难民所有不可告人的目的。表面上金女大的难民所虽已关闭，取而代之的是一个教育机构，但实际上，金女大仍在庇护着那些无依无靠的女性难民。

第六章　爱心与期待

一、特殊学校与特殊学生

在南京大屠杀期间，难民们每天都要面临恐怖与死亡的威胁，当人们已无法主宰自己命运的时候，宗教便成了许多人的现实需要。“当你走向前，面对一群穷凶极恶之徒，他们闪亮的刺刀沾满了鲜血，这时耶稣就成了伴你左右的朋友。”作为一位虔诚的信徒，魏特琳觉得传播福音是自己的使命，即使是在最为恐怖的日子里，也未放弃让难民向主祷告寻求解脱苦难的机会，她在金女大难民所为女性难民开办了许多这样特殊的宗教班。魏特琳认为：“在我们校园开展了这些宗教工作，这将会消除去年 12 月带给人们的一些恐惧，甚至是消除大部分恐惧。”①

日军占领南京之后，魏特琳几乎每天都要安排牧师给女难民布道。从 1938 年 1 月 17 日开始，金女大难民所每天有两次宗教聚会，一次是为成年人，一次是为孩子。难民在接受布道时十分庄重和虔诚，一些妇女还学会了一些简单的宗教歌曲。2 月底，根据难民受教育的程度，魏特琳与同伴王瑞芝一起组织了学习《耶稣传》的圣经班，其中高中和初中共有 2 个班，六年级

① April 15, 1938, *Minnie Vautrin's Diary*, Box 134 of YDL Record Group NO.11, The Archives of the United Board for Christian Higher Education in Asia, Yale University Divinity School Library Special Collections. 本章魏特琳日记译文参照张连红、杨夏鸣、王卫星等编《魏特琳日记》，收入张宪文主编《南京大屠杀史料集》第 14 册，江苏人民出版社、凤凰出版社 2006 年版，个别地方有调整。

有2个班，五年级（70人）分成2个班，三、四年级（300人）分成4个班，总共10个班。另有12个班，为初级文化水平或未受过教育的人开设，参加学习班的人数总共超过1000人。这些难民每周上3次课，除了“主的生活”课程外，她们还学习《诗篇》、赞美诗和《圣经》其他章节。在宗教课上，难民们最爱唱的歌曲是《耶稣是怎样一个朋友》和《我灵魂中的耶稣》。魏特琳认为，在那些痛苦的日子里，学唱赞美诗和学习经文对于难民而言是最好的安慰。[①] 这个为期6周的计划结束以后，许多难民表示：离开这一片乐土，心里非常难过。

这些宗教班结束以后，从1938年4月30日开始，南京的6位牧师被魏特琳请来为200多名想更多地了解基督教的信徒开课。每个星期六早上集中上课，为期5周结束。魏特琳根据这200多名信徒在城里的住处分成6个班，希望她们在离开难民所回家后，能继续在当地的教堂学习。

参加家政课程的女孩子们正在学习辨认校园里的树木，这是她们自然学习课程的一部分（耶鲁大学神学院图书馆）

5月23日，从9点到11点30分，魏特琳在金女大举办了一个“难民所第三期培训班”的结束仪式，共有33个班的353个学生出席。每个班都演示了她们所学的一些内容。没有分数、考试或毕业证书，学员们展示了丰富的学识和浓厚、真正的兴趣。她们唱了许多歌，中文班翻译了宗教经典著作的部分选段，有些人讲故事，还有很多人背诵《圣

① 章开沅编译：《天理难容：美国传教士眼中的南京大屠杀（1937—1938）》，第390页。

女孩子和妇女们的结业典礼（耶鲁大学神学院图书馆）

经》的章节。一个大约9岁的小女孩一直生病，不能参加排练，但她还是来了，并生动地讲述了一个故事。家禽班准备了一段对话，讲述了她们所学到的一些重要知识。魏特琳在日记中对此感慨地说："我完全可以想象，当这些妇女们年老的时候，她们将会向孙辈们讲述在金女大当难民的这些日子。"①

到了5月底，日军和伪南京市政督办公署要求所有的难民所必须解散，所有难民必须回家，但是，由于日军随意枪杀和强奸的暴行时有发生，因此，很多难民特别是年轻妇女仍不愿离开难民所。为了这些无家可归的年轻妇女的安全，魏特琳在国际救济委员会和国际红十字会的支持下，制定了一个为期3个月的暑期学校计划：准备在各难民所结束后，金女大以教学为掩护，继续收容600名左右30岁以下的妇女和姑娘。但后来要求来金女大的难民特别多，原计划人数被突破，最后收容的人数为67个班级785人。

① May 23, 1938, *Minnie Vautrin's Diary*, Box 134 of YDL Record Group NO.11, The Archives of the United Board for Christian Higher Education in Asia, Yale University Divinity School Library Special Collections.

魏特琳和王瑞芝按照教育能力将她们分成 11 个年级，并配备了 20 名教师和 14 名“小老师”。对于这些“小老师”，付给她们的工资为每月 2 元，再加上免费的大米，实际上解决了她们的具体生活问题。暑期学校共开设 8 个不同的课目：中文，17 个班；英文，5 个班；历史，3 个班；宗教，17 个班；音乐，5 个班；数学，7 个班；体育，3 个班；生理卫生，10 个班。[①] 这样既保护了年轻女性的安全，又让她们学到了一定的知识，体现了魏特琳细腻的爱心。

暑期学校结束后，为了继续帮助受苦受难的南京妇女儿童，在魏特琳的策划和积极努力之下，金女大又先后进行了多个难民教育计划。

金女大为新近丧偶失去生活来源的女难民们开设的家政课程，制作的被子将由南京国际救济委员会分发给其他难民（耶鲁大学神学院图书馆）

第一个计划是开设手工、家政学校，其目的是要教会那些无以为生的妇女，特别是那些失去亲人的妇女，通过学会使用简单的织布机纺织毛巾、操作织袜机织袜一类的手艺，来养活自己。[②] 课时包括三种活动，即家政方面的简单课程、做实际的手工工作和学习烹饪。原金女大家政学校的薛小姐负责班级工作；惠特曼小姐负责手工工作；程瑞芳负责宿舍里的饮食起居。

1938 年 9 月 1 日，魏特琳开始了手工家政学校的报名注册工作，其日

① June 17, 1938, *Minnie Vautrin's Diary*, Box 134 of YDL Record Group NO.11, The Archives of the United Board for Christian Higher Education in Asia, Yale University Divinity School Library Special Collections.

② [美] 德本康夫人、蔡路得著，杨天宏译：《金陵女子大学》，第 109 页。

记记载：“露西·邵小姐面试文盲，一个接一个；薛小姐面试识字的人。她们动员 18 岁以下的女孩不登记。对于那些可以上中学的人，不管多穷，她们都推荐申请进入中学学习。到中午已批准 29 人的申请。注册日期从 9 月 1 日到 6 日。我们的难题是选择真正贫穷的人，那些难以度过今年冬天的人。”① 本来，手工家政项目有 62 人报名，但魏特琳认为浩劫之中的南京人可以从中获得谋生的有益工具，就又派出一个调查者，专门调查最贫困的家庭，将人数提高到 100 名。

9 月 20 日，经过多方努力，手工家政班的开幕式在科学楼正式举行，95 名妇女和 28 名儿童参加了开幕式。金女大的教师林弥励主持了仪式，魏特琳用中文作了简短的欢迎辞，并介绍了坐在前排的教师中的每一个成员。仪式结束后，这些特殊学生被分配住在校园西北角的 700 号宿舍楼，1 个房间住 4 人，睡在地板上。据魏特琳日记记载：“头两天学校将向她们提供食物，直到她们的厨房完工。第一支烹饪队伍已组建。程夫人工作干得不错，已建成一个小的而且价格便宜的房子，4 个隔板隔成 4 个厨房，每个花费不到 200 元，这些厨房朝南，在 500 号和 700 号楼之间，靠近后者。下午 4 点，她们吃了今天的第一顿饭——她们将一天吃两顿。很快，教师将为孩子搭 3 张矮桌子。教师和工人很热情，有各种有趣的计划。”②

魏特琳是那种善于将设想变为现实的人。为了教会妇女们织毛巾，学校特地到上海订了 4 台织袜机及织袜线、8 台织布机，还筹划买 6 台手纺车。③1939 年春，魏特琳等人鉴于手工家政班所取得的实际效果，决定增加

① September 1, 1938, *Minnie Vautrin's Diary*, Box 134 of YDL Record Group NO.11, The Archives of the United Board for Christian Higher Education in Asia, Yale University Divinity School Library Special Collections.

② September 17, September 20, 1938, *Minnie Vautrin's Diary*, Box 134 of YDL Record Group NO.11, The Archives of the United Board for Christian Higher Education in Asia, Yale University Divinity School Library Special Collections.

③ September 6, 1938, *Minnie Vautrin's Diary*, Box 134 of YDL Record Group NO.11, The Archives of the United Board for Christian Higher Education in Asia, Yale University Divinity School Library Special Collections.

为女孩子和妇女们开设的纺织课程（耶鲁大学神学院图书馆）

孟凡波（右一）是金女大从上海请来的教授难民纺织的师傅。魏特琳在1938年10月17日的日记中写道："孟先生今天上午到达。我喜欢他本人以及他的态度。看起来他很真诚，坚持说想睡在地上，如同难民一样生活。他从事编织已有18年，当基督徒也有3年了，据说他过去有一家有5台织布机的工厂。"图中右二为程瑞芳，她是金女大纺织项目负责人（耶鲁大学神学院图书馆）

投资，立刻在南京订购了2台织布机，在上海订购了5台织袜机；对于那些希望织毛巾的妇女，给她们最大限额为40元的贷款；对于那些希望开小店的妇女，给她们最大限额为10元的贷款。魏特琳的努力很快有了结果。1939年4月的一天，金女大举办了一次家政手工作品的展览，并以成本价销售这些展品，"大部分展品是妇女们学习时制作的，料子也是旧的。毛巾和袜子似乎最受欢迎。这些妇女已经取得了很大的进步，并且有了自信心和独立工作的能力"[1]。

魏特琳策划组织的第二个教育计划是在金女大校园里开办一所女子中学。当时，南京及其周围地区大多数教会中学尤其是女子学校，要么关闭，要么迁到未被日本人占领的地方去了，因此，在南京开办一

① April 1, 1939, *Minnie Vautrin's Diary*, Box 134 of YDL Record Group NO.11, The Archives of the United Board for Christian Higher Education in Asia, Yale University Divinity School Library Special Collections.

所女子中学显得非常迫切。1938年9月初，魏特琳开始女子中学的筹建工作，到9月8日，有92人申请上中学，但是申请者经济条件不一，其中37人能负担46元的全部伙食费和学费；39人只能付伙食费20元和6元的一笔小费用，不交学费；有9人除了能付2元的申请费外，不付其他费用；另有4人则不能交任何费用。9月18日，魏特琳组织了新生入学考试，与以往不同的是，每个要求参加考试的人都能进校，考试只是一种形式。由于宿舍容量关系，只能招收146个学生，其中68人安排住公共学校宿舍，72人住到500号宿舍楼，另有6人则不得不住到500号楼阳台。

9月27日，实验中学正式开学。上午，在南画室举行了一个简短的开幕仪式，有120名学生参加，后来又有20多名学生参加，到10月11日时，学生人数增加到143人。其中来自原国民政府学校的71名，占50%；来自原私立学校的18名，占12.7%；来自原基督教学校的54名，占37.3%。其具体年级分布为：初一65名，初二35名，初三22名，高一14名，高二7名。不久，又招收了8名高三的学生。为了保证教学质量，魏特琳在师资严重缺乏的情况下，还是为每个班级配备了指导教师，她本人担任高三的指导教师。后来实验中学总人数增加到171人。① 为了保证这些年轻女孩子的安全，魏特琳严格规定她们每月只能回家一次，而且一次只能批准一个班级，因为她认为一大批人同时外出不安全。魏特琳称“这将成为今年一个极有趣的实验”②，她说历史事实本身已告诉人们该怎样保护好自己。

曾在该校读书的程淑英女士回忆了她在这所实验中学学习时有关魏特琳的情况，具有十分重要的价值，附录如下：

---

① [美]德本康夫人、蔡路得著，杨天宏译：《金陵女子大学》，第109页。另据曾在该中学读书的程淑英女士回忆，当时招收的学生达178人。

② September 17, 1938, *Minnie Vautrin's Diary,* Box 134 of YDL Record Group NO.11, The Archives of the United Board for Christian Higher Education in Asia, Yale University Divinity School Library Special Collections.

女子实验中学的学生们（耶鲁大学神学院图书馆）

1938年春，难民陆续离去，为保护难民操碎了心疲惫不堪的华小姐（魏特琳）刚得到一点喘息的机会，就又开始积极利用金女大校本部撤至后方留下的广阔的校园和留守的教职员工，筹办了一所女子中学。她自任校长，共招收初一至高二学生178名，使这些因战争失学在家的学生有学校可上。

学校是在9月间开学的。记得当时尽管校园内所有房子都收拾得干干净净，但是仍然令人感到一种难民区气氛的痕迹，人们还常谈论那些日子华小姐为了保护妇女免受伤害，如何冒着生命危险与日本侵略军进行机智勇敢斗争的一件件事。最令人难忘的是，横在教学楼前大草坪上的一条踩得不长草的路，是当时1万多难民每天去领粥的近路，直到我高中毕业时，这条路不管怎样修补，也长不出草来。这仿佛是在时时提醒人们千万不要忘记那一段悲惨的往事。

那时，街上治安情况很不好，日本兵横行霸道，到处无端闹事。

我们学校所在的宁海路又是比较偏僻地区，华小姐担心我们的安全，因而规定一律住校，只准每月回家一次，回家时尽量在大白天，而且要结伴同行，设想得十分周到。但是，即使这样，还经常发生一些事情。有一次，我乘黄包车回家，半路上突然有一日本兵，平白无故地在我头上狠击一掌，然后大笑而去。

华小姐在险恶的条件下仍然尽力把学校办好。她原是金女大教育系系主任，以一个教授的才能担任中学校长，在工作中仍能兢兢业业，认真负责，亲自做具体工作。她兼任我们最高班的班主任，定期召开班会，开会必须按开会程序进行，一丝不苟。她面前总是整齐地放着一个文件夹，摊开一张白纸，上面一笔笔写着她拟订的讨论事项，有条有理。她曾通过班会建议我们采用荷花作为“级花”，用粉红荷花色的布做大褂作为“级服”。她说：“荷花出污泥而不染，我最敬佩这种精神。”

华小姐在安排我们的文化学习上倾注了很大心血，特别是对我们最高班。她充分发挥金女大留校教授的作用，请一位美国老师教我们英语，一位中国老师教我们英语语法。我们住校时间多，还请了一位天文学教授讲点天文知识，请一位美术老师教我们插花艺术。对愿意学钢琴的则介绍老师，提供练习用的钢琴。华小姐自己还经常介绍一些英语的课外读物，个别辅导。

华小姐特别注意学生的素质教育，要求同学必须诚实。她常跟我们接触，以便了解问题和解决问题。每天中午，她来到学生食堂吃中国饭，要求各班轮流派两名同学陪着她吃。她就一边吃，一边同学生交谈，了解学生的状况和要求。

为了培养学生们的劳动习惯，她规定每天中、晚餐后，必须由各班轮流洗刷碗筷，打扫食堂。

她还有意识地组织我们走出校门，领略穷人的生活疾苦。学校定

魏特琳向实验中学的学生们讲话，希望她们成为有用的人（耶鲁大学神学院图书馆）

沦陷时期金女大实验中学高一同学与老师合影。前排左六为程淑英。第二排左二为林弥励、左三为德本康夫人、右一为程瑞芳，第三排左四为王耀廷（孙建秋、杨璐编著《金陵女儿图片故事》）

期向邻近的贫苦小孩施粥。华小姐让同学们分批轮流去帮助盛粥。有一次，轮到我盛粥，我看到孩子们狼吞虎咽喝了一碗又要添一碗的情景，很是心酸，久久难忘。

华小姐还培养我们爱护公物、讲究卫生的习惯。她一再嘱咐我们不要攀摘校园内的花木，刮大风时要把门窗关好，人离开教室要把椅子塞进去，等等，要求十分严格。有一次，她发现有人在教室楼前的一棵树下扔了一张糖纸，华小姐就在全体学生开会时提出，并且追查到底。另有一次，华小姐发现音乐室的地板上被人划破了一处，她就追查是谁穿了有钉子的鞋子进音乐室的，而事前她曾一再跟大家说过不要穿有钉子的鞋进入。

华小姐对学生生活上的关心，更是无微不至。为使学生吃到新鲜蔬菜，学校在空地上种了些蔬菜，几乎能满足饭桌上的需要。当菜园工人忙不过来时，也曾找学生去帮忙。

华小姐要求大家都休息好。我们住集体宿舍，按时作息。有一次，我们几个同学起了大早，跑到洗衣间洗起衣服来。洗着洗着，忽见华小姐进来了，她轻轻地说：“你们是不是嫌睡得太多了？”我们听了，不敢吱声，赶紧丢下盆里的衣服，跑回房间，上床睡下。[①]

实验中学女学生的教育项目还包括家禽饲养教学，左一是指导老师邬静怡（耶鲁大学神学院图书馆）

魏特琳对实验中学倾注了大量心血，1940年5月魏特琳积劳成疾被迫返美治病之后，实验中学的工作便由1929年毕业的金女大学生沈葆华小姐接替，这所实验女中一直开办到1942年6月19日日军强占金女大校园时才结束。

实验中学初中生物班的学生种植了这些蔬菜，学生们正在学习腌制以备冬季食用（耶鲁大学神学院图书馆）

除了上述两个教育项目外，魏特琳还开办了一个有80个学生的日校和一个有20名儿童的保育学校。

从现有的史料可以清楚地看出，魏特琳等人开办的各种学习班中，宗教占学习内容的很大份额。听布道、唱赞美诗、朗诵《圣经》、过宗教节日等，这也是魏特琳本人非常关心的事。其1938年3月12日的日记就记述了她上课的情况："9点钟，我见了我自己班上的妇女们，她们在其他各地的私立学校（旧式的中国私塾）上过1—4年的学。我原以为有35位学生，现在却有43位。有些人的脸看起来有强烈的责任感。班里已有一半人已抄写并熟记了主祷文——这是第一个任务，因为主祷文中蕴涵着我从未认识到的一种完整的含义。我们下

① 程淑英：《忆在华群小姐所办学校读书的两年》（未刊稿），现存南京师范大学南京大屠杀研究中心。

每日圣经学校的孩子们为金女大附近的贫困家庭提供帮助（耶鲁大学神学院图书馆）

一个任务是熟记《耶稣与我们同在》。然后我们要讲第121首赞美诗。”①

1938年11月13日的魏特琳日记记述的一项活动节目单则为：

前奏曲——麦卡伦夫人弹风琴

祈祷——福斯特

赞美诗——《噢，上帝，我们在过往岁月中的帮助》

诵读《圣经》和祷告——大卫·杨

圣歌：《安息吧，我的灵魂，上帝在你的身边》，高一和高二——米尔斯布道

独唱：《他秘密地显形》——保罗·阿博特（Paul.R.Abbott）牧师

宣告——魏特琳

创始者节之歌——哈丽雅特、布兰奇、林弥励、陈先生和李先生

① March 12, 1938, *Minnie Vautrin's Diary*, Box 134 of YDL Record Group NO.11, The Archives of the United Board for Christian Higher Education in Asia, Yale University Divinity School Library Special Collections.

特别祷告——陈希瑞小姐

赞美诗：《先辈的信仰，今日犹存》——福斯特

赐福祈祷

风琴独奏结束曲①

作为虔诚的基督徒，魏特琳对类似事情的评价很高，她认为中国人也需要这些。其实，学习《圣经》当然不能让残暴的日军有所收敛，也不能让受教育者找到赶走侵略军的真正武器；但在一个由魏特琳保护的校园里念书，总比待在杀人放火、抢劫强奸暴行盛行的鬼魅世界里强得多，经历了太多血腥的南京人需要精神上的慰藉。

二、见证“大东亚新秩序”

大规模的屠杀告一段落之后，往日人烟稠密、市面繁华的南京城已经变成人间地狱。伪南京市自治委员会 1938 年 3 月的一份文件全面记载了当时的情况：市政方面，“本市所有一切市政，陆续无形停顿，社会衰弱，转瞬半载，民不聊生，不堪言状”；卫生方面，“所有医院以及新设诊疗所，寥寥无几，设备不全，一旦时疫流行，势必束手无策”；教育方面，“学龄儿童因战争辍学，已有半载荒废教育”；而关系老百姓具体生活甚巨的工商业，情况尤其不妙，“本市临近江北，失业工人，本极甚夥，加以百业停顿，无以为生者，尤属不可胜数；谋生为难者，束手待毙；游手好闲者，与匪为伍”②。除此之外，日军仍在随时威胁中国人的生命、财产和尊严。

当时留在南京的外国友人都是些很有使命感的人。如贝德士，除了在

① November 13, 1938, *Minnie Vautrin's Diary*, Box 134 of YDL Record Group NO.11, The Archives of the United Board for Christian Higher Education in Asia, Yale University Divinity School Library Special Collections.

② 孙宅巍主编：《南京大屠杀》，北京出版社 1997 年版，第 454 页。

1938年2月5日，日本驻华公使在南京日本大使馆中举行外国使节招待会。日军新任南京警备司令官、第11师团第10旅团天谷直次郎少将，在招待会上严厉斥责向世界揭露南京大屠杀真相的西方人士，诬蔑其“煽动中国人的反日感情”（秦风等编《铁蹄下的南京》）

安全区国际委员会和国际救济委员会中千方百计庇护中国人之外，还曾顶住日军的巨大压力，在南京调查记录日军贩毒、组织开办慰安所的罪行。战后，他作为证人，有力地揭露了南京大屠杀的真相，为将日本战犯定罪作出重要贡献。魏特琳也是个有心人，她知道自己目击的一切，早晚有一天还会帮助中国人民，所以在日记中记下了许多当时南京和周边地区的实际情况。80多年后，当我们掸去历史的尘埃，进入魏特琳所记述的历史中时，仍然感到巨大的震撼。

“下午在实验学校校园看到的一幕令我很恶心，我的狗莱蒂叼来一颗小孩的头颅，可能是被抛弃的或是没有被掩埋好的尸体。”这就是日军建立的“大东亚新秩序”给魏特琳留下的印象。[1]

---

① March 1, 1938, *Minnie Vautrin's Diary,* Box 134 of YDL Record Group NO.11, The Archives of the United Board for Christian Higher Education in Asia, Yale University Divinity School Library Special Collections.

记录日军对中国人生命的戕害，在魏特琳日记中着墨较多。那个时候，她不会知道日本会有人在几十年后公然否认人所共知的事实，但她仍对日军屠杀的数字保持了高度的敏感。1938 年 4 月 2 日，她记述道：仅红卍字会自 1 月 23 日至 3 月 19 日，就埋葬了 32104 具尸体。4 月 15 日，她又补充道：红卍字会大约从 1 月中旬至 4 月 14 日这段时间，在城里已经埋葬了 1793 具尸体，这些尸体中大约有 80% 是平民；在城外，掩埋了 39589 名男人、女人和孩子。魏特琳在日记中特别强调，这些数字不包括下关和上新河地区，"那里还有大批的人丧生"①。

不光有这些总体的数字，日军暴行所造成的具体而微的历史细节也被记述下来，从而使枯燥的数字背后隐藏的大屠杀之后南京居民卑微苦难的"日常"为几十年后的我们所得知，限于篇幅，这里仅举两例：

1939 年 3 月 13 日，魏特琳日记记述道："今天詹金斯家佣人的妻子也来找我，请我替她到美国大使馆说情。她的丈夫为多位使馆官员做了 9 年的苦力。在日本人占领南京之前，他和另外两个佣人决定留在詹金斯家，照管詹金斯的东西。他们认为自己很安全，因为这所房子受美国国旗和特别通告的保护，同时他们自己也有特别的袖标。1937 年 12 月 14 日，也就是日军进入南京的第二天，管事的佣人让这位苦力和一位花匠去大使馆查看情况，他们去了，并待了一晚上。第二天 8 点钟左右，他们决定回詹金斯家，因为他们觉得应该回到他们的主人那儿。由于有袖标，他们觉得应该是安全的。显然，他们刚进入詹金斯家的大门就被打死了。后来，那个管事的佣人把他们的尸体拉进去藏了起来。当天晚些时候，这个苦力的岳父——他也躲在詹金斯家避难——也被杀了，他的岳母被刺刀刺伤，管事的佣人也被杀了。我曾见过这个佣人，是在 12 月 11 日，那天我坐大使馆的车去詹金斯家。今天来找我的这位瘦小的女人靠为别人洗衣、缝补养活她的母

① April 2, April 15, 1938, *Minnie Vautrin's Diary*, Box 134 of YDL Record Group NO.11, The Archives of the United Board for Christian Higher Education in Asia, Yale University Divinity School Library Special Collections.

劫后的南京汉中门、光华门、中山门（《南京全眺》）

亲和两个小男孩，她说她不愿为日本人工作，尽管那样每天可以挣到40美分，而现在她只能挣到大约20美分。”①

1939年12月28日，她写道：“我们在路上遇到一位黄老太（她已60多岁。1938年春天，她逃难后，放不下这几亩薄田又回来了，结果5次遭日军奸污），她正坐在菜园子边的小土墩上。我们和她说了几句话就继续赶路了。当我们回来时，她还坐在原地。我们停下来问她，才知道这几块巴掌大的菜地每天都得有人看着，白天是她看，晚上是她的小孙子和她儿媳妇看。那些吸海洛因和鸦片的人极缺钱花，就连蔬菜他们也要偷去卖钱。”②

不唯发生在南京的暴行不断进入魏特琳的视野，日军在南京周边地区的暴行尤其是针对妇女的暴行也同样被她记录下来。

芜湖。1938年3月4日，学校里来了一位来自芜湖的17岁女孩难民。她对魏特琳说：日军一到芜湖，就到她父亲的商店里去了——她父亲是个商人。因为她哥哥理了个平头，看起来很像当兵的，所以她的父亲、母亲、

① March 13, 1939, *Minnie Vautrin's Diary,* Box 134 of YDL Record Group NO.11, The Archives of the United Board for Christian Higher Education in Asia, Yale University Divinity School Library Special Collections.

② December 28, 1939, *Minnie Vautrin's Diary,* Box 134 of YDL Record Group NO.11, The Archives of the United Board for Christian Higher Education in Asia, Yale University Divinity School Library Special Collections.

哥哥、嫂嫂和姐姐全都被日本兵用刺刀刺死了。她被两个日本兵带走了，和她在一起的还有另外 8 个姑娘，她们被日本兵看管起来，过着地狱般的日子。“大约两周前，日本兵将她带到南京的南门，一位看起来比其他人和善的长官告诉她来这儿。我们给她发了被褥、脸盆、饭碗和筷子。明天我们将送她去医院。我想这就是许多家庭的命运吧！‘中日提携’？以这样的方式日军能取得胜利吗？”①

无名小镇。1938 年 4 月 11 日，一个姓王的油漆匠出现在校园，1937 年秋天，他的一家撤到扬州以东 140 公里之外的一个小镇。他报告说那个地区到处是日本兵，但他认为总的来说烧、杀、强奸比南京少。他还报告说长江两岸现在还有许多具死尸，沿江漂浮着许多浮肿的尸体——有士兵，也有平民。魏特琳问他到底是几十具还是几百具，他说在他看来有成千上万具。②

滁州附近。1938 年 5 月 2 日，发电房的苏姓工友在这一天听到了从他的家乡（位于滁州西北约 45 公里）传来的悲伤的消息，他哭了好多次，除大多数建筑已经被毁坏外，他已得到确切的消息，说他的妻子、孩子和母亲已经逃离了，他的岳母被日本兵杀害了，头被砍掉了。③

滁州。1938 年 9 月 16 日，这天上午来了一位年轻人，是金陵大学 1930 届的毕业生，他来学校询问能否给他某个教职，魏特琳立刻喜欢上了他。他说，最近刚从滁州过来，这座城市除难民营之外，已经是一片废墟。他眼里含着泪水，描述了妇女的遭遇——一位 78 岁的老太太和一个已疯的女

① March 4, 1938, *Minnie Vautrin's Diary*, Box 134 of YDL Record Group NO.11, The Archives of the United Board for Christian Higher Education in Asia, Yale University Divinity School Library Special Collections.

② April 11, 1938, *Minnie Vautrin's Diary*, Box 134 of YDL Record Group NO.11, The Archives of the United Board for Christian Higher Education in Asia, Yale University Divinity School Library Special Collections.

③ May 2, 1938, *Minnie Vautrin's Diary*, Box 134 of YDL Record Group NO.11, The Archives of the United Board for Christian Higher Education in Asia, Yale University Divinity School Library Special Collections.

孩被 6 个士兵强奸，等等。魏特琳说："令人惊讶的是，他的仇恨并不强烈。但他说他相信日本永远不能成功——没有哪一个残暴的民族能长久。"①

合肥。1939 年 1 月 20 日，魏特琳参加了美军太平洋舰队雅内尔的欢迎会以后，"听说克拉伦斯·伯奇已经回来了，于是我便急忙去麦卡伦家看望他。他说他现在想做的事就是和大家在一起，听听人们说英语。我相信从去年 1 月开始，在合肥只有他一个外国人——到现在已经几乎整整一年了，他经历了许多可怕的事情：他不得不把 20 名女护士和 1 名女医生藏在他家的楼上；他不得不一直守在门口保护她们；他一次又一次地被要求提供年轻女人，但每一次他都加以拒绝。他说农村的妇女们经历了无法描述的恐惧，日本士兵到家里和村里搜寻她们，如果她们要跑的话就会被打死。最终他得了伤寒病，比正常体重瘦了 30 磅，他明天将去上海，和他的妻子女儿相聚。他看上去显得很苍老，脸上出现了深深的皱纹。自然日本人并不想让他出来，因为他知道的事情太多了"②。

合肥。1939 年 12 月 5 日，"昨天来的两位是伍爱德和王美月，她们的经历大致如下：1937 年战争开始时，伍爱德是实验学校高二的学生。可能是在 8 月南京开始遭到日机轰炸时，她随母亲去了合肥，住在一个教堂的大院子里。1938 年 5 月合肥陷落前不久，她们母女住进教会医院避难所，当时在那里保护她们的唯一外国侨民就是伯奇先生。有一点伍爱德从未告诉过我，我是听别人说的，伍爱德 1938 年秋经过合肥的一座城门返回南京时，把守城门的日本兵搜查所有获准离城的人，逼她脱光了衣服"③。

---

① September 16, 1938, *Minnie Vautrin's Diary,* Box 134 of YDL Record Group NO.11, The Archives of the United Board for Christian Higher Education in Asia, Yale University Divinity School Library Special Collections.

② January 20, 1939, *Minnie Vautrin's Diary,* Box 134 of YDL Record Group NO.11, The Archives of the United Board for Christian Higher Education in Asia, Yale University Divinity School Library Special Collections.

③ December 5, 1939, *Minnie Vautrin's Diary,* Box 134 of YDL Record Group NO.11, The Archives of the United Board for Christian Higher Education in Asia, Yale University Divinity School Library Special Collections.

日军千方百计掩盖自己在南京及其他地区的战争暴行，不仅如此，他们还要将自己打扮成救世主，其虚饰造假手段达到了登峰造极的地步。作为一位中立的西方观察者，魏特琳曾认真辨别了一篇日方关于南京城内状况的报道，这篇题为《日本部队安抚中国难民，南京出现令人欣慰的和谐气氛》的文章，全文共有 25 句话，魏特琳认为其中只有 4 句是真话，即关于太阳的 1 句、鼓楼的 1 句、有关宪兵的 1 句和日本国旗位置的 1 句；有 1 句话一半是真的；另外 19 句全是假的；还有 1 句魏特琳还无法确定。魏特琳对此十分感慨地记述道："在'是非题'的测试中，这一得分可不高啊！"[①] 为了能让身处和平时代的人们共赏此篇"佳作"，魏特琳特将此文转录如下：

南京的街道上还是死一般的寂静。阳光像是充满了同情心，特别照顾城西北的难民区。摆脱了艰难和死神的难民群众由于日本士兵的高尚行为得到了安抚。他们满怀忠诚和感激的心情跪在街道两侧。在日本部队占领该城之前，他们饱受了中国抗日军队压迫的苦难。他们既买不到大米，也买不到小米，病人得不到治疗，饥饿的人没有饭吃！市民们的痛苦无法加以描述。令他们走运的是皇军进入该市后，放下手中的军刀，伸出援助的双手，以便治愈这些最穷苦人的伤口和痛苦。在日本大使馆西面的区域，成千上万的难民聚集在一起特别感激日本人保全了他们的生命，完全放弃了他们对日本人的敌对情绪。男女老少跪下来叩头，以证明自己对皇军的忠诚。对于一个中国人来说，这是具有特别意义的一种礼仪，只有出自真心真意时才会这样做，因为他们的这种礼仪是非常严肃的。在这个区内，男女难民都从日本士兵处得到面包、糕点和香烟，大家对此非常感激。城墙旁最穷的人也得到了施舍的物品。

---

① January 21, 1938, *Minnie Vautrin's Diary*, Box 134 of YDL Record Group NO.11, The Archives of the United Board for Christian Higher Education in Asia, Yale University Divinity School Library Special Collections.

日军张贴的欺骗性布告（《拉贝日记》）

与此同时，我们的医疗队已开始工作。许多几乎失明的眼疾病人在日本医生的治疗下又恢复了视力，并痊愈。母亲们送来了她们患哮喘病的孩子，两脚肿胀的妇女们也来请求治疗。他们都对日本医生赞不绝口。医生的检查和治疗结束后，他们中的许多人聚集在太阳旗和红十字旗下，高呼“万岁”表达他们的谢意。在一条街道上，一个商人刚刚开店恢复营业，一个宪兵正和一个居民温和地交谈。日本大使馆旁的鼓楼那里有个山丘，从那里可以眺望四周。人们可以看到附近挂着星条旗的美国大使馆，西北面有英国国旗，北面还有法国国旗，东面有苏维埃红旗则倒映在玄武湖碧波之中。在中央，在日本大使馆的铁塔上，太阳旗突出于一切之上。人们从高处向下望去，可以看到日本士兵正和中国儿童愉快地玩耍。

南京目前正处于世界的焦点，众目注视。可以肯定，这里的人们又重新享受到了和平的幸福与劳动的快乐。[①]

①《日本部队安抚中国难民，南京出现令人欣慰的和谐气氛》，《新申报》1938年1月8日。

关注当时南京城内老百姓在日伪统治下的生活状态，是魏特琳的又一着眼点。当时南京大米和其他生活资料价格奇高，而且除汪精卫“就职”前后粉饰太平，一直处于上涨状态之中。魏特琳在日记中多次记述通货膨胀情况，但她也搞不清楚为何弄成这样。1939 年 12 月底，魏特琳终于搞清楚了原因。当时，她派学校工作人员程瑞芳和骆小姐到一个米商那里弄 400 元的大米，并准备了一套领米券，打算发给急需救济的人，凭券免费领米。魏特琳说：现在，质量最一般的大米也卖到每担 20 元，而 1938 年这个时候是 7 元，1939 年秋天也只是 13 元。有位米商熟人告诉她，每卖 1 担米，日本人就要抽取 4 元的利，日本人还允许米商另外再赚 4 元，而以前，米商每担大米的赚头不得超过 0.2 元。善良的魏特琳简直不敢相信这是真的，她觉得任何人都会觉得这难以置信。这一天，程瑞芳还花了 100 元买了几床被褥准备发放给穷人。她报告说每床最少值 10 元（也许是 11 元），最多不超过 12 元。魏特琳记述道：“棉花现在是每磅 1 元，去年才 0.3 元。布现在是每英尺 0.3 元，去年才 0.15 元。这就是我所理解的‘大东亚新秩序’的意义。”①

每日三餐已属不易，日军还强迫劫后余生的南京人为他们的“大东亚新秩序”涂脂抹粉。

1938 年 11 月 7 日，在南京鼓楼等闹市区举行的“民众反共游行”同样被揭穿：“广场上有一张很大的假人，大概 25 英尺高，有一张丑陋的脸，其胸部写有汉字‘共产主义是妖魔鬼怪’。我们还看见乱蹦乱跳的人举着画有龙和其他动物图案的旗帜在城里来回走动，上面写着反共的口号和标语。有些标语还把蒋将军和共产党联到一起。我记得一个图案，上面是一辆大型坦克车正在碾过大人和小孩的尸体，坦克上写着‘共产主义’。坦克附近

① December 19, December 22, 1939, *Minnie Vautrin's Diary,* Box 134 of YDL Record Group NO.11, The Archives of the United Board for Christian Higher Education in Asia, Yale University Divinity School Library Special Collections.

有许多骷髅头和十字交叉的骨头图形。两只大气球，一只飘扬在老鼓楼的上方，另一只在新街口广场上，上面挂着反共的口号。一位中国朋友告诉我，在新的南京报纸上正开始一种宣传，它将逐步争取百姓相信：‘亚洲是亚洲人的亚洲’。”①

“我们到中国是为了帮助中国人从英、美的殖民统治下解放出来”之类的说辞也被当年的日军挂在嘴上。为了说明沦陷区的中国民众确实反英反美，日军在南京导演了一幕丑剧，魏特琳写道：“今天气氛有些紧张，城里发生了好几起反英抗议活动。一群中国年轻人朝英国商店、银行和办事机构扔石块，到处可见砸得粉碎的玻璃。一些中国的裁缝师傅和农民告诉我们，他们被迫将店里和家中的小伙子送去参加这些抗议活动，而带头的是身穿中式服装的日本年轻人。这样一来，他们就可以在日本堂而皇之地宣传——‘中国群众举行暴力活动反抗外国人，一心要把他们赶出中国，维护东亚的新秩序’。”②

今天，日本右翼及其影响下的所谓“学者”往往用那时日本驻中国记者发回的“新闻”作依据，说什么日军统治下的中国人实际上过得还不错、老百姓对日军并不太反感、日军在中国人包子铺前笑容满面等等，企图将精心布置的场景构建为事实，诋毁中国抗战的意义，魏特琳记录的真相，相信对所有被欺骗的人都有巨大的价值。

“以战养战”，是资源匮乏的日军制定的以中国资源征服中国的战略，为此他们展开了大规模的贩毒活动，一面毒害中国人民，摧毁其意志和体魄，一面借机筹措战争经费，许多南京人因此在侥幸逃脱屠杀后，又被毒品慢慢置于死地。据李恩涵考证，日军占领上海、南京后，日本著名毒贩里见

① November 7, 1938, *Minnie Vautrin's Diary,* Box 134 of YDL Record Group NO.11, The Archives of the United Board for Christian Higher Education in Asia, Yale University Divinity School Library Special Collections.

② July 10, 1939, *Minnie Vautrin's Diary,* Box 134 of YDL Record Group NO.11, The Archives of the United Board for Christian Higher Education in Asia, Yale University Divinity School Library Special Collections.

甫即到上海组织“宏善济堂”，负责苏浙皖等地的鸦片贩卖工作。南京伪维新政府成立后，实行鸦片专卖政策，据金陵大学美国教授贝德士等人调查，南京一开始共有 205 家大小烟土行领有当局执照，估计郊区和市区每月销售鸦片超过 200 万两。鸦片馆按营业额纳税，一级交 4200 元，二级交 2800 元，三级交 1400 元，后又改为按烟灯数量纳税。鸦片贩卖给伪政府带来巨大利益，据称，1938 年秋至 1939 年间，南京伪维新政府的收入至少有 1/3 来自鸦片税收。除伪维新政府的鸦片贩卖系统外，日本特务、浪人、洋行也参与贩毒，仅特务机关每月营业额即达 300 万元。鸦片贩卖的公开化，使鸦片广告直接登上了伪维新政府主办的《南京新报》：“莫愁售吸所仿照香港上等烟馆，设备布置异常考究，研煮高等烟土，异香扑鼻，不分等级，价廉物美。地址：南京大戏院对面。”鸦片之外，日伪还贩卖海洛因等“高级”毒品。据贝德士等人搜集的资料，1938 年夏秋之间，南京海洛因销售额即达每月 300 万元，约 1/8 的南京人染上毒瘾。食用者家破人亡，甚至开掘坟墓，盗棺卖钱。而日伪却大发其财。[①]

魏特琳以她的视角也将日伪的这一罪行记录在案：

1938 年 6 月 14 日，“下午 4 点 30 分以后，程夫人和我去严莉莉家。留下来看家的年轻的佣人，已染上了海洛因毒瘾，每天吃价值约 3 美元的毒品。当然得到它的唯一途径是卖莉莉的东西。小东西已卖掉了，现在他开始卖大件品。我们仍旧不知道处理此事的最佳方法。我为这位年轻人感到痛心，考虑应当试着把他安置在医院里，以便他能戒掉毒瘾”[②]。

1938 年 11 月 5 日，“今天听说南京有 100 多个鸦片贩卖场所。鸦片来自大连，许多海洛因已被出售，因为它比鸦片便宜。中国人控制贩卖场所，

---

① 李恩涵：《战时日本贩毒与“三光作战”研究》，江苏人民出版社 1999 年版，第 108—120 页。

② June 14, 1938, *Minnie Vautrin's Diary,* Box 134 of YDL Record Group NO.11, The Archives of the United Board for Christian Higher Education in Asia, Yale University Divinity School Library Special Collections.

但根子出在日本人身上”[①]。

1938年11月18日，“按照公布的数据，通过中央统配局出售的鸦片月销售额已达200万元，而海洛因的销售额也已达到300万元，我认为这些数据是真实可靠的”[②]。

1939年1月4日，“王先生今天向我解释了在城里实行的‘五家互保’制度，每个人每个户主都要参加一个五人小组，五家人要相互担保，如果其中有一人犯错，其他四个人都要负责。关于犯罪或犯错的定义很有趣，不是盗窃、不是杀人，也不是吸食鸦片或海洛因，而是掩护开枪者或反政府分子，以及帮助游击队员——这才是最大的道德过失”[③]。

1940年1月27日，“我正要离开校园，一个衣衫褴褛的人朝我的黄包车奔过来说：‘华小姐，我一直在等你出来，已经等了好几个小时了。我又冷又饿，一直在为日本人做苦力，但是现在身体不行了，背不动了（他以前是我们庐州教堂的一位牧师）。’我怀疑他的败落和海洛因有关，我让他把地址留给门卫，给了他够吃几顿热饭的钱，然后就走了。后来见到杨牧师，杨说过去几年中见到他好几次，他一直在吸海洛因。20年前，他有妻子和4个儿子，在一个蒸蒸日上的教堂里有份工作，曾经前途无量”[④]。

1940年1月29日，“今天中午我步行到南门，在那儿和里瑞尔·蒂加登及埃德娜·吉什共进午餐。路上，经过大概仅有6个街区那么长的一条街，我数了一下，足有12个立在店门口公开贩卖鸦片的大幅招牌。这叫‘官土’，

---

① November 5, 1938, *Minnie Vautrin's Diary,* Box 134 of YDL Record Group NO.11, The Archives of the United Board for Christian Higher Education in Asia, Yale University Divinity School Library Special Collections.

② November 18, 1938, *Minnie Vautrin's Diary,* Box 134 of YDL Record Group NO.11, The Archives of the United Board for Christian Higher Education in Asia, Yale University Divinity School Library Special Collections.

③ January 4, 1939, *Minnie Vautrin's Diary,* Box 134 of YDL Record Group NO.11, The Archives of the United Board for Christian Higher Education in Asia, Yale University Divinity School Library Special Collections.

④ January 27, 1940, *Minnie Vautrin's Diary,* Box 134 of YDL Record Group NO.11, The Archives of the United Board for Christian Higher Education in Asia, Yale University Divinity School Library Special Collections.

私开的烟馆又有多少呢？我不知道”[①]。

抗日战争时期，中国人民浴血奋战，牺牲以千万计，这是主流。但也有为数不少的人，伏于日军卵翼之下，卖国求荣，甘当汉奸。在南京，日军一进城，就开始到处找寻“合作者”。1937年12月21日，他们进城才一个星期，就找到不少汉奸、亲日分子开会，商议成立“维持会”。12月23日，以汉奸陶锡三为首，南京成立了“自治委员会”，孙叔荣、程郎波为副会长，赵威叔、赵公瑾、马锡侯、黄月轩、胡启阀、王春生为委员，张南梧、许传音、王承典、陶觉三、詹荣光为顾问，秘书长王仲调。日本人田中、松岗、佐藤、小岛、丸山进、渡部、鹈泽等“受聘”为顾问。

当汉奸，可以保命，还可以依靠日军欺负自己的同胞，但也并不轻松。伪自治委员会会长陶锡三因内讧和日本人的斥责要求辞职，陶家很快遭到日军抢劫，陶要求日军过问此事，日军一推了之，陶“顷闻之下，非常伤感”，立即甩手不干。日军还要求汉奸们征工、拉夫、搜集妇女、征集战争物资、建立基层政权等，可谓十分“辛苦”。但就是这么屈辱，还是有不少人心甘情愿地做了汉奸。[②]

魏特琳表示：“我们都无法理解那些汉奸的行为，要知道，南京大街上崭新的流线型轿车越来越多，而且开车的大部分都是中国人——都是新傀儡政府的人。人们都相信，中国在日本人的统治下是不会得到任何好处的，所以我个人无法理解为什么有人会卑劣地充当汉奸？！”魏特琳并不清楚汪精卫、梁鸿志等大大小小汉奸与日军勾结的详细情况，但在南京，她抓住一切可能的机会观察汉奸败类的表演，并记录他们的丑行。

1938年3月20日，日军大规模的屠杀才告一段落，两名日本军人和三位平民以及一名中国翻译来拜访魏特琳。魏特琳说：“我想任何一个翻译

---

① January 29, 1940, *Minnie Vautrin's Diary,* Box 134 of YDL Record Group NO.11, The Archives of the United Board for Christian Higher Education in Asia, Yale University Divinity School Library Special Collections.

② 孙宅巍主编：《南京大屠杀》，第464—482页。

都是‘汉奸’，尽管我意识到这种想法也许是错误的，但我却无法抑制。”[①]这是魏特琳第一次跟汉奸们打交道，随着时间的推移，她有各种机会和角度就近观察这个特殊人群。

很快，伪中华民国维新政府在南京成立，一时间，南京街头车水马龙，冠盖云集。魏特琳看在眼里，恨在心里。1938 年 5 月的一天，两名新市政府官员来访，魏特琳实在忍不住了，就直截了当地责备了他们。她说：“如果这里有个甘地[②]领导一场伟大的不合作运动，日本人根本就不可能前进一步。说到底，除了中国人民自己，没有人能真正伤害中国、打败中国。”[③]

1938 年 11 月，魏特琳有机会仔细地观察傀儡的面目，“即穿着极好的中国人。人们本能地猜到他们是新政权里的官员。我仔细地研究他们的脸，没有例外，他们看起来像鸦片或海洛因的瘾君子，有几个看起来像一度很有权势但已衰落的中国家庭中娇生惯养的少爷。我想我不是一个真正的基督徒，因为我极为鄙视这些人”。她认为：“可怜而愚蠢的日本，它自己以为能以这样的低能儿建立一个稳定的政府。”[④]

1939 年 3 月 27 日，魏特琳面对面地与一个汉奸打了交道。“正当我要出去时，一位穿西装的中国人来找我，他自我介绍说他女儿是我们学校的校友，好像他现在在当地‘人民会议’工作，他说他进入这一组织是为了帮助老百姓，说中央政府走了，扔下了老百姓，现在他要帮助他们。当我提及并表示谅解傀儡政权的排外政策时，他说他确信这项政策不会是反对美国的。”这个汉奸离开之前，一位在校生的家长进来并听到了他的最后几

---

① March 20, 1938, *Minnie Vautrin's Diary,* Box 134 of YDL Record Group NO.11, The Archives of the United Board for Christian Higher Education in Asia, Yale University Divinity School Library Special Collections.

② 印度非暴力不合作运动领导人——编者注。

③ May 12, 1938, *Minnie Vautrin's Diary,* Box 134 of YDL Record Group NO.11, The Archives of the United Board for Christian Higher Education in Asia, Yale University Divinity School Library Special Collections.

④ November 7, 1938, *Minnie Vautrin's Diary,* Box 134 of YDL Record Group NO.11, The Archives of the United Board for Christian Higher Education in Asia, Yale University Divinity School Library Special Collections.

句话，这位家长说：“上帝保佑我们不受说这种话的人的伤害。”在与这位家长的谈话中，魏特琳了解到他在这场战争中损失了 2 万至 3 万元，但他仍然不愿加入傀儡政权。[①] 两种不同中国人的强烈对比，使魏特琳对汉奸们更加痛恨——这在当时的外国人中是不多见的。

汉奸们的丑行不断传到魏特琳的耳朵里：“傀儡市政府的房管委员会会长没有拿薪水，但我今天得知他能从他收的每笔 1000 元的房租中拿 400 元。你能看到这是个多么邪恶的制度——有点像基督时代收税人的制度。”[②]

就像汪精卫一样，等而下之的汉奸们当然知道“汉奸”的名声并不好听，他们为自己的变节编造种种奇怪的理由。1939 年 4 月的一天下午，一个汉奸来找魏特琳，魏特琳认识这个人，还帮助过他。他对魏特琳谈了加入“新政府”的理由——和一位女校友的父亲是一样的，就是：（1）中国军队大量占用人民的钱财，却一再战败；（2）通过加入新政府，他们可以帮助中国人民。[③]

汉奸们横行下的南京，很多事情证实了魏特琳所预料的那种道德和秩序的失控。1940 年 1 月的一天，南京新“模范市立女子中学”的校长曹慧来金女大转了转。她告诉大家，她们学校每月得支出 2 万元，但是实际开支只有 8000 元。教师总数说起来有 48 人，但其中有 8 位或是 10 位她这个当校长的从来没见过，却照样每月拿工资。教育部部长顾澄是个老烟鬼，

---

① March 27, 1939, *Minnie Vautrin's Diary,* Box 134 of YDL Record Group NO.11, The Archives of the United Board for Christian Higher Education in Asia, Yale University Divinity School Library Special Collections.

② September 30, 1938, *Minnie Vautrin's Diary,* Box 134 of YDL Record Group NO.11, The Archives of the United Board for Christian Higher Education in Asia, Yale University Divinity School Library Special Collections.

③ April 17, 1939, *Minnie Vautrin's Diary,* Box 134 of YDL Record Group NO.11, The Archives of the United Board for Christian Higher Education in Asia, Yale University Divinity School Library Special Collections.

他的烟款全用公款支付。[1]

另一件事情更让魏特琳感慨万分。一天，在盖尔博士家的院子里闲逛时，魏特琳和他家的两个佣人进行了交谈。厨师告诉她，哈梅克主教原来的司机现在为一个日本人工作，从客人的小费中和买汽油的回扣中每月可以挣到 150 元——他每加一罐 5 加仑的汽油就可以得到 1 元。他已经挣到了足够的钱，花 400 元买了一辆二手车并雇了一个人开车。当魏特琳和厨师谈话时，厨师的妻子也加入了谈话，她说最近日本人刚刚开设了 1 座军事学校，鼓励中国的年轻人进入这所学校，他们可以得到军装，每月还可以得到 12 元。老花匠也过来了，他非常严肃地问魏特琳中国还有没有希望。魏特琳告诉他们：这将取决于中国人自己。但如果每个人都像那个司机的话，中国就没有希望了。[2]

1940 年 3 月 30 日，以汪精卫为首的伪国民政府"还都南京"，举行就职典礼。魏特琳怀着极大的痛恨和鄙夷记录了当时参加典礼的西方记者哈罗德·费伊告诉她的情况："典礼是今天上午在前贡院的一幢大楼里举行的，大约有 75 名中国官员宣誓就职。那个大房间空空如也，只有地板上画了 5 个圆圈，那些官员们就站在里面，新闻记者被指定在一个特定区域内。没多少日本人露面——只有几个海军代表和报界代表。这个房间的前方挂着孙中山的巨幅画像、党旗和国旗——没挂日本国旗。在拍照处有许多穿着新制服的中国士兵，而外面有许多日本兵。典礼开始时，盖在照片上的布帘被拉开，孙中山的照片展现在人们面前。汪精卫讲了几句话，他说他确信孙中山是赞同他们的行动的（哈罗德说，从那 75 名官员的表情看，如果房间里有椅子的话，他们肯定羞得钻到椅子下面了）。接下来是拍照，

---

① January 5, 1940, *Minnie Vautrin's Diary,* Box 134 of YDL Record Group NO.11, The Archives of the United Board for Christian Higher Education in Asia, Yale University Divinity School Library Special Collections.

② January 14, 1939, *Minnie Vautrin's Diary,* Box 134 of YDL Record Group NO.11, The Archives of the United Board for Christian Higher Education in Asia, Yale University Divinity School Library Special Collections.

汪精卫的脸色像死人一样苍白，虽然实际上他可能没什么病。”①

当然，甘当汉奸者在中国人中只是少数。1938 年 12 月，梁鸿志等汉奸们在南京召开“全国代表会议”。因愿意同流合污者很少，会议期间，竟然“悬赏”：以个人名义出席者每人每天可以得到 1 元，作为省代表出席者则可以得到 50 元。绝大多数的中国人，特别是普通老百姓还是洞悉“大东亚新秩序”的内涵的，他们从亲身的经历中得出了正确的结论，魏特琳对此深感欣慰。

1940 年 1 月，魏特琳在邻居胡大妈家坐了 1 个小时，听胡大妈及其儿子和媳妇谈他们眼中的“大东亚新秩序”。“一听就知道，他们对此的理解毫不含糊。在他们看来，日本人搞这套‘新秩序’就是要榨干中国的所有财富，迫使中国人对日本人俯首贴耳，任凭日本人在中国横行霸道，最终使中国人沦为日本的奴隶。谈起现在的生活状况，他们说简直活不下去了。”②

听了胡大妈一家的话，魏特琳想了解他们的想法是否有代表性，于是又去找更多的邻居了解了更多的情况。“我去了邻里 ×× 家。他们家族在本地算是家境不错的，有些地产，他自己家里有一个儿子、媳妇和一个小孙子。他常泡茶馆，四面八方的消息都能听到。另一个农民和几位附近的妇女来了，共来了 9 个人，他们的看法只有一个：建立所谓‘东亚新秩序’的目的就是日本人说了算，最终在经济上、政治上彻底奴役中国。没有一个人说日本人一句好话。说实在的，他们对日本人恨之入骨。我说有些日本人还是通情达理的，他们做的一些事表明，他们对中国人是心怀歉意的，可这些邻居怎么也不相信这一点。”③

---

① March 30, 1940, *Minnie Vautrin's Diary*, Box 134 of YDL Record Group NO.11, The Archives of the United Board for Christian Higher Education in Asia, Yale University Divinity School Library Special Collections.

② January 12, 1940, *Minnie Vautrin's Diary*, Box 134 of YDL Record Group NO.11, The Archives of the United Board for Christian Higher Education in Asia, Yale University Divinity School Library Special Collections.

③ January 15, 1940, *Minnie Vautrin's Diary*, Box 134 of YDL Record Group NO.11, The Archives of the United Board for Christian Higher Education in Asia, Yale University Divinity School Library Special Collections.

中国人不相信日本人宣传的所谓“大东亚新秩序”“日中合作”等漂亮口号，因为日本人在南京统治的现实无法使人去相信。魏特琳有一次陪同陈希瑞小姐去火车站买票时，从一件小事中也真正体会到了什么叫“大东亚新秩序”和“日中合作”。她的日记是这样记述的：

很高兴我陪她一道去了，由于我担心她一个人买不到票，所以我陪她一起去买票。所有乘客都在同一个窗口买票。售票处开始卖票前，外边就已经有很多日本人排起了长队，有男人也有女人，而中国人的队伍则更长，其中大部分是男人。陈小姐排在大约第 20 位。当售票处终于开始卖票时，中国人的队伍仍然静止不动，必须让日本人先买，还有一名日本军官在旁边监督，这名军官不停地把中国人往后推。眼看着中国人根本没有买票的机会，我慢慢走到那个军官面前，微笑地问他会不会说汉语，他说他会一些。我便问他是否能看懂墙上的大幅标语“日中合作”，他说能看懂。我告诉他这种售票方式是无法带来永久和平的，也不能称之为合作。他微笑着承认的确如此。[①]

无独有偶，关于中国人对日本人所要建立的“新秩序”的认识，当时住在南京的金陵大学历史系教授贝德士也曾对此进行过调查，其结果与魏特琳相同。兹将贝德士教授的这一调查报告附录如下：

有 19 人说不知道，包括 3 个受过一些教育的人，有许多模糊或混乱的答案由于不可能分类或报道也被舍弃了。

人们也许预料，从许多人那儿得到的答案会是日本官方人员在表述这个新名词时的小心翼翼或鹦鹉学舌似的重复。可是实际的答案却

① November 22, 1938, *Minnie Vautrin's Diary,* Box 134 of YDL Record Group NO.11, The Archives of the United Board for Christian Higher Education in Asia, Yale University Divinity School Library Special Collections.

令人惊讶：第一，许多人的实际感受在忿恨和痛苦中一股脑儿地涌上心头，于是他们就把日军统治下已经遭受和正在遭受的一切都倾吐出来，而完全不去考虑词语和合法思想什么。第二，因为许多人，特别是那些受过教育的人，他们懂得所谓“新秩序”，并不是一种政治局面，而是用刺刀强加给他们的各种陌生的行为规范和风俗习惯——向哨兵鞠躬和脱帽致敬；为了经过城门，要出示通行证和各种各样的证件；在各方面都顺从日本人。这两种类型的答案往往是结合在一起的，因为详细讲述杀人、放火、奸淫、抢劫、没收财物、不让做正常工作等等，就包括了作为新形势一部分的所谓必具“礼节”和强加的卑鄙管制等那样一些永远遭人痛恨的侮辱人的东西。有 34 人提供了这一段所提到的那些类型的答案。有 24 人明白地说，“新秩序”就是日本人的统治；有 5 人说，“新秩序”就是把白人从东亚排除出去；有 2 人说，“新秩序”就是反对共产主义；有 2 人说，“新秩序”就是反对蒋介石。①

虽然日本占领军当时反复宣传他们的“新秩序”是带给中国人甚至整个东亚人的福音，但是，被统治的中国老百姓最能体会这种“福音”内涵。在日本高压统治下，沦陷区的中国人本身缺乏记录历史的便利和条件，作为第三方目击者的魏特琳等人见证、记录了这一“新秩序”，让我们在遥远的日后有机会得知其细节。

三、关注抗日战局

魏特琳当时是中立国的人士，但她憎恶日本、同情中国的立场是明显的。中国军民的殊死抵抗让她在南京的废墟中看到了希望，所以尽管当时南京信息不通，但她仍千方百计地打听中国抗战的消息，更为中国人取得的胜

① 章开沅：《南京大屠杀的历史见证》，第 147—148 页。

利而高兴。

当魏特琳在南京为中国军民遭受的重大损失痛心不已时，徐州附近正在酝酿一场大战。1938 年 3 月 21 日，国民政府第五战区司令长官李宗仁决定：汤恩伯部主力集中于峄县东侧及枣庄西北焦山头，一部集结于台儿庄北方；孙连仲一部在侯新闸以西运河南岸，主力在贾汪附近及荆山茅村镇；张自忠部负责截击南下和北上之敌；第三集团军与张部袭击敌之侧背；庞炳勋部主力集结于汤头，与海军陆战队对沂水蒙阴警戒。

日军第五、十师团从 3 月 17 日对徐州的门户台儿庄发动进攻，首先进攻台儿庄的是濑谷支队第六十三联队第二大队，孙连仲部池峰城第三十一师等迅速将其击退。25 日，仅百余敌军盘踞在台儿庄以北的碉楼中，但当晚即得到支持。27 日，日军发动进攻，很快占领台儿庄东北角。接着，福荣大佐率部从峄县出发，黄昏攻至刘家湖。当日，李宗仁致电蒋介石和孙连仲，表示“台儿庄为徐州前方要地，又为汤军团后方联络要道，关系重要。……我军兵力数倍于敌，早当解决，乃经几日战斗，台儿庄围子反被敌冲入一部，殊深诧异”，要求孙连仲 29 日前肃清该敌。3 月 29 日，日军第十师团命令濑谷支队击破台儿庄国民党军。台儿庄战局日益扩大。

同日，孙连仲部二十七师黄樵松部和池峰城师向敌发动进攻，但为敌战车反击，攻击受挫。3 月 30 日，日军攻占台儿庄东半部。同日，李宗仁命令日军侧背之汤恩伯部王仲廉军对峄县佯攻，牵制敌之南下，但保持由东向西之方向；关麟征军以一部协助孙连仲解决台儿庄之敌，主力截断峄县与台儿庄的联络；汤恩伯应与孙连仲迅速取得联系。3 月 31 日，日军支援部队到达台儿庄，发动猛攻，冲入西北角，日飞机又轰炸台儿庄北站，一片焦土。三十一师副师长康法如率部反攻，歼敌大半，光荣负伤。濑谷久攻不下，日第二军命令第五师团前往支援，于是，该师团坂本支队绕过临沂，4 月 2 日开始攻击台儿庄东部，台儿庄大战进入白热化阶段。

孙连仲部第二十七、三十一师驻守台儿庄部队承受了巨大牺牲。日军步兵第十联队战斗详报记载："研究敌第二十七师第八十旅自昨日（4月1日）以来之战斗精神，其奋勇死战的气概，不愧受到蒋介石的极大信任。全部守军凭借散兵壕顽强抵抗直至最后。敌在狭窄的散兵壕内，尸体相枕力战而死的情景，虽为敌人，亦须为之感叹。曾令翻译劝其投降，绝无应者。尸山血河，并非日军所特有。"孙连仲部死战之时，汤恩伯部以其国民党军中一时无二的强大火力，却仍在日军背后作骚扰，逡巡不前。4月5日，在日军已占领台儿庄大半的情况下，唯一能命令汤恩伯的蒋介石发来密电："台儿庄附近会战，我以十师之众对师半之敌，历时旬余未获战果。该军团居敌侧背，态势尤为有利，攻击竟不奏效，其将何以自解？急令严督所部于六、七两日奋勉图功，毋负厚望。"汤恩伯部这才行动起来，日军立刻感受到巨大压力。

4月5日晚，坂本命令所部准备撤退。6日，日第十师团长得知坂本准备撤退，向第二军建议联合各部歼灭台儿庄国民党军，得到同意，但遭到重创的濑谷决心后撤，甚至不顾第五师团长的不准撤退命令。中国军队立即发动反攻，日军伤亡1万余人[①]。

南京沦陷前后，中国军队屡战屡败，民心士气急需鼓舞，台儿庄大捷的消息迅速传开。4月8日和9日，魏特琳在日记中写道："有消息传来，紧靠徐州附近有一场恶战，迫使日本军退却了，中国人在相互谈论时自然觉得振奋不已，人人都想知道战争要持续多久。""中国军队在北方山东的南部边界获胜的消息给我们带来了新的希望和欢乐。"[②]她还很有预见地担心说："收音机中播出的消息和报纸上刊登的消息令所有中国人感到极大的鼓舞，人们都暗暗感到欢欣和激动。如果这只是暂时的胜利，我担心中国人也许要受到日本军队的报复。"

---

① 中国第二历史档案馆编：《抗日战争正面战场》，江苏古籍出版社1987年版，第581—608页。

② April 8, April 9, 1938, *Minnie Vautrin's Diary*, Box 134 of YDL Record Group NO.11, The Archives of the United Board for Christian Higher Education in Asia, Yale University Divinity School Library Special Collections.

徐州的战局牵动着魏特琳的心。当时，日军为报复在台儿庄的失败，从 1938 年 4 月 18 日开始发动反攻，临沂迅速失陷。第五、十师团在第十六师团的支持下，牵制国民党军主力于徐州以北运河两岸；同时，第一一四师团沿南阳湖、微山湖西侧南下，指向徐州以西。南线日军第一〇一师团 4 月 20 日从东台出发，攻陷盐城；第六师团 4 月 23 日从芜湖出发，攻陷和县、巢县，直指合肥；第九师团、十三师团也向凤阳、蚌埠集中。与此同时，国民政府方面被胜利冲昏头脑，竟欲在徐州附近集结主力与日军决战。从 4 月中旬开始，第七十五军、九十二军、四十六军、六十军、二军、二十二军、六十九军、七十七军、六十八军和晋军一部陆续抵达徐州附近，加上原有部队，60 万大军摆出与日军决战的架势。而魏特琳目睹过日军战争机器的暴虐，非常担心中国军队与其争一时之短长，她在 1938 年 5 月 19 日的日记中写道："真是一个好天气，天气凉爽，阳光明媚，空气清新，除了飞机，一切都使我们感到欢欣。今天有一场大行动，似乎是同一批飞机一次次地飞回来重装弹药，然后又出发去执行他们杀戮和毁灭的任务。看来合肥肯定已经被占领了，而徐州也处于即将被占领的危险当中。我多么希望李宗仁没有让他的士兵留在那里遭到围困，就像过去被留在南京的士兵一样。"①所幸的是，李宗仁紧急关头抑制住了孤注一掷的冲动，率领几十万大军从皖北向西撤退，为抗战保存了力量，并在新战场取得多次胜利，可惜魏特琳因病回国没有机会得知这一切。

1938 年 10 月，是魏特琳比较高兴的一个月，因为南北战场日军都遭遇败绩。首先是南方战场，国民党军队在徐州会战进行期间，即准备规模空前浩大的武汉会战，南浔线②是中国军队江南主战场之一。1938 年 9 月间，日军第一〇六师团迂回万家岭，有包围整个南浔线中国军队之企图，但为

① May 19, 1938, *Minnie Vautrin's Diary*, Box 134 of YDL Record Group NO.11, The Archives of the United Board for Christian Higher Education in Asia, Yale University Divinity School Library Special Collections.
② 即南昌至九江铁路——编者注。

素称善战的中国军队第四军所抑留。随即，著名将领薛岳调集第六十六、四、七十四军和第一八七、一三九、九十一、新编十五、一四二、六十、预六、十九各师，将其重重包围。至10月6日，日军第一〇六师团已被歼灭近半，有全军覆没的危险。日军急调宁贺、佐枝、铃木三支队增援。10月10日，第一〇六师团残部勉强突出重围，但已死伤累累，失去战斗力。金女大里有勇敢的中国学生收听国民政府方面的广播，两天后，魏特琳很快得知消息，她写道："今天传来了在九江和南昌之间的德安战役中中国军队获胜的消息，大快人心。"① 在北方太行山战场，自国民党军溃败之后，聂荣臻等领导八路军以五台山为中心开辟了晋察冀抗日根据地，发展迅猛。1938年9月间，日军在南攻广州、中攻武汉、北攻五台的战略安排下，对晋察冀根据地发动"25路围攻"，根据地军民经40余天战斗，毙伤日伪军5200余人。这一来自遥远北方的消息也为魏特琳所知，但她不知真假，在日记中写道："我们希望报纸上报道日本人进攻太行山受挫的消息属实。"

到1939年，国民党军队主要与日军相持于第九、五战区，其中在江南的第九战区，发生了第一次长沙会战。这年9月，日军以第三、六、十三、三十三和一〇六、一〇一师团等，分别对湘北和赣北发动进攻，企图占领国民政府的主要粮食产地。在湘北，日军在栗桥、三姐桥、福临铺、上杉市等地遭到重创，虽一度逼近长沙，终于败退，据国民党第十五集团军司令关麟征报告，日军死伤2万余人；在赣北，由罗卓英等指挥第十九集团军等于高安、上富等地重创日军，毙伤日军1万余人。② 魏特琳得知了这一消息，1939年的"双十节"她非常轻松："陆续有些报道证实了中国在长沙附近的战役中获胜的消息。我还以为日军会分兵几路在双十节之前攻占

---

① October 12, 1938, *Minnie Vautrin's Diary*, Box 134 of YDL Record Group NO.11, The Archives of the United Board for Christian Higher Education in Asia, Yale University Divinity School Library Special Collections.

② 中国第二历史档案馆编：《中华民国史档案资料汇编》，第5辑第2编《军事》（三），江苏古籍出版社1994年版，第458—486页。

1939 年 8 月 13 日，在青岛休假 5 周之后，魏特琳乘船到达上海。8 月 17 日，上海 80 多位金女大校友在贝当路 7 号基督教青年会聚餐，欢迎吴贻芳校长（第三排左八）、蔡路德（Dr. Chester，第三排左十）与魏特琳（第三排左九）。在离别近两年之后，魏特琳第一次见到了吴贻芳校长。魏特琳在日记中写道："这真是畅叙友情、欢聚一堂的时刻，我们甚至忘却了残酷的现实。"（耶鲁大学神学院图书馆）

长沙呢。"[1] 不久，魏特琳去盖尔家吃饭，席间碰到了从中国内地到南京的传教士约翰逊。据约翰逊估计，日军在湖南和江西的军事行动中，分别有 2.8 万至 3 万名和 1.2 万至 1.5 万名士兵丧生。[2]

虽然听说过共产主义，但魏特琳并没有与中国共产党打交道的经历。从她的日记看，她对国民政府的感情是比较深的，尤其对蒋介石颇多尊重之词。但在南京几乎令人窒息的日子里，离魏特琳较近而又真正让魏特琳

① October 10, 1939, *Minnie Vautrin's Diary,* Box 134 of YDL Record Group NO.11, The Archives of the United Board for Christian Higher Education in Asia, Yale University Divinity School Library Special Collections.

② December 4, 1939, *Minnie Vautrin's Diary,* Box 134 of YDL Record Group NO.11, The Archives of the United Board for Christian Higher Education in Asia, Yale University Divinity School Library Special Collections.

感到中国充满希望的是新四军在南京及其周边地区进行的抗战。

在皖南地区，1938 年 7 月，新四军军部进驻泾县云岭。“在中共中央东南分局统一领导下，中共皖南特委在新四军民运工作组配合下，训练大批骨干迅速恢复和发展各县党的组织，动员各界民众抗日，团结了刘敬之等进步人士，建立了抗日民族统一战线。同年秋，新四军第三支队在策应第一、二支队东进苏南后，进驻铜（陵）、繁（昌）前线抗日，经过多次繁（昌）县、泾县保卫战，粉碎了日伪军对皖南地区大规模的进攻和‘扫荡’，成为皖南前线的一支主要抗日力量。”① 新四军到皖南抗日，却遭国民党第三战区司令长官顾祝同等所忌，将其作战地区限制在东起芜湖、宣城，西至青阳、大道镇的狭长地带内，回旋困难，但新四军仍积极抗战，在皖南一带活动频繁。1939 年 1 月 21 日，他们曾袭击芜湖近郊官陡门，引起极大震动。这震动，也传到南京城内。1939 年 2 月 2 日，魏特琳在实验学校和芜湖来的李牧师一起吃中餐，还有另一位牧师大卫・杨。席间，“李牧师说芜湖附近的新四军似乎已经赢得了农民们的信任，而且正在努力为农民服务，镇压土匪。芜湖城外 10 英里的地方全被他们控制着，而日本人则控制着城市”。魏特琳评价说：“如果所有的游击队都像他们这样的话，日本人是很难控制中国的。”②

合肥是魏特琳早年工作过的地方，她对合肥的局势非常关心。而合肥周围的情况在国民党军溃败之后发生了很大的变化：抗战爆发后，原先在大别山地区的红二十八军和鄂东桐柏山区的红军游击队改编为新四军第四支队，支队司令高敬亭、参谋长林维先、政治部主任萧望东，下辖 3 个团和手枪团。1938 年 3 月，第四支队东进抗日，并在桐城、庐江、无为、巢县等合肥周边地区展开，不断威胁合肥日军。1938 年 5 月 12 日，第四支队第

---

①《皖江抗日根据地》，中共党史资料出版社 1990 年版，第 2—3 页。

② February 2, 1939, *Minnie Vautrin's Diary*, Box 134 of YDL Record Group NO.11, The Archives of the United Board for Christian Higher Education in Asia, Yale University Divinity School Library Special Collections.

九团一部在巢湖东南蒋家河口伏击日军，毙伤日军20余人，这是新四军开赴江北前线的第一仗，极大地鼓舞了当地军民。1938年夏天以后，日军对武汉发起全面围攻，新四军积极从后方进行牵制打击。安庆至合肥的公路沿线，成为新四军的战场。1938年9月3日，第四支队第七团在棋盘岭设伏，摧毁日军军车50余辆，击毙日军70余人。8天后，第七团再次伏击于棋盘岭，击毙日军中队长、联队长各1人，分队长2人，士兵80余人，并摧毁日军装甲车2辆。10月，在运漕战斗中，击毙伪军50余人，俘虏160余人，缴获枪支近200支。据不完全统计，新四军挺进合肥周边地区不久，即消灭日伪军1000余人，第四支队也迅速发展，组建了第四支队直属游击大队、淮南抗日游击纵队，并将皖中原有的抗日武装统编为第四支队游击第二纵队。

合肥周围新四军的辉煌战绩同样为魏特琳得知。她记录如下，“晚上我们去麦卡伦家看望凯普伦医生，他刚从合肥来。他说合肥城里大约有1万人，每天大约有35人回城。城市以西、以北和西南的地方都在游击队手里，他们正在逐步消灭当地的土匪”①。

苏南地区是侵华日军和伪政权统治的核心地带，新四军一组建，随即便向苏南挺进。1938年6月17日夜，新四军先遣支队在镇江附近的韦岗设伏，击毙日军少佐土井以下十余人，震动了苏南地区。陈毅将军特意赋诗：“弯弓射日到江南，终夜喧呼敌胆寒。镇江城下初遭遇，脱手斩得小楼兰。”接着，苏南新四军以茅山为中心，创建了根据地。1939年初，新四军第一支队司令员、新四军军分会副主席陈毅派该支队六团叶飞继续东进，与中共方面早已做了许多统战工作的抗日武装梅光迪部会合，成立“江南人民抗日义勇军”。“江抗”迅速打开局面，他们先强攻浒墅关，占领车站几小时，日伪突然发现他们的“后方”冒出游击队，惊恐不已；7月下旬，“江抗”冲

① February 21, 1939, *Minnie Vautrin's Diary*, Box 134 of YDL Record Group NO.11, The Archives of the United Board for Christian Higher Education in Asia, Yale University Divinity School Library Special Collections.

往上海，在青浦将日伪“扫荡”部队打垮；接着追击到上海近郊的虹桥机场，将日军停在机场上的十余架飞机炸毁。新四军来往袭击，冲乱了日伪在苏南的所谓“秩序”。魏特琳对其中的具体情况并不了解，但她的嗅觉是灵敏的，从订阅的《字林西报》没有“正常”送到南京，她判断：“无锡城外的铁路被游击队切断了。”① 事实证明，她的判断是极其准确的。

对魏特琳来说，南京本地发生的抵抗行动是最令人鼓舞的。1939 年 3 月 8 日，魏特琳首次在日记中记述游击队在南京地区的活动：“从可靠的权威消息，日本人将拆毁中央大学附近的房屋，因为他们在这所大学里驻有军队，担心被游击队突然袭击。”② 实际上，新四军组建不久，就将南京纳入游击战的范围之中。新四军政委项英在《关于第一、二支队进入敌后的行动原则致陈毅信》中明确表示，“游击战，在目前主要是切断交通，阻碍敌人的运输和兵力转移，扰乱敌人，牵制敌人保守据点，特别是南京镇江（这是敌人战略据点和在后方兵力转移枢纽），以伏击的动作来打击和消灭远出和行进中分散的敌人”，“应组织很多的小游击队，分布在南京至镇江到丹阳、武进间破坏铁路和侦察敌情”，“应当以小游击队到南京、镇江附近，用突然的动作实施扰乱，以威胁敌人，这在政治上更有大的意义”。1938 年 7 月 10 日，新四军第一支队一部和游击队伏击于南京近郊的汤山至句容公路，炸毁日军汽车 2 辆，毙伤日伪军 40 余人。同月，新四军第二支队三团进入南京的江宁境内，他们在当地发动群众，建立广泛统一战线，收集枪支，很快，他们站稳了脚跟，向日伪军展开了进攻。首先在赤山，将日军一个中队歼灭，缴获其九二炮。接着，日军企图到禄口建立据点时，三团猛扑上去，消灭其一个中队。在龙都、祝庄，新四军连续与日军激战。

① October 28, 1939, *Minnie Vautrin's Diary,* Box 134 of YDL Record Group NO.11, The Archives of the United Board for Christian Higher Education in Asia, Yale University Divinity School Library Special Collections.

② March 8, 1939, *Minnie Vautrin's Diary,* Box 134 of YDL Record Group NO.11, The Archives of the United Board for Christian Higher Education in Asia, Yale University Divinity School Library Special Collections.

1939年农历正月初七，新四军与日军大战于云台山，虽牺牲120余人，但获得较大战果。[①]

另据有关资料，1938年下半年，新四军曾频繁渗入南京城边："7月14日，一支队第一团部分兵力攻击了西善桥敌据点，战斗半小时，毙伤日寇20名，缴获步枪3支及军用品一部分。9月16日，二支队部分兵力捣毁了京芜铁路板桥车站，击毙日寇30多人，缴枪10余支。20日，新四军侦察人员还化装进入南京城，张贴文告，抓捕敌探，迫使日军宣布南京全城特别戒严。11月26日，二支队侦察连进击雨花台守敌，激战1小时，毙伤敌伪25名，敌不支向城内逃去。侦察连又以猛烈火力射向中华门城堡，敌龟缩城内，不敢出战。雨花台山顶上曾胜利地扬起标有'新四军'字样的红旗。"[②]魏特琳像听音乐一样听着南京周围的枪声。1939年5月17日，她在日记中写道："城市附近20里以内正在进行着战斗，我们已经听了两天的枪声。我听说有一天，至少有4卡车的伤兵被运进城，这都是新四军干的。"[③]1939年6月15日，她再次记述道："城市以南的地方遭到猛烈轰炸，我听到的一种解释说游击队离城市只有5里，轰炸是为了把他们赶走。"[④]

当然，国民政府在撤出南京后，也不断对南京之敌进行骚扰和袭击。1938年1月，中国空军和苏联志愿航空队由波雷宁率领，从汉口出发，奔袭南京，炸毁日军飞机20余架。1月26日，中苏空军在苏军轰炸机联队长马琴率领下再次出现在南京上空，对日军飞机、油库等设施进行猛烈轰炸，获得重大战果。3月12日，中国飞行员汤卜生单机进入南京上空，盘旋数圈，

---

①《苏南抗日根据地》，中共党史资料出版社1987年版，第21、27、517—524页。
② 孙宅巍主编：《南京大屠杀》，第552—553页。
③ May 17, 1939, *Minnie Vautrin's Diary*, Box 134 of YDL Record Group NO.11, The Archives of the United Board for Christian Higher Education in Asia, Yale University Divinity School Library Special Collections.
④ June 15, 1939, *Minnie Vautrin's Diary*, Box 134 of YDL Record Group NO.11, The Archives of the United Board for Christian Higher Education in Asia, Yale University Divinity School Library Special Collections.

向中山先生致意，极大地鼓舞了南京人民。[①] 此后，国民党军队尤其是空军一直保持在南京地区的活动。魏特琳注意到了中国空军的活动，1938 年 4 月 7 日，她以愉快的心情记述道：“今天早上大约 10 点钟时，中国飞机在城市上空飞行。地面有防空射击，显而易见，这些飞机正试图轰炸句容机场，在空中飞行了大半天。”[②]1939 年 6 月 14 日，她愉快地记录了发生在日本大使馆的中国特工毒杀日军案。[③]

魏特琳对中国人民的同情与关爱，得到了大多数中国人的敬爱与信任。一些重庆国民政府派来的地下工作人员主动与魏特琳接触，他们特别信任她。1939 年 9 月 6 日，魏特琳记述道：“有个人来我的办公室里见我，见面情形很不寻常，但是细节我不能透露。来访者是我认识的一位年轻英俊的男子。他见没有别人在场，就从口袋里掏出一个白色小包，并把它打开。包在外面的白布上用汉字写着 7 个人的名字，名字下方有 7 点极小的血迹；包在里面的布上有 7 个写得大一点的人名，另外一些人名需要用某种化学试剂才能显影。他说他们这 7 个人都是秘密工作者，为中央政府搜集情报。他们都同意在南京的各重要机构内任职，这样才能搞到情报。他要我明白正是为了搞情报他才同意接受目前的职位的。他为什么这么信任我，并告诉我这些情况？我不得而知，我只希望他不要让太多人知道这件事。”[④]

---

① 孙宅巍主编：《南京大屠杀》，第 536—538 页。

② April 7, 1938, *Minnie Vautrin's Diary,* Box 134 of YDL Record Group NO.11, The Archives of the United Board for Christian Higher Education in Asia, Yale University Divinity School Library Special Collections.

③ June 14, 1939, *Minnie Vautrin's Diary,* Box 134 of YDL Record Group NO.11, The Archives of the United Board for Christian Higher Education in Asia, Yale University Divinity School Library Special Collections. 此案由国民党特工系统策动，詹长麟及其兄詹长炳执行。

④ September 6, 1939, *Minnie Vautrin's Diary,* Box 134 of YDL Record Group NO.11, The Archives of the United Board for Christian Higher Education in Asia, Yale University Divinity School Library Special Collections.

第七章　噩耗传到中国

一、沉重的负荷

尽管魏特琳为中国军队的每一场胜利而欢呼，但目睹了中日之间国力存在巨大差距的她，在当时很难看到中国在战争中获胜的可能性。相反，日军飞机不停的轰鸣声时时刻刻提醒着她：中国人民处在日军的任意杀戮之下。这让同情中国人民遭遇的她十分痛苦，她的日记中有大量的篇幅记述了她的这一心路历程。

魏特琳（前排左四）与金女大的工作人员。前排左三为陈斐然、左五为程瑞芳、右三为林弥励、右二为凯瑟琳·舒茨（耶鲁大学神学院图书馆）

1938 年 4 月 13 日："整天都有飞机持续不断地飞往西北。今晚大约在 5 点 30 分有 11 架重型轰炸机从我们上空飞过——有朝南山东去的，有朝西部的哪个城市进行月夜空袭的。看见它们开始这样一个毁坏之旅实在令人厌恶。"①

1938 年 4 月 21 日："天气凉凉的，但中午前后天空一片明朗。南京上空低低的云幕并不能阻止许多架重型轰炸机频繁地飞往西北。看到这些飞机我就战栗不已——因为对我来说它们意味着残缺不全的尸体和可怕的痛苦。"

1938 年 4 月 28 日："上午 7 点，18 架飞机穿过校园上空飞向西北。8 点 30 分，又有 14 架飞机慢慢地朝相同的方向飞行。下午 1 点 15 分，21 架重型轰炸机飞往西北，我想到了随之而来的毁坏和苦难。"

1938 年 5 月 9 日："到早上 8 点我数到 16 架飞机扔完炸弹返回来，还有其他飞机从我的窗口无法看到，它们一定是大约凌晨 5 点就飞往西北了。听到这些飞机声我们真心痛啊！"

随着战争的延续，魏特琳注意到由于中日之间空军力量的巨大反差，能阻止日军飞机的只有恶劣的天气，而好天气正是日军大规模轰炸的良机，美好的景色和残垣断壁之间的联系，让魏特琳更加悲愤。

1938 年 5 月 12 日："多么美好的一天啊！宇宙万物美轮美奂，要是这些给人们带来死亡和毁坏的飞机不在我们上空不停地飞，那该多好啊！ 14 架一组或 18 架一组的飞机一阵阵地朝西北飞去，我猜想在那些像宿州和合肥那样的小地方几乎没有防空炮阻止它们恶魔般的轰炸。"

1938 年 5 月 19 日："真是一个好天气，天气凉爽，阳光明媚，空气清新，除了飞机，一切都使我们感到欢欣。今天有一场大行动，似乎是同一批飞

① April 13, 1938, *Minnie Vautrin's Diary,* Box 134 of YDL Record Group NO.11, The Archives of the United Board for Christian Higher Education in Asia, Yale University Divinity School Library Special Collections. 本章其他使用的魏特琳日记除特殊需要外注略。

机一次次地飞回来重装弹药，然后又出发去执行他们杀戮和毁灭的任务。”

1938年5月21日：“早晨7点。这是一个阳光灿烂的春日，正因为如此，今天又有许多人要遭受极大的苦难了。我已经看到先有一组14架重型飞机分两队沉重地向西北飞去，刚才又有一组9架飞机飞过。我真希望能有一些兵力把它们从空中打下来，让它们的炸弹沉进长江，把开飞机的那些人的脑袋炸开花！”

1938年5月29日：“我们西北的战斗一定非常激烈。从黎明开始就有了飞机活动，到上午8点弹仓空空的轰炸机就已经开始返回它们的基地补充弹药了。我无法告诉你当飞机群编队穿过天空时带给我的恐怖感，我不是为我自己害怕，而是可怜那些受伤害的人民。”

对中国人民的强烈同情但又无能为力，这和对日军飞机的强烈憎恨交织在一起，使魏特琳的心绪日益低落。阴雨连绵让她高兴，阳光灿烂或月色迷人反而让她苦恼。于是，天气不断成为刺激她的因素，让她在精神上无法轻松。“今晚有月亮，意味着对西部城市可能进行空袭。”“天气晴朗、凉爽。空中飞机活动频繁。当黑压压的飞机从我们头顶上方飞过，执行死亡及毁灭的任务时，我们怎能无动于衷？”“阳光灿烂。我感到筋疲力尽，睡得越多，越感到疲劳。经过一夜漫长的解乏的睡眠，我开始呻吟。”“今天是一个秋高气爽的日子——在漫长的夏季之后这是深受人们欢迎的天气。可惜的是可怕的飞机与充斥于脑海中的想象有损美丽的天气。”“写日记时是美丽的月夜，但是，唉，轰炸机低沉的轰鸣声非常清晰。愿那一天快快到来，到时月光的美丽不再被狂热所摧毁、破坏。”“我们先玩游戏，后去田径场——打槌球、玩掷蹄铁套柱游戏、野餐和看日落。当我们吃晚饭时，6架大型轰炸机向西飞去，因为今晚月光皎洁。以这种令人憎恶的方式破坏这样美丽的夜晚真是罪过。”“又是一个美好的秋天——除了头顶盘旋或飞行的飞机之外。许多飞机以一组3架，一次3组的队形飞行。”“今晚月光皎洁，又会有很多飞机飞往西线进行狂轰滥炸了。这一切要到什么时候才能结束呢？

有人说要 5 年，有人说要 10 年。”“每天我最多到海滩上去一次，不过月圆的那一周，我每天都约上几个朋友在月光下游泳，真痛快！只有在此时，我才能忘却中国那些正束手无策地遭受日机轰炸的城市。”“今晚的月光美极了，在这个月光皎洁的夜晚，中国许多地方都会有人赞叹月光的静谧之美，也将会有许多城市束手无策地遭受轰炸。”“这几夜，月光如水，能见度很好，中国西部肯定又遭到了空袭。”

1938 年夏秋间，武汉会战正酣，魏特琳非常希望中国人能有天气帮忙，短暂的时候，也曾天如人愿。她在 1938 年 9 月 21 日的日记中记述道：“持续多云的天气。很少有飞机飞过。这使武汉三镇的人民暂时摆脱轰炸。我为他们心痛，因为他们不知道自己的未来会怎样。”但这样的时候是很少的，9 月 23 日：“天气晴朗。54 架轰炸机今天早上向西飞去，那意味着灾难和毁灭，我们太清楚这点了。”9 月 30 日：“大部分时间在下雨。今天似乎没有轰炸机，但我们已对它们熟视无睹，以至于没注意有一中队飞机飞过头顶。”10 月 5 日：“今天温暖晴朗，天空灿烂。不断地有飞机轰鸣声——一次 9 架一中队。他们会在国庆节——10 月 10 日到达汉口吗？”10 月 9 日：“今天有很多架飞机，尤其是重型轰炸机。今晚 6 点 30 分后我们能听到它们向西飞行的声音，看见飞机上的灯光，这或许意味着今晚大约 10 点它们将轰炸武昌。”很快，日军就攻入武汉、广州，魏特琳的心理遭受沉重打击，她说：“这对中国南方而言意味着更多的毁灭、恐怖和屠杀。有时我想知道是否会剩下些什么。一想到即将来临的长期贫穷我就发抖。我不敢想象南京和华东地区的未来。”①

武汉、广州被日军占领后，日军飞机并未减少其活动，中国中西部惨遭蹂躏，魏特琳一边揣测着日军前进的步伐，一边担心着中国的毁灭。

---

① October 14, 1938, *Minnie Vautrin's Diary,* Box 134 of YDL Record Group NO.11, The Archives of the United Board for Christian Higher Education in Asia, Yale University Divinity School Library Special Collections.

1938年10月29日她记述道："这几天很少有飞机，这是日军没有继续作战的证据，他们或许正如在南京一样享受胜利的果实。"1938年11月25日又记述道："最近几天几乎听不到飞机的声音，可能日本人在更西边的地方新建了机场。"不久，魏特琳担心的事发生了。1939年2月25日，她在日记中记述道："这几天的报纸报道了桂林和贵阳遭到轰炸的消息，两座城市的1/3被炸成废墟。宜昌、万县甚至兰州也遭到空袭。一些中国朋友提到他们的亲戚们从较大的城市迁往了农村。我们现在很少听到飞机的声音——南京现在已经处在日占区的腹地了。"重庆大轰炸的消息是1939年5月6日传来的，6月13日，成都和华西联合大学遭到轰炸的消息又传来，在魏特琳的印象中，这是中国最后的文明之区，她绝望地问自己："下一次又要轰炸哪里呢？"

但此时让她绝望的消息还没有完。1939年11月18日，她知道了更糟糕的事："中国的战况则日益严峻，好像中国最后一条重要的铁路干线也将落入敌手。"

战争给魏特琳精神上不断的刺激已使其难以承受，但这并不是唯一的刺激。她曾经自我解剖过："过去的一星期有许多因素使我情绪低落——可能最主要的因素是我劳累至极。此外，令我感到压抑的原因首先是新政府的成员（汪精卫和他的追随者）正在南京，人们经常可以看到一些地方像模像样地亮出了党旗和国旗。看来'新中国'将在3月30日宣布成立。真是手段高明，可以分裂国家、蒙蔽民众了。汪这样做完全是由于他争权夺利，还是由于他憎恨蒋介石，或是由于他真的认为这样做对中国有好处？令人痛心的是，许多人虽然对国家一片忠心，但是迫于生计不得不沦为汪的党羽。第二个令我情绪低落的原因是我的工作堆积如山，压得我喘不过气来。每天都有那么多中国人来找我，有那么多的信件寄来，让我深陷其中。最后一个很重要的原因是我对休假感到无望，无论是休假还是工作，我都必须事先做好两手准备，而同事中没有一位中国人可以统管全局的。”①

苦恼本需要排解，但魏特琳当时并无排解之策。她也曾骑自行车到中央公园、中山陵等地，但看到的都是日军破坏后的残迹，这往往使魏特琳的心情更为沉重。金女大的同事本来也是魏特琳感受温情的源泉，但人事纠纷同样困扰魏特琳。她手下有两个得力助手，一个是程瑞芳，一个叫林弥励，两人在帮助魏特琳操持校务方面，都是相当得力的，但不幸的是，两人产生了严重的矛盾，这让魏特琳十分苦恼。魏特琳在日记中说：

> 这两天一直躺在床上，林弥励和程夫人之间难以解决的矛盾让我闷闷不乐，我什么也吃不下。昨晚做了个长长的噩梦。看来她们中间至少有一个人要甩手不干了。两人都有理，又都有错。林弥励已经厌倦了和这种人共事，不想再谦让了。昨晚我和程夫人谈过后，寄了封信给林弥励。经协商，我们想出了一个解决的办法，看起来还比较合理，但是在林弥励看来可能就不那么合理了。

后来的事态发展证明魏特琳的判断是准确的，林弥励最后选择离开了学校。1940 年 2 月 13 日，魏特琳在日记中写道：

> 昨晚凯瑟琳·舒茨来了，但是没带来任何有关林弥励的消息。今天下午骆佩芬也没带来新消息。吃晚饭时，我收到了林弥励的一封快件，信中讲得很清楚：在没有澄清和程夫人之间的误会之前，她是不会回来的。晚饭后，玉玲、诚中和我反复讨论此事，认为唯一的解决办法就是明天让凯瑟琳·舒茨带着我们写给林弥励的信去请她回来。我本想亲自去，但实在走不开，这样做多少会使林弥励感到面子上过得去。

① March 22, 1940, *Minnie Vautrin's Diary,* Box 134 of YDL Record Group NO.11, The Archives of the United Board for Christian Higher Education in Asia, Yale University Divinity School Library Special Collections.

我们在信中力劝她忍让一些，程夫人是难以说服的。程夫人认为事情全怪林弥励，如果林弥励也这样认为的话，那事情就没希望了。

魏特琳想尽办法希望程、林二位和解，但程瑞芳并不理解她的一番苦心。2月14日下午4点，德本康夫人、程瑞芳和魏特琳开了行政委员会会议，继续商讨一些校务问题。魏特琳认为凯瑟琳小姐带着她请林弥励回来的信件去上海这种做法堪为上策。程瑞芳当时没有表态，但是德本康夫人走后，她告诉魏特琳她不同意这一做法——那样做只会使林弥励比以前更傲慢、更专横，并说她干完这学期就不干了。魏特琳感慨说：“看她这样大发脾气，我开始感到很不是滋味，但是后来却感到些许欣慰，因为我相信她说出了自己的心里话，而且她当着我一个人面发脾气总比在大庭广众面前发脾气要好得多。面子的力量真大，它决定着人们的一举一动，让我们寸步难行。为了面子，除了不愿去死，人们什么都愿意干。”我们今天已经无法知道程瑞芳和林弥励后来怎样了，因为身心疲惫的魏特琳再也没在日记中提及此事。

魏特琳夹在程瑞芳和林弥励之间已经左右为难，心情相当沉重。由于心情不愉快，她自己和德本康夫人两人之间也因琐事而引发矛盾。1940年3月间，魏特琳记下如下文字：“这星期我和德本康夫人吵了好几次，这使我感到疲惫不堪。我承认这些天我脾气急躁而且也很累，但也确实是她惹火了我。她话里有话地说：很多事情是在过去的几年间就应该做完的。我认为我们没有时间和力量做这些事。我们不能指望像过去那样按部就班地工作，因为我们一直人手不够，而且我们有规范的课程表，再花时间去收集教师的个人课程表就显得没有必要——这将浪费我们已经排满的时间。但是我确实也不该为此发脾气。”①

① March 2, 1940, *Minnie Vautrin's Diary,* Box 134 of YDL Record Group NO.11, The Archives of the United Board for Christian Higher Education in Asia, Yale University Divinity School Library Special Collections.

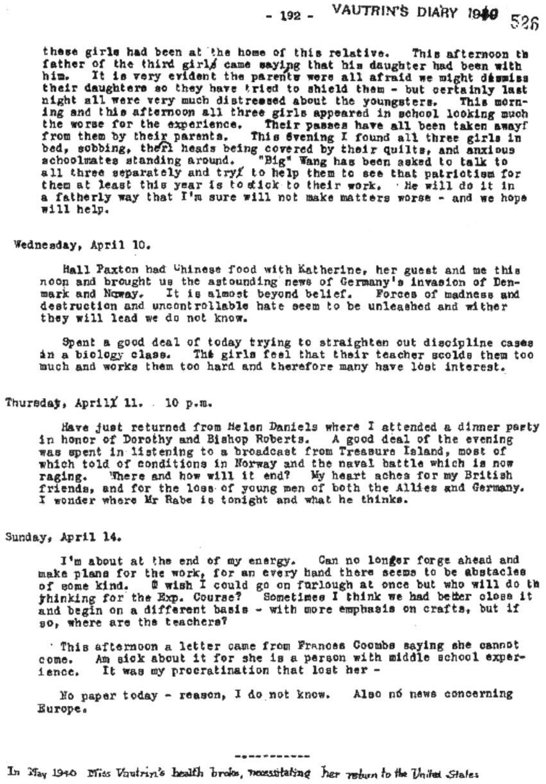

- 192 - VAUTRIN'S DIARY 1940 526

these girls had been at the home of this relative. This afternoon th father of the third girls came saying that his daughter had been with him. It is very evident the parents were all afraid we might dismiss their daughters so they have tried to shield them - but certainly last night all were very much distressed about the youngsters. This morning and this afternoon all three girls appeared in school looking much the worse for the experience. Their passes have all been taken away from them by their parents. This evening I found all three girls in bed, sobbing, their heads being covered by their quilts, and anxious schoolmates standing around. "Big" Wang has been asked to talk to all three separately and try to help them to see that patriotism for them at least this year is to stick to their work. He will do it in a fatherly way that I'm sure will not make matters worse - and we hope will help.

Wednesday, April 10.

Hall Paxton had Chinese food with Katherine, her guest and me this noon and brought us the astounding news of Germany's invasion of Denmark and Norway. It is almost beyond belief. Forces of madness and destruction and uncontrollable hate seem to be unleashed and wither they will lead we do not know.

Spent a good deal of today trying to straighten out discipline cases in a biology class. The girls feel that their teacher scolds them too much and works them too hard and therefore many have lost interest.

Thursday, April 11. 10 p.m.

Have just returned from Helen Daniels where I attended a dinner party in honor of Dorothy and Bishop Roberts. A good deal of the evening was spent in listening to a broadcast from Treasure Island, most of which told of conditions in Norway and the naval battle which is now raging. Where and how will it end? My heart aches for my British friends, and for the loss of young men of both the Allies and Germany. I wonder where Mr Rabe is tonight and what he thinks.

Sunday, April 14.

I'm about at the end of my energy. Can no longer forge ahead and make plans for the work, for an every hand there seems to be abstacles of some kind. I wish I could go on furlough at once but who will do th thinking for the Exp. Course? Sometimes I think we had better close it and begin on a different basis - with more emphasis on crafts, but if so, where are the teachers?

This afternoon a letter came from Frances Coombs saying she cannot come. Am sick about it for she is a person with middle school experience. It was my procratination that lost her -

No paper today - reason, I do not know. Also no news concerning Europe.

In May 1940 Miss Vautrin's health broke, necessitating her return to the United States

魏特琳最后几天的日记

在无休止的精神折磨的压力下，从1940年开始，魏特琳越来越表现出精神崩溃的迹象，她反复地说自己已经筋疲力尽。1940年3月22日，她记述道：“我已经近3个星期没在日记上写一行字了。为什么呢？原因不止一个，而是多方面的，主要原因是我已筋疲力尽了。”

1940年4月14日，魏特琳写道：“我快要精疲力尽了。”就在这一天，可怜的魏特琳碰到一大堆烦人的事：“以前虽然进展缓慢，但还能有步骤地制定工作计划，而现在连这些也做不到了，双手也不听使唤。我希望能马上去休假，但是谁来为实验班的事操心呢？有时我想最好停办实验班，在新的基础上重新开办——更强调学生的动手能力，但是要做到这一点，上哪儿去找教师呢？今天下午弗朗西丝·库姆斯（Francis Coombs）来信说她来不了了，对此我感到很伤心，因为她富有中学教学经验。是我把事情耽搁了才与她失之交臂的……不知为什么，今天没收到报纸，也没有关于欧洲的消息。”这就是无比热爱中国、为中国付出毕生精力的魏特琳为我们留下的最后一页日记。

从1932年开始，魏特琳连续工作8年一直没有回美国休假。1939年3月，四川成都金女大校本部同意魏特琳的延期休假的请求，希望在她规定休假期之前在南京再留1年，因为“要是华群不在南京，进行工作计划将是困难的”[1]。实际上，尽管魏特琳觉得自己很累，但她认为在中国最为困难的时候，她决不能离开中国。早在 1938 年 5 月，金女大美国委员会曾有意请她到纽约任职时，就被她婉言拒绝。1939 年夏天，魏特琳所在的美国传教士公会也想聘请她回美担任该协会副主席，但她还是没有同意，她宁愿待在南京只拿半薪。

长期紧张的工作，使得魏特琳总是处在一种疲惫不堪的状态。1940 年春，魏特琳病倒了，她得了精神抑郁症，她变得整天十分忧郁而不能自制。虽然她在保护妇女和儿童方面留下了无可比拟的记录，并从侵略者的屠刀下救出了许多人，但她还在想着那些没能被她救出的人。她也为战争的延长深感忧虑。她在日记中写道：“在我的想象中，总是存在着受苦受难的士兵的影子。他们肢体伤残，缺医少药。当他们在经受如此可怕的痛苦时，我们却在享受生活，这恐怕并不正当。然而我知道，我们必须正常地生活，不然我们就不能生存。”

魏特琳病倒之后，程瑞芳、舒茨小姐和德本康夫人等人轮流照顾她，但她的病情一直没有好转。后来她们请来一个医生为她诊治，给她注射了女性荷尔蒙，希望能减轻她的病情，但结果病情不仅没有丝毫好转，相反却日益严重。

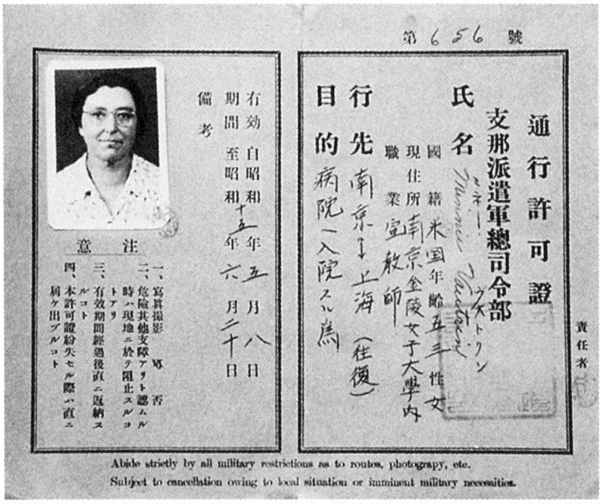
第656號
通行許可證
支那派遣軍總司令部
氏名 ミネー ヴォトリン Minnie Vautrin
國籍 米国 年齢 五三 性 女
現住所 南京金陵女子大學内
職業 宣教師
行先 南京⇄上海（往復）
目的 病院ニ入院スル爲
有効期間 自昭和十五年五月八日 至昭和十五年六月二十日
備考
注意
一、寫眞撮影ノ事 否
二、危險其他支障アリト認ムル時ハ現地ニ於テ阻止スルコトアリ
三、有效期間經過後直ニ返納スルコト
四、本許可證紛失セル際ハ直ニ屆ケ出ヅルコト
責任者
Abide strictly by all military restrictions as to routes, photography, etc.
Subject to cancellation owing to local situation or imminent military necessities.

1940 年魏特琳回国看病时的通行许可证

为了能尽快治好魏特琳的病，德本康夫人立即写信给美国魏特琳所属的传教士公会和金女大在美国的董事会，希望能安排

①《四川成都金女大第四次执委会、校董会记录（英文）》（1939 年 3 月 21 日），中国第二历史档案馆藏。

魏特琳回美国进行治疗。联合基督教传教士公会接到德本康夫人的信后，很快同美国著名的心理学医生伍德先生取得了联系，决定将魏特琳送到伍德医生所在的艾奥瓦州立大学所属的心理疗养院治疗。

1940 年 5 月 14 日，魏特琳乘坐美国长江舰队司令格拉斯将军的军舰前往上海。自从得病之后，魏特琳经常流露出要自杀的念头，她觉得自己是一个失败者，不值得麻烦很多人照顾她。因此，德本康夫人决定派舒茨小姐随行照顾，正好约翰·马吉牧师也要回美国，这样他也一同帮助舒茨小姐照顾魏特琳。

5 月 19 日，魏特琳一行乘坐“亚洲皇后”号从上海出发，魏特琳从此离开了她工作生活了 20 余年的中国。

二、PTSD 病魔

美国精神病协会 1980 年首次定义 PTSD。PTSD [①] 通常由亲身经历或目睹的严重威胁和令人极度恐惧而又无助的暴力事件引起，当事人经常在脑海中浮现或在噩梦中经历当时的情况，并有严重的焦虑、失眠、情绪失控、抑郁、失忆等症状，严重者自杀倾向明显。[②] 就儿童而言，如果成年后再次受到伤害，就更易被创伤后压力摧残。在 PTSD 患者中发生多种躯体症状是有其生物学基础的，已发现 PTSD 患者血清儿茶酚胺和甲状腺激素的水平升高，α2- 肾上腺能受体的活性增强，正电子放射体层扫描和磁共振显像的结果均显示，在 PTSD 患者的大脑中，有两个重要结构即脑扁桃体和海马区发生了功能性改变，而这些区域的功能结构均与恐怖反应有关。[③]

---

① Post Traumatic Stress Disorder 的缩写，中文译为“创伤后应激反应障碍”——编者注。

②［美］戴维·迈尔斯著，黄希庭等译：《心理学》，人民邮电出版社 2006 年版，第 584 页。并参见百度百科。

③ 杨贤菊、张杨：《PTSD 及其心血管反应》，《心血管病学进展》2002 年第 5 期。

在国外，PTSD研究近年来发展迅速。美国国家生物技术信息中心医学文献检索系统（NCBI）收录了全世界14800余篇相关论文。其中，Karatzias T, Power K, Brown K, McGoldrick T. 讨论了PTSD中抑郁症的角色功能，Wilcox HC, Storr CL, Breslau N. 研究了都市青年PTSD患者的自杀尝试，Kubzansky LD, Koenen KC, Jones C, Eaton WW. 研究了PTSD对妇女心脏疾病的影响，Moore SA. 研究了PTSD患者的认知反常，Giosan C, Malta L, Jayasinghe N, Spielman L, Difede J. 研究了"9·11"事件亲历者和废墟清理工人中PTSD患者的记忆矛盾现象，Thompson BL, Waltz J. 研究了PTSD患者的自怜，Klari M, Franciskovi T, Klari B, Kresi M, Grkovi J, Lisica ID, Stevanovi A. 研究了波黑妇女的PTSD综合征及社会支持，Dignam P. 研究了PTSD折磨下儿童的精神疾病。可以看出，国外PTSD研究已经深入到多个不同的侧面，把PTSD对人们的"软性""隐性"伤害揭露了出来，并结合历史史实，展现了PTSD研究在历史研究中的广阔发展前景。

在中国，医学界于十多年前注意到国外PTSD研究，近几年开始自己的研究，取得一定进展。王焕林等研究了中国军人中的PTSD①，张本等研究了唐山大地震中孤儿的PTSD②，徐唯等研究了特大爆炸事故中的幸存者的PTSD③，马磊等研究了PTSD的遗传易感性等危险因素④，张克让等研究了SARS中患者和民众的PTSD⑤，程灵芝等研究了PTSD的干预和治疗⑥，黄静等研究了汶川地震后青少年的PTSD⑦，王瑶等研究了被强奸女性的PTSD⑧，

① 王焕林等：《中国军人个性特征的调查分析》，《中华精神科杂志》1997年第3期。
② 张本等：《唐山大地震心理创伤后应激障碍的抽样调查研究》，《中华精神科杂志》1999年第2期。
③ 徐唯等：《特大爆炸事故幸存者创伤后应激障碍的初步研究》，《中国心理卫生杂志》2003年第9期。
④ 马磊等：《创伤后应激障碍的遗传易感性研究》，《神经疾病与精神卫生》2004年第1期。
⑤ 张克让等：《传染性非典型肺炎患者及一线医务人员和疫区公众创伤后应激障碍的对照研究》，《中国临床康复》2005年第12期。
⑥ 程灵芝等：《急性应激干预的原则和方法》，《中国临床康复》2003年第3期。
⑦ 黄静等：《地震灾区青少年伤员创伤后应激障碍及心理、药物干预》，《中国医药指南》2008年第10期。
⑧ 王瑶等：《强奸受害者中的女性心理与行为问题综述》，《社会心理科学》2007年Z3期。

杨晓云等研究了大学生的 PTSD[①]，等等。但结合历史学的 PTSD 研究，则付阙如。

战争会激发出某些人深藏于内心的黑暗和暴力，而无辜的经历者无力改变事实，这使得他们大范围地成为 PTSD 患者。以“9·11”事件为例，一个月后，8.5% 的曼哈顿居民被诊断为受害者（Galea & others, 2002）。另据调查，世界贸易中心附近 20% 的居民反映出现恐惧、焦虑、广场综合征等病症，研究者认为，有约 40 万纽约人出现应激障碍（Susser & others, 2002）。另据研究，PTSD 的患病比例可以从经历自然灾害人群的 4%，上升到经历绑架、俘虏、折磨和强奸人群的 50%（Brewin & others, 2000; Brody, 2000; Kessler 2000）[②]。

相比于“9·11”事件后的纽约，南京大屠杀期间的南京城市环境更加恐怖。南京大屠杀持续的时间很长，达 6 个星期，施暴者与南京居民直接接触，枪声不断，大火旬日不熄，被害者尸体随处可见。而且证据表明，日军以特别的方式进行加害，以“营造”恐怖气氛，摧毁中国人的抵抗意志。南京安全区国际委员会主席拉贝说：“看到遍地是女尸，有的阴道里戳着竹竿，人们会恶心得透不过气来。”[③] 德国使馆驻南京办事处政务秘书罗森报告说：“我的英国同行、领事普里多—布龙，英国武官洛瓦特·弗雷泽和英国空军武官温·沃尔泽在察看英美烟草公司帕森斯先生的住宅时发现一位中国妇女的尸体，一高尔夫球棒从下部直接插进这位妇女的躯体。”[④] 军医蒋公穀大屠杀期间躲藏于美国大使馆，他记述道：“最残酷的莫过于活埋了。悲惨的哀号，那人类生命中最后挣扎出来的一种尖锐的无望的呼声，抖散在波动的空气里，远在数里以外，我们犹可隐隐的听得。”[⑤]

---

① 杨晓云等:《大学生创伤后应激障碍的发生特点及教育的启示》,《教育科学》2007 年第 2 期。

② [美] 戴维·迈尔斯著，黄希庭等译：《心理学》，第 584 页。

③ [德] 约翰·拉贝著，本书翻译组译：《拉贝日记》，第 467 页。

④《罗森给德国外交部的报告》(1938 年 1 月 15 日)，张生编《外国媒体报道与德国使馆报告》，收入张宪文主编《南京大屠杀史料集》第 6 册，江苏人民出版社 2005 年版，第 327 页。

⑤ 蒋公穀：《陷京三月记》，张连红编《幸存者的日记与回忆》，收入张宪文主编《南京大屠杀史料集》第 3 册，第 64 页。

尤其可恶的是，日军在实施暴力犯罪时，常常故意强迫南京市民在一旁观看。罗森报告称："每晚都有日本兵冲进设在金陵大学院内的难民营，他们不是把妇女拖走奸污，就是当着其他人的面，包括当着家属的面满足他们的罪恶性欲。同谋犯把受害者丈夫或父亲拘留，并迫使这些人充当他们败坏自己家庭名誉见证人的情况屡见不鲜。"[①]当时，藏匿在意大利驻南京总领事馆的教导总队辎重营长郭岐记述道：

> 那一天，隔壁洋楼门外来了几十名鬼子兵，领章有黑有黄，但却既无部队番号，又无官长……先把大客厅里的男人统统撵走，再将半老徐娘们拉了过来，当着小孩子的面，光天化日，明目张胆，就在大客厅里，把半老徐娘们的衣裳剥得精光，然后集体演出丑剧，三对一，五对一，去而复来，周而复始……孩子们几回见过这种骇人的场面，一个个的全都吓哭了……客厅外，庭院里，那些女人们的丈夫们，一个个失魂落魄，面红耳赤。有人伏在墙上，哀哀的哭，有人双手抱头，木立不动……一个兽欲已达，裤带犹未系好的鬼子兵快步走出门来，上了大街，又遇见了一队鬼子兵，又是好几十名……这一批紧跟着又一哄而入……[②]

无休止的暴力，使南京居民饱受折磨，在 PTSD 的打击下，"人们觉得自己像个重病人，以恐惧的目光注视着时针走动，觉得它走得太慢了，一天好像有 100 个小时而不是 24 小时，没有谁知道自己何时会康复"[③]。中国人作为暴力犯罪对象觉得恐怖，处于中立地位的西方目击者同样如此。1937 年 12 月 17 日，日军闯入安全区内的金陵女子文理学院，号称要搜查

①《罗森给德国外交部的报告》（1938 年 1 月 15 日），张生编《外国媒体报道与德国使馆报告》，收入张宪文主编《南京大屠杀史料集》第 6 册，第 327 页。
② 郭岐：《陷都血泪录（节录）》，张连红编《幸存者的日记与回忆》，收入张宪文主编《南京大屠杀史料集》第 3 册，第 167—168 页。
③［德］约翰·拉贝著，本书翻译组译：《拉贝日记》，第 240 页。

中国士兵，魏特琳在日记中写道："我们发现了他们的计谋：把负责人困在前门，由三四个士兵假装审查和搜捕中国士兵，而其他人则在大楼里挑选妇女。……我永远也不会忘记这一情景：人们跪在路旁，玛丽、程夫人和我站着。枯叶瑟瑟地响着，风在低声呜咽，被抓走的妇女们发出凄惨的叫声。……时间似乎凝固了，在恐惧中我们长时间没敢动。"①

恐怖的环境，及其决定的南京居民的身心状况，使得 PTSD 成为当时南京的一种"常态"。

我们经常会听到这样的疑问：那些受害者为何在灾难降临时呆若木鸡，无所行动？PTSD 研究告诉我们，患者在极度恐惧中失去反应能力是常见的情况。南京浦口村民黄学文是个"幸运"者，1937 年 12 月 15 日，日军到他们村子，把几十人集中起来，从中寻找手上有老茧等可疑迹象的，一共挑出 5 名男子。其中一个是瘸子，被释放了；黄学文的父母和妻子抱住日军的大腿求饶，黄最后被释放；其余 3 人，因为是外乡"跑反"（方言，指战争时到外乡避难）的，无人出面求情，均被枪杀。那一天下午，天气很好，"太阳晃晃的"。日复一日，在乡间过着贫穷而简单生活的黄学文何曾见过杀人的场面？他遭遇的应激障碍甚至超出专家们的描述，"我当时被吓得眼发黑，什么都看不见，大白天就像晚上一样"，"只听到有枪响"。他当然不知道何谓 PTSD，很多年过去，他说起日军，只有"害怕"两个字②。

因为极度惊恐，南京市民畏缩在一起，像待宰的羔羊。拉贝记录了他家附近一条巷子的惨状，"下水道里 3 天来也已塞满了好多具尸体。见此情况，人们不禁恶心地浑身颤抖。在院子里，许多妇女和儿童瞪着惊慌失措的双眼沉默地相互依偎在一起，一半是为了相互取暖，一半是为了相互壮胆"。他们不敢有所作为，只是希望拉贝这个"洋鬼子"能赶走日军。③

---

① December 17, 1937, *Minnie Vautrin's Diary,* Box 134 of YDL Record Group NO.11, The Archives of the United Board for Christian Higher Education in Asia, Yale University Divinity School Library Special Collections

②《黄学文口述》（2006 年 6 月 26 日），张生等编《幸存者调查口述续编》（下），收入张宪文主编《南京大屠杀史料集》第 39 册，江苏人民出版社 2007 年版，第 1369 页。

③［德］约翰·拉贝著，本书翻译组译：《拉贝日记》，第 151 页。

因为失去反应能力，当时的南京市民虽有反抗，但为数甚少。诚如拉贝所说："中国人遭受了太多的凌辱，长时间以来已经习惯逆来顺受了。""如果每起强奸案都能遭到致命的报复，那么相当一部分占领军早就被消灭了。"①

时间长了以后，南京市民对显而易见的危险表现得极为冷漠，在拉贝家避难的南京居民就是如此，"经历了日本士兵带来的苦难后，人们对空袭的危险已变得无动于衷了。成群结队的难民默默地站在院子里，眼睛望着飞机，有些人对飞机不屑一顾，而是从容不迫地在草屋里做他们的事"②。这种情况，在第二次世界大战中的英国、德国、日本居民身上同样如此。③

美国医生罗伯特·威尔逊记录了日军的抢劫造成的后果："穷人的食物都被抢光了，他们处于歇斯底里的惊恐之中。"④德国驻华使馆南京办事处行政秘书沙尔芬贝格记录了另一个案："可惜这支占领军又进行了轮换，用年轻的新兵替换全体老兵，遗憾的是仍然发生很多抢劫、强奸以及与此有关的谋杀事件。19 号房子附近住着一位精神错乱的母亲，我们朝向边上的那扇窗子不能开，她总是大声哀嚎着：'杨姑子，小孩子啊！'听了让人忍受不了。"⑤中国报纸也引用英国《每日电讯报》，记载了"难民均患精神性的恐怖病"的事实。⑥

更有甚者，长时间被暴力和恐惧震慑，有些南京市民失去了人格和起码的自尊。1938 年 1 月 2 日，日本妇女国防会的几个人到南京来粉饰太平，魏特琳带领她们参观，金陵女子文理学院舍监程瑞芳说："那三个女鬼走时拿出几个霉苹果和［一］点糖，那些中年难民围着要、抢着要，她们手

① ［德］约翰·拉贝著，本书翻译组译：《拉贝日记》，第 417 页。
② ［德］约翰·拉贝著，本书翻译组译：《拉贝日记》，第 488 页。
③ ［美］戴维·迈尔斯著，黄希庭等译：《心理学》，第 585 页。
④ Letter from Dr. Wilson to his family（December19, 1937）, RG11, Box229, Folder 3875, The Archives of the United Board for Christian Higher Education in Asia, Yale University Divinity School Library Special Collections.
⑤《陶德曼给德国外交部的报告》（1938 年 2 月 23 日于汉口），张生编《外国媒体报道与德国使馆报告》，收入张宪文主编《南京大屠杀史料集》第 6 册，第 405 页。
⑥《暴敌兽行世界彰闻英报揭露敌兵狰狞面目》，汉口《大公报》1938 年 3 月 28 日。

上拿着几个铜板，在她们手上抢，简直把中国人脸都丢完了。”[①]

费吴生是南京基督教青年会（YMCA）的干事、安全区官员之一，1938年春天，他携带约翰·马吉拍摄的纪录电影返回美国向公众宣讲南京大屠杀的事实时，经历了无以言状的失忆。“在演讲的中途，我的心成了一片空白。我想不起来自己在哪里？接下来要说什么？幸亏我想起来带来影片的事儿，我想如果把它放映的话，也许能讲一讲的。这总算顺利过去了，但是最后出现了一个问题，即如何回到我妻子帕萨迪纳的公寓。”在另一次集会上，正在演讲的费吴生碰到了同样的事情，而且由于没带影片去，茫然失措的他只好“结结巴巴地讲到了结尾”。X光检查显示，他的脑部并无问题，于是，费吴生自我诊断说：“在南京的每天的可怕记忆也许同我这神经性疲劳有些关系。”[②]

自杀是PTSD打击下个体的极端反应。研究表明，自杀者在事前通常会给亲人、朋友一些暗示，或者公开讨论过自杀，或者把财产转移给别人。而长期悲观的人，自杀的概率是常人的5倍，自杀不完全出于反抗或报复，相反，往往是结束无法忍受的痛苦的一种方式（Bostwiek & Pankratz,2000）[③]。

在南京汤山一带工作的福音传教士卢小庭在日军到来之前就很悲观，日军占领南京后，“他显示了良好的助人及无私的精神品质”，但他显然无力从PTSD中自拔。在与美国牧师福斯特和马吉谈话中，表达了以死来抗争黑暗社会的想法，福斯特奉劝他：基督教的观点是活者而不是死去。1937年12月31日一早，他出了门，留给福斯特一张便条、一首小诗和他的钱包，留言中，他说，上帝不会把他的自杀视为罪过。[④]

这不是个案，遭受凌辱的妇女更加容易选择自杀结束痛苦。美国传教

---

①《程瑞芳日记》（1938年1月2日），张连红编《幸存者的日记与回忆》，收入张宪文主编《南京大屠杀史料集》第3册，第27页。

②《关于菲奇就南京事件进行的巡回演讲》，张生等编《英美文书·安全区文书·自治委员会文书》，收入张宪文主编《南京大屠杀史料集》第12册，第187—188页。

③［美］戴维·迈尔斯著，黄希庭等译：《心理学》，第591页。

④ 马吉：《致妻子函》（1937年12月12日—1938年2月5日），章开沅等编译《美国传教士的日记与书信》，收入张宪文主编《南京大屠杀史料集》第4册，第160—161页。

士马吉的纪录电影中，一个被抓住充当日军“慰安妇”的15岁姑娘的故事证明了这一点，“她认识的一个同时从芜湖抓来的女孩子自杀了，她还听说其他人也有自杀的”[①]。

身处南京、时时目睹日军暴行的魏特琳也不例外，她的日记，记录了一个PTSD患者挣扎求生、终于不堪重负的全过程。

魏特琳的病因要溯及南京大屠杀发生前十年的“南京事件”，1938年3月24日，魏特琳在日记中写道：

> 今天我的脑海中往事历历在目，我不时地想起11年前的这一天发生的事！当时，我们高兴地迎来了新的一天，有消息说，北方军队正在悄悄地撤退，革命军队已经进城了；接着传来了威廉（William）博士[②]不幸遇难的悲惨消息和新军强烈的排外情绪，我们焦急地等待着；在附近的山上出现了令人恐惧的黑影；我们撤退到金陵大学里。那天晚上大约这个时候，我和约翰·赖斯纳（John Reisner）向外看着这个城市，黑暗中只看到焚烧外国建筑物的火焰。[③]

这样的回忆在魏特琳日记中周期性出现，比如1939年3月24日的日记等。这说明，魏特琳早在1927年就产生严重的心理阴影，1927年到1937年十年的和平生活使其创伤大为平复。但南京大屠杀发生后，魏特琳受到更为严重的创伤，她多次在日军强奸犯罪现场解救中国妇女，日日夜夜在中国妇女的哀告和求助中度过，多次目睹受害者惨不忍睹的尸体。她的努力在今天看来，是需要很大勇气和高度人道精神的英雄行为，但她自己当

---

①《关于影片〈南京暴行纪实〉的引言和解说词》，章开沅等编译《美国传教士的日记与书信》，收入张宪文主编《南京大屠杀史料集》第4册，第190页。

② 即金陵大学校长美国传教士文怀恩，他在乱兵抢劫财物时被杀。

③ March 24, 1938, *Minnie Vautrin's Diary,* Box 134 of YDL Record Group NO.11, The Archives of the United Board for Christian Higher Education in Asia, Yale University Divinity School Library Special Collections.

时却因为不能解决所有中国人的痛苦而产生极大的无助感，反复自责。新旧创伤后压力交替作用，PTSD 症状日益严重。

PTSD 是一种疾病，而且在今天是可以进行心理干预和医学治疗的，已经发现下列方法在技术上有效：

（1）暴露治疗：帮助患者面对痛苦的记忆和感觉，疏导并缓解患者的痛苦。

（2）认知治疗：帮助患者找出使他们痛苦的问题实质，恢复其自信心，并帮助其康复。

（3）生物反馈治疗：通过传感器把所采集到的内脏器官活动信息加以处理和放大，及时转换成人们熟悉的视觉和听觉信号，并加以显示。通过学习和训练，学会在一定范围内对内脏器官活动的随意性进行控制，矫正偏离正常范围的内脏器官活动，恢复内环境的稳态。

（4）药物治疗：多个治疗结果表明,SSRIs 和 SNRIs 类药物治疗 PTSD 确实有效，老的抗抑郁剂对战争引发的 PTSD 可能特别有效。①

但在当时，人们还没有能在科学层面充分意识到 PTSD 的危害，更遑论治疗。魏特琳作为一个受过高等教育的传教士，她知道自己必须克服现实带来的伤害，而她的选择是她熟悉的上帝。

实际上，南京即将沦陷的 1937 年 12 月 11 日，魏特琳已经对宗教的作用作了定位：“今天的祈祷做得很好，宗教就是为这种时刻创造的。”② 但她无法预计到日军会把南京变成怎样的人间地狱，无助的时刻，她泣血呼唤：“噢，上帝！阻止日军凶残的兽性，安慰今天无辜被屠杀者的父母们破碎

① 杨贤菊、张杨：《PTSD 及其心血管反应》，《心血管病学进展》2002 年第 5 期。
② December 11, 1937, *Minnie Vautrin's Diary,* Box 134 of YDL Record Group NO.11, The Archives of the United Board for Christian Higher Education in Asia, Yale University Divinity School Library Special Collections.

的心，保护在慢慢长夜中备受威胁的年轻妇女和姑娘吧！愿没有战争的日子早日到来！正如你在天国所为，你也一定会恩泽芸芸众生。”[①] 所以，当她的助手陈斐然从日军魔爪下侥幸逃生时，魏特琳等特地举行了感恩会，她感动地说：“我从未听到过这样的祈祷。”[②]

但上帝不总是能回应魏特琳的祷告，“看不到未来”的她，也曾选择逃避，“我不想看南京，因为我肯定它已是一片废墟”[③]。现实总是揪住她的视线，1937 年的圣诞节，她再次发自内心地祈祷上帝，当二十多名妇女因为有人担保而被日军释放时，魏特琳用宽慰和感恩来辞旧迎新，“因为在苦难和悲哀中也有福佑和奇迹”[④]。

我们不能不钦佩魏特琳的仁心厚爱，作为一个 PTSD 患者，她把自己的解脱建立在南京市民首先获得解脱的前提之上。1938 年新年来临，她深情地祷告说：“上帝可怜那些穷人吧！但愿他们不要经历我们这里 10 天来的恐怖！”[⑤] 她也真心地期望，通过宗教活动能减轻那些受害者的痛苦，“因为每个人都渴望得到安慰”[⑥]，所以我们可以发现，1938 年后，魏特琳日记中记述的宗教活动日益增加。

魏特琳看到了她想看到的一些个案。一个会讲英语的日军士兵妻子是

---

① December 16, 1937, *Minnie Vautrin's Diary*, Box 134 of YDL Record Group NO.11, The Archives of the United Board for Christian Higher Education in Asia, Yale University Divinity School Library Special Collections.

② December 17, 1937, *Minnie Vautrin's Diary*, Box 134 of YDL Record Group NO.11, The Archives of the United Board for Christian Higher Education in Asia, Yale University Divinity School Library Special Collections.

③ December 21, December 24, 1937, *Minnie Vautrin's Diary*, Box 134 of YDL Record Group NO.11, The Archives of the United Board for Christian Higher Education in Asia, Yale University Divinity School Library Special Collections.

④ December 31, 1937, *Minnie Vautrin's Diary*, Box 134 of YDL Record Group NO.11, The Archives of the United Board for Christian Higher Education in Asia, Yale University Divinity School Library Special Collections.

⑤ January 7, 1938, *Minnie Vautrin's Diary*, Box 134 of YDL Record Group NO.11, The Archives of the United Board for Christian Higher Education in Asia, Yale University Divinity School Library Special Collections.

⑥ January 19, 1938, *Minnie Vautrin's Diary*, Box 134 of YDL Record Group NO.11, The Archives of the United Board for Christian Higher Education in Asia, Yale University Divinity School Library Special Collections.

基督徒，他对魏特琳讲的第一句话是：他们对南京发生的一切非常抱歉；一个长老会传教士吴（伍）小姐历经艰险来到金陵女子文理学院，精力充沛地参加宗教活动，尽管她进城时被日军强迫脱光了衣服；[1]有5个女孩转变了自己的信仰，一个女孩说，赞美诗成为她慰藉的源泉；[2]参加礼拜的妇女人数有时会大幅度增加，人们的宗教热情在遭受威胁时有很大提高，等等。

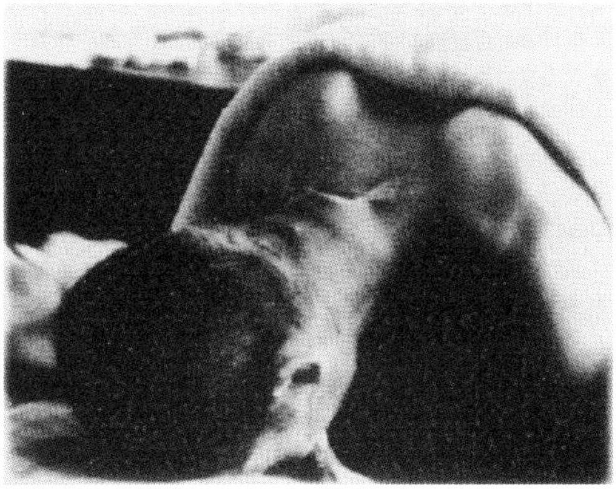

这个男子是南京的一所房子的主人。日本人闯进他的房子里要女人，他回答说没有女人，日本人就用刺刀刺他，他挨了两刀，刺刀深深地刺入后颈部（《拉贝日记》）

但魏特琳无法救赎自己。她知道自己在南京不是一个普通人，[3]是关系到许多南京人生命和安全的外国人，这一份沉重的责任感和面对现实时的无能为力交织在一起，煎熬着她敏感的内心。一些并不是她责任的事，让她自责不已，比如，她们曾劝一个27岁的妇女离开难民营回到她丈夫身边，结果这名妇女离开后的3小时内遭到3个日军士兵的强奸。魏特琳需要上帝教给她摆脱人生苦难的智慧，但是，一边每天承受着重压，一边“还有更多我似乎根本无法完成的事……因为我的办公室总是被人们围困，他们来请求我给他们各种各样的帮助”[4]。魏特琳的日记中，“太累”“筋疲力

① January 22, January 23, 1938, December 5, 1939, *Minnie Vautrin's Diary*, Box 134 of YDL Record Group NO.11, The Archives of the United Board for Christian Higher Education in Asia, Yale University Divinity School Library Special Collections.

② October 16, 1938, *Minnie Vautrin's Diary*, Box 134 of YDL Record Group NO.11, The Archives of the United Board for Christian Higher Education in Asia, Yale University Divinity School Library Special Collections.

③ March 30, 1938, *Minnie Vautrin's Diary*, Box 134 of YDL Record Group NO.11, The Archives of the United Board for Christian Higher Education in Asia, Yale University Divinity School Library Special Collections.

④ April 12, 1938, *Minnie Vautrin's Diary*, Box 134 of YDL Record Group NO.11, The Archives of the United Board for Christian Higher Education in Asia, Yale University Divinity School Library Special Collections.

尽”“一点精神都没有”之类的言词越来越多。今天，我们知道，她正在失去战胜 PTSD 的机会。

魏特琳日记在医生的眼里，就是一部 PTSD 患者的自述史，因为篇幅的关系，在这里无法一一条陈。魏特琳说：“在我记忆深处总是悲惨的画面——难民们的画面。”[①]尽管她也用各种方法试图排遣抑郁，但日军残杀无辜的报告案例、小狗莱蒂叼来的小孩头颅、遍地的尸臭、被侮辱的中国妇女的哭诉、肆虐的汉奸、外国人士之间交流的各地惨状等，总是在提醒她苦难的事实。在魏特琳的日记中，月光慢慢成为一种指标，1938 年下半年以后，皎洁的月光总能引起她的悲伤。英文把精神疾病患者称为 Lunatic，其词根 Luna 即指月亮，古代欧洲人揣测精神疾病是月亮引起的，魏特琳的症状与此十分巧合。关于疲劳和焦虑的记录在日记中的篇幅逐渐增加，日军每一个层面的存在总是引起她的“厌恶”。由于心情不好，脾气本来很好的她，与同事之间的争吵后来也多了起来。1939 年 9 月欧洲战争爆发后，魏特琳为人类遭受的无休止的战争噩梦而泣血，每到一个相应的日子，都会让她回忆起南京大屠杀期间的种种经历。

无告的魏特琳，更紧地拥抱上帝。尽管疲劳不堪，她主办的各种宗教学习班规模仍不断扩大；贝德士、马吉等传教士的布道会她热切地参加，反复体味，时时感动；她郑重地记录别人的警句，“如果我们相信上帝，相信十字架的启示，相信天国，相信生命不朽，我们就知道目前的混乱不会持久”[②]；她相信慕尼黑会议拯救了无数人的生命，而“这是由祈祷所致”[③]；

① June 24, 1938, *Minnie Vautrin's Diary*, Box 134 of YDL Record Group NO.11, The Archives of the United Board for Christian Higher Education in Asia, Yale University Divinity School Library Special Collections.

② September 11, 1938, *Minnie Vautrin's Diary*, Box 134 of YDL Record Group NO.11, The Archives of the United Board for Christian Higher Education in Asia, Yale University Divinity School Library Special Collections.

③ October 2, 1938, *Minnie Vautrin's Diary*, Box 134 of YDL Record Group NO.11, The Archives of the United Board for Christian Higher Education in Asia, Yale University Divinity School Library Special Collections.

在她认为南京大屠杀最恐怖的一天——1937 年 12 月 17 日一周年纪念时，她感谢上帝对她们的保护，也为日本的领导人和基督徒祈祷；[①] 她频繁地引用祈祷会上那些励志性质的《圣经》语句，如"你们当刚强壮胆，不要害怕，也不要畏惧他们；因为耶和华——你的上帝和你同去；他必不撇下你，也不丢弃你"，等等……但是，时不时地，现实让她对宗教也倦怠了。1938 年的"创始者节"，魏特琳坦承没有心情搞庆祝活动，只是"简单"地举行了祈祷。[②] 沃德主教主持礼拜时，一向不喜欢夸耀自己贡献的魏特琳，对沃德"没有对我们去年冬天的勇敢的行为加以评论"，表示了不满。[③] 贝德士从马德拉斯宗教会议归来，提出现在世界上的非基督徒比过去十年中的任何一个时期都要多，这让魏特琳感到"黑暗"和"泄气"。[④]

世界对魏特琳来说不再有希望，她的日记出现了中断[⑤]。烦躁、悲哀、情绪低落、绝望，笼罩了魏特琳。而此前，高尔斯华绥[⑥] 充满幽暗、死亡气息的诗篇《幽灵谷》已经出现在魏特琳的日记中，反映了她绝望的心境：

主啊，我已启程赴死亡之海，
昔日阳光的欢笑难以忘怀。
那岂不浪费天生我才？

① December 17, 1938, *Minnie Vautrin's Diary*, Box 134 of YDL Record Group NO.11, The Archives of the United Board for Christian Higher Education in Asia, Yale University Divinity School Library Special Collections.
② November 13, 1938, *Minnie Vautrin's Diary*, Box 134 of YDL Record Group NO.11, The Archives of the United Board for Christian Higher Education in Asia, Yale University Divinity School Library Special Collections.
③ November 20, 1938, *Minnie Vautrin's Diary*, Box 134 of YDL Record Group NO.11, The Archives of the United Board for Christian Higher Education in Asia, Yale University Divinity School Library Special Collections.
④ March 9, 1939, *Minnie Vautrin's Diary*, Box 134 of YDL Record Group NO.11, The Archives of the United Board for Christian Higher Education in Asia, Yale University Divinity School Library Special Collections.
⑤ 如魏特琳日记 1940 年 3 月 3 日至 3 月 21 日中断，见 March, 1940, *Minnie Vautrin's Diary*, Box 134 of YDL Record Group NO.11, The Archives of the United Board for Christian Higher Education in Asia, Yale University Divinity School Library Special Collections.
⑥ 英国诗人，1932 年诺贝尔文学奖获得者。

金女大的“菊花季”（Chrysanthemum time），道路旁摆满了魏特琳所钟爱的菊花（耶鲁大学神学院图书馆）

给我最后的慰藉；

人类从此不再战争！①

魏特琳的上帝最终没有能够挽救她。一个在南京大屠杀高潮时也没有失去对生活的热爱的魏特琳，却最终被 PTSD 摧垮了，她是南京大屠杀的美国籍受害者。

三、在最后的日子里

魏特琳回到美国后，立即被安排住进了艾奥瓦州立大学所属的心理疗养院，接受著名心理学医生伍德先生的治疗。

在疗养院期间，魏特琳的病情并不稳定，有时跟正常人一样，但有时

① November 11, 1939, *Minnie Vautrin's Diary*, Box 134 of YDL Record Group NO.11, The Archives of the United Board for Christian Higher Education in Asia, Yale University Divinity School Library Special Collections.

魏特琳（左二）与友人（纳什维尔基督会历史协会图书馆）

又十分忧郁。经过近一个月的治疗后，伍德医生见对魏特琳的治疗进展缓慢，于是决定给魏特琳采用一种名叫梅特拉左尔的痉挛治疗法，采用该治疗法之后，魏特琳的病情很快有了好转，她甚至感到马上就可以出院了。为了使魏特琳能迅速摆脱疾病的阴影，伍德医生于是建议传教士公会和金女大校董会能安排魏特琳到一个风景秀丽的地方去休养一段时间。但是当魏特琳被送到印第安纳州公园休养后，其病情非但未能有所好转，相反却旧病复发。在重新回到疗养院治疗一段时间之后，舒茨小姐将魏特琳接到自己德克萨斯州家中进行休养。

1940年9月5日，负责魏特琳女士治疗的Yooum报告了魏特琳病情情况，其内容如下：

在与明妮·魏特琳在印第安纳州米切尔市附近的斯普林米尔酒店进行了数次交谈后，我们于8月28日晚上前往米切尔市，并将她带到印第安纳波利斯。我们办公室的伊迪丝·艾伯利（Edith Eberle）小姐，曾在菲律宾工作，接管了她，她们一直待在多安夫人的公寓里，直到8

月 31 日。在此期间，我们多次与明妮进行了会谈。结果，我们确信她离开医院后没有取得任何进展，甚至可能出现了退步。我们讨论了新罕布什尔州的旅行的计划，她想去密歇根州的兄弟那里。

我们最终确信，唯一要做的事情是再次与她在艾奥瓦城的医生咨询。我们通过长途电话与主管入院事务的鲁伊尔曼医生（Dr. Ruilmann）交谈，发现伍兹医生（Dr. Woods）当时正在印第安纳波利斯度假。因此，我们也与他交谈，这两位医生都同意明妮应返回医院接受进一步治疗。

星期六早上，明妮完全信任的本内特小姐（Miss Bennett）开始陪她前往艾奥瓦城。明妮坚持她不想去，但一直在准备这次旅途。在途中，本内特小姐与她发生了一些争执。他们越靠近艾奥瓦城，明妮越坚持说她不想回去。她一遍又一遍地重复医生不会接纳她回医院，医院曾不光彩地让她出院，因为她已经没有希望了。她坚持认为自己患有无法治愈的脑软化症。

星期天早上，本内特小姐为明妮在医院注册，那天晚上本内特小姐再次拜访了她，并在离开之前与医生进行了交谈，向我们报告说明妮同意接受医院的进一步治疗，并愿意与医生、护士和朋友们合作，尽管明妮认为他们可能不知道，或者没有明确说明她有多糟糕。她要求那些之前在艾奥瓦城帮助过她的亲友们不要邀她外出兜风，每周只来看她两次，以便不干扰医院的日常工作，使治疗有机会证明其有效性。明妮的个人医生兼医院助理主任米勒医生（Doctor Miller）表示，他将与我们保持密切联系，如果她在医院逗留一段时间后，前往艾奥瓦城附近的一家家庭会更好，他们将为此做出安排。在这种安排下，精神病医生可以继续与她保持联系。

在与明妮在一起的期间，舒茨小姐（Miss Schutze）在教堂结识了许多朋友，教堂的牧师和教友们都愿意根据医生的建议提供帮助。米勒医生说，有三个家庭在以前合作得非常好。他在魏特琳女士的记录

魏特琳（左一）与友人（纳什维尔基督会历史协会图书馆）

中列出了其中一位的电话号码，这样，如果需要对她进行私人照顾和专业治疗，他就会拨通号码。周六晚上，本内特女士和魏特琳女士正是去了艾奥瓦市的家中。魏特琳女士特别喜欢本内特女士的女儿，当晚正是她的女儿在火车上迎接了她们。她的女儿是大学的教职员工，有着别人无法拥有的人脉。魏特琳女士请本内特女士在周三晚上和周五晚上与自己通话，并把自己在艾奥瓦市存的钱委托给她。魏特琳告诉本内特女士，她会准备好一些东西，比如她正在织的婴儿毯的纱线，请她购买后带给她，她还要求带一本书。如果条件允许，魏特琳女士可能会自己去购物，而不必像现在这样为决定买什么而烦恼。

保罗先生和我们都报道了明妮出院前就已经康复这则消息，明妮对此感到不满。如果给她的信件中有此说法，她便会精神错乱。因此，在给她写信时，不要提及她的病情，也不要提及中国和战争，而只需友好问候，闲聊家常。医院告诉本内特女士把信件寄到魏特琳女士所在医院的办公室，姆利勒医生会把最好的信件交给她，寄信地址是艾奥瓦州艾奥瓦市艾奥瓦州立大学精神病医院。

明妮在本内特女士离开时说出了她写给埃布尔女士的请求，“如果你要写信给我的朋友或是见到了他们，请让他们为我恳切祈祷”。①

在舒茨小姐家中，魏特琳的病情基本稳定，但情绪波动很大，有时甚至想偷偷自杀，因为她总觉得自己是一个失败者，她不愿给别人增添麻烦，她在写给友人的信中常常这样写：“当全世界都在如此苦难艰困之中，我很遗憾自己却袖手旁观，不能帮一点忙，变成了一个包袱。”“我服务了二十八年竟以此为终。”胡华玲女士在《金陵永生——魏特琳女士传》中记述了魏特琳在舒茨小姐家中的生活情况：

每天看看书，种种花，帮忙做点家事，还参加一些宗教活动。到了那年圣诞节，她亲自包装邮寄了一些礼物给她弟弟及侄儿女们，又把从中国带回来的卡片向人出售，并将全部所得捐给中国救灾。虽然外表上明妮似乎已复元了，但是她心里总是觉得自己永远无法恢复正常，担心有朝一日她会被送到疯人院里去。她非常自疚给金女大及传教士公会带来如此多麻烦，对他们为她的病花了大笔费用万分过意不去。第二年（1941 年）二月里，金女大校董杜恩太太去德克萨斯州看明妮，发现她几乎跟正常人一样，不但谈笑风生，帮杜恩太太写了篇很好的文章，还邀请大家一块去餐馆吃饭。可是等杜恩太太走了之后，明妮趁着舒茨小姐外出，一人跑到药房买了三十颗安眠药，企图自杀。②

在魏特琳生病期间，她还时刻不忘金女大，希望在病愈之后能再回中国工作。她在写给朋友的信中总是说：“你认为我应该为回中国去作准备吗？中国是我的家，不回去似乎不对。”“多年来我深深爱着金女大，并且试

① To some intimate friends of Minnie Vautrin, Copy Archives Matilda Calder Thursion Papers, Missionary Research library, September 5, 1940.
② 胡华玲：《金陵永生——魏特琳女士传》，第 196 页。

魏特琳在医院治疗（纳什维尔基督会历史协会图书馆）

着尽力帮助她。”“在不久的将来，我又能再为金女大服务了！”她还经常对她身边的人说：“倘余有第二生命，仍愿为华人服务。”

1941 年初，魏特琳被送到金女大校董杜恩太太家中，一边休养，一边服用女性荷尔蒙。在杜恩太太家中，魏特琳也尽可能帮助杜恩太太做些事，后来甚至还到杜恩太太的办公室里每天工作半天。但正如在舒茨小姐家中一样，在魏特琳的潜意识里，她总认为自己给别人带来的负担太重，她也认为自己病愈的希望很小，因此，她总是想自杀，以此来减轻别人的负担。但是她的这一心理，别人是很难揣摩的。5 月 14 日，当魏特琳一个人在联合基督教传教士公会办公室里时，她想到一年前的 5 月 14 日她离开南京回美国时的情景，她的情绪突然一下子激动起来，猛然间便想到自杀，于是立即仓促地草拟了一份并不完整的遗书：

亲爱的朋友们：

我的精神衰退在不知不觉中显然已经持续了多年。与其受精神错乱之苦，不如一死为快。在此，对所有充满爱心、耐心、无私的人们，我深表感激。对于我在密歇根州的家人，我无法表达我的歉意和悲伤，我本应该对他们有更大的帮助，但我在他们的生活中却显得微不足道。

我在中国传教的失败，对于我而言并非故意为之。我不能原谅我自己，当然也不要求你们原谅。

我知道你们许多人都认为我的病情正在好转，实际上我正在日益失去自控意识。

我深深地热爱传教事业和金陵女大，如果我有十次生命，我愿意全部无私奉献给她。但很遗憾，我的此生辜负和伤害了这一事业，对此我深表悔恨和遗憾。

愿决心为这项事业奉献力量的人们，能获得前行的远见、力量和勇气——并忠于到最后。

明妮·魏特琳谨呈

1941 年 5 月 14 日[①]。

然后，她打开了厨房里的煤气开关……

1941 年 5 月 14 日，魏特琳女士走完 55 个春秋，与世长辞！

美国联合基督教传教士公会在发布魏特琳死讯时说：“毋庸置疑，我们无一不悲痛万分。我们认为，像在战场上倒下去的士兵一样，明妮·魏特琳也是在战争中牺牲的。”[②]

魏特琳自杀主要是由于精神抑郁症引起的，而造成精神抑郁的重要原因之一是受到日军在南京的暴行的刺激。日本著名南京大屠杀研究专家笠原十九司教授研究指出：

战争的灾难并不限于人类肉体的伤害和死亡，由军队的战斗和占领带来的残酷的非人道的行为，对于直面这种恐怖的人们的神经，更

① Miss Vautrin's Last Message, May 14, 1941.Matilda Calder Thurston Papers, Missionary Research Library Archives, Series 3 box 2 Folder 23.
② To Friends of Minnie Vautrin, The United Christian Missionary Society, May 15th 1941.

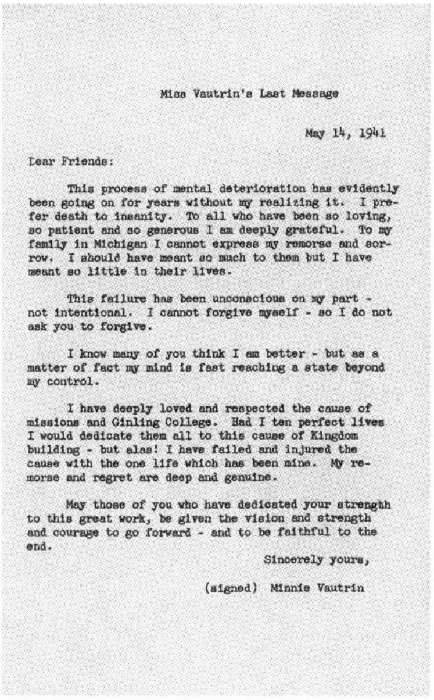
Miss Vautrin's Last Message

May 14, 1941

Dear Friends:

This process of mental deterioration has evidently been going on for years without my realizing it. I prefer death to insanity. To all who have been so loving, so patient and so generous I am deeply grateful. To my family in Michigan I cannot express my remorse and sorrow. I should have meant so much to them but I have meant so little in their lives.

This failure has been unconscious on my part - not intentional. I cannot forgive myself - so I do not ask you to forgive.

I know many of you think I am better - but as a matter of fact my mind is fast reaching a state beyond my control.

I have deeply loved and respected the cause of missions and Ginling College. Had I ten perfect lives I would dedicate them all to this cause of Kingdom building - but alas! I have failed and injured the cause with the one life which has been mine. My remorse and regret are deep and genuine.

May those of you who have dedicated your strength to this great work, be given the vision and strength and courage to go forward - and to be faithful to the end.

Sincerely yours,

(signed) Minnie Vautrin

魏特琳遗书（纳什维尔基督会历史协会图书馆）

笠原十九司的著作《难民区百日》

是一种打击和摧残。造成明妮·魏特琳神经错乱而自杀的，正是日军对南京的攻击和占领，她身处日军攻击和占领下的南京，体验到那种恐怖和冲击，这些都对她的神经造成严重伤害。这种伤害随着日中战争和第二次世界大战战火的扩大而加深，造成她精神的错乱，并产生破坏作用，最终导致她以自杀结束生命。从这个意义上说，她也是日本侵华战争的牺牲者之一。①

5月16日，伊利诺伊州的当地媒体对魏特琳的不幸去世做了详细报道。报道称赞了魏特琳女士在南京大屠杀期间的英勇壮举，由于在大屠杀期间超负荷的工作，以及面对周围中国人的悲惨遭遇，最终在几近崩溃的状态下回到美国治疗。②

① 笠原十九司『南京難民区の百日—虐殺を見た外国人』、岩波書店、1995年、4頁。
② Minnie Vautrin, World Missionary Figure, Dies Bloomington, *Illinois–Fri*, May 16, 1941.

位于密歇根州雪柏得镇的魏特琳墓碑

5月18日，美国密歇根州雪柏得镇的城郊，联合基督教传教士公会和金女大美国校董会为魏特琳女士联合举行了庄严肃穆的葬礼，金女大校友代表徐亦蓁乘坐飞机从马萨诸塞州赶往密歇根州参加了告别仪式。由于当时魏特琳的全家都已从伊利诺伊州迁到密歇根州的雪柏得镇，因此，魏特琳也被安葬在这里。在其长方形的墓碑正面，雕刻着金女大校舍的剖面图，人字形屋顶内，用苍劲的隶书竖刻名4个中国汉字：

永生金陵[①]

在汉字的下面，用英文书写着：

MINNIE VAUTRIN

"GODDESS OF MERCY"

MISSIONARY TO CHINA

28 YEARS

1886—1941

① 根据当时设计图纸，墓碑中文应为"永生金陵"，而不是"金陵永生"，"永生金陵"的顺序也符合中国书写由右至左阅读顺序。

其中文的意思是：

明妮，魏特琳

“活菩萨”

在中国传教

28 年

1886—1941

魏特琳去世后，金女大美国校董会在例会期间在布满鲜花的格雷厄姆教堂专门为魏特琳举行了一场隆重的追悼会，除了办公室成员和董事会成员外，金女大的外勤秘书丽贝卡·格雷斯特小姐（Miss Rebecca Greist）、芝加哥大学学生居洁芳小姐（Miss Gieh-fang Dju）以及其他来自本市教会的人也出席了追悼会，罗伯特·霍普金斯（Robert M. Hopkins）校长主持了仪式。仪式在魏特琳最喜欢的赞美诗《金色的耶路撒冷》的歌声中拉开帷幕。曾在中国传教、时任董事会成员的克拉伦斯·汉密尔顿女士（Mrs. Clarence Hamilton）代表董事会致辞。她说：“没有什么比这更伟大的爱：一个人愿意为了朋友献出自己的生命。……我们与一个温柔勇敢的灵魂生活在一起。我们都很了解，她谦逊、低调、无私，甚至到了自我贬低的地步。我们与她分享生活日常，却近来才朦胧意识到她精神的不平凡。她的牺牲让人感悟颇深，我们惊叹于她超人的勇气、韧性和忠诚，她奉献了自己的身心，不是在瞬间做出至高无上的牺牲，而是在日复一日的漫长岁月里慢慢地献出自己的生命。”

汉密尔顿女士介绍说：中国人叫魏特琳为“观音菩萨”。根据传统，人类观音因生活纯洁和心愿神圣可以前往天堂，但出于对苦难人类的大慈大悲，魏特琳自愿放弃了对天堂的所有希望，以便在人间生活，一次又一次地出现在人们最需要的地方服务。①

魏特琳去世后，美国一些教会里仍不时举行各种活动悼念她。

① 1941 年 6 月 17 日信件。

四、中国人的哀思

魏特琳不幸去世的消息很快传到成都金女大本部，其中伊文斯小姐（Mr. Evans）给吴贻芳校长发来的电报称："魏特琳于 5 月 14 日突然去世，葬礼将于礼拜天下午在密歇根雪柏得镇举行。"①

魏特琳突然去世的噩耗传到成都金女大本部后，金女大全体师生受到极大的震撼。"所有熟识她的人，无论是从自己还是从学校角度考虑，都把她的死视为一种巨大的损失……她的无私奉献精神既使人自觉渺小，又鼓舞人奋发上进。"②人们采取各种形式来纪念这位伟大的女性。

5 月 18 日，星期天，下午。与美国密歇根州雪柏得镇举行魏特琳葬礼同时，在中国的成都，由吴贻芳校长亲自主持，金女大师生举行了一个给人留下极为深刻印象的悼念仪式。吴校长在大会上致悼词，缅怀了魏特琳对金女大和中国人所做的贡献。她说：魏特琳的去世是金女大和基督教在中国传教事业的最大损失，她也是战争牺牲者之一，她为了中国而献出了自己的一生。在这次悼念仪式上，金陵大学社会学教授刘易斯·斯迈思先生也应邀作了精彩的演讲，在南京大屠杀期间那段最为黑暗的日子里，斯迈思也留在南京同魏特琳一起保护受苦受难的难民，所以斯迈思先生对魏特琳的高尚人格十分熟悉。他在演讲中介绍了魏特琳在南京大屠杀期间挺身救护妇孺难民的活动，以及 1940 年春魏特琳病倒后的一些情况，斯迈思还分析了魏特琳最后走向悲剧的精神原因。斯迈思的纪念演讲使金女大师生深受感动。

吴贻芳给在南京的校友们写信，告诉了她们有关魏特琳不幸去世的消息以及在成都为魏特琳举行的悼念活动情况。在信中，吴贻芳还就如何纪念魏特琳之事谈了自己的看法，她说："各地校友来信希望寄一些纪念礼品，

---

①《吴贻芳致明香（音）的信》（1941 年 7 月 8 日），《金女大校长吴贻芳往来函件（英文）》，六六八（88），中国第二历史档案馆藏。
②［美］德本康夫人、蔡路得著，杨天宏译：《金陵女子大学》，第 133 页。

以便举行纪念活动，并称如果我们打算举办一个纪念活动，她们愿意捐款。我现在还没有进行认真思考，但有两点想法：一是我们设法搜集魏特琳的信件，看看能否将它附在纪念册中编辑出版；二是我们也许可以使用纪念基金来建一个像家一样的建筑来充作校友之家。对大家来说，魏特琳是一个真正的朋友，如果她还活着，我想她也一定会同意的。当然这些只是我个人的想法，不久我将提议校行政会议开会讨论这一件事，届时我将把会议的建议通知给你们及上海。”吴校长在信中最后说：“比纪念形式更为重要的是我们应该加倍努力工作，这样才会使魏特琳的精神永垂不朽。她对上帝十分虔诚，她是我们的朋友并且总是期望成为最好的朋友，如果我们不能理解她的精神，那么她的努力与献身将毫无意义！”

5 月 29 日，在成都金女大校董执行委员会会议上，讨论了纪念魏特琳活动的有关议程。吴校长在会上报告说有很多校友来信来电询问有关如何纪念魏特琳之事，她还报告说，国民政府行政院很可能要正式表彰魏特琳所作的工作。会议决定：将魏特琳去世的消息通知到所有校友，并且要将魏特琳的事迹上报行政院院长孔祥熙。吴校长就纪念魏特琳之事提出了两点建议：（1）建立一个邻里中心或社区的社会服务基金，该基金可以在今后采取农村服务的形式。（2）在校园建立一个金女大校友会堂。会议最后决定建立“悼念华群社区基金”，用于资助人们从事社会服务事业。①

6 月 6 日，在金女大校董执委会上，全体委员高度评价了魏特琳对金女大及在南京大屠杀期间为南京难民所作的贡献。会议记录称：“金女大董事会对华群女士在金女大近 20 年工作巨大贡献表示非常满意。她的不屈不挠的唯心主义和她的全部功积（绩）连同她的高度能力和高深的教育，使她能特别适应在像金女大这样的大学里工作。由于她的死，和她的家属、朋友和基督教联合会一样我们感到悲痛。在这里，我们向他们表示深切的同情。事实上，她的一生从事于大学的学术体制、理想和标准，她的一生也是给

①《金女大校执行委员会会议记录（英文）》（1941 年 5 月 29 日），中国第二历史档案馆藏。

國民政府令
美籍女士華群秉性
仁慈見義勇赴曩任金陵
女子大學副校長辛勤訓
育卓著成績二十六年冬
季敵犯南京勢燄凶残獨
能不辭艱險出任救濟工
作避難婦孺賴以保全者
甚多玆聞在美逝世軫惜
良深應予明令褒揚以彰
懿行此令
中華民國三十年六月十日

国民政府《褒扬令》（纳什维尔基督会历史协会图书馆）

她的学生及同事于鼓励和挑战，给予成千上万受苦妇女和儿童勇气和希望，并且减轻了她们的负担。我们所能作的最合适的表示就是对她终生（身）服务的‘主’作出新的贡献。”①

由于魏特琳在南京大屠杀期间及其后为南京难民所作的卓越贡献，国民政府于6月10日正式颁布国民政府令，以褒扬魏特琳，褒扬令全文如下：

国民政府令三十年六月十日

渝字第三六九号

美籍女士华群，秉性仁慈，见义勇赴，曩任金陵女子大学副校长，辛勤训育，卓著成绩，二十六年冬季，敌犯南京，势焰凶残，独能不避艰险，出任救济工作，避难妇孺，赖以保全者甚多，兹闻在美逝世，轸惜良深，应予明令褒扬，以彰懿行。此令。②

①《金女大校董执委会记录》（1941年6月6日），中国第二历史档案馆藏。
②《美籍金陵女大副校长华群褒扬令》（1941年6月10日），三四（953），中国第二历史档案馆藏。

6月19日，在金女大校董执委会上，会议决定：由德本康夫人为魏特琳写一本英文小册子，同时在成都出版一本中文的纪念册，大会提议由吴校长、闵先生和张芗兰博士等人负责。第二天，吴校长亲自给德本康夫人写了一封信，告诉了她校行政委员会上有关纪念魏特琳的活动计划，信的内容如下：

亲爱的德本康夫人：

在昨天的校行政委员会会议上，我们已着手考虑这个问题，即如何准备纪念华群小姐的小册子。所有的金女大校友和华群的朋友都希望有一个关于华群一生的文字记录。现在我们已经决定建立一个纪念基金，不久我们将发出正式通知。经过大家认真仔细的研究，我们决定在你处出版英文的纪念册，而我们将准备出版中文的纪念册。大家一致建议请求你来负责英文的纪念册。你非常了解华群以及她的工作，并且你在华群离开中国去美国前一直与她在一起，你能够较容易地与华群在华东的朋友取得联系，而且你会很顺利地从华群的档案中找到资料。另外，鲍尔博士和马格思太太也会提供部分资料。我们认为纪念册可能不会太长，但它将是一本关于华群一生及其工作的清晰而真实的记录，所有华群的朋友们对华群一生及其工作都希望能给予充分的反映和肯定。……我们不知道你对我们的建议如何考虑？以及你是否愿意在学期一结束就开始做这一工作？

关于华群在美国的情况，我们这里没有什么资料，迄今为止，吕蓓卡小姐给校友们的公告通知是我们仅有的资料。我想，马格思先生不久将会从教会董事会获得有关资料。现在我们不知道谁也许会有一张关于华群的好照片，据此照片，我们可制版收入纪念册，这对于你来说是一件较容易的事，即从华群在华东的朋友中找到可用的照片。

关于纪念基金，我将尽快把计划送给你，对于一些急迫的要求，我十分希望得到你、程夫人和其他人的指点。对于已收到的纪念捐赠，我觉得可用于两个方面，一为现时急需的开支，我们准备将它用于为妇女需要的服务；一为建立一个基金，在我们返回南京之后，期望制定一个永久的计划。①

6月15日，由德本康夫人在南京金女大大礼堂主持召开追悼会，通知称："本校华群女士最近在美逝世消息传来，闻者莫不悼惜。兹定于本月十五日（星期日）下午三时（新时间）在本校大礼堂开追悼会，籍表哀思而德行。"此次追悼会规模较小，参加人员仅限本校实验科、家政科的职员、学生，规模较大的追悼会另择日举行。这次追悼会不收花圈等，以符华群女士遗志，待将来募捐以设立基金举办社会服务事业。7月20日，在南京金女大校园里，又举行了一场规模较大的华群女士追思会，在这次会上，由主席杨绍诚牧师做报告，德本康夫人做《华群教士金女大工作略述》，华群的中文老师王耀廷做《华群教士事变时工作略述》等。在金女大档案里，我们未能找到金女大为纪念魏特琳而出版的中英文纪念册，不过，我们发现德本康夫人的一篇纪念魏特琳女士的文章，题目是《华群女士追思礼拜报告》，这篇报告应是7月20日追思会上的报告。因为德本康夫人长期同魏

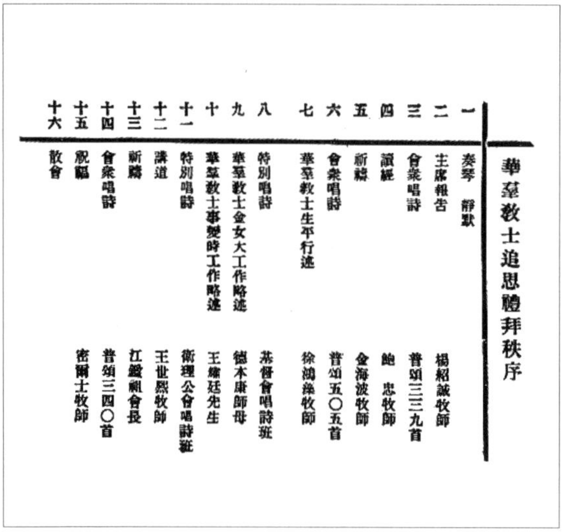

華羣教士追思禮拜秩序

一	奏琴　靜默	
二	主席報告	楊紹誠牧師
三	會衆唱詩	普頌三三九首
四	讀經	鮑　忠牧師
五	祈禱	金海波牧師
六	會衆唱詩	普頌五〇五首
七	華羣教士生平行述	徐鴻操牧師
八	特別唱詩	基督會唱詩班
九	華羣教士金女大工作略述	德本康師母
十	華羣教士事變時工作略述	王耀廷先生
十一	特別唱詩	衛理公會唱詩班
十二	講道	王世熙牧師
十三	祈禱	江鎰祖會長
十四	會衆唱詩	普頌三四〇首
十五	祝福	密爾士牧師
十六	散會	

1941年7月20日，在南京金女大礼堂举行的魏特琳追思会秩序单（哥伦比亚大学图书馆）

①《吴贻芳致德本康夫人的信（英文）》（1941年6月20日），《金女大校长吴贻芳往来函件（英文）》，六六八（88），中国第二历史档案馆藏。

特琳一起工作，对魏特琳较为熟悉，因此她所写的纪念文章具有相当价值，现将这篇文章转录如下：

金陵女子大学创设于1915年，经四年而第一届毕业，在此期间，未办教育系，专候华女士来华，负此重任。

华女士于1913年[①]来华，先在合肥办女子中学，为教育界先锋，深明中学生之问题，颇能体贴中学生之困难，所得经验，极有价值，数年后返美，得硕士学位，1919年，复来中国，执掌女大教职。

鄙人两次返美，均由华女士任临时校长之职，第一次为1919年至1920年，其时中国正闹学生运动，为教育领袖者，颇不易维持；第二次为1924年至1925年，本年内先有江浙战争，继则五卅运动，应付当前环境之难，更甚于前。

女士经两次难关，增加见识不少，彻底了解校长之职务与困难，故予在同事中，即以女士为长城之靠。

本校教育系，全由女士开始创办，女士除教书外，复任四项重要工作：（一）负责计划课程。（二）训练学生毕业后，作教书或办学之准备。（三）1925年开办附中，我校今日之实验科，即系以昔日之实验中学为基础。（四）介绍学生职业，自女士来校任职后，凡历毕业生，无一能如女士之与共接近，数次周游各地，参观诸生所任事业，并相与联络感情。

本校自1923年迁至陶谷后，女士一意欲使本校日趋繁荣，自动扩充并进行其昔日之园艺计划，种植蔬菜、杨梅及各种果树花木，而尤于菊花培植甚力，故此后每当菊花开放之时，宜如何引起朋友辈追思之感想！此外又遍植树秧，造成本校之美丽，大部实出于女士之力。

女士颇重视本校前后左右之邻居，常喜与联络，每逢星期日，出

① 应为1912年——编者注。

外探望邻居作为朋友，体贴其处境之困难，辅助其生活之不足，劝导之使来校作礼拜，有病则尽力相助，而尤于儿童爱护甚切，凡此种种工作，自不易以一人之力应付，故女士劝领学生作服务人群之工作。

吾人今日所欲纪念者，不专在纪念其工作，而尤须认识其人格，女士之工作，悉根据于其浓厚之兴趣，其乐于工作之精神，与普通一般人但尽本分而无真正兴趣者，完全不同，因此，兹特提出其最有兴趣之数事如左：

（一）女士爱与人来往，初莅中国时，研究中国之风俗与礼貌，如年节及家庭之婚丧喜庆种种礼节，无不乐于学习，在学生中首先提倡中国古来之礼节与谦恭之礼貌，故学生均以女士为极有礼节之人。

（二）女士乐于与普通一般男女来往，如农夫、工人以及家庭中妇女，并体贴凡作苦工之人，提高车夫之代价，注重平等打破一切阶级制度，深为受教育者，不宜轻视平民，因一般普通平民，乃国家之中坚份子。

（三）注重秩序与自治，女士于习惯方面颇有自治精神，如守时、节俭，凡作事均有条理有预算，在每次遭遇危难时机——尤于 1927 年至 1937 年，凡所遇事均有详细记载，虽每至晚间困倦时，仍不忘记录一天之事实，此种记载，在史料方面，颇有价值，女士深冀其学生亦能亦步亦趋，效法此种优良习惯，享受完美而有秩序之生活。

（四）女士于有秩序之生活中，有时抽出一部分时间，作游历之举，以调剂其精神，生平最爱游山，每逢假期，辄寻访名胜之地——如山东之泰山、青岛之劳（崂）山，日本之温泉山，高丽之金刚山。其于游历不独自感兴趣，并常鼓励教员与学生，使有同样之兴趣，屡曾费事为数十教员与学生办理旅行之一切手续，俾彼等得享受旅行之福。女士最爱泰山，其优美之精神，即受此高尚环境之陶养。

（五）女士性爱高山，故眼光扩大，期能改造一更美善之世界，又为万国和平会会员，向抱世界和平之理想，对全球教会及天国，极端忠心。女士所最感刺激者，为中国遭遇特殊之严重环境，与欧洲第二次世界大战发生，使其和平之理想失望。

（六）无论在何种情形之下，唯一希望大家有合作互助之精神，以改造此种恶劣之世界。

（七）总之，女士一生之精神，乃爱团体，常以为团体虽小，若能团结一致，即可发展成为最大之团体，吾人今日所纪念者，不可忘其爱和睦爱团体之真精神。

华女士一生跟随耶稣，切盼其学生、朋友、邻居以及同事辈，均能以同一之精神，跟随耶稣，完成其未完成之工作，继续努力前进，恳求天国降临。[①]

当时在上海的金女大师生，也举办了一场华群女士追悼礼拜，时间是6月22日下午3时，地址选在上海圆明园路169号。

由于魏特琳在金女大师生中影响很大，因此，几乎每年金女大都要举行一些活动来纪念她。关于募集纪念魏特琳基金事，1942年10月，成都金女大师生在开会时曾有讨论，一是报告了基金募集结余情况，二是号召各地分会继续募集：

成都毕业同学于1942年10月25日午后3时假新医院教职员宿舍开会员大会。先有张芗兰博士报告关于在南京原校的消息，谓日人在6月21日强占（金女大）校址，校内的办事人员都被驱出，同学闻之，无不怒愤填膺。其次，邵（鲍富年）师母告本学期校务状况和上次募集的华群基金的数目，除去开支以外尚余17000余元。最后重要之决议案

①［美］德本康：《华群女士追思礼拜报告》，载赖嘉玲编辑《追忆金陵》，台北县私立金陵女子高级中学出版，1996年10月。

为由总会通函各地分会响应华群基金的募集，再由同学会推一人加入母校的华群基金委员会，为本会对该项基金的永久负责人。最后，以正副会长因职务关系，常需出外旅行，因此推选吕锦暧女士为代理会长。①

1943年7月，由陈立夫、王世杰、马超俊、张治中、蒋廷黻、董显光、杭立武、李德全、魏学仁、艾伟、凌道扬、徐国懋等当时社会各界名流，以及金女大同学张郁真、崔亚兰、鲁淑音、王家伟、杨清心、李闰贞、谢伟鹏、刘颖保、刘淑元、朱梅先等，发起募捐纪念魏特琳基金，"由金陵女子学院举办社会服务事业，竟其生前未竟之志，以慰先灵而树来兹"。募集倡议信内容全文如下：

径启者，金陵女子文理学院教授华群女士，籍隶美国伊利诺伊州，天资颖特，秉性仁慈，夙以服务人群为志，早岁卒业于伊利诺伊大学，得文学士位，后入芝加哥及哥伦比亚大学研究院，得硕士学位。曾游欧洲，考察教育。1912年始来中国，任安徽合肥三育女中校长，成绩昭著。1919年秋，任金陵教育系主任兼教务主任，校长休假时，数任代理校长，诲人不倦，辛劳勿辞。课余，复于学校附近，创设乐群社、懿范家政校及实验中学，领导学生前往实习，精心擘画，二十年如一日。

1937年冬，国府西迁。留京国际人士，组织"救济委员会"，华群女士毅然参加，兼任守护校产之责。倭军蛮横，犹设立收容所，收容妇孺逾万人，赖以保全。1938年5月，又为无力离京、无家可归者，设立职业班，授以生活技能，足见其用心之苦，救人之切。然卒以心力交瘁，所受刺激过深，致神经衰弱，1940年5月，已不能支持，返美调养，延至1941年5月14日，竟与世长辞。噩耗传来，不仅金陵师生震悼，即我国中枢及各界人士，凡知女士者，亦莫不轸惜。立夫等，

① 孙建秋、杨璐编著：《金陵女儿图片故事》，第83—84页。

或与相识，或受薰陶，深知其道德之淳，救人之众，曾由国府明令褒扬，有“见义勇为，不辞艰险”等语。立夫等特于逝世三周年纪念，为发起募集纪念基金，由金陵女子文理学院举办社会服务事业，竟其生前未竟之志，以慰先灵而树来兹。

素仰先生热心救济事业，谨函奉达，至祈惠予，倡导踊跃捐输，共襄伟举，无任企祷。①

为了能够顺利募集到资金，发起人向社会各界特别是企业界募捐，例如凌道扬曾写信给一位称呼桐村的经理，希望他能在7月底将款项若干汇到。

金女大从成都迁回南京之后，广大师生触景生情，更加促使人们怀念魏特琳。1946年11月10日下午3时，金女大隆重举行了一场纪念魏特琳教授的追思会，这是金女大在迁回校本部后举行的第一次纪念活动。“是日阴风惨惨，似助人之哭泣。华群女士德智感人，致到会人数甚众。”在追思会上，除吴贻芳校长缅怀魏特琳一生业绩外，还邀请到金陵大学历史系主任贝德士教授作特别演讲，贝德士教授是南京大屠杀期间留在南京的少数西方人士之一，当时他是金陵大学留守的负责人，也是一位为魏特琳十分敬仰的教授。② 这次追思会开得十分庄重，兹将追思会的程序罗列如下：

导乐	顾天琢女士
唱歌	普天颂赞三二七首
读经	张芗兰女士
华群教授史略	吴贻芳校长
特别音乐	灵魂安息歌
演讲	贝德士先生
唱诗	普天颂赞三三九首

①《纪念华群基金倡议文》，上海市档案馆藏，由姜郁春提供。
② 参见章开沅《南京大屠杀的历史见证》。

祈祷　　　　　　陈熙仁校长

散会

吴贻芳在追思会上的讲话，对魏特琳的一生作了高度的评价，她在报告的开头说："华群教授离开本校已六年半了，她的去世，也已五年半了，然而我们还觉得像昨天的事情，这是因为她那伟大的人格，永远留在人们心里的关系。"接着，吴校长同全校师生一起回顾了魏特琳的一生：

华教授于公元一八八六年生于美国伊利诺伊州，龆龄就学，聪颖过人。卒业于该州大学，得文学士学位，后进芝加哥及哥伦比亚大学研究院，得硕士学位。至欧洲考察时，对丹麦的民族教训，极感兴趣。闻我国教育不发达，遂决计来华服务，亲友虽多方劝阻，终不为动摇。民国元年，华教授初到我国，任安徽合肥三育女中校长，很有成绩。

民国八年的秋天来本校任教育系主任兼教务主任，精心擘划，建树很多。对教学方面，倘遇到困难，竟会废寝忘食的去想法解决，他视学生的成败是自己的事，所以对学生，既同慈母，又不啻严父。他主张大学卒业生要在中小学服务的，必须学习教育原理、教学法、心理学和实习教学等科目，因此设立附属实验中学，躬亲指导，成绩卓著。

华群教授体格魁梧，容貌庄严；然对人时露笑容，以此高贵而和蔼可亲。至待贫儿寡妇，更是谦卑柔和，所以不仅本校师生乐于亲近，就是附近邻居，也都喜欢和华教授往还。更有一点，他酷爱自然，常在课余，植树种菊，对菊花的爱好，不亚于五柳先生。每至深秋，辄陈菊数百盆，公开展览，与爱好之人，共同欣赏。

"助人为快乐之本"，这句话在华教授似乎特到（别）认识清楚，他担负教务，课务，附中等等责任，可以说一天忙到晚；但偶而有一时或一刻的空闲，便立即利用他为附近邻居服务，设有乐群社——又称社会中心馆，懿范家政学校等，使附近贫困妇孺沾到相当的实惠，所以附近的人，没有一个不认识华群教授；也没有一个不说华教授好的。

当民国二十六年的冬天，敌人一天天的进逼首都，政府为避凶锋起见，决定迁到重庆；同时令本校也迁到后方安全区域办理。时情势非常严重，大家都怀西迁之意；独华教授毅然愿为本校留守，此种“见义勇为，见危授命”的精神，殊足令人感佩。

在敌军进城时，不及和不能西迁的妇孺，惶惶不可终日，华教授为拯救起见，立将本校改为战时收容所，专门收容妇孺。日军纪律很坏，加以敌将要在南京实行其大屠杀，所以罪恶行为，罄竹难书。见华教授收容我妇孺，保护我妇孺，心中非常衔恨，曾批华教授的颧颊以泄愤；然万余妇孺竟靠了他不顾生命的护持，终得到了安全，所以一般人都喊他是“活佛”。

后来首都的秩序渐渐好转，收容所的妇孺，也可以回家了，然而有许多人已无家可归了，遂又设职业班，授以生活技能，使能自谋生活；更设补习班，使年幼失学的得受教育。此种救人的精神，古今中外实在少见少有的。然而华教授也心力交瘁，神经衰弱，无法支持，只有病倒了。经友好再三敦劝，始于民国二十九年五月，返美调治，卒以病入膏肓，康复乏术，延至翌年五月十四日竟与世长逝了。伤哉！

华教授在临终前，犹云：“余有两个生命，仍愿为华人服务。”此种爱吾华人之心何等深切！而牺牲自己，为异国人服务，其人格何等伟大！当噩耗传来，闻者莫不震悼；就是中枢方面也轸惜良深，在是年六月十日由国民政府明令褒扬，赞其舍己为人的精神，使我国的人，有所取法。

在报告的最后，吴校长说：

孔子说“杀身成仁”，孟子说“舍生取义”，这种成仁取义的事情，华教授早做到了，所以他的精神生命是永远存在的，人们也永远不会忘记他的。耶稣说：“信我者，虽然死了，也必活着”：这话好像为华教授说的。[①]

这次追思会之后不久，也就是1947年5月魏特琳去世6周年的日子，在金女大校园里又举行了一场纪念报告会。在这次报告会上，吴贻芳校长再次作主题报告，她在讲话中特别强调了魏特琳的人格精神，她说：“复员以来，百端待理，缅怀前修，益增劳念。溯贻芳于民国十七年秋继长校务，时德前校长既返国休假，而女士亦辞教导主任，仅任课程委员会主席，然对学校一切计划，仍悉心借著代筹，既不居名，又不强人采用，贻芳得其襄助至夥，对其人格，尤为钦佩。盖女士深得基督教之博爱精神，待人接物，无不具有爱心，故能舍己为群，乐善不倦，其感人之深，如铭人心脾，永远不能使人遗忘。”[②]

为了更好地纪念魏特琳女士，在魏特琳逝世6周年之际，由吴贻芳、杭陈越梅、梁黎剑虹、张默君、钱用和、谷皮以书、朱熊芷等32人发起募建一座纪念堂，并充附中校舍，使其精神发扬光大。发布的《募建华群女士纪念堂缘起》中说：“同人等或忝与友善，或景仰其为人，咸思有以纪念之。爰旧金陵女大之附中系女士所手创，该校不仅金陵女大须承女士之志，为培育人才之用，社会上亦需有此优良中学，以培植青年女子。今规模虽具，然校舍仍感不敷，拟募建华群堂一座，既可纪念女士，又可以供教学。希望本校同学及社会热心人士，或钦其为人者，或认为社会上有此需要者。其襄盛举，慨与资助，俾能早观厥成。”[③]

十分可惜的是，后来由于内战爆发，纪念堂未能如愿建立起来。

---

①《金陵女子文理学院校刊》（1946年11月），中国第二历史档案馆藏。
② 吴贻芳：《华群女士事略》，载吴贻芳纪念集编辑委员会编《吴贻芳纪念集》，江苏教育出版社1987年版。
③《金陵女子文理学院校刊》第141期（1947年5月），中国第二历史档案馆藏。

第八章 迟到的记忆

一、在美国寻找“活菩萨”

1991年，在美国进行学术研究的胡华玲博士①在阅读远东国际军事法庭审判战犯记录时，偶然发现一份南京大屠杀见证人的证词，这份证词叙述的是在南京大屠杀期间，曾有一位外籍女士魏特琳致力保护过在金女大避难的妇女难民，这位美国妇女的事迹引起了胡博士的很大兴趣。在查阅一些相关资料之后，胡博士对魏特琳女士充满了无限的敬意，并准备继续搜集相关资料，以便能写一篇专文来纪念她保护南京妇女难民的壮举。

胡博士的这一愿望直到3年之后才得以实现。1994年6月，胡博士从友人处意外获得《魏特琳日记》原稿的部分复印件，并获悉魏特琳女士的侄女埃玛·蓝恩太太的线索。于是她立即通过电话采访了蓝恩太太。根据所得材料，胡博士立即写成《魏特琳女士——苦难中国人的活菩萨》一文，1994年11月13日，美国《世界日报》副刊“世界周刊”公开发表了这篇长文。文章发表后，引起许多美国读者的热烈反应，他们希望胡博士能为魏特琳写一本传记。对魏特琳女士的无限崇敬以及读者的深情期望，促使胡博士踏上在美国寻找“活菩萨”魏特琳女士的历程。

1995年春天，胡华玲博士从伊利诺伊州开车前往一千多英里之外的密

---

① 胡华玲，祖籍安徽合肥，台湾东海大学历史系毕业，美国科罗拉多大学历史学博士，出版了有关魏特琳的论著多部。

歇根州，访问了魏特琳女士的侄女蓝恩太太，并参观了魏特琳女士墓地。其后，她又到伊利诺伊州访问了魏特琳女士的家乡，以及其生前在塞科尔镇就读的小学、中学和伊利诺伊州立大学，还采访了塞科尔镇90多岁的“历史学家”舒尔兹太太。实地采访收集了大量第一手资料，加上从耶鲁大学神学院图书馆得到了有关魏特琳的资料，胡博士终于在1997年写成了第一本关于魏特琳女士的传记——《金陵永生——魏特琳女士传》，并由台湾九歌出版社出版，全书约13万字。2000年初，美国南伊利诺伊大学出版社又出版了经胡华玲博士自己修订翻译的英文版《南京大屠杀时期的美国女神：明妮·魏特琳的勇气》。胡博士为英文版的出版付出了沉重代价，她累垮了自己的身体，而美国人终于有了一本用他们熟悉的语言所写的魏特琳女士的传记了。美国著名学者鲍尔·西蒙为该书作序时说：“我们一直需要英雄，胡女士为我们寻找到了一位值得尊敬的英雄。”[①]2016年12月，在纪念南京大屠杀79周年前夕，弗吉尼亚州亚历山大市国家妇女历史博物馆（NWHM）正式决定将胡华玲女士撰写的魏特琳传在其网站上发布，以纪念这位女性英雄。[②]

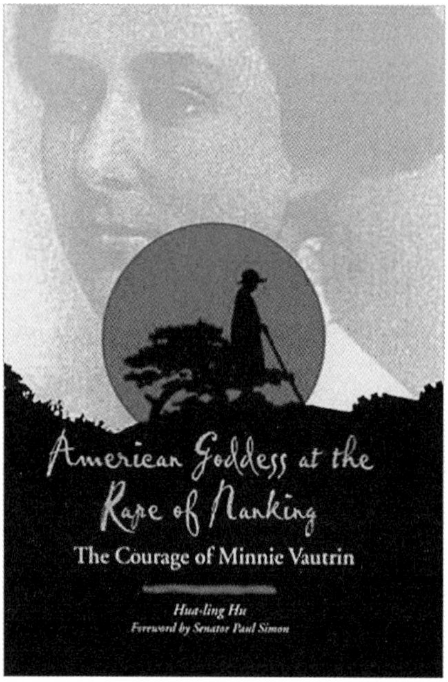

American Goddess at the Rape of Nanking 封面

除通过实地采访所得的资料之外，胡博士撰写魏特琳传中所用材料的另一重要来源是耶鲁大学神学院图书馆的特藏资料室，该馆藏有数量异常庞大的教会学校和海外传教人士的私人资料。20世纪80年代中期，该馆特

---

① Hua-ling Hu. *American Goddess at the Rape of Nanking*, p.Ⅷ.
② Https://www.nwhm.org/education-resources/biography/biographies/minnie-vautrin/.

藏室负责人玛莎·斯茉莉女士等人在对所藏资料进行分类整理时，发现了魏特琳女士日记、信件和报告等珍贵资料，不久，她们将这些资料整理成册并制成胶卷供专家学者查阅。2010年，胡华玲和张连红合作，以南京大屠杀期间金女大为中心，将新发现的《程瑞芳日记》翻译成英文，同《魏特琳日记》一起，逐日对照编辑成书，以 *The Undaunted Women of Nanking: The Wartime Diaries of Minnie Vautrin and Tsen Shui-fang* 的书名，由南伊利诺伊大学出版社出版，[①] 从而使得更多的美国学生能够阅读理解魏特琳的伟大精神。

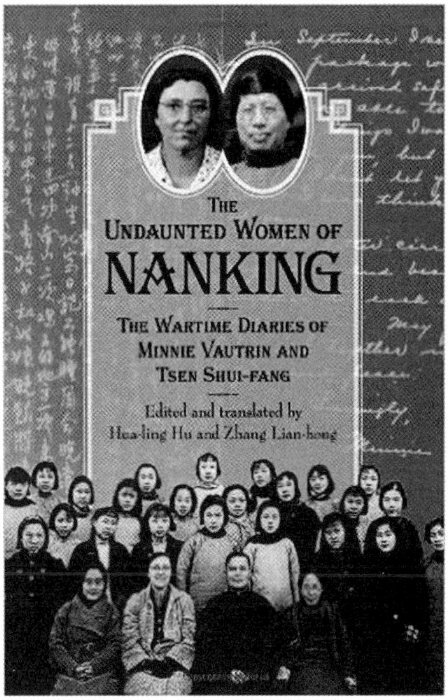

The Undaunted Women of Nanking 封面

1991 年，华中师范大学章开沅教授在耶鲁大学神学院图书馆查阅教会大学资料时，发现了贝德士和魏特琳等传教士有关南京大屠杀的记录，章先生很快将此消息告诉了美国纪念南京大屠杀受难同胞联合会的邵子平、吴章铨等人。1993 年，日本著名学者笠原十九司教授在耶鲁大学也认真研读了这部分资料，其后他利用这些资料撰有《南京难民区百日》的专著，[②] 魏特琳女士是书中最为重要的人物之一。

20 世纪最后几年里，日本右翼否定南京大屠杀的活动更加猖狂，这一违背历史事实、有悖人类和平的逆流逐渐引起美国学术界的注意。1996 年

---

① *The Undaunted Women of Nanking: The Wartime Diaries of Minnie Vautrin and Tsen Shui-fang*, Edited and Translated by Hua-ling Hu and Zhang Lian-hong, Southern Illinois University Press, 2010. 该书荣获 Chinese American Librarians Association（CALA）, 2010 BEST BOOKS LIST 10. 2019 年又出版平装版。

② 笠原十九司『南京難民区の百日——虐殺を見た外国人』、349 頁。

8月至1997年1月，美国耶鲁大学神学院图书馆充分利用馆藏资料，举办了一个题为"美国传教士对南京大屠杀的见证"的展览，有关魏特琳女士的原始资料也得以第一次在美国公开展览，这个展览吸引了很多观众。与此同时，耶鲁大学神学院图书馆的玛莎·斯莱莉女士还编辑出版了《目睹南京大屠杀的美国传教士1937—1938》，该英文著作收录了九位传教士的档案文献，其中收录了魏特琳女士1937年12月17日和1938年2月4日、2月23日、3月15日、5月13日的日记内容。美国南伊利诺伊大学的吴天威教授在该书的序言中说："事实上，如果不是那些诚实、无畏、受过较好教育的美国传教士目睹南京大屠杀，并为我们留下大量无可抹杀的证言，人类历史重要的一页也许会被遗忘。……世界将永远铭记他们对人类的伟大贡献，不仅因为他们挽救了如此众多的生命，他们捍卫真理和正义的传统及他们对人类的慈爱和关怀将照耀着人类的未来。"①

南京大屠杀事件过去了60年之后，帮助大多数美国人寻找到"活菩萨"魏特琳女士的功臣是美国华裔作家张纯如女士。1997年，张纯如女士用英文撰写的《南京浩劫：被遗忘的大屠杀》一书，成为轰动美国出版界的一大新闻，该书一下子冲入美国畅销书排行榜，并持续了相当长的时间。书中有一节《南京的"活菩萨"》专门描写了在南京大屠杀期间魏特琳女士的活动。② 其中开头这样介绍魏特琳：

> 魏特琳是金陵文理学院教育系的主任和院长，她是南京大屠杀期间留在南京的为数不多的西方女性之一。许多年后人们仍然怀念她，不仅是由于他在保护数以千计的中国妇女方面表现出的非凡勇气，使她们免遭日本士兵的蹂躏，而且还由于她写的日记，一些历史学家认为，

---

① Martha Lund Smalley. *American Missionary Eyewitness to the Nanking Massacre, 1937~1938*, Yale Divinity School Library, New Haven, Connecticut, 1997, pp.10、iii–iv.

② Iris Chang. *The Rape of Nanking: The Forgotten Holocaust of World WarⅡ*, Haper Collins Basic Books, 1997.

由于这些日记可以使人们了解战争屠杀期间一位目击者的精神世界，这一日记的价值最终会像《安妮日记》那样为世人所承认。

许多美国读者通过阅读张纯如女士的著作后，才知道魏特琳这位勇敢而高尚的美国妇女。2008 年，美国内布拉斯加大学的陆束屏教授在伊利诺伊出版社也出版了英文版的魏特琳的日记和书信。

陆束屏编辑出版的 *Terror in Minnie Vautrin's Nanjing* 封面

21 世纪以来，随着张纯如女士的大作出版，在美国有关魏特琳的纪念活动越来越多。2001 年 5 月 12 日，在纪念魏特琳去世 60 周年前夕，美国国会日本裔议员迈克·本田（Michael Makoto Honda，日本名：本田实）专门致信西劳恩基督教堂举办的明妮魏特琳纪念委员会。他说：明妮·魏特琳女士在南京大屠杀期间勇敢地拯救了数以万计的妇女儿童，由于她的大无畏的牺牲以及安全区国际委员会的努力，阻止了日军在金女大校园的强奸、殴打和谋杀。作为世界上最伟大的人权倡导者之一，明妮冒着生命危险拯救了无数的人，她的一生激励着我们所有人，她是真正的美国英雄。今天我们不仅要纪念她逝世 60 周年，而且要缅怀她对人权的一生的追求，即使在她生命的最后一刻，她也将别人的幸福放在心中。让我们以明妮为榜样，永远指引我们前行。本田是日本移民后裔，出生于加利福尼亚州，太平洋战争爆发后，尚在襁褓中的本田与家人一起，被收押在科罗拉多州一处集中营。2000 年，本田当选众议员，2007 年，他在国会中牵头提出“慰安妇决议案”，要求日本政府为二战期间强征亚洲

ISABELLA COUNTY HERALD

CMN Keeping you in touch

May 16, 2001 It's All About Your Community! Number 349

Sixty years after her death, an anonymous person sent 1,000 roses to the Shepherd grave of missionary Minnie Vautrin, who helped to save thousands of people from wartime atrocities in China. (Dick Bolton)

2001 年 5 月 16 日，密歇根州的 *Isabella Country Herald* 的报道

其他国家大约 20 万妇女充当日军“慰安妇”的性奴役行为正式道歉。

国会议员迈克·本田的来信在当地产生了一定的影响，在 5 月 14 日魏特琳去世的祭日当天，许多人来到她的墓地纪念牌面前，人们用 1000 朵玫瑰花来缅怀她的英勇壮举。

2017 年 12 月 16 日，为了纪念南京大屠杀 80 周年，在魏特琳和张纯如的母校伊利诺伊大学香槟分校举办了一个学术研讨会，胡华玲女士和张纯如的母亲张盈盈女士分别在会上做了报告，胡华玲女士的报告题目为《魏特琳女士与她的日记》，并播放了山东电视台制作的魏特琳的纪录片，产生了很好的反响。

2018 年 3 月，一个标题为“无名英雄”的展览在伊利诺伊州立博物馆中举行。明妮·魏特琳是这次展览三位主人公之一，展览前言中说，这三位平凡的人做了不平凡的事，拯救了无数的生命，没有一个人这样做是为了任何一种回报和荣耀，而他们却被人们遗忘了。这次艺术策展人 Erika Holst 说：“在一个很容易关注负面新闻的时代，这些都是令人感动的英雄主义的惊人故事，我们想突出个人的无私和勇气，他们可以激励我们所有人。”此次展览通过照片和实物记录了三位主人公的奉献和英雄主义的迷人故事，其中许多照片等从未公开展示过。[①]

2023 年 4 月 12 日的纪念魏特琳活动尤其特别。当天在伊利诺伊州塞科

① Https://newherald.news/illinois-state-museum-opens-unsung-heroes-exhibit-mar-p5227-1.htm.

Illinois State Museum opens "Unsung Heroes" exhibit Mar. 3

Thursday, March 01, 2018

SPRINGFIELD - Anna Heistad. Minnie Vautrin. Thomas Jones. Three ordinary people who did extraordinary things in service of their fellow man, whom history has largely forgotten. These "unsung heroes" will be profiled in a new exhibition set to open at the Illinois State Museum on March 2.

Anna Heistad was a nurse and settlement worker in early 19th century Chicago who rose before dawn during the Spanish flu pandemic to work with the ill. Minnie Vautrin was a missionary worker in China who sheltered thousands of women and children during the Rape of Nanking. Thomas Jones was a Navy medic who tended to his comrades' wounds in the heat of battle. All three saved countless lives, and none of them did it for any kind of reward or glory.

The exhibit will document their fascinating stories of sacrifice and heroism through photographs and personal objects, many which have never been publicly displayed.

"In a time when it's easy to focus on negativity in thenews, we wanted to highlight people whose selflessness and courage can be an inspiration to us all," said curator of decorative arts Erika Holst.

The exhibition will be on view on the second floor of the Illinois State Museum through June 10.

2018 年 3 月，一个标题为“无名英雄”的展览在伊利诺伊州立博物馆中举行

尔镇城市公园，由当地历史学会主办，举行了明妮·魏特琳纪念牌的揭幕仪式，以此向在第二次世界大战中拯救数千人的基督教传教士明妮·魏特琳致敬。在揭幕仪式上，中国驻芝加哥总领事赵建与伊利诺伊州历史学会执行主任威廉·弗瑞，共同为魏特琳女士纪念牌揭幕，两名塞科尔市的青少年代表宣读纪念牌文，以纪念魏特琳在第二次世界大战太平洋战场中日战争中的英勇行为。当天伊利诺伊州历史学会宣布，每年 4 月 12 日设为伊利诺伊州威廉敏娜·魏特琳日（Wilhelmina Vautrin Day）[①]。在揭幕仪式上，伊利诺伊州历史学会执行主任威廉·弗瑞、塞科尔市市长罗伯特·威尔基等也发表致辞，讲述魏特琳女士的生平和事迹，表达对魏特琳女士的尊敬之情和对世界和平的期盼。伊州历史协会、基督门徒历史学会，塞科尔市当地居民以及来自美各地的友好人士 40 多人出席仪式。雪莱·雅各布斯（Shelley Jacobs）代表基督门徒历史学会（Disciples of Christ Historical Society）发言，该学会收藏了魏特琳的日记以及大屠杀期间南京其他传教士和医院工作人员的日记。[②]

---

① 魏特琳出生时的名字为 Wilhelmina Vautrin.

② Https://www.wglt.org/local-news/2023-04-13/Secor honors Minnie Vautrin, a Christian missionary who saved thousands in World War II China | WGLT.

为缅怀魏特琳对和平与正义的坚守，2023 年 4 月 12 日，伊利诺伊州历史学会、威廉·波默罗伊基金会以及塞科尔市政府等，在伊利诺伊州塞科尔市举行明尼·魏特琳女士纪念牌揭幕仪式，并举行一系列的纪念活动

二、日本妇女在圆魏特琳的梦

在南京大屠杀期间，作为一名女性，对于日军在南京惨无人道的屠杀与强奸，魏特琳当时特别希望日本的妇女能知道事实的真相，进而起来阻止日军这种无耻暴行的延续。她在日记中无数次重复这样的话：“那些似乎令人难以相信的、残酷而充满兽行的悲惨遭遇，有朝一日，希望日本的妇女也能知道这些悲惨的遭遇。”“如果日本妇女知道这些恐怖的事情，她们将会感到多么羞耻啊！”“要是日本有良知的人知道南京发生的一切就好了！”“如果日本的妇女得知她们的士兵——她们的丈夫和儿子如此野蛮、残忍地对待中国人，我不知道她们会怎么想。”

1938 年 1 月 2 日，一辆载有 3 名日本老年妇女的小汽车驶进了金女大校园，她们是日本全国妇女国防组织的代表。魏特琳在日记中说：“我多么希望自己会说日语，向她们讲述这些难民所遭受的苦难。”

但是，在当时日本战争机器已开动的情况下，日本国内新闻舆论都是为战争服务的，许多新闻都是虚假的报道，日本的妇女根本不可能了解南京大屠杀的真相。因此，魏特琳当时想要实现让日本的妇女起来制止她们的丈夫或儿子的暴行的愿望是多么困难啊！

20世纪80年代以来，日本右翼翻案活动日益猖獗，愈演愈烈。他们以修改教科书为突破口，发展到通过游行集会、法庭和一切舆论宣传工具（甚至包括通过漫画方式）来肯定“大东亚战争”，否定第二次世界大战期间日军的暴行特别是南京大屠杀的历史事实。2000年1月23日，日本右翼竟然在大阪国际和平中心上演了一场主题为“20世纪最大的谎言：南京大屠杀彻底检证集会”的闹剧，公开向公理与正义挑衅。日本再一次面临被右翼分子拉上“战前日本”战车的危险。

在日本，一方面，作为非正义势力的右翼活动气焰日益嚣张，另一方面，自20世纪下半期以来，日本妇女女权意识也日益高涨，觉醒的日本妇女已逐渐认识到日本右翼的活动将给整个世界和亚洲特别是日本带来严重后果，她们纷纷开始以自己的力量和自己特有的方式来研究和宣传南京大屠杀的真相，发起追究和清算日本的战争犯罪和战争责任的各项活动。

在日本成立的一些追究日本战争责任的市民团体中，日本妇女在其中起着十分重要的作用。如“南京大屠杀60周年全国联络会”的重要成员大都为女性，包括松冈环、山内小夜子、佐藤加惠、枞山幸子、吴美华、森一女、黑田薰、樽美政惠、门永三枝子等，其中松冈环女士是大阪实行委员会的负责人，她曾多次到南京调查采访南京大屠杀的幸存者、性暴行受害者，为历史事实作证，并将南京大屠杀的真相告诉她的学生。山内小夜子则曾在日本设立数部热线电话，采访记录了许多原日本兵对受害国妇女性加害的事实。2000年8月14日，以松冈环女士为团长的日本“铭心会”代表团一行54人来到南京师范大学，她们参观了南京大屠杀期间魏特琳女士奋力保护上万名妇孺的金女大难民所旧址，并听取了曾避难金女大难民所的幸存者的证言。后来，她深入访谈南京大屠杀幸存者和侵华老兵，先后在日本出版了幸存者和侵华老兵的证言集，使更多的日本民众了解南京大屠杀的真相。

在日本市民运动的推动下，日本一些大学的女性教授也开始关注战争对女性性犯罪的问题。1997 年 3 月，在大阪的追手门学院大学的志水纪代子教授和近畿大学的大越爱子教授等学者的倡议下，成立了一个以研究战争对女性暴力问题为主题的“女性・战争・人权”学会。该学会成立之后，召开了数次国际学术研讨会，讨论战争对女性的性暴力和性差别等问题，试图研究与寻找根绝战争性暴力的途径与方法，该学会编有《女性・战争・人权》刊物并公开出版。

日本市民运动同学术界之间的合作一直比较密切。1997 年秋，在东京召开的一次以“战争及对女性的暴力”为主题的国际学术研讨会上，大会发起人决定以这次大会为契机，成立一个名叫“日本战争及对女性暴力网络”（简称 VAWW-NET JAPAN①）的民间组织，以加强战争对女性暴力问题的研究，该提议得到与会代表的一致赞同。在以日本政府为被告向日本法庭提起赔偿诉讼的 8 起有关性暴力责任的案件中，日本政府全面否认责任，都以原告的败诉而告结束，这一现象引起世人的普遍关注。1998 年，VAWW-NET JAPAN 在再次开会讨论时，与会代表提议参照对越南战争中的美国战争犯罪进行裁决的拉赛尔法庭的先例，在 20 世纪最后一个月在东京组织一个由民间妇女组成的“女性国际战犯法庭”，对二战期间日军对女性的战争犯罪进行审判。1999 年 2 月，“女性国际战犯法庭”组成了由加害国日本、赞成提案的 6 个被害国以及研究武力纷争下对女性暴力问题的人权活动家参加的国际组织委员会，积极推动东京女性国际战犯法庭的筹备进程。20 世纪最后一个月开幕的“女性国际战犯法庭”，是希望把这苦难的一页留在历史上并让全世界了解，是希望迎接一个没有战争及对女性暴力的 21 世纪。②

随着日本学者的深入研究和宣传，以及各种形式的市民运动的广泛影响，日本的妇女已逐渐了解到日军在南京大屠杀事件中的暴行真相。1999

① VAWW-NET JAPAN 的英文全称为 Violence Against Women in War Network-Japan.
② 苏智良译:《2000 年“女性国际战犯法庭”宪章》,《中国慰安妇问题研究中心通讯》第 5 号。

年 11 月，日本大月书店出版了由笠原十九司教授解说、冈田良之助和伊原阳子合译的《魏特琳日记》[①]，该书将魏特琳 1937 年 12 月 1 日至 1938 年 5 月 31 日的日记全部翻译成日文。魏特琳日记在 60 余年之后，第一次以日文形式在日本正式出版，具有十分重要的意义。2000 年 7 月，日本的大阪、神户和东京还相继举办了以"《魏特琳日记》中的日军性暴行"（主讲人：张连红）为主题的专题学习研讨活动，近畿大学的大越爱子教授表示要认真研读魏特琳全部的英文日记，东京"不允许重演南京会"的事务局长芹沢明男则计划在会员中举办一次学习会，专门研读《魏特琳日记》。"日本·中国生活文化学习会"的事务局长村冈正司在给笔者的来信中说："每次读到华群日记中她与日俱增的精神上的痛苦，就能感受到当时日本军暴行的恐怖。"魏特琳女士在南京大屠杀期间反对暴行、保护难民的人道主义精神已日益为日本民众特别是广大日本妇女所认识。

60 多年前，日本的妇女未能阻止日本军国主义的对外野蛮侵略；60 多年后，日本妇女终于认识到战争的残酷性和战争对人类心灵的重大创伤。自 20 世纪 90 年代起，她们已开始开展各种活动，来追究日本政府的战争责任，扼制日本右翼的活动，追求人类和平安宁。魏特琳女士生前对日本妇女的期待之梦，经过 60 多年的漫长等待，终于可望实现。

三、中国人永记"华小姐"

1998 年 12 月，南京师范大学（其校园前身为金女大校园）成立了南京大屠杀研究中心，首先确定以南京大屠杀期间金女大难民所为最初研究课题，经同耶鲁大学神学院图书馆斯茉莉女士取得联系，复制了魏特琳日记手稿，并迅速组成研究人员进行翻译。2000 年，《魏特琳日记》由江苏人

① 笠原十九司解说、冈田良之助、伊原阳子合译『南京事件の日々——魏特琳日记』、大月書店、1999 年。

2000 年出版的《魏特琳日记》《魏特琳传》

民出版社顺利出版，立即引起社会各界广泛关注。在翻译《魏特琳日记》的同时，南京师范大学南京大屠杀研究中心组织课题组撰写了《魏特琳传》，同年由南京出版社出版。《魏特琳日记》和《魏特琳传》出版后，中央电视台、山东电视台、江苏电视台等也相继拍摄了多部魏特琳的电视纪录片，魏特琳在南京大屠杀期间拯救妇女难民的故事广为传播。

1999 年 12 月 6 日下午 4 点半，南京师范大学校园宣传橱窗前，1 只插满秋菊的花篮端正地摆放在魏特琳女士的遗像前，3 位白发苍苍的老太太含着泪水，在初冬的寒风中，她们一次次地在给她们的救命恩人鞠躬致哀。在刚刚结束的纪念座谈会上，3 位老人动情地回忆了她们心目中的救命恩人“华小姐”的感人事迹。

在座谈会上，第一个发言的是家住王府园小区的丁荣声老人。丁奶奶生于 1920 年，日军打到南京时，她刚 17 岁，家里人怕日军来了出意外，因此提前将她嫁了人家。在日军进城的当天，丁荣声一家加上亲戚共有 12 个姑娘，她们一路从中山陵向城里跑，途经新街口、汉中门、上海路，最后来到金陵女子大学。在慈悲社时，她们差一点被日军发现而遭殃，当时她们躲在墙角里，而另一位妇女由于躲藏不及惨遭 7 名日本兵的轮奸。丁奶奶回忆说，在女子大学里，华小姐要求她的老婆婆和妈妈等年纪大一点的妇女不要住到学校来。当时，学校里都住满了难民，刚开始，她们 12 个年轻的姑娘住在 100 号与 200 号之间的走廊里，后来，华小姐可怜她们，让花匠把 200 号楼整理一下后，让她们住了进去。丁荣声和其他 3 个姑娘后来一直住在女子大学里，一年多之后才离开。丁奶奶回忆说："为了保护难民，华小姐每天都很忙，有时还要受到日本兵的调戏，有一次日本兵曾企图摸华小姐的乳房。"丁奶奶最后流着泪说："华小姐是我的救命恩人，如果没有华小姐，我们都没有命了。"

张玉英老人在回忆自己家世时，不禁泪流满面。她说："我梦中常见到救命恩人华小姐，她微笑着，抚摸着我的头……当年我才 12 岁，我爸爸被日本鬼子射杀倒下时，压在我身上。后来我逃到金女大难民所，华小姐可怜我，认我做侄女，然后又送我上学。这么多年了，我没有笑过，今天我的梦圆了。华小姐，我想您……几十年了，我一直寻找这位'活菩萨'，我曾经通过各种关系托过 6 个人去美国找过她，但一直没有找到。今天，我用'老人节'发的 100 元钱买了一个插满秋菊的花篮，敬献给救命恩人华小姐，我要一步三拜向她谢恩。"张奶奶对"华小姐"感情很深，她一直记得"华小姐"最喜欢的花就是菊花，当年即使是在最困难的日子里，"华小姐"在校园里也要种许多菊花。座谈会结束后，张玉英老人站在"华小姐"遗像之前，久久不肯离去。

南京大屠杀期间，当时在金女大看大门的师傅姓杜，魏特琳在其所记的日记里也曾提及他。在座谈会上，第三个发言的赵政莲老人就是杜师傅的妻子，杜师傅在十余年前已病逝了。赵奶奶在会上回忆说："日本鬼子要进城的前几天，华小姐叫老杜让我住到学校里来，她说外面可能会有危险，后来，在鬼子进城后，我就一直住在金女大门房里。我们由于有华小姐保护，所以没有受到鬼子的伤害。”

上述座谈会是南京师范大学南京大屠杀研究中心举办的纪念魏特琳女士系列活动之一。在座谈会召开的前两天，中心在学校大门附近一条长约80米的宣传橱窗中陈列了一个主题为《纪念魏特琳（Minnie Vautrin）与金女大难民所》的图片展。该图片展共由4个部分组成，即“魏特琳与金女大”“惨绝人寰的南京大屠杀”“捍卫人类尊严的斗士”“金陵永生”。整个展览以近40余幅图片真实地再现了南京大屠杀期间魏特琳女士反对强暴、保护难民的英雄形象。

南京师范大学举办的纪念魏特琳女士的系列活动，引起了众多媒体的广泛瞩目。从1999年12月7日开始，南京各大小报刊及电视台均对此进行了报道，12月13日，《人民日报》《中国妇女报》《解放日报》分别以《南京纪念女“拉贝”》《南京发现女“拉贝”》和《女“拉贝”魏特琳英名重扬金陵》等为题作了报道，一些海外华文报纸也对纪念活动作了报道。

南京的老百姓也许并不知道魏特琳就是被他们称为“活菩萨”“观音菩萨”的“华小姐”，但在南京的大街小巷，“华小姐”——一位拯救和保护过成千上万名中国妇女生命和贞操的美国妇女，长年累月为市民们所传说，人们对“华小姐”的怀念事实上一直没有停止过。

1983年，日本《朝日新闻》的记者本多胜一在采访南京大屠杀幸存者的过程中，一位叫沈锡恩的老人在回忆中也提到了魏特琳，本多胜一在其名著《通往南京之路》中记叙道：“（为强奸到处搜寻女性的日本兵到来时）进行了有效抵抗的是一位被称为‘华小姐’的三十多岁的外国女性，因为她是金陵女大难民收容所的负责人，所以沈老推断她是美国人。她有时大义凛然撵走日本兵，有时又通过不断劝说来阻止。难民们每当遇到以强奸为目的的日本兵时，总会呼叫‘华小姐’求救。”

1985年，作家徐志耕在为撰写《南京大屠杀》搜集素材而进行采访的过程中，许多受到“华小姐”保护过的大娘如金秀英、邵素珍、张镜轩等仍能清晰地记起救命恩人“华小姐”的形象：瘦高个，高鼻梁，长长的脸上有一对湖蓝色的善良的眼睛，上穿西装，下着毛裙，50岁左右的年纪。她常常手拿一面美国星条旗站在校门口看守大门，不让无关的人员进来。①

南京人对“华小姐”的深厚感情，在来南京采访的外国人中，可能以日本大阪的松冈环女士体会最深。松冈环女士是来南京进行实地调查采访次数最多的日本人，许多幸存者同她都有较为密切的联系。松冈环女士来南京调查研究的重点是日军在南京的性暴行，在她所采访的幸存者中，几乎每一个曾经避难于金女大的难民，都要在她的面前提到救命恩人“华小姐”。

除了长期生活在南京的老南京外，一些在战争结束之后到外地工作的南京人也没有忘记“华小姐”。家住北京东皇城根南街的程淑英老人，在日军占领南京期间曾在金女大做了两年魏特琳的学生，当她从报上得知南京正在举办纪念魏特琳的活动后，非常激动，她又是打电话又是写信给她生活在南京的妹妹程淑安老师，希望能了解有关活动的详情，并且很快寄来一篇怀念魏特琳的文章。她在来信中说：“近读报载，抗日战争期间，南京沦陷初期，有关金陵女子文理学院是美国人华群小姐在校园内设立难民区保护中国妇女的事迹，感人至深，不由得想起60年前我在华小姐所办金女大附中念书时的情景。虽然，我在校只念了两年时间，但她留给的印象极深。她以身作则，用她具有的神圣的责任感和敬业精神教育着我们，几乎影响了我的一生。……一个外国人，1912年不远万里来到中国，把一生献给了中国女子教育事业；在日本侵略军占领南京初期，冒着生命危险，保护了成千上万的中国妇女免受伤害，捍卫了人类的尊严。她的学生是不会忘记她的，南京人民是永远记着她的，中国人民是永远不会忘记她的。”② 曾任中国大百科全书出版社副总编辑的许勤老人，原名朱为娟，魏特琳1939年12月5日日记中曾提到她的名字，她也给笔者写信叙说了许多有关“华小姐”

① 徐志耕：《南京大屠杀》，第58页。
② 2000年2月15日程淑英老人给南京大屠杀研究中心张连红的来信。

2001年5月12—14日，“纪念魏特琳逝世60周年暨南京大屠杀国际学术研讨会”在南京师范大学召开

十分感人的事迹。

一些对魏特琳熟悉而后来身居海外的中国人，也没有忘记魏特琳，而且她们还将魏特琳女士的感人事迹告诉了她们的下一代。美国加利福尼亚州的魏乐先生告诉笔者，他的母亲魏甘碧云是魏特琳的学生，她经常在他们面前提起魏特琳，他的母亲是1937年11月23日在日军即将攻至南京之前同魏特琳女士分手的。他家一直珍藏着魏特琳的一些照片，其中有一张照片是1937年他母亲在离开金女大之时，在金女大校园里给魏特琳拍摄的。

2001年5月12—14日，“纪念魏特琳逝世60周年暨南京大屠杀国际学术研讨”在南京师范大学举行，来自美国、日本、德国以及国内各科研院所100余名专家学者，共聚金女大校园旧址，纪念、缅怀魏特琳的国际人道主义精神。

2002年12月，在海内外华人的共同努力下，魏特琳铜像顺利落成，屹然矗立在原金女大校园，魏特琳又回到了她深爱着的金女大！

南京师范大学校园内的魏特琳铜像

随着魏特琳在南京大屠杀期间英雄事迹为社会广泛关注，一些反映南京大屠杀期间魏特琳女士的纪录片不断被拍摄。2003年7月，由山东电影

电视剧制作中心、山东三箭集团联合拍摄，国家一级编剧、华表奖最佳编剧奖获得者赵冬苓女士担任制片人的《明妮·魏特琳——一位倒在南京大屠杀中的美国女人》，先后在山东电视台和中央电视台播放。[1]2015 年 12 月，江苏广电总台也制作了曹海滨执导的《外国人眼中的南京大屠杀》（10 集），其中第 2 集主人公是魏特琳，这部纪录片以中英文形式在国内外同时播放。这些专题纪录片的拍摄和播放，使魏特琳在中国特别是在南京几乎成了家喻户晓的英雄。

2021 年 4 月 19 日，95 岁高龄的抗战老兵陈朝栋带着家人来到南京，寻访二叔陈斐然的足迹，缅怀魏特琳的恩德，图为张连红（左）、陈朝栋（右）在魏特琳铜像旁合影

“华小姐”——明妮·魏特琳，一个海内外中国人永远不会忘记的名字！

① 2019 年，该纪录片在胡华玲女士的主持下翻译成英文，并在美国一些公众图书馆的网站中播放。

主要参考文献

（按音序排列）

一、中文

（一）史料

陆束屏编著：《腥风血雨话金陵——明妮·魏特琳一九二七—一九三八年日记、书信和电文》，南京出版社 2012 年版。

陆束屏编译：《血色恐怖金陵岁月——金陵女子文理学院中外人士的记载》，南京出版社 2014 年版。

秦孝仪主编:《革命文献第 108 辑·日军在华暴行——南京大屠杀》(上、下），中国国民党中央委员会党史委员会，1987 年。

［日］松冈环编著，沈维藩译：《南京战被割裂的受害者之魂——南京大屠杀受害者 120 人的证言》，上海辞书出版社 2005 年版。

章开沅编译：《天理难容：美国传教士眼中的南京大屠杀（1937—1938）》，南京大学出版社 1999 年版。

张宪文主编：《南京大屠杀史料集》（第 1—72 册），江苏人民出版社、凤凰出版社 2005—2010 年版。

中华续行委办会调查特委会编：《中华归主：中国基督教事业统计（1901—1920）》（内部发行），中国社会科学出版社 1987 年版。

中央档案馆、中国第二历史档案馆、吉林省档案馆合编：《日本帝国主义侵华档案资料选编·南京大屠杀》，中华书局 1995 年版。

中国第二历史档案馆、南京市档案馆编：《侵华日军南京大屠杀档案》，江苏古籍出版社 1987 年版。

中国第二历史档案馆等编：《侵华日军南京大屠杀图集》，江苏古籍出版社 1997 年版。

朱成山主编：《侵华日军南京大屠杀幸存者证言集》，南京大学出版社 1994 年版。

朱成山主编：《侵华日军南京大屠杀幸存者证言》，社会科学文献出版社 2005 年版。

（二）日记、回忆

程瑞芳：《程瑞芳日记》，南京出版社 2015 年版。

[日] 东史郎著，本书翻译组译：《东史郎日记》，江苏教育出版社 1999 年版。

郭岐：《陷都血泪录》，南京师范大学出版社 2005 年版。

钮先铭著，张生编注：《佛门避难记》，南京师范大学出版社 2005 年版。

[美] 魏特琳著，南京师范大学南京大屠杀研究中心译：《魏特琳日记》，江苏人民出版社 2000 年版。

[德] 约翰·拉贝著，本书翻译组译：《拉贝日记》，江苏人民出版社、江苏教育出版社 1997 年版。

（三）论著

[美] 德本康夫人、蔡路得著，杨天宏译：《金陵女子大学》，珠海出版社 1999 年版。

[日] 洞富雄著，毛良鸿、朱阿根译：《南京大屠杀》，上海译文出版社 1987 年版。

高兴祖：《南京大屠杀与日本战争罪责——高兴祖文集》，南京大学出版社 2005 年版。

［美］胡华玲：《金陵永生——魏特琳女士传》，人民文学出版社2000年版。

经盛鸿：《南京沦陷八年史》（上、下），社会科学文献出版社2005年版。

李恩涵：《战时日本贩毒与“三光作战”研究》，江苏人民出版社1999年版。

［日］笠原十九司著，李广廉、王志君译：《难民区百日：亲历日军大屠杀的西方人》，南京师范大学出版社2005年版。

刘杰、三谷博、杨大庆主编：《超越国境的历史认识：来自日本学者及海外中国学者的视角》，社会科学文献出版社2006年版。

南京师范大学校史编写组编写：《南京师范大学大事记（1902—1990）》，南京大学出版社1992年版。

南京师范大学南京大屠杀研究中心主编：《魏特琳传》，南京出版社2001年版。

［法］皮埃尔·诺拉主编，黄艳红等译：《记忆之场：法国国民意识的文化社会史》，南京大学出版社2015年版。

［美］阮玛霞著，白华山译：《饶家驹安全区：战时上海的难民》，江苏人民出版社2011年版。

［日］松本重治著，曹振威、沈中琦等译：《上海时代》，上海书店出版社2010年版。

孙建秋编著：《金陵女大（1915—1951）：金陵女儿图片故事》，广西师范大学出版社2010年版。

孙建秋、杨璐编著：《金陵女儿图片故事》，中国民族摄影艺术出版社2021年版。

孙宅巍主编：《南京大屠杀》，北京出版社1997年版。

孙宅巍：《澄清历史：南京大屠杀研究与思考》，江苏人民出版社2005年版。

徐志耕：《南京大屠杀》，昆仑出版社 1987 年版。

章开沅：《南京大屠杀的历史见证》，湖北人民出版社 1995 年版。

张宪文主编：《金陵大学史》，南京大学出版社 2002 年版。

张宪文主编：《南京大屠杀全史》（上、中、下），南京大学出版社 2012 年版。

张连红、经盛鸿、陈虹等著:《创伤的历史: 南京大屠杀与战时中国社会》，南京师范大学出版社 2005 年版。

张连红主编：《金陵女子大学校史》，江苏人民出版社 2005 年版。

张连红：《明妮・魏特琳》，南京出版社 2016 年版。

张连红、孙宅巍主编：《南京大屠杀研究：历史与言说》（上、下），江苏人民出版社 2014 年版。

张连红、王卫星、杨夏鸣、刘燕军著：《南京大屠杀国际安全区研究》，江苏人民出版社 2022 年版。

张生等著：《南京大屠杀史研究》（上、下），凤凰出版社 2012 年版。

张生：《历史・记忆・书写：南京大屠杀》，南京大学出版社 2018 年版。

张生：《发现历史：范式转换与路径选择》，南京大学出版社 2020 年版。

［美］张纯如著，杨夏鸣译：《南京浩劫——被遗忘的大屠杀》，东方出版社 2008 年版。

［美］张盈盈著，鲁伊译：《张纯如——无法忘却历史的女子》，中信出版社 2012 年版。

二、英文

Vautrin Correspondence, Archives of the Christainity Higher Education Union Of Asia in the Yale University.

Brook, Timothy. *Documents on the Rape of Nanking*, The University of Michigan Press, 1999.

Chang, Iris. *The Rape of Nanking: The forgotten holocaust of World War II*, Basic Books, 1997.

Chang, Ying-Ying. *The Woman who Could Not Forget: Iris Chang Before and Beyond The Rape of Nanking*, Pegasus, 2011.

Fogel, Joshua A. *The Nanjing Massacre in History and Historiography*, University of California Press, 2000.

Hua-Ling Hu, Zhang Lian-Hong. *The Undaunted Women of Nanking: The Wartime Diaries of Minnie Vautrin and Tsen Shui-fang* (paperback). Southern Illinois University Press, 2019.

Li, Peter. *Japanese War Crimes: The Search for Justice*, Transaction Publishers, 2003.

Lu Suping eds. *Terror in Minnie Vautrin's Nanjing: Diaries and Correspondence, 1937-38*, Urbana and Chicago: University of Illinois Press, 2008.

Martha Lund Smally. *American Missionary Eyewitness To The Nanking Massacre, 1937-1938*, Yale Divinity School Library Occasional Publication No. 9, 1997.

Mary Bosworth Treudley. *This Stinging Exultation*, Taipei: The Orient Cultural Service, 1972.

Ricoeur, Paul. *Memory, History, Forgetting*, Chicago & London: Chicago University Press, 2004.

Yoshida, Takashi. *The Making of the "Rape of Nanking" : History and Memory in Japan, China and the United States*, Oxford University Press, 2006.

Zhang Xianwen, Zhang Lianhong, Wang Weixing. *A History of the Nanjing Massacre*, Gale, A Cengage Company, 2018.

三、日文

洞富雄『日中戦争資料南京事件』第1、2巻、河出書房新社、1973年。

笠原十九司『南京難民区の百日——虐殺を見た外国人』、岩波書店、1995年。

笠原十九司『南京事件』、岩波書店、1999年。

笠原十九司解说、冈田良之助、伊原阳子合译『南京事件の日々——魏特琳日记』、大月書店、1999年。

鈴木明『「南京大虐殺」のまぼろし』、文藝春秋、1973年。

南京戦史編集委員会編『南京戦史資料集Ⅰ』、偕行社、1993年。

南京戦史編集委員会編『南京戦史資料集Ⅱ』、偕行社、1993年。

南京事件調査研究会編訳『南京事件資料集〈1〉アメリカ関係資料編』、青木書店、1992年。

南京事件調査研究会『南京大虐殺否定論13のウソ』、柏書房、1999年。

后　记

《永生金陵：魏特琳传》一书能够有机会修订出版，真是一种缘分。

这一缘分要从 1998 年 12 月我们成立南京大屠杀研究中心说起。南京师范大学校址前身原为中国第一所女子大学——金陵女子大学的所在地，在侵华日军南京大屠杀期间，它是一所专门收容妇孺难民的收容所，时任金女大教务主任魏特琳女士当时就是这个难民所的负责人。南京大屠杀研究中心成立之后，我们立即将魏特琳与金女大难民所作为研究中心的重要研究课题。该课题共由四个部分组成：一是翻译出版《魏特琳日记》；二是撰写出版《魏特琳传》；三是在校园里举办《南京大屠杀时期的魏特琳与金女大难民所》的图片展；四是召开一次以纪念魏特琳女士为主题的学术研讨会，邀请曾经在金女大难民所避难的幸存者在会上回忆她们心目中的救命恩人魏特琳。在翻译《魏特琳日记》的同时，时任南京出版社编辑的海鸣兄得知这一消息后，立即同我联系，希望我们写一本《魏特琳传》同时推出，由他来编辑，这是他到新组建的南京出版社后编辑的第一本书。当时囿于资料的限制，我没有信心。但由于有海鸣兄的支持，我们团队一边翻译《魏特琳日记》，一边撰写《魏特琳传》。2000 年 8 月，《魏特琳日记》由江苏人民出版社率先正式出版。到当年的 12 月，在海鸣兄的积极推动下，《魏特琳传》由南京出版社顺利出版。《魏特琳日记》和《魏特琳传》的出版，在当时社会各界产生了十分广泛的影响，并分别荣获南京市社科优秀成果一、二等奖。

《魏特琳传》出版后，学术界围绕南京大屠杀研究取得了丰硕的成果，特别是新史料不断涌现。在我的导师张宪文先生的带领下，到2010年出版了72册《南京大屠杀史料集》，为南京大屠杀的深入研究提供了十分丰富的史料。美国内布拉斯加大学的陆束屏教授又陆续挖掘了魏特琳与友人的往来书信。耶鲁大学神学院图书馆整理公布了亚联董所藏金女大档案，其中有许多魏特琳的资料和大量珍贵照片。最近几年来，江苏省社科院的张慧卿研究员在美国哥伦比亚大学图书馆发现了有关魏特琳的早年日记、赴美就医以及基督教会有关悼念魏特琳的相关文献。2022年，南京师范大学图书馆编辑出版了《金陵女子大学校刊汇编》（国家图书馆出版社出版）。在我们准备修订《魏特琳传》之际，台湾辅仁大学的林桶法教授和其博士杨善尧同学又给我们寄来脱鲁岱著《华特伦与金陵女校：悲奋的回忆》（Mary Bosworth Treudley. *This Stinging Exultation,* Taipei: The Orient Cultural Service, 1972，《亚洲民俗·社会生活专刊》第42册，台北东方文化书局，1972年），这是一本专门记录魏特琳与金女大的英文著作。以上这些丰富的第一手文献，为我们的修订奠定了坚实的基础。2023年9月，南京出版社的社长海鸣兄给我打来电话，说他一直有一个心愿，就是希望能够有机会重新再版《魏特琳传》，他的电话点燃了我的心中梦想，当年由于资料的限制，《魏特琳传》还有不少缺憾。在后记中我这样写道："由于时间仓促，全书差错之处难免，恳请专家学者不吝赐教，俾日后再版时加以修正。"现在是机缘巧合，心想事成，真是人生不可多得的缘分。

当年在写完《魏特琳传》后，我曾在后记中感谢了许多曾无私帮助我们的各位师友，至今依然令人感佩，特记录如下：

> 在本书的撰写与出版过程中，我们得到了很多学者的关心和帮助，华中师范大学的章开沅教授及其中国教会史研究中心的刘家峰、王薇佳博士给我们无私提供了许多重要的研究资料；日本著名学者都留文科大学的笠原十九司教授曾来研究中心讲学，就魏特琳研究作了专题

研究报告，并为本书提供了部分珍贵图片；美国耶鲁大学神学院图书馆特藏室的斯茉莉女士亲自将《魏特琳日记》英文原稿复印件提供给本研究中心；江苏省社会科学院历史研究所孙宅巍研究员自始至终一直关心魏特琳的研究，并为本书提供了许多资料；现居美国伊利诺伊州的胡华玲博士撰写的《金陵永生——魏特琳女士传》为我们的研究提供了重要参考资料和部分宝贵图片；安徽省社会科学院历史研究所的吴元康先生、中共安徽省委宣传部的郑明武先生为我们提供了魏特琳早年在安徽合肥的有关资料和照片。显然，没有上述专家学者的关心和帮助，我们要这么快完成这部传记的撰写是很难想象的。

除上述专家学者之外，我们还要特别感谢中共江苏省委宣传部副部长秦志法先生，江苏省人民政府新闻办公室副主任余竟来先生，南京师范大学校长公丕祥教授、副校长黄涛教授、党委副书记米如群教授，南京大学历史研究所所长张宪文教授，南京师范大学历史社会学系主任于琨奇教授、系党总支书记孙海英教授，南京师范大学金陵女子文理学院的李振坤教授，台湾“中研院”近代史所的李恩涵教授，日本南京大屠杀60周年全国联络会的松冈环女士，日本旅日华侨中日交流促进会秘书长林伯耀先生，美国亚洲高等教育联合董事会中国部主任安妮（Anne Ofstedal）女士，美国罗得岛州伯兰特（Bryant）学院的著名妇女史研究专家朱蒂（Judy Litoff）教授，美国抗日战争史实维护会理事魏乐（Eugem L.Wei）先生，南京市人民政府新闻办公室副主任吴海山先生，侵华日军南京大屠杀遇难同胞纪念馆朱成山馆长、段月萍副研究员，中国第二历史档案馆马振犊研究员、曹必宏副研究员，《民国档案》副主编郭必强副研究员等。

美国著名作家、《南京浩劫——被遗忘的大屠杀》的作者张纯如女士和日本著名学者笠原十九司教授慨允为本书作序，使本书大为增色。

本课题的研究还得到了南京师范大学“校海内外学术交流基金”

的推动与支持，也被江苏省教委列为 2000 年度江苏省人文社会科学研究项目。特此鸣谢！

在 2000 年鸣谢的师友中，张纯如女士已于 2004 年不幸早逝，章开沅先生和李振坤教授也于几年前高年仙逝，令人唏嘘！

由于时间紧，任务重，我们当年是以团队集中攻关的方式，由数位老师齐心聚力共同来完成《魏特琳传》，其情其景，历历在目。团队中的李广廉老师古道热肠，本来是研究明史的大家，却积极参加《魏特琳传》的撰写，牵头翻译笠原十九司教授的《难民区百日》，不幸于 2008 年 9 月因病英年早逝。

本书原由南京师范大学南京大屠杀研究中心的专职和兼职研究人员集体撰写，全书具体章节的分工如下：张连红：第一章、第四章（部分）、第七章（部分）、第八章；经盛鸿、沈岚：第二章；王卫星、杨夏鸣、李广廉：第三章、第四章（部分）、第五章；张生、周宗根：第六章；吴晓晴：第七章（部分）。美国著名女作家张纯如撰写的序言由张连红博士翻译；日本著名学者笠原十九司撰写的序言由卢海鸣博士翻译。全书由张连红拟订大纲，并修订统稿。

这次修订增加了许多新发现的资料和图片，各个章节的内容都有较大增补，在原书稿的基础上增加了近 10 万字，有些章节几乎重写。书名也更名为《永生金陵：魏特琳传》。本次修订主要由张生、王卫星、杨夏鸣、刘燕军和张连红完成，具体分工如下：

张连红：第一章、第七章、第八章、参考文献；

张生：第六章、第七章第二节；

王卫星：第三章、第四章；

杨夏鸣：第二章；

刘燕军：第五章、图片提供。

《永生金陵：魏特琳传》的出版，我们不仅要继续鸣谢初版中给予帮助的各位师友和当年积极参加撰写的各位作者，还要特别鸣谢：南京出版社卢海鸣社长、责任编辑徐智执行总编辑、侵华日军南京大屠杀遇难同胞纪念馆周峰馆长、台湾辅仁大学林桶法教授及杨善尧博士、江苏省社科院张慧卿研究员、安徽大学肖晓飞博士等，正因为各位师友的热心帮助，我们才得以如愿以偿。

南京大屠杀中的英雄，魏特琳女士永生金陵！

张连红

2024 年 8 月于南京仙林